Projeto Felicidade

Ron Leifer

Projeto Felicidade

COMO NOS LIBERTAR DA DOR QUE INFLIGIMOS A NÓS MESMOS E AOS OUTROS

Tradução
DALVA AGNE LYNCH
MARCELO BRANDÃO CIPOLLA

EDITORA CULTRIX
São Paulo

Título do original:
The Happiness Project

Copyright © 1997 Ron Leifer, M.D.

Publicado mediante acordo com Snow Lion Publications, Inc., Ithaca, NY 14851 USA.

Todos os direitos reservados. Nenhuma parte deste livro pode ser reproduzida ou usada de qualquer forma ou por qualquer meio, eletrônico ou mecânico, inclusive fotocópias, gravações ou sistema de armazenamento em banco de dados, sem permissão por escrito, exceto nos casos de trechos curtos citados em resenhas críticas ou artigos de revistas.

O primeiro número à esquerda indica a edição, ou reedição, desta obra. A primeira
dezena à direita indica o ano em que esta edição, ou reedição, foi publicada.

Edição	Ano
1-2-3-4-5-6-7-8-9-10	00-01-02-03-04-05

Direitos de tradução para a língua portuguesa
adquiridos com exclusividade pela
EDITORA CULTRIX LTDA.
Rua Dr. Mário Vicente, 374 — 04270-000 — São Paulo, SP
Fone: 272-1399 — Fax: 272-4770
E-mail: pensamento@cultrix.com.br
http://www.pensamento-cultrix.com.br
que se reserva a propriedade literária desta tradução.

Impresso em nossas oficinas gráficas.

Que todos os seres humanos se libertem
da dor que infligimos a nós mesmos
e ao próximo.

Se examinarmos as religiões do mundo sob o mais amplo ponto de vista possível, e procurarmos a meta final de cada uma delas, vamos descobrir que todas as grandes religiões do mundo, seja o cristianismo ou o islamismo, o hinduísmo ou o budismo, visam à obtenção de uma felicidade humana permanente.

Sua Santidade o XIV Dalai Lama

É só o fato de buscarmos a felicidade que nos impede de vê-la.

Ven. Gendum Rinpoche

Se há um caminho para o melhor,
Ele consiste em olhar o pior de frente.

Thomas Hardy

Sumário

INTRODUÇÃO
1. Os Segredos da Felicidade 11
2. A Reconciliação Entre Ciência e Religião 26
3. O Caso de um Sofredor Típico 38

A VISÃO BUDISTA
4. Visão, Caminho, Realização: O Acesso Empírico à Sabedoria
   e à Autotransformação 55
5. Quem é o Buda e o Que Ele Ensinou? 63
6. A Primeira Nobre Verdade: O Sofrimento e os Três Fatos
   da Existência 72
7. A Segunda Nobre Verdade: O Desejo 87
8. O Eu e a Identidade ou o Assombro Fundamental 98
9. Neurose: Interseção do Pensamento Budista com o
   Pensamento Ocidental 107

CONCEPÇÕES OCIDENTAIS DO SOFRIMENTO
10. O Sofrimento como Móvel da Vida Mental: Ciência, Medicina
    e Psicoterapia 115
11. O Sofrimento na Religião Ocidental: O Gênesis e a Lição de Jó 119
12. Édipo Rei: Herói Trágico do Ocidente 125
13. Jesus 131
14. Sofrimento e Política 138

VISÕES OCIDENTAIS DO DESEJO
15. A Transformação do Desejo no Projeto Felicidade 149
16. Religião e Lei: O Desejo como Pecado e Crime 158
17. O Desejo: A Base da Ética e da Moral 165
18. Psicoterapia: A Psicologia dos Desejos Escondidos................. 176
19. Neurose: A Dialética do Desejo 186
20. O Desejo e o Desgosto da Civilização 191

VISÕES OCIDENTAIS DO EU
21. A Evolução do Eu: Os Primeiros Seres Humanos 201
22. O Céu Sagrado e o "Eu" Pessoal 216
23. A Polarização do Paraíso: O Mito do Éden 230

A TRANSFORMAÇÃO DO SOFRIMENTO
24. Meditação sobre a Felicidade 247

Notas... 269
Bibliografia 285

Introdução

# 1
INTRODUÇÃO

CAPÍTULO UM

Os Segredos da Felicidade

> Uma característica essencial do "estar no mundo" é, portanto, o perigo do esquecimento ou da ignorância. Esse esquecimento transforma num segredo a revelação da mente desperta...
>
> — Lodro Zangpo, *Vajradhatu Sun*

Todas as pessoas neste mundo querem ser felizes. O desejo de felicidade é o anelo universal de toda a humanidade. Nisso todos concordam. Mas, ainda assim, todos sofrem e morrem. O fato fundamental, a tragédia intrínseca da existência, é que todos os seres humanos anseiam pela paz e pela felicidade, mas, ainda assim, todos vivem assombrados pelo fantasma do sofrimento, da infelicidade e da morte.

Esse fato fundamental da existência corresponde às duas motivações básicas da vida, as quais são o desejo de felicidade e o desejo de evitar o sofrimento e a morte. Esses são os critérios pelos quais avaliamos nossos dias e nossa vida. O mundo é bom quando estamos felizes e sentimo-nos otimistas quanto às possibilidades de uma felicidade futura. O mundo é feio e árido quando estamos infelizes ou perdemos a esperança de sermos felizes amanhã. Nós queremos, aprovamos e defendemos o que achamos que nos vai dar a felicidade; e não queremos, condenamos e atacamos o que achamos que nos vai trazer a infelicidade, o sofrimento ou a morte.

Ainda que todos aspirem a uma felicidade duradoura, não é fácil encontrá-la. Ainda que todos temam o sofrimento e a morte, não é fácil fugir deles. Os segredos da felicidade, portanto, são buscados com avidez, e altamente estimados. A própria busca de conhecimento é motivada pelo desejo de felicidade. Nós não buscamos o conhecimento movidos por uma curiosidade neutra, mas porque cremos que ele vai nos ajudar a adquirir um pouco de controle sobre a nossa vida, e, conseqüentemente, a encontrar a felicidade. Nós não nos interessamos pelo conhecimento científico sobretudo porque ele nos brinda com uma imagem verdadeira do universo, mas porque nos dá os meios práticos de realizar nossos desejos. Se a ciência nos proporcionasse uma imagem verdadeira do mundo, mas a magia nos desse um meio de atingir a felicidade, as pessoas acreditariam na magia, não na ciência.

A Busca da Felicidade por Meio da Religião

No decorrer da História, as pessoas sempre se voltaram para a religião em busca dos segredos da felicidade. Há muitas maneiras de encarar a busca da felicidade por meio da religião. Uma delas consiste em examinar os dois caminhos religiosos tradicionais: o exotérico e o esotérico. O caminho exotérico se apóia, principalmente, numa influência superior externa — um deus ou um representante de Deus. Quem espera a felicidade de Deus tem a tendência de crer que o segredo consiste em agradar a Deus, seguindo fielmente os preceitos prescritos por Ele. Faz parte desse modo de ver um princípio de justiça divina, segundo o qual Deus recompensa os virtuosos com a felicidade e pune os pecadores com o sofrimento e a morte. Isso quer dizer, necessariamente, que o segredo da felicidade é a virtude. Como escreveu Mohandas Ghandi: "A essência da religião é a moral."[1]

A idéia de que a virtude é um pré-requisito para a felicidade é um ensinamento básico de todas as religiões do mundo, ainda que cada uma defina a virtude de maneira diferente. Para uma religião, a virtude pode ser o não matar. Para outra, pode ser o morrer corajosamente em batalha. Num caso ou no outro, o fiel segue os preceitos éticos da sua religião. A relação entre virtude e felicidade, entretanto, nem sempre é óbvia ou consciente. Fica parcialmente oculta. Muitas pessoas, ainda que religiosas em outros aspectos, parecem não ter consciência desse princípio ou minimizar-lhe a importância, o que talvez explique por que elas são freqüentemente apanhadas em atos de corrupção e hipocrisia. A relação entre virtude e felicidade foi amplamente esquecida, ou profundamente reprimida, na sociedade moderna. Recentemente, entretanto, essa idéia vem sendo redescoberta e reavivada em seminários e entre os fundamentalistas religiosos.

Enquanto os fiéis exoteristas buscam a felicidade por meio da fé e da obediência virtuosa às leis da religião, outros buscam pelas chaves da felicidade por meio do conhecimento esotérico. Todas as religiões possuem uma tradição esotérica. No Ocidente, sob a influência da ciência, da tecnologia e do secularismo, as religiões exotéricas tradicionais perderam seus atrativos e o esoterismo tornou-se fascinante e popular. Muitos judeus e cristãos ocidentais ficaram desiludidos, insatisfeitos ou perderam o interesse pela religião da família, e, ao invés disso, foram buscar os segredos da felicidade nas tradições esotéricas do Oriente. Até há pouco tempo, essas tradições eram inacessíveis aos ocidentais. Hoje em dia, diversas religiões orientais — o budismo em particular — estão à disposição dos ocidentais que buscam a espiritualidade. Muitas pessoas lêem livros budistas, visitam mosteiros e estudam com mestres espirituais, buscando o tesouro dos segredos da paz interior e da alegria. Para quem não conhece o budismo, ele pode parecer misterioso e exótico, e este exotismo pode ser facilmente confundido com um esoterismo.

Há, nesta situação, uma ironia à qual os principiantes, em especial, precisam estar atentos. Muitos dos que buscam o conhecimento espiritual esotérico crêem erroneamente que a fonte desse conhecimento secreto está fora deles mesmos. Acreditam eles que ela se encontra nas palavras, livros e ensinamentos cuidadosamente protegidos e guardados por um sacerdócio de elite, composto pelos sábios membros de um círculo interno. Ou então, eles vêem essa fonte como um corpo de conhecimentos inacessíveis ou difíceis demais de entender para o comum dos mortais. Têm, então, a tendência de adorar a palavra, os textos, os mestres e as imagens de Deus, buscando nestes a salvação, mais ou menos como faz o crente exotérico.

A ironia é que, do ponto de vista budista, o conhecimento esotérico ou secreto não se encontra jamais num poder ou agente externo. Pelo contrário. O Buda não guardava segredos. Ele ensinou que o "sigilo é o sinal característico da falsa doutrina".[2] Do ponto de vista budista, a sabedoria esotérica é aquela que é secreta para uma determinada pessoa. Consiste no conhecimento que escondemos de nós mesmos. Não há ninguém ocultando um segredo de nós, e tampouco é a sabedoria esotérica demasiado complexa para ser compreendida. Ela consiste em certas verdades sobre nós mesmos e sobre a natureza da realidade que nós escondemos de nós mesmos. Além disso, nós escondemos o fato de que escondemos essas coisas de nós mesmos, e assim nós as convertemos em "segredos".

O âmago do conhecimento esotérico que buscamos consiste em segredos dos quais nós mesmos nos guardamos. Nós nos guardamos deles porque eles não são o que gostaríamos que fossem. O mundo não é o que gostaríamos que fosse; a vida não é o que gostaríamos que fosse; os outros não são o que gostaríamos que fossem; nós não somos o que gostaríamos de ser. Nós nos guardamos dessas verdades porque elas nos confundem e aterrorizam. O terror da realidade está expresso no Antigo Testamento, na passagem em que Deus se recusa a mostrar a sua face para Moisés porque isso enlouqueceria o profeta.[3] Essa história é uma metáfora do fato de que, na verdade, é a realidade que nos enlouquece. Não conseguimos encará-la e por isso lutamos para tirá-la da nossa mente, reprimindo-a e esquecendo-a. Mas a realidade é mais poderosa do que nós. Ela se impõe e se infiltra por entre as nossas defesas e volta para nos perseguir nos pesadelos, neuroses e preocupações do dia-a-dia.

Depois da Queda, Adão e Eva ficaram envergonhados da sua nudez e cobriram os seus órgãos genitais com folhas de figueira. Essa é uma metáfora de um dos modos pelos quais nós nos escondemos de nós mesmos. Cobrimos o nosso corpo para não ver que somos animais mortais. Escondemo-nos de nós mesmos porque não queremos ver as nossas imperfeições, defeitos, fraquezas e excessos. Isso faria com que nos sentíssemos vulneráveis e ansiosos. Nós nunca confessamos as nossas mentiras. Temos vergonha de admitir para nós mesmos que algumas das coisas que queremos são proibidas, ilegais, imorais — ou engordam. Aprendemos a ser atenciosos para com outros e por isso ficamos com vergonha do nosso egoísmo e o escondemos. Não queremos admitir que estamos continuamente sujeitos a uma vontade egoísta. Nos diversos momentos, queremos mais comida, mais sexo, mais prazeres de todos os tipos, mais dinheiro, mais equipamentos, mais segurança, mais poder. Nós todos queremos que as coisas sejam como queremos que sejam — para sempre.

Do mesmo modo, temos medo de encarar nossos temores. Podemos até parecer autoconfiantes aos olhos dos outros, mas, ainda assim, somos todos vulneráveis ao fracasso, à derrota, à humilhação, à perda, à dor e à morte, e temos medo dessas coisas. Muitas vezes nos é difícil ver claramente o medo que temos da morte, e, conseqüentemente, o medo que temos da vida. Não queremos parecer fracos ou neuróticos. Não queremos admitir nossa vulnerabilidade ou confusão.

Do ponto de vista budista, a relutância ou a incapacidade de ver os fatos da vida como realmente são, de ver a nós mesmos como realmente somos e de nos conduzirmos em harmonia com essas realidades, é a causa principal do sofrimento que nos infligimos e, portanto, o obstáculo principal à nossa felicidade. Essa negação ou não-percepção dos fatos da existência é chamada *avidya* em sânscrito — literalmente, "a incapacidade de ver ou de saber" —, que se traduz como "ignorância". Uma das grandes contribuições de Gautama Buda foi a compreensão de que a ignorância é a causa principal dos sofrimentos que impomos a nós mesmos e ao próximo.

Se a ignorância é a causa fundamental do sofrimento que nos infligimos, decorre daí que o conhecimento, ou a sabedoria, é o remédio. As chaves do reino da felicidade estão na sabedoria. A maioria das pessoas razoáveis concordaria com isso. A mesma idéia pode ser expressa do modo contrário: o que torna sábia a sabedoria é que ela nos ajuda a encontrar maior felicidade e a reduzir o fardo de sofrimentos que impomos a nós mesmos e ao próximo.

A sabedoria não é, porém, uma mera compreensão intelectual. A compreensão intelectual por si não é suficiente para iluminar a escuridão da avidya. A mera compreensão intelectual dos fatos da existência não nos faz mudar nossos hábitos negativos de pensamento, palavra e ação. Isso acontece porque o intelecto serve o ego, e o ego é um trapaceiro que sempre é vítima das próprias trapaças.

Ego significa, literalmente, "eu". O ego se refere a "eu", ao "meu", a "eu mesmo(a)". Os psicanalistas, que no início usavam a palavra para se referir ao eu, em geral definiam o ego como o executivo psicológico. A função executiva do ego é a de ser mediador e moderador entre os desejos de prazer e os impulsos de agressão do *id*, por um lado, e as inibições e proibições do superego, por outro. Dessa maneira, o ego seria o produto e o possível conciliador de uma divisão que existe no ser interior do organismo humano. Essa divisão é criada por fatores complexos intrínsecos à natureza humana, em particular pelo desenvolvimento da consciência moral, cuja função é a de discriminar entre os bons desejos e temores e aqueles que causam dor e sofrimento, e promover a escolha do bem sobre o mal. O ego preside sobre este conflito interior como um mediador entre os desejos proibidos — ilegais, imorais ou egoístas — e as proibições, inibições e aversões à existência e à satisfação dos mesmos.

Nesse dilema, é difícil equilibrar apropriadamente essas forças psíquicas concorrentes. A maioria não consegue fazê-lo muito bem, pois isso requer um nível de maturidade que a maioria não consegue atingir. A maior parte das pessoas tende a perder o controle numa direção ou na outra: em direção à luta pela felicidade por meio da satisfação desesperada, compulsiva e imediata dos desejos, ou em direção à rejeição, à negação e à repressão dos desejos e prazeres, como se eles fossem coisas do diabo.

O ego é um trapaceiro na medida em que, sendo o pensador discursivo e o porta-voz da pessoa, ele é também o centro irradiador das mentiras que contamos a nós mesmos. O ego pode justificar tanto os desejos egoístas quanto a autonegação. Todos somos espertos o suficiente para ser egoístas e negar esse fato, ou escondê-lo, ou disfarçá-lo de amor ou generosidade. Somos capazes de reprimir e isolar nossos sentimentos de medo e, ao mesmo tempo, justificar as inibições que os acompanham, chamando-as de prudência ou cuidado. Diz-se freqüentemente que "a vida é trapaceira". É verdade, mas não é a vida que está tentando nos trapacear; nada nem ninguém está tentando nos trapacear. Somos nós que trapaceamos a nós mesmos. Como disse Chögyam Trungpa Rinpoche: "As coisas são cheias de trapaça. São trapaceiras e nos passam a perna espontaneamente. Não há ninguém por trás desse jogo, ninguém que inventa o jogo. Ninguém está trapaceando você. Mas as coisas são cheias de trapaça por si mesmas."[4]

Não podemos chegar à sabedoria sem antes desvendar as trapaças do ego, que nega as verdades que ele não quer ver. Isto exige uma mudança no nosso modo de pensar e agir. Esses modos que se desenvolveram inconscientemente a partir da ignorância do puro egoísmo, por assim dizer, criam as ressonâncias kármicas que causam o nosso sofrimento. Para sermos verdadeiramente sábios, nossa compreensão dos fatos da existência deve penetrar até o "coração que realiza tudo".

Isso quer dizer que, para *realizar* — em contraposição ao mero entender — as verdades que dizem respeito a nós mesmos e aos fatos da existência, nós temos de passar por uma transformação pessoal. O tempo necessário para fazer isso varia muito de pessoa para pessoa. Alguns se transformam por meio de uma única experiência radical. Para outros, o processo pode levar uma vida inteira, ou, como alguns budistas dizem, *vidas inteiras*.

O preço da avidya, ou ignorância, é bem alto. O preço é a dor e o sofrimento, cuja intensidade depende do grau de ignorância. A negação e repressão habitual dos fatos da existência resulta no padecimento de emoções negativas, tais como a ansiedade, a tensão, a ira, a depressão, a culpa, a vergonha, etc. Estas emoções negativas, por sua vez, alimentam ações negativas, as quais criam situações negativas que estimulam mais pensamentos e emoções negativas. A negação cria toda essa negatividade porque exige de nós uma luta inútil para fugir de uma realidade da qual não podemos escapar. Sempre, inevitavelmente, os fatos atravessam nossas defesas e impõem a sua realidade sobre nós.

Assim sendo, a realização das verdades "secretas" que resultam em paz interior e equanimidade exige toda uma jornada interior. Isto é, uma jornada para dentro da nossa própria mente, a fim de compreender e transformar os nossos pensamentos, emoções e ações negativas. Isso, por sua vez, exige uma investigação da natureza da mente e dos seus fenômenos. Essa busca interior é a essência da jornada espiritual. Uma vez pedi a Khenpo Karthar Rinpoche, abade do mosteiro Karma Triyana Dharmachakra em Woodstock, Nova York, que definisse "espiritual". A resposta dele foi: "Qualquer coisa que tenha algo a ver com o espírito."

Como qualquer outra expedição rumo ao desconhecido, a jornada espiritual requer coragem. É preciso ter coragem suficiente para olhar o que não se quer ver, para admitir o que se deseja e o que se teme. A jornada espiritual requer honestidade, uma honestidade capaz de se desapegar suficientemente dos desejos e do temor para reconhecer os fatos evidentes e as análises racionais. Exige também que se assuma a responsabilidade pelos próprios pensamentos, sentimentos e, especialmente, pelas ações. Responsabilidade é a "capacidade de responder", ou de reagir apropriadamente ao que nós vemos e ao que nos acontece. As nossas reações à idéia que temos do mundo — nossa "capacidade de reagir" — configura, desse modo, as condições do nosso sofrimento e da nossa felicidade.

Do ponto de vista mais geral, a jornada espiritual é a transformação do nosso estado comum de negação, repressão, defensividade, fechamento, coagulação, tensão, ansiedade e negativismo num estado de corajosa abertura, percepção sincera, espontaneidade sem malícia, vulnerabilidade confiante e equanimidade jovial. Isso exige a aceitação e a entrega à existência tal e qual ela é, em vez de rejeitá-la e combatê-la por não ser ela como queremos que seja. Fácil de dizer, difícil de fazer.

Muitas pessoas não se dispõem a progredir no caminho espiritual porque não querem encarar os seus desejos ou temores. Isso é compreensível. Mas, se soubéssemos que os desejos exigentes e os medos cegos — especialmente o medo do medo — são muitas vezes a fonte de todo o nosso sofrimento, não faríamos uma pausa para refletir? Tal é a ironia da realização espiritual. À medida que progredimos espiritualmente, vamos constatando que nós mesmos somos a causa primeira e última das nossas próprias tristezas. Paradoxalmente, isso é uma boa notícia! Significa que também podemos ser a causa do nosso alívio, libertação e felicidade.

A recusa de admitir os fatos da existência cria o conhecimento esotérico que buscamos com tanta avidez. Na nossa ignorância, pensamos que algo nos foi ocultado. Então buscamos esse algo fora de nós. Na realidade, entretanto, o que está "escondido" é o que não queremos ver, e que, por isso, escondemos de nós mesmos. Ironicamente, a busca espiritual nos é obstruída pela nossa própria relutância temerosa em aceitar algo que está claramente à vista, mas que escondemos de nós mesmos.

Nós somos como o religioso que passou a vida inteira buscando Deus. Um dia, um santo lhe deu o endereço de Deus. Ele chegou à porta de Deus e levantava o punho para bater, ávido de realizar de uma vez por todas a meta de sua vida, quando, de súbito, ocorreu-lhe o pensamento: "Toda a minha vida eu busquei Deus. Depois de encontrá-lo, o que vou fazer?" Ele entra em pânico quando prevê o quanto sua vida não terá sentido no futuro, e então faz meia-volta e se afasta da Casa de Deus, murmurando para si mesmo: "Vou continuar buscando Deus, só que agora eu sei onde não buscar."

Nós, que buscamos a verdade esotérica, somos muitas vezes como esse homem. Buscamos a verdade, mas temos medo dela e então sabemos onde não buscar. Em vez de buscá-la dentro de nós mesmos, buscamo-la em religiões exóticas, seitas apocalípticas, feitiçarias da antiguidade, bruxaria, artes divinatórias, astrólogos e falsos gurus de todos os tipos, que afirmam ter acesso a uma sabedoria especial e oculta. Trabalhando como terapeuta, sempre me surpreendo ao ver que a verdade é a primeira coisa que as pessoas pedem, mas a última que querem escutar.

Se o conhecimento esotérico é constituído de segredos dos quais nós mesmos nos guardamos, então o acesso ao esoterismo depende do nosso próprio esforço de investigar franca e decididamente a nós mesmos. Só poderemos realizar as verdades consideradas esotéricas, que levam à paz interior, se nos forçarmos a vê-las sozinhos. O Buda louvou esse tipo de independência. Disse ele: "Você é o seu próprio refúgio. Quem mais poderia ser o refúgio?"[5]

Deste ponto de vista, este é um livro esotérico de auto-ajuda. O objetivo dele é o de encarar o que estamos escondendo de nós mesmos. Trata-se de uma tarefa delicada tanto para o autor quanto para o leitor. A tentativa de revelar ou interpretar o que está oculto, por melhores que sejam as intenções que a motivam, sempre vai deixar as pessoas zangadas. Todos nós temos a tendência de ficar agressivos e na defensiva quando alguém nos diz algo que não queremos ouvir. É por isso que os terapeutas devem tomar muito cuidado quando interpretam algo. Uma interpretação "impaciente" ou prematura pode assustar ou irritar um paciente despreparado para aceitá-la, levando-o a fugir da terapia. No extremo oposto, pode-se evitar educadamente tudo o que é execrável e, muito ao contrário, fazer tudo girar em torno de banalidades e lugares-comuns agradáveis, criando, pois, e perpetuando as ilusões, justificativas e digressões. Vamos tentar encontrar um meio-termo, sondando e explorando com vagar e delicadeza. O processo de sondar a si mesmo com diligência e sinceridade é uma tarefa que vale a pena, pois a revelação das coisas ocultas tem o poder de modificar radicalmente a idéia que temos de nós mesmos, e, portanto, tem o poder de mudar a nossa vida.

A Busca pela Felicidade por Meio da Psicoterapia

Com o declínio da religião e a ascensão da ciência, a jurisdição sobre os problemas da felicidade e do sofrimento transferiu-se da primeira para a segunda. A medicina científica assumiu a responsabilidade pelo sofrimento do corpo, e a psicologia e a psiquiatria científicas — e o produto comum de ambas, a psicoterapia — assumiram a autoridade sobre os problemas da mente, das emoções e do comportamento.

Existe uma simetria intrigante (não uma identidade) entre a busca da felicidade por meio do budismo, que data de 2.500 anos atrás e a busca da felicidade por meio da psicoterapia, de cem anos atrás. Depois de praticar a psicoterapia por 35 anos e o budismo por 15 anos, eu notei tanto semelhanças quanto diferenças marcantes entre os dois. Outras pessoas também notaram a semelhança. Alan Watts observou que as religiões orientais, o budismo em particular, são mais parecidas com a psicoterapia do que com as religiões ocidentais. Ao mesmo tempo, disse ele, a psicoterapia ocidental assemelha-se à religião, com seus próprios líderes carismáticos, dogmas e rituais.

> Se examinarmos profundamente certos modos de vida, como o budismo, o taoísmo, o vedanta e a yoga, não vamos encontrar nem a filosofia nem a religião, tais como essas duas coisas são compreendidas no Ocidente. Veremos algo que mais se assemelha à psicoterapia.... A semelhança principal entre esses modos de vida orientais e a psicoterapia ocidental reside na preocupação de ambos pela precipitação de mudanças de consciência, mudanças na maneira pela qual nós sentimos a nossa própria existência e a nossa relação com a sociedade humana e o mundo natural. A psicoterapia, na sua maior parte, interessou-se pela mudança da consciência de indivíduos particularmente perturbados. As disciplinas do budismo e do taoísmo, entretanto, dedicam-se a mudar a consciência de pessoas normais e bem-ajustadas socialmente. Mas está cada vez mais claro, para os psicoterapeutas, que o estado normal de consciência, na nossa cultura é um contexto e um meio propício para a proliferação das doenças mentais.[6]

O budismo e a psicoterapia têm muitas coisas em comum.[7] A comparação de um e outra ajudará a lançar luz sobre as características ocultas de ambos. Mas, propondo-me a compará-los, não pretendo de modo algum colocá-los no mesmo nível. O budismo é uma tradição de 2.500 anos de idade, extraordinariamente desenvolvida, com um âmago profundamente verdadeiro. Em comparação, a psicoterapia é imatura, fragmentada e superficial. Ainda assim, a psicoterapia ocidental talvez possa acrescentar algo à compreensão que temos de nós mesmos e das verdades que escondemos de nós mesmos, ainda que seja somente para redescobrir e confirmar as idéias tradicionais budistas.

O budismo e a psicoterapia têm um ponto em comum: a preocupação com o sofrimento e com os modos de aliviar e extinguir esse sofrimento. Esse é o fundamento e a *raison d'être* de ambos. O fato de eles terem esse ponto em comum não é nem coincidência nem um detalhe insignificante. Ele tem implicações profundas. A experiência do sofrimento é o fundamento do budismo e, pode-se dizer o mesmo, de todas as religiões. Gautama Buda começou sua busca espiritual quando tomou consciência do sofrimento, e dedicou sua vida a encontrar-lhe a causa e a cura. Do ponto de vista budista, a jornada espiritual começa com a tomada de consciência do sofrimento e é alimentada e motivada pelo desejo de escapar do sofrimento e encontrar a felicidade.

O problema do sofrimento também é a preocupação central da psicoterapia. É ele, sem dúvida, o elemento comum à psicoterapia, à medicina e à religião.[8] Cada uma dessas lida com uma forma diferente de sofrimento. A medicina lida com os sofrimentos do corpo, a psicoterapia lida com os sofrimentos da mente e a religião lida com os sofrimentos da alma. Devido a esse ponto em comum, algumas pessoas pensam que a psicoterapia é uma técnica médica, ao passo que outras, com uma justificativa igualmente razoável, pensam que ela é uma forma de cura espiritual.

As pessoas procuram o psicoterapeuta porque estão sofrendo — com emoções dolorosas, pensamentos dolorosos, relacionamentos dolorosos, experiências dolorosas. As emoções negativas — a ansiedade, a tensão, a depressão, a ira, a culpa, a vergonha, a frustração, o tédio, etc., são, todas elas, formas de sofrimento. O que os pacientes psiquiátricos querem do terapeuta não é um tratamento técnico ou a cura da doença, mas sim, como os budistas, o alívio e a extinção do sofrimento, e a oportunidade de ter um pouco de paz e felicidade na vida.

O budismo e a psicoterapia também têm um segundo ponto em comum, que é muito importante: um interesse específico pela mente. Do ponto de vista do budismo, a causa do sofrimento não são os acontecimentos traumáticos externos, mas as qualidades da mente que moldam a percepção que temos desses acontecimentos e a maneira pela qual reagimos a eles. Da mesma forma, a felicidade não se encontra no mundo social e exterior, mas na transformação da mente, o que gera a sabedoria, a tranqüilidade e a compaixão.

Muitos psicoterapeutas têm um ponto de vista semelhante. Eles crêem, como os budistas, que o sofrimento é causado não tanto pelos traumas externos *per se*, mas pela nossa reação a esses traumas. Essa reação é condicionada por fatores mentais, como desejos e medos, que podem ter sido reprimidos e negados. Esse é um dos princípios básicos da psicanálise freudiana. A psicanálise se baseia no axioma de que o sofrimento neurótico é causado pelas reações ativas de um indivíduo à vida, e não é passiva e mecanicamente causado pelos próprios acontecimentos. Se o sofrimento neurótico é causado pelas *reações* do indivíduo aos acontecimentos da vida, e não pelos acontecimentos em si, então esse sofrimento pode, em tese, ser aliviado por meio de uma transformação pessoal na qual os acontecimentos da vida passaram a ser percebidos e julgados por um sistema de referências diferente.

Devido aos significativos pontos comuns que unem o budismo e a psicoterapia, não é de surpreender que tenha-se desenvolvido, na psicoterapia, uma corrente de pensamento semelhante à noção budista dos segredos esotéricos que a pessoa guarda de si mesma. Essa corrente de pensamento compartilha com o budismo a noção de que nós sofremos devido à ignorância, devido aos segredos que guardamos de nós mesmos. A repressão e o inconsciente são dois conceitos clássicos e fundamentais da psicoterapia. O conceito de repressão é semelhante, embora mais superficial e limitado, ao conceito budista de ignorância. Como a avidya, a repressão é a incapacidade ou a recusa de ver certos fatos ou aspectos da vida. Como observou Norman O. Brown: "A essência da repressão é a recusa, por parte do ser humano, de reconhecer as realidades da sua natureza humana."[9] A diferença entre a avidya e a repressão é que a primeira é a recusa a encarar certos fatos básicos a respeito da *natureza do eu e dos fenômenos*, ao passo que a segunda é a recusa mais limitada, a encarar certos *fatos sobre si mesmo*, em particular a responsabilidade que a pessoa tem sobre suas reações às experiências dolorosas da vida.

A noção mais aceita é a de que a repressão é uma defesa contra a ansiedade. A ansiedade, especialmente a ansiedade intensa, é uma das formas de sofrimento mais comuns e mais penosas. As pessoas fazem qualquer coisa para aliviar a ansiedade; em especial, mitigam-na com bebidas alcoólicas e drogas. O ramo das drogas legais e ilegais para combater a ansiedade é um setor que movimenta bilhões de dólares. Nós temos medo da ansiedade; quando nos lembramos de uma ocasião em que sentimos ansiedade ou prevemos outra ocasião dessas para o futuro, nós reprimimos esses pensamentos. A repressão, entretanto, como a avidya, só funciona pela metade. O que foi reprimido sempre volta para nos perseguir. Os sintomas neuróticos são dolorosos porque são manifestações de um sofrimento reprimido — a assim-chamada "volta do reprimido". Do ponto de vista psicanalítico, o conteúdo mental e emocional das experiências dolorosas é reprimido, modificado, atenuado e revivido sob a forma de uma neurose.

A psicoterapia dos sofrimentos mentais e emocionais é, de diversas maneiras, todas elas muito importantes, semelhante ao budismo. Ambos requerem que se desenvolva um relacionamento com um mestre ou guia, às vezes chamado de guru ou psicoterapeuta. A função do guru/psicoterapeuta é a de guiar o sofredor numa viagem de autodescoberta e autotransformação, a qual, no budismo, é ao mesmo tempo uma descoberta dos fatos da existência. O mestre ajuda o paciente — o sofredor — a desenvolver uma percepção, uma aceitação e uma realização (o "trabalho emocional") cada vez maiores das emoções dolorosas e dos fatos da vida. Tanto no budismo quanto na psicoterapia, a percepção crescente que o indivíduo tem das origens e da dinâmica do seu sofrimento neurótico fica facilitada pelos *ensinamentos* do guru e pelas *interpretações* do terapeuta. Ambos têm o potencial de causar *intuições*. A realização e a integração dessas intuições levam ao alívio dos sintomas dolorosos da negação e da repressão. Isso requer a disposição corajosa de examinar a si mesmo honestamente, de encarar e se responsabilizar pelos próprios desejos e temores.

A verdade sobre nós mesmos e sobre nossa vida, que não queremos encarar e que é o avesso de nossos sintomas neuróticos e defesas de caráter, faz parte do conteúdo do inconsciente. O inconsciente contém nossas negações e repressões — as mentiras que contamos a nós mesmos. Os sintomas neuróticos e defesas de caráter resultam dessas mentiras. Nesse sentido, o inconsciente pode ser interpretado como o lugar onde está o conhecimento psicológico esotérico que buscamos. Carl Jung foi o primeiro a fazer essa relação, ao descobrir as correspondências entre os sonhos e os mitos. Os sonhos revelam o inconsciente pessoal e os mitos revelam o "inconsciente coletivo". Ele chamou essa esfera de negação e repressão de "a sombra". A terapia junguiana consiste, em grande medida, em confrontar a sombra, encarando a parte do nosso eu que foi rejeitado e as qualidades fundamentais da vida, que ele chamou de "arquétipos".[10]

Freud também afirmou explicitamente que a meta da psicanálise é a de tornar consciente o inconsciente. No modo de ver da psicanálise, o sofrimento neurótico é causado pela negação e pela repressão de experiências dolorosas. O alívio surge quando se trazem à tona as experiências reprimidas e quando se revivem e compreendem as emoções dolorosas. Desse modo, tanto nas terapias freudiana e junguiana quanto na prática budista, a expansão da consciência exige uma transformação interior — uma re-harmonização do caráter com os fatos da vida, o que leva a um enfraquecimento das tendências neuróticas.

Do ponto de vista budista, a avidya não consiste somente na negação de fatos sobre a pessoa e sobre o mundo, mas também numa projeção sobre o mundo de algo que não estava ali originalmente. Esse estado de ignorância é também chamado de "ilusão" ou "engano". Do ponto de vista budista, a ilusão consiste na projeção de uma permanência e/ou existência substancial nos fenômenos. Nós sabemos que o arco-íris e as nuvens são etéreos, mas projetamos a qualidade de permanência e substancialidade nos objetos sólidos e em nós mesmos. A sabedoria mais elevada no budismo, a sabedoria que realiza o vazio, não se deixa enganar por essas projeções e compreende que nenhum fenômeno, inclusive o eu, é permanente ou substancialmente existente.

Ernest Becker (1925-1974), grande amigo e colega meu, que ganhou o Prêmio Pulitzer de não-ficção em 1974 (dois meses depois de morrer) com *The Denial of Death*, reinterpretou algumas das idéias centrais de Freud de modo a harmonizá-las com as concepções budistas sobre a ignorância e o vazio. Becker opinou que ambos, caráter e neurose, são formados pela ignorância — especificamente, pela negação da morte.[11]

Nos seus primeiros trabalhos, Becker reinterpretou o Complexo de Édipo como um estágio de desenvolvimento psicológico em vez de um complexo neurótico. O mito psicanalítico clássico do complexo de Édipo é uma caricatura da lascívia e da agressão na forma de um menino que ama e quer ter relações sexuais com a mãe, e que odeia e quer matar o pai. Becker desprezou a caricatura e reinterpretou o mito como imagem de um período de transição, a Transição de Édipo, que é um período crucial no desenvolvimento da personalidade humana.[12] Nesse estágio de transição, o apego da criança à mãe e o seu medo do pai representam a resistência à idéia de crescer — a resistência à perda do paraíso narcisista da infância, no qual todos os desejos são atendidos. Durante a Transição de Édipo, os impulsos sexuais e agressivos são controlados e reprimidos. A criança deixa para trás a dependência física e o apego à mãe e se transforma num adulto relativamente independente, que entra em contato com os pais e com o próximo por intermédio de relacionamentos sociais mais maduros e distantes, mediados pela linguagem falada e pelos símbolos.

A Transição de Édipo, que é o processo de socialização humana, significa a passagem do indivíduo humano para além do estado puramente animal. Esse processo envolve uma negação do corpo como base do eu e sua substituição pelo eu social. Já que o corpo morre, a negação do corpo implica uma negação da morte. Durante a Transição de Édipo, os desejos primitivos, animais e infantis são reprimidos e sublimados. Muitos desejos que teriam de ser satisfeitos de imediato são negados, adiados e transpostos para o futuro pela criação do "Projeto de Édipo". O "Projeto de Édipo" é um projeto de criação do eu num mundo regido pelo tempo e pelos significados sociais. Ele exige não somente o desenvolvimento da capacidade de pensar e agir num mundo de símbolos convencionais, mas também a produção de um sistema de desejos, metas e ambições que encarnem a esperança de uma felicidade futura. Nesse projeto de autocriação, a busca infantil de prazer imediato se transforma numa busca da felicidade futura — o Projeto Felicidade.

A busca da felicidade, assim, é o meio universal de construção e conservação do eu. O eu se constrói por meio da negação do corpo e do desenvolvimento de uma autoconsciência social derivada da linguagem. Esse estado mental, que os budistas chamam de "mente dualista", concebe o ser que o gera como uma entidade sócio-histórica cuja existência e bem-estar dependem da obtenção da felicidade futura. Quando o projeto felicidade dá errado, a pessoa sente que o seu próprio eu está sendo negado, e isso, muitas vezes, pode levar à frustração, à agressividade, à depressão e até mesmo ao suicídio — o assassinato do eu negado. O título deste livro, *Projeto Felicidade*, reflete o fato de que a busca da felicidade é, ao mesmo tempo, o projeto da construção e da conservação do eu. Tragicamente, ele também é a causa principal da infelicidade e do sofrimento que infligimos a nós mesmos e ao próximo.

Do ponto de vista do budismo, a causa primeira do sofrimento é o apego ao eu, um estado natural de ignorância que, com o tempo, se transforma no ego. Entretanto, como já dissemos, a ignorância plenamente desenvolvida não é o mero desconhecimento que as crianças têm da natureza do eu e dos fenômenos. É também a projeção, na existência, de algo que na verdade não existe. A ignorância é o ego que se atribui falsamente a uma existência substancial para se fingir real. A capacidade de fazer essa atribuição depende da linguagem e se desenvolve durante a Transição de Édipo. A linguagem possibilita a criação da ilusão de uma alma interior ou pessoa, a qual é então projetada sobre os outros e sobre a existência.

Isso não significa que o eu não existe. Do ponto de vista da escola budista do Caminho do Meio, chamada Madhyamika, tanto é falso dizer que o eu existe quanto dizer que ele não existe. O eu existe, mas somente como uma ficção criada pela própria pessoa, uma peça que ela prega em si mesma. É, na verdade, uma peça necessária. Becker chamou-a de uma "mentira essencial". O ego é essencial porque os relacionamentos interpessoais e a vida social dependem dele. Nós precisamos de um ego para relacionarmo-nos uns com os outros, para ganhar um sustento e pagar as contas. Mas é uma mentira porque nega os fatos da existência e atribui uma falsa substancialidade a si mesmo. Este agarrar-se à ilusão do eu é, no budismo, a fonte do sofrimento que causamos a nós mesmos e ao próximo.

Em uma prática budista chamada "meditação analítica", o eu é desmascarado perante ele mesmo. O guru pede ao praticante que busque dentro de si mesmo por este eu. Onde está ele? No corpo? Na cabeça ou no coração? Na mente? Em que parte da mente? De que cor é ele? O leitor pode tentar fazer esse exercício. Não se consegue encontrar eu nenhum. Esse eu que não consegue encontrar a si mesmo morre de medo da sua própria falta de substância e de perder a si mesmo de vista. Pelo mecanismo psicológico da formação por reação, o eu nega a sua falta de substância afirmando a si mesmo e tentando, por meio de diversos Projetos Felicidade, proteger, preservar e expandir a si mesmo — aqui e agora na terra e para sempre no céu, ou por meio de uma série de reencarnações.

Esse eu que se cria, se ilude e afirma a si mesmo crê erroneamente que é possível encontrar a felicidade seguindo os próprios desejos e evitando as próprias aversões. Os budistas conhecem esses três fatores — ignorância (a criação de um eu substancial), desejo e aversão— pelo nome de os "Três Venenos". Juntos, eles são vistos como o complexo das causas do sofrimento que infligimos a nós mesmos e ao próximo. O desejo e a aversão também são conhecidos como paixão e agressão, apego e ira e outros pares antitéticos sinônimos. Para simplificar, usaremos as palavras desejo e aversão como representações mais gerais desses pares dicotômicos. É importante notar, porém, que nem todos os desejos e aversões são maus. Aqueles que causam sofrimento a nós e ao próximo são considerados vícios, enquanto aqueles que causam felicidade a nós e ao próximo são considerados virtudes.

Os ocidentais deveriam conhecer isso muito bem. O par antitético formado pelo desejo e pela aversão é o duplo fundamento de toda a moderna psicologia do comportamento. O princípio básico da psicologia do comportamento é que os organismos se polarizam ao redor da dor e do prazer. O desejo de prazer e a aversão à dor são considerados como a bipolaridade básica da mente e as motivações básicas do comportamento. Neste particular, a psicologia do comportamento faz eco ao budismo. Acrescente-se o eu, ou o ego, a esse par, e temos aí todo o nexo das nossas negatividades.

Desde o ponto de vista do budismo, o segredo básico da felicidade, que escondemos de nós mesmos, é o fato de que os três venenos são a raiz da dor e do sofrimento que causamos a nós mesmos e ao próximo. Os três venenos são o fundamento das nossas neuroses, das nossas emoções negativas e do nosso sofrimento. A chocante revelação central que o budismo nos dá — o segredo da felicidade, portanto, que escondemos de nós mesmos — é a de que a nossa luta egoísta pela felicidade é, paradoxalmente, a maior causa do sofrimento e da dor que infligimos a nós mesmos e ao próximo. Sob esse ponto de vista, os segredos da verdadeira felicidade pedem uma autotransformação, inclusive uma reconfiguração da nossa idéia da felicidade mesma, baseada numa consciência mais profunda da natureza da realidade e um senso de valores derivado dessa mesma consciência.

Meditação de um Ocidental Sobre os Três Venenos

Este livro é uma meditação sobre os três venenos. É uma investigação de como eles são gerados e também de como estorvam nosso Projeto Felicidade. Com o livro, esperamos aumentar a consciência pública do seguinte princípio: para compreender e resolver nossos problemas pessoais e coletivos, temos de compreender a nós mesmos. Isso significa dispormo-nos a examinar nossos desejos e temores, nossas esperanças e expectativas, nossas aversões e ódios, e o nosso profundo e irredutível egoísmo.

O livro se divide em quatro partes. A Primeira Parte apresenta uma formulação da teoria budista do sofrimento e das causas do sofrimento. A Segunda Parte examina o tema do sofrimento na medida em que se manifesta na ciência, na religião, na psicologia e na política do Ocidente. A Terceira Parte analisa o papel do desejo (e da aversão) na religião, na ética, no direito e na psicologia do Ocidente, e trata também do desenvolvimento do Projeto Felicidade. A Quarta Parte oferece uma visão da ignorância, ou ego, sob a perspectiva da biologia evolucionista. Esperamos que estas reflexões, na mesma medida que exprimirem com precisão a sabedoria do Dharma, possam acrescentar a cada leitor uma dimensão de autoconhecimento e compaixão para consigo mesmo. Isso, por sua vez, pode dar ao leitor a oportunidade de ter algumas intuições — desesperadamente necessárias — sobre alguns dos nossos problemas pessoais, sociais e políticos mais inquietantes.

Durante os últimos vinte anos, os ocidentais foram ficando cada vez mais interessados no budismo. Isso vale especialmente para os psicoterapeutas ocidentais e seus pacientes, muitos dos quais vão ouvir os ensinamentos budistas e até mesmo fazem os votos de refúgio.[13] Já ouvi alguns lamas tibetanos dizendo que o budismo entrará nos Estados Unidos por intermédio da psicoterapia. Para que o budismo dê certo no Ocidente, ele precisa ser compatível com a ciência ocidental. Devo advertir o leitor, portanto, de que a interpretação do paradigma budista aqui apresentado está formulada de modo a veicular o ponto de vista do budismo ortodoxo sob uma forma aceitável pelos ocidentais de mentalidade científica.

Um dos problemas que os ocidentais eruditos têm para aceitar as "tradições de sabedoria" é o seguinte: muitos crêem e confiam na ciência como fonte de todo o conhecimento válido sobre o mundo, e na tecnologia como meio de manipulá-lo. Não confiam, porém, na religião, da qual as tradições de sabedoria descendem. Antes de mais nada, portanto, é necessário tentar transpor o abismo que se abriu entre a religião e a ciência de modo a poder usar de maneira mais livre e inteligente o melhor de cada uma delas, a fim de que elas nos ajudem a ver as verdades que escondemos de nós mesmos.

CAPÍTULO DOIS

A Reconciliação Entre Ciência e Religião

> Em última análise, a posse fundamental de uma era é a última concepção que ela forma acerca da natureza do seu mundo.
>
> — E. A. Burtt, *The Metaphysical Foundations of Physical Science*

> A ciência sem a religião é cega.
> A religião sem a ciência é aleijada.
>
> — Albert Einstein, *Out of My Later Years*

Se a tarefa principal da vida é a busca da felicidade e a fuga do sofrimento e da morte, e se o obstáculo principal à felicidade somos nós mesmos, que nos escondemos do nosso verdadeiro ser e da natureza da realidade, segue-se naturalmente a pergunta: Como podemos nos induzir a abrir os olhos? O que podemos fazer para ver claramente aquilo que preferimos ver "como num espelho, em enigma"?

Tal dilema se complica com o fato de que as duas grandes tradições históricas nas quais nos apoiamos para obter respostas a essas perguntas são, ambas, profundamente incompletas, e cada uma delas desconfia da autoridade e da validade da outra. Tradicionalmente, é a religião que tem jurisdição sobre os problemas do sofrimento e da felicidade. Até época bem recente na história humana, a religião era a única autoridade sobre a questão do sofrimento e da morte e sobre a prescrição dos meios de evitar essas coisas e fugir delas.

Em essência, todas as religiões do mundo explicam o sofrimento da mesma maneira, e prescrevem os mesmos meios para aliviá-lo. A idéia religiosa tradicional sobre o sofrimento e a felicidade do homem é a de que eles são *problemas morais*. E o meio tradicionalmente prescrito pela religião para que se alcance a felicidade é a *vida moral*. Esse ponto de vista se expressa em frases como: "O sofrimento e a infelicidade do homem estão sujeitos à vontade de Deus", isto é, devem ser conformes à lei moral. Isso significa que Deus concedeu a nós, seres humanos, uma certa responsabilidade e, portanto, um certo poder de influência sobre o nosso destino, por meio dos nossos pensamentos, intenções e ações. Os justos, que obedecem à vontade divina manifesta na natureza ou nos textos sagrados, podem ter a esperança de ser recompensados com a felicidade e a vida eterna. Pelo mesmo princípio de justiça cósmica, os pecadores, que desafiam a lei sagrada, estão condenados a sofrer e a morrer.

Do ponto de vista religioso tradicional, o sofredor é, em certa medida, responsável pela sua dor e infelicidade — se não por causá-las, pelo menos pela maneira de senti-las, suportá-las e aliviá-las. À limitada visão do ser humano, o motivo específico dos nossos sofrimentos talvez não se afigure evidente. Os teístas dizem que as razões de Deus são inescrutáveis. Parece que às vezes os bons sofrem e os maus prosperam. Os budistas dizem que o funcionamento das leis do karma é inescrutável. No fim, e levando tudo em conta, o ponto de vista das religiões tradicionais é o de que a felicidade e o sofrimento são estados morais, os quais se impõem à pessoa de acordo com a fórmula ensinada pelo profeta Isaías no Antigo Testamento:

> Dizei ao justo que ele será bem-sucedido,
> pois comerá do fruto das suas obras.
> Ai do ímpio! O mal se abaterá sobre ele,
> porque lhe será dado segundo merecem as suas ações.[1]

Nestes últimos quatrocentos anos da história ocidental, o poder e a influência da religião declinaram e foram substituídos pelo poder e pela influência da ciência. A revolução científica, da qual todos somos herdeiros, e o muito deplorado declínio da religião, são acontecimentos reciprocamente relacionados.

A nova visão de mundo científica do Iluminismo europeu corroeu a cosmologia católica tradicional, e as mudanças tecnológicas possibilitadas pela ciência corroeram o poder e a influência da autoridade e da ordem religiosas. Hoje em dia, os homens modernos se valem da ciência para obter o conhecimento necessário para alcançar a felicidade e evitar e fugir do sofrimento e da morte.

O Poder e as Limitações da Ciência

A enorme transformação histórica estimulada pela ascensão da ciência deixou, para a mente moderna, um legado de profundo conflito. No fim, chegamos até a pensar que a ciência e a religião são incompatíveis, mas a verdade é que precisamos de ambas. Por um lado, nós respeitamos e até mesmo adoramos a ciência como a fonte por excelência de todo conhecimento válido, porque a ciência melhorou sensivelmente a qualidade da nossa vida. Por outro lado, nós sentimos saudades da orientação e do sentido que a religião nos dava.

Augusto Comte (1798-1857), um filósofo francês do Iluminismo, emitiu uma opinião a respeito da relação entre ciência e religião que ainda é largamente aceita por muitas pessoas instruídas hoje em dia. Ele via a religião como a forma-pensamento mais antiga e inferior, por estar repleta de superstições e crenças falsas. Via a ciência como o ponto culminante do pensamento humano plenamente amadurecido. Acreditava que a consciência humana evoluiu através de três estágios: da religião para a filosofia e desta para a ciência.[2]

Para Comte, os seres humanos primitivos percebiam o mundo segundo os mitos animados, as metáforas e as superstições da religião. Os povos clássicos percebiam o mundo filosoficamente, em conceitos abstratos tais como os de substância e essência, verdade e justiça. Nós, modernos, em contraposição, imaginando-nos os detentores da sabedoria mais elevada, percebemos o mundo como um amontoado de fatos e leis científicas positivas.

Hoje em dia, a ciência é aceita por quase todos como a mais alta autoridade no que diz respeito ao conhecimento que temos de nós mesmos e do nosso mundo. Com efeito, a crença de que todo o conhecimento verdadeiro se baseia em fatos científicos é um dos estigmas do mundo moderno. Qualquer pretenso conhecimento que não seja autenticado pela ciência é visto com ceticismo ou simplesmente rejeitado. O manifesto empírito-radical sobre a "exatidão epistemológica" da ciência foi articulado sucintamente por Bertrand Russel nos primeiros anos deste século: "Qualquer conhecimento que se possa adquirir, só pode ser obtido por meio de métodos científicos; e o que a ciência não consegue descobrir, a humanidade não pode saber."[3]

À medida que a influência da religião declinou, a ciência assumiu a jurisdição sobre o conhecimento e os meios necessários para alcançar-se a felicidade e evitar-se o sofrimento e a morte. Como já notamos, a ciência médica herdou da religião a autoridade sobre o sofrimento físico e a saúde. A psiquiatria e a psicologia assumiram a responsabilidade pelo sofrimento mental e emocional e pela felicidade da pessoa. Deixou-se a cargo da religião a busca da imortalidade.

O mundo se beneficiou enormemente com os frutos da ciência e da tecnologia. Mas nós pagamos um preço bem alto por ter delegado à ciência a autoridade exclusiva sobre o conhecimento que temos de nós mesmos e por ter-lhe atribuído a responsabilidade exclusiva pela busca da felicidade. O problema é que, muito embora a ciência seja confiável e poderosa, ela é também limitada. Com efeito, o poder da ciência também é o seu mais profundo defeito. O poder da ciência, que a distingue especificamente dos outros modos de pensamento, é que ela se limita aos fatos e à relação matemática entre eles. As afirmações que, pelo menos em princípio, não podem ser desmentidas nem refutadas pela observação e pela medição empíricas não têm nenhum significado do ponto de vista da ciência.[4] Essa restrição não é um defeito que põe tudo a perder, mas uma limitação vital, uma autonegação estratégica. A ciência floresce graças a esse pretensioso princípio de exclusão, e a humanidade talvez tenha se beneficiado um pouco dos seus frutos tecnológicos. Mas, em decorrência dessa limitação que ela mesma se impõe e que é a essência do seu poder, a ciência não pode responder às perguntas subjetivas e morais a respeito do significado, do valor e do propósito da existência humana. Nem tampouco pode receitar o caminho para a felicidade. Os próprios métodos da ciência a impedem de nos dar a sabedoria para distinguir entre o bem e o mal.

A ciência pode nos ajudar a prever e controlar o mundo material; pode nos prover de uma compreensão factual dos seres humanos enquanto máquinas sociobiológicas; pode até mesmo nos dar informações e técnicas que nos ajudem a controlar as pessoas e manter a sociedade organizada. Mas a ciência não pode nos dar a visão total da vida que é necessária para eliminar o sofrimento e fazer surgir a paz interior. Ela não pode formular as metas, os ideais e os valores segundo os quais se vive. Por isso, a ciência não pode nos guiar pela vida. Ela não pode nos ajudar a entender nem a controlar as dimensões interiores de nossa mente — nossos desejos contraditórios de liberdade e segurança, de atividade dirigida e paz interior, de poder e felicidade. A ciência não é capaz de explicar o mistério da vida nem pode nos salvar do desnorteamento e da confusão que marcam a nossa existência pessoal.

Por causa das limitações que os seus próprios métodos lhe impõem, a ciência tem de buscar sempre a neutralidade moral. Tem de evitar as avaliações morais e todo e qualquer partidarismo no estudo do ser humano. Por isso mesmo, a ciência não pode considerar o problema do sofrimento pessoal como um problema moral. É obrigada a considerar o sofrimento como um efeito de causas não-morais. A psiquiatria médica moderna faz de tudo para ver certas formas pessoais de sofrimento e infelicidade, como a ansiedade, a depressão, a agressividade descontrolada e os vícios, como resultados de causas não-morais, tais como malformações genéticas, desequilíbrios bioquímicos, traumas de infância ou condições sociais patológicas. Na neurociência cognitiva, que é o ramo mais avançado entre os que estudam a mente e o cérebro, é fato conhecido e confesso que os cientistas só podem formular teorias no "nível subpessoal", mas nunca sobre a pessoa inteira, considerada como um agente moral.[5] Ignorando e negando desse modo as dimensões morais do sofrimento e da infelicidade, a ciência, talvez sem o querer e sem o saber, contribuiu para que um número cada vez maior de indivíduos deixasse de lado a responsabilidade pela sua conduta e experiência de vida.[6]

Ironicamente, portanto, a ascensão da ciência contribuiu para a confusão e o sofrimento do sujeito pensante e sensível. Alguns cientistas mais inteligentes, como Albert Einstein, entenderam isso. Einstein percebeu que, sem o sujeito pensante — o que ele chamou de "criações livres da mente humana" —, os fatos científicos seriam incompreensíveis, incomunicáveis e inúteis. O paradoxo da ciência é que, para serem objetivos, os fatos científicos precisam excluir o pensamento subjetivo, mas, por si mesmos, eles são mortos. Sem a imaginação interpretativa do ser humano, os fatos científicos são, nas palavras de William Barret, "completamente incoerentes, e jazem isolados num espaço lógico sem nenhum elo interno, necessário ou orgânico que os ligue".[7]

O gênio científico de Einstein foi o fruto da sua imaginação criativa: ele resolveu os problemas da relatividade espacial imaginando-se viajando pelo universo, a cavalo em um raio de luz! Einstein compreendeu que a ciência e a religião são complementares. A ciência nos dá uma compreensão superior do mundo físico. A religião nos provê de uma direção para a vida. "A ciência sem a religião é cega", escreveu Einstein, "e a religião sem a ciência é aleijada."[8] São como um homem que não pode caminhar sentado nos ombros de um homem que não pode ver: juntos, eles podem ver e caminhar.

O Poder e as Limitações da Religião

Como a ciência, a religião também é poderosa mas limitada. O poder da religião é o de ser capaz de oferecer o que a ciência não é: uma perspectiva moral para a vida. Enquanto a ciência vê o mundo material objetivamente, excluindo a perspectiva subjetiva, a religião vê o mundo do ponto de vista do sujeito e da sua jornada pela vida. A palavra "religião" vem do latim *legere*, que significa "ligar". As palavras "ligar" e "lei" vêm da mesma raiz; *re-legere* que significa "re-ligar", voltar à origem e ao fundamento da existência humana, de modo a poder se orientar de maneira correta no mundo e direcionar-se inteligentemente pela vida.

Embora o ponto de vista objetivo tenha necessariamente de excluir (ou pelo menos de especificar) a perspectiva subjetiva, isso não quer dizer que o ponto de vista subjetivo tenha de excluir a perspectiva objetiva. A função ideal da religião é a de proporcionar ao indivíduo uma visão de mundo sólida e fundamental que o oriente corretamente em relação ao cosmos, e, dessa forma, sirva-lhe como base de uma conduta inteligente na vida. A ciência pode proporcionar uma tal visão sólida, e o indivíduo pode aceitar todos os fatos científicos como verdadeiros. A ciência vê o mundo de forma lógica e racional e expressa o seu conhecimento em equações matemáticas e numa linguagem descritiva bastante econômica. A religião vê a vida no contexto das experiências humanas universais, como o nascimento e a morte, as iniciações e transformações, as aspirações e decepções, as provações e a transcendência. As religiões não representam essas experiências humanas universais sob a forma de proposições ou teorias factuais, mas sob a forma de metáforas embutidas em mitos e contos, cantos, pinturas e esculturas, sermões e ditados.

O conceito de equilíbrio, por exemplo, que é essencial para a conduta feliz da vida, pode ser mais facilmente comunicado por uma história ou conto do que por meio de uma linguagem objetiva e científica. A idéia de equilíbrio pode ser ilustrada em linguagem científica com uma equação ou uma balança, mas fica seca e intelectual, e não se pode tirar dela nenhuma lição moral. Uma história, por outro lado, dá o ponto de vista subjetivo, que facilita ao ouvinte compreender o conceito de equilíbrio do ponto de vista da vida como um todo.

Uma famosa historinha hassídica ilustra bem esse ponto. Antigamente, na cultura judaica da Europa oriental, era costume dos rabinos viajar pelo campo dando ensinamentos em troca de abrigo e comida. Ao fim de uma refeição, o chefe da casa era convidado a fazer perguntas ao rabino. Em uma ocasião, depois do jantar, o homem da casa perguntou:

— Ó rabino, o que eu posso fazer para agradar a Deus? — Essa pergunta é muito importante, pois, segundo a tradição do contrato com Deus, feito no Antigo Testamento, prometeu-se aos israelitas uma recompensa de prosperidade e longa vida em paga da obediência aos mandamentos de Deus. O rabino respondeu:

— Eu não posso lhe dizer diretamente como agradar a Deus, mas posso lhe sugerir isso por meio de uma história. Nos tempos antigos, as pessoas acusadas de um crime eram julgadas pela prova do ordálio. Se elas sobrevivessem à prova, isso queria dizer que Deus as havia julgado inocentes. Se fossem culpadas, não sobreviveriam. Julgamento e pena eram cumpridos com um só ato.

O rabino continuou:

— Certa vez, dois homens foram acusados de roubo. Os soldados do rei os levaram para um despenhadeiro profundo, sobre o qual estendia-se à guisa de ponte um estreito tronco de árvore. Eles foram obrigados a atravessá-lo. Caso sobrevivessem, seriam considerados inocentes e libertados. Se não sobrevivessem, a justiça estaria feita. O primeiro homem abriu os braços como se fossem asas e, movendo-os graciosamente, atravessou o tronco. O segundo homem, do outro lado do precipício, gritou para o primeiro: "Como você conseguiu?" O primeiro homem gritou de volta: "Só sei lhe dizer que, quando você se inclinar demais para a esquerda, incline-se de volta para a direita, e quando você se inclinar demais para a direita, incline-se de volta para a esquerda!"

A história é uma metáfora. O significado dessa metáfora simples mas profunda pode ser encontrado na natureza da mente. A mente comum é dualista, isto é, todas as suas operações partem de pares de sentidos antitéticos, tais como esquerda/direita, para cima/para baixo, dentro/fora, passado/futuro, bom/mau, etc.[9] A sabedoria tradicional do Caminho do Meio, ou Via Real, ensina que o caminho da felicidade passa pela centralização ou equilíbrio entre dois extremos. Segundo essa interpretação, o rabino ensinou que, para agradar a Deus, quer dizer, atingir a felicidade na vida, é preciso evitar os extremos e encontrar o Caminho do Meio. Isso se faz subjetivamente pelo conhecimento dos opostos, da consciência de quando estamos nos inclinando demasiado para um extremo ou para o outro e da tomada de atitudes corretivas. O rabino estava dando um sermão bem budista sobre o equilíbrio como a chave oculta do Caminho do Meio, o qual, na linguagem dele, seria o caminho do "agradar a Deus".

Quando não é bem-feita, essa busca de equilíbrio pode, na verdade, aumentar os extremos de oscilação entre os opostos. Podemos ver isso no comportamento "do contra" dos adolescentes, que oscilam entre a submissão e a rebelião. Devido a um desejo de independência, eles se rebelam e fazem exatamente o contrário do que os pais ou outras figuras de autoridade, pensando que a liberdade está em fazer o contrário. Os psicólogos o chamam de "pseudo-independência". Ao fazer o contrário, eles ainda dependem dos pais no que diz respeito aos pontos de referência de todos os seus pensamentos e ações (e também para ter casa, comida e dinheiro).

Aos poucos, à medida que a pessoa amadurece, espera-se que ela aprenda que a felicidade não se encontra nos extremos; em específico, não se encontra nem no extremo da satisfação irrestrita dos próprios desejos, nem no da renúncia ascética aos mesmos. A prática da atenção ajuda a lançar luz sobre o drama sutil e complexo dos opostos que caracteriza a mente dualista. Com essa clareza, podemos nos tornar mais hábeis e capazes de equilibrar os extremos na jornada da vida. Essa lição de moderação profunda e essencial, pode ser transmitida com uma simples história, mas é difícil, ou impossível, de comunicar pela linguagem científica.

Os mitos transmitem o mesmo tipo de verdade. Atualmente chegou-se ao ponto de considerar-se os mitos como contos de fadas, como antigas histórias da carochinha, que se tornaram, é claro, obsoletas, porque contradizem fatos científicos conhecidos. Como as idéias que contradizem fatos científicos poderiam ser uma orientação útil para a vida? Os mitos, entretanto, são metáforas e não afirmações de fatos literais. O filósofo Gilbert Ryle disse essa mesma coisa na linguagem da lógica: "Um mito não é, evidentemente, uma história da carochinha. É a apresentação de fatos pertencentes a uma categoria [da lógica] em palavras apropriadas a outra [categoria].[10]

Os mitos são representações metafóricas do mundo. Eles se cristalizam ao redor de um núcleo de fatos naturais, sociais e históricos, mas não são descrições literais. São metáforas da realidade, modelos ilustrativos do mundo, da História e da eternidade. Eles nos apresentam de forma aceitável e indireta certas verdades que não queremos ver ou que nos são impossíveis de exprimir diretamente. Mircea Eliade é de opinião de que os mitos revelam a estrutura da realidade:

> Cada imagem primordial é portadora de uma mensagem que diz respeito diretamente à condição da humanidade, porque a imagem revela certos aspectos da realidade suprema que, de outro modo, seriam inacessíveis.[11]

Os mitos são metáforas que nos permitem integrar ou negar elementos inaceitáveis da vida. Um mito da imortalidade pode nos ajudar a transcender, ou negar, o medo da morte. Um mito é uma representação metafórica de certos aspectos sutis da nossa vida mental, dos nossos relacionamentos, da nossa busca frenética pela felicidade, da esperança de ser salvos do sofrimento ou a compreensão que temos de nós mesmos e da raiz do nosso ser, que é nossa origem e destino.

A palavra "sutil" está relacionada com "subliminar", que significa "abaixo dos limites da percepção sensorial". Tudo o que é negado e reprimido se torna subliminar. A mente das outras pessoas, o caráter dos relacionamentos humanos, nossa orientação perante a vida como um todo — nenhuma dessas coisas pode ser observada diretamente. Elas também são, num certo sentido, subliminares. Para nos comunicarmos uns com os outros sobre o inefável, sobre pensamentos e sentimentos íntimos, temos de utilizar, como representações metafóricas, certos acontecimentos externos conhecidos.

Na linguagem do mito e da metáfora, a ira é "quente como o fogo". Uma pessoa controlada é "fria como o gelo". Quando ficamos inibidos, ficamos "paralisados" ou "congelados". Quando estamos deprimidos, estamos "para baixo", e, quando estamos entusiasmados, estamos "para cima". A mente pensante é cheia de "objetos". A mente vazia é "espaçosa" e "radiante". Pensar em si mesmo é "reflexão", como se a pessoa estivesse olhando num espelho. A vida é uma viagem, como se fôssemos peregrinos numa jornada perigosa rumo à terra prometida. Os mitos religiosos, histórias e epigramas são metáforas que nos ajudam a entender nossa própria mente, nosso eu e nossa passagem pela vida.

A criação de uma imagem da realidade por meio de um mito, entretanto, não é o suficiente para guiar nossa vida. Os mitos têm de se integrar na vida. A integração do mito nas atividades práticas da vida diária se realiza por meio dos ritos e da ética. Os ritos são a encarnação do mito por meio da sua realização simbólica. A ética provê as regras para a vida do dia-a-dia, de acordo com a imagem mítica da realidade. O mito está relacionado com o ritual e a ética assim como a teoria científica está relacionada com a tecnologia.

MITO: RITUAL+ÉTICA=CIÊNCIA:TECNOLOGIA

Os ritos e a ética, como a tecnologia, são coisas práticas. São o meio que visa ao sagrado fim de evitar o sofrimento e alcançar a felicidade. Sem mitos que sejam relevantes e críveis, e sem um ritual e uma ética que sejam vivos e cheios de significado, a pessoa humana se torna desorientada, fragmentada e torturada pela confusão e pela ansiedade.

Muitos problemas psicológicos e sociais da vida moderna têm sua origem na ascensão da ciência e no declínio da religião. O fato histórico é que o desenvolvimento da ciência desmitologizou e despersonalizou o cosmos, contribuindo dessa maneira para o sentimento, que todos nós temos, de estarmos separados da natureza. A tecnologia nos tornou mais perigosos uns para os outros e para o planeta; fomentou uma desigualdade crescente na distribuição de recursos e catalisou o conflito entre nações. A criminalidade, a violência e as neuroses, que são pandêmicas em nossa sociedade, são agravadas pela perda de mitos e rituais operantes e pela decadência da consciência moral. A maioria das pessoas instruídas encaram os mitos da sua religião com certo ceticismo. A maioria dos ritos que acompanham os mitos tradicionais perderam o seu sentido, até mesmo para os que os praticam. Ironicamente, essa perda de sentido se expressa em nossa linguagem comum na palavra "ritualístico", que qualifica os atos compulsivos e repetitivos, totalmente desprovidos de uma lógica intrínseca ou mesmo de uma finalidade qualquer.

Em decorrência do declínio das imagens míticas, várias gerações vêm sofrendo por sustentar uma concepção de vida fragmentada e ineficaz. Essa é uma das razões principais da profunda alienação, da desorientação e da deterioração moral; estas geram a inquietação, a ansiedade e a agressividade que, por sua vez, estão na raiz dos nossos problemas sociais e pessoais mais aflitivos.

Embora a religião ilumine a passagem da mente pela vida, ela também tem o seu lado negro, o qual, no decorrer dos séculos, provou ser extremamente perigoso para a vida e o bem-estar do homem. Todas as grandes tradições religiosas estão cheias de superstições e crenças falsas, fantasias que visam à pura e simples satisfação dos desejos, ideais condicionados por desejos e temores, dogmas obsoletos e rituais sem vida. Muito pior, as religiões organizadas tendem a ser autoritárias, repressivas, tirânicas e violentas.

A força da religião é muito grande. A oração e os ritos podem servir ao propósito de mudarmos a nós mesmos, mudar os outros ou influenciar a natureza e as condições da vida. A crença de que a nossa religião tem o poder de fazer chover, ou de gerar a fome ou a guerra, corre o sério risco de fazer crescer o ego. A religião pode ser usada para enaltecer a nossa sensação de poder pessoal. Na verdade, os homens egoístas e agressivos que pensam agir em nome da sua religião são, hoje em dia, sem dúvida alguma, uma das maiores fontes de violência no mundo, como se evidencia nos conflitos sangrentos entre os diversos grupos religiosos do Oriente Médio, do Sudeste Asiático, da Irlanda do Norte, dos Bálcãs e de outros lugares. A aura do poder religioso, que faz inchar o ego, torna a religião um solo fértil para aqueles que morrem de amores pelo próprio ego. Esses egos embevecidos consigo mesmos causaram grande sofrimento e destruição em nome da religião.

A maioria das religiões modernas está organizada de forma hierárquica, com um clero de elite no topo, que articula e administra a "verdadeira fé" (ou fé oficial) para as massas subordinadas. No decorrer da História, isso várias vezes alimentou a tirania e a injustiça. Na civilização ocidental, a revolução política começou com a queda dos tiranos religiosos — "Altezas Reais" — que protestavam reinar por "direito divino" e justificavam a opressão e a crueldade fazendo apelo ao seu deus. Os grandes vultos da revolução norte-americana estavam bem conscientes do perigo de misturar a religião com a política. A primeira emenda da Constituição foi escrita com o motivo último de proteger os norte-americanos da tirania e da repressividade da religião, separando a Igreja e o Estado.

As civilizações ocidentais fundam-se no princípio, senão na prática, da separação não somente entre a Igreja e o Estado, mas também entre a religião e a ciência. Esta separação é a expressão histórica da outra.

Rumo a um Equilíbrio Entre o Objetivo e o Subjetivo

Como resolver esse dilema? Tanto a ciência quanto a religião têm seus pontos fortes e pontos fracos e, ao longo da História, cada uma delas manifestou desconfiança da outra. A ciência nos proporciona um conhecimento objetivo e confiável do mundo material, o que por sua vez nos dá o poder de melhorar sensivelmente a qualidade e duração da nossa vida. Mas, pelas regras de sua própria metodologia, a ciência é obrigada a negar o sujeito e manter-se neutra no que tange aos desejos de felicidade do mesmo. A religião nos proporciona uma linguagem mítica e moral que é necessária ao sujeito para orientá-lo na vida, mas cai no autoritarismo, na repressão, na coerção e na corrupção, além de muitas vezes defender crenças arbitrárias, superstições tolas, dogmas rígidos, rituais obsoletos e ilusões criadas pelo puro e simples desejo de que elas existam.

Nosso desafio é o de pegar o melhor da ciência e da religião e, ao mesmo tempo, evitar os seus defeitos e imperfeições. Isso significa encontrar um equilíbrio entre o princípio de objetividade da ciência e o princípio de subjetividade da religião.

O princípio de objetividade é a regra fundamental da ciência, e ele se enuncia assim: o conhecimento, para ser válido e objetivo, tem de estar isento de valores, isto é, tem de ser independente das percepções ou valores de qualquer sujeito em particular, ou grupo de sujeitos. Todo conhecimento válido é obtido pela observação cuidadosa, precisa e controlada e pela dedução lógica, mas nunca pelos ditames de uma autoridade, revelação divina, convenção social ou opinião pessoal.

Paradoxalmente, o princípio de objetividade *incorpora certos valores*. A objetividade da ciência depende da estimativa, feita por um sujeito humano, de quão válido é aquele conhecimento. Isso implica que o contexto humano é maior do que o contexto científico. Com efeito, a busca pelo conhecimento está contida dentro do contexto humano, isto é, no contexto dos valores. O desejo de conhecer nasce do desejo de aquietar a ansiedade, que é a companheira da confusão.

Um dos modos de formular o equilíbrio apropriado entre o objetivo e o subjetivo é dizer que o ponto de vista objetivo deve excluir, ou pôr entre parênteses, o contexto subjetivo, sem perder a consciência de estar nele contido. Na verdade, o fato de a ciência estar inserida dentro da subjetividade é razão suficiente para que ela exclua o subjetivismo, de modo a neutralizar a influência deformante dos desejos e temores do sujeito sobre a sua percepção dos fatos e a elaboração de teorias. Ao mesmo tempo, a ciência não pode perder de vista a sua relação com o sujeito (e a sua dívida para com ele).

Para surgir no panorama da História, o ponto de vista objetivo também teve de esperar até que a liberdade de investigação e expressão fosse reputada como um valor respeitável. A ciência encarna esses valores de liberdade, muito embora se presuma livre de valores. Aliás, não se pode atribuir a esses valores a certeza de uma verdade factual, já que eles não são fatos, mas ideais. Ainda assim, a liberdade é uma pré-condição para a validade do conhecimento científico. Isso porque, se a investigação foi forçada ou influenciada por interesses sociais ou subjetivos, não se pode garantir que os seus resultados sejam objetivos. Encarar a liberdade como um valor positivo, portanto, é uma pré-condição da própria existência da ciência.

A liberdade também é uma pré-condição para a existência do excepcional sujeito humano. A Queda representa um avanço em relação ao comportamento do animal, que não tem poder de escolha e é totalmente dominado pelo instinto e pelos reflexos; avanço que rumou para a liberdade de pensamento e escolha que dá forma ao tempo histórico. Sem liberdade, os indivíduos são como animais, homogeneizados num grupo e motivados pelo instinto e por reflexos adquiridos. O déspota religioso talvez seja mais sutil do que o déspota político, mas todos os déspotas constrangem e forçam o indivíduo a conformar-se com uma norma que, em medidas diversas, nega a individualidade. A ascensão da ciência, e a resultante liberdade de investigação e expressão, coincidem com o surgimento do indivíduo humano no horizonte histórico. Os princípios objetivos e subjetivos, desse modo, dependem igualmente, para existir, de que a liberdade seja encarada como um valor positivo. A suprema ironia da história é que o excepcional sujeito humano, que anseia por uma orientação moral, é o produto da ascensão da ciência, que exigiu necessariamente a exclusão do pensamento moral do conjunto dos conhecimentos válidos.

O princípio da subjetividade representa o ponto de vista do sujeito pensante, que é obrigado pelo instinto de sobrevivência a criar uma imagem do mundo no qual ele vai se basear para formular uma direção de vida. Os interesses da vida do indivíduo exigem uma orientação de conduta que aumente ao máximo as possibilidades de felicidade e minimize a perspectiva de sofrimento e aniquilação. Um bom sistema de orientação ajuda o sujeito a distinguir as atitudes e atos que podem dar paz à mente daqueles que tendem a causar sofrimento a nós mesmos e ao próximo. O princípio da subjetividade é, portanto, fundamentalmente moral. Os pensamentos, palavras e atos que atraem a felicidade são moralmente justos. Os que causam sofrimento são maus.

Uma orientação para a vida é, em essência, um sistema de ética. O Talmude Torá, por exemplo, é um dos livros sagrados da tradição judaica. *Talmude* significa "orientação para a vida". O Talmude está repleto de prescrições éticas a respeito de como viver, o que comer, quando, como e com quem ter relações sexuais, como se relacionar com o corpo, como se conduzir socialmente e como louvar a Deus. O mesmo se aplica ao Alcorão e, na verdade, a todos os outros ensinamentos religiosos.

Para ficar em equilíbrio, os princípios objetivos e subjetivos têm de ter ainda outra coisa em comum. Para dar certo e poder ser posta em prática, a orientação para a vida tem de se basear numa imagem verdadeira do mundo. Se seguirmos um mapa que não reflita com precisão o território pelo qual viajamos, vamos nos perder, ficar confusos e em perigo. Uma boa orientação de vida tem de representar com precisão o mundo no qual vivemos. Não pode negar o que é verdadeiro nem afirmar o que é falso.

Isso quer dizer que o sujeito, para ficar em equilíbrio com o ponto de vista objetivo, tem de aceitar como verdadeiros todos os fatos cientificamente demonstrados. A visão de mundo do sujeito tem de ser compatível com a ciência; senão, vai estar dessincronizada com a realidade que essa ciência descreve.

Um certo número de condições são necessárias para que isso seja possível. Primeiro, é preciso que se compreenda a diferença entre fato e metáfora. Os mitos religiosos, ainda que portadores da sabedoria mais elevada, não são fatos. São metáforas. Se forem confundidos com fatos, podem entrar em conflito com os fatos que a ciência reputa como verdadeiros. Se o mito é entendido como uma metáfora, ele não pode contradizer os fatos científicos. O mito de que Deus criou o mundo em sete dias só contradiz a teoria da Grande Explosão se for tomado literalmente. Como metáfora, ele é uma descrição antropomórfica das origens do universo.

Em segundo lugar, para que um sujeito esteja em harmonia com a ciência, ele tem de aceitar como verdadeiros todos os fatos cientificamente provados e não pode tomar como verdadeira qualquer proposição que seja contrária aos fatos científicos. Isso não quer dizer que os mitos ou outras metáforas religiosas não possam ser considerados como portadores de um alto valor de verdade, superior ao da ciência para os fins de orientar o sujeito na vida. Significa, porém, não rejeitar os fatos científicos que pareçam estar em contradição com as metáforas religiosas. O equilíbrio dos princípios objetivo e subjetivo, então, exige que se faça a síntese entre uma ciência que prega o valor moral da liberdade e da autonomia e uma religião que aceita todos os fatos empíricos como verdadeiros.

CAPÍTULO TRÊS

O Caso de um Sofredor Típico

> A intenção de que o homem seja "feliz" não faz parte do esquema da criação.
>
> — Sigmund Freud, *Civilization and Its Discontents*

Para ver como um equilíbrio entre os princípios subjetivo e o objetivo pode nos ajudar a entender melhor a nós mesmos e a navegar com mais destreza pelas ondas traiçoeiras do *samsara*,[1] será bom refletirmos sobre a vida de um sofredor típico. Michael D. é um personagem fictício, inventado. Com pouco mais de quarenta anos de idade, ele começou a sofrer de depressão clínica. A anamnese do seu caso psiquiátrico vai nos ajudar a compreender o desequilíbrio comum entre os princípios subjetivo e objetivo e, em contraposição, vai nos mostrar como esses dois princípios podem ser novamente equilibrados.

O desequilíbrio é a tendência, que prevalece hoje em dia, de tentar entender e ajudar as pessoas que sofrem de problemas mentais e emocionais exclusivamente pelos meios científicos. Essa moda começou com a ascensão da "nova ciência" e se manifesta em nossos dias como uma preferência por examinar todos os fenômenos pelo método científico quantificado e por explicar todos os fenômenos em linguagem científica — de acordo com suas possíveis causas corpóreas. Representa uma adoção indiscriminada do ponto de vista científico-objetivo em relação à anterior adoção indiscriminadamente do ponto de vista religioso-subjetivo.

Nos últimos cinqüenta anos, a psiquiatria e a psicologia se tornaram cada vez mais científicas e cientificistas. Seus praticantes não somente adotaram o método e a linguagem da ciência como também assumiram a identidade social e a postura de cientistas e, às vezes, disfarçaram os seus valores morais e atitudes sociais num jargão médico-científico.[2] Os problemas mentais e emocionais são explicados pelas suas supostas causas corpóreas — a hereditariedade genética, o desequilíbrio bioquímico ou o trauma pessoal, social. Isto tende a nos impedir de ver os problemas espirituais dos indivíduos que sofrem e a relação desses problemas com a aflição mental e emocional dos mesmos indivíduos.

Pode-se alcançar uma visão mais equilibrada do ser humano aceitando-se como verdadeiros os fatos cientificamente válidos, tendo em mente as dimensões psicológicas e espirituais da experiência humana subjetiva e integrando ambos os pontos de vista. Isso não é uma tarefa fácil. Na moda atual das opiniões, somente os fatos científicos constituem um conhecimento válido. As afirmações espirituais ou morais, por mais sábias que sejam, são vistas como parciais ou relativas a uma certa cultura ou indivíduo, não sendo, portanto, factuais nem válidas. Além disso, certos sentimentos morais muitas vezes se disfarçam de fatos; por exemplo, nas controvérsias atuais sobre a relação entre raça e inteligência. Um lado diz que os fatos científicos dão a entender que a inteligência tem uma base genética e que algumas raças são hereditariamente mais inteligentes do que outras. O outro lado diz que a inteligência está mais significativamente relacionada com as circunstâncias sociais e que a teoria da inteligência geneticamente herdada é racismo fantasiado de ciência.

Um problema particularmente complicado é o que deriva da psicologia do desenvolvimento, que apresenta uma teoria causal do sofrimento humano mas encontra as causas num contexto social e interpessoal, e não neuroquímico. Isso faz com que ela pareça fundamentalmente diferente das teorias neuroquímicas do sofrimento mental. Ela de fato é diferente na medida em que trata das variáveis sociais e interpessoais, e não das bioquímicas; mas é semelhante na medida em que ambas explicam o sofrimento por suas causas. Uma teoria encontra a causa numa disfunção dos neurotransmissores e a outra, nos traumas psicológicos e emocionais da infância.

Essa forma de determinismo psicológico começou com Freud e com os psicanalistas e psicólogos mais antigos. Lutando para serem aceitos pela prestigiosa comunidade científica, eles explicavam o sofrimento por suas supostas causas e expressavam suas idéias na linguagem da ciência.[3] O problema é complicado porque há um tanto de verdade nesse ponto de vista, mas ele fica limitado e incompleto sem uma compreensão das dimensões morais e espirituais dos problemas psicológicos.

Não há como negar que os traumas psicológicos e emocionais da infância causam sofrimentos no futuro. A criança que sofre maus-tratos — físicos, sexuais ou emocionais — sofre enormemente e, em geral, se transforma num adulto ansioso, deprimido e irado. Não há dúvida de que os traumas da infância são a causa histórica da dor emocional de muitos adultos. Por outro lado, os indivíduos diferem no que diz respeito ao modo de reagir a esses traumas. Alguns se apegam à memória do trauma e identificam-se como "sobreviventes" dele. Outros deixam o trauma para trás e seguem em frente. Alguns se sentem culpados e envergonhados. Alguns conseguem perdoar a si mesmos e se reconciliar com o criminoso que causou o trauma, enquanto outros permanecem irados e cheios de vontade de se vingar.

Obviamente, a reação ao trauma se reveste de uma qualidade moral. Jesus falou para dar a outra face. Outros clamam por justiça. Ainda que a reação da criança ao trauma tenha uma qualidade moral, a criança não é um agente moral. Todas as sociedades reconhecem que as crianças não são moralmente responsáveis até fazer a passagem para o mundo adulto. A idade dessa transição difere de cultura para cultura, mas é geralmente marcada por um ritual de passagem, tal como uma cerimônia de confirmação, depois da qual o neófito adquire responsabilidade moral (e, muitas vezes, legal) não somente sobre os danos que possa causar a outros, mas também sobre os danos e sofrimentos que possa causar a si mesmo, por meio das suas reações às experiências traumáticas da vida.

Para alguns adultos, o dano causado pelos traumas emocionais da infância é irremediável. O desenvolvimento neuropsicológico deles fica irreversivelmente retardado. Outros têm o potencial de desenvolver intuições sobre os seus problemas e aprender novos meios de superar o sofrimento e os padrões neuróticos. Um dos fatores que tornam a coisa difícil é que as oportunidades de examinar-se a si mesmo, desenvolver novas perspectivas e adquirir novos modos de pensar e agir variam de cultura para cultura e de época para época.

Nas sociedades primitivas e tradicionais, os sofredores geralmente consultavam o sacerdote ou o xamã, que diagnosticava a doença e prescrevia algum remédio medicinal, ritual ou moral. As bases e valores dessas instruções médicas, religiosas e morais eram geralmente aceitas sem muita dissensão pela comunidade local. Hoje em dia, a família, a igreja e a comunidade, que costumavam ser os veículos para a criação de indivíduos moralmente responsáveis, praticamente não existem mais. Em muitas sociedades tecnologicamente avançadas, os ensinamentos e a formação moral foram tão diluídos que são ineficazes ou quase inexistentes. Na prática, as pessoas não têm aonde ir para aprender a aceitar a responsabilidade pelo próprio sofrimento e lidar com ele construtivamente. Um número cada vez maior de famílias são desestruturadas demais para criar decentemente os filhos. Não se ensina mais a sabedoria tradicional nas escolas. Onde poderíamos encontrar um curso sobre "Como trabalhar as suas emoções dolorosas?" Não se ensinam esses assuntos nas igrejas, exceto, talvez, durante o breve sermão dominical. O único lugar, na sociedade moderna, onde se pode aprender a assumir a responsabilidade pelo próprio sofrimento e pela própria vida é na psicoterapia.

As pessoas recorrem à psicoterapia em busca de alívio para o seu sofrimento: sua ansiedade, depressão e outras emoções dolorosas. Vão fazer terapia para aprender o que não têm como aprender em nenhum outro lugar. É por isso que a psicoterapia é tão popular. Como já notamos, a boa psicoterapia exige a participação ativa do paciente, falando, ouvindo, refletindo e agindo de acordo com as novas idéias ali adquiridas. Refletindo sobre o passado, as pessoas podem chegar a uma certa compreensão das origens históricas e da dinâmica dos hábitos de pensamento e comportamento associados com o sofrimento. A terapia consiste em abrir-se a certas intuições e desenvolver certas habilidades. Tendo sido modeladas pelas suas experiências passadas, as pessoas precisam, agora, procurar remodelar-se. Para assumir a responsabilidade por si mesma, a pessoa precisa, em certa medida, compreender a si mesma e às suas motivações. E precisa desenvolver a disciplina e a capacidade de conduzir-se a si mesma e à sua própria vida de um modo que não tenda a perpetuar o sofrimento condicionado pelos traumas passados.

O Caso de Michael D.

Michael D. é um advogado de 45 anos, que me consultou por causa da depressão. Ele começou a entrevista dizendo que fora enviado a mim por seu clínico geral, que lhe havia dito que ele estava sofrendo de um desequilíbrio bioquímico e precisava de um antidepressivo, como o Prozac. O clínico geral estava seguindo a suposição, predominante hoje em dia, de que a depressão é causada por um desequilíbrio bioquímico.

Já que ele estava se encarando sob um prisma radicalmente médico-objetivo, como tinha sido levado a fazer pelo primeiro médico, a quem recorrera, eu tentei equilibrar um pouco a situação logo de início, e fiz isso chamando-lhe toda a atenção para a sua experiência subjetiva. Eu lhe fiz saber que, a fim de saber se devia prescrever-lhe o antidepressivo, eu precisava saber algo sobre ele. Eu não podia supor, sem mais nem menos, que ele estava sofrendo somente de um desequilíbrio bioquímico. Eu precisava conhecer a história dele, seus relacionamentos, seus hábitos de comportamento, seus pensamentos e seus sentimentos mais íntimos.

Ele começou com a queixa de que já estava deprimido desde há muitos anos, durante os quais aos poucos fora perdendo o interesse pelo escritório de advocacia, pelo casamento e pela vida. Ele tinha sido levado a crer que era a depressão que estava causando a falta de interesse. Era dono de um escritório de advocacia bem-sucedido e com o qual esteve bastante satisfeito durante os primeiros anos de prática, mas tinha aos poucos se tornado cada vez mais infeliz ao longo dos últimos dez anos. Ele achava que a depressão tinha piorado nos últimos seis meses, porque agora seu trabalho lhe parecia insuportavelmente tedioso, chato e insatisfatório.

À medida que ele falava, foi-se deixando levar pela sua própria história. Era filho de um banqueiro irlandês católico e de uma mãe judia. Tinha dois irmãos mais novos, nascidos ambos a intervalos de três anos. Sempre fora o favorito de sua mãe. Ela muitas vezes sussurrava-lhe no ouvido que o achava especial e que ele faria grandes coisas na vida.

Tinha sido um aluno excelente, um escritor talentoso e diletante na pintura. Decidiu estudar Direito durante os anos 60 porque queria estar numa posição que lhe permitisse fazer algo significativo na vida. Foi um membro engajado da geração dos anos 60, voltado para o que então se chamava de opiniões radicais. Protestou contra o racismo, participou das passeatas contra a guerra do Vietnã, foi um defensor dos direitos humanos e se interessou apaixonadamente pelo meio ambiente. Queria ajudar a mudar o mundo para melhor. Percebeu que os advogados eram um grupo poderoso, política e socialmente, e que o Direito lhe daria a oportunidade de trabalhar por uma mudança social pacífica. Tinha grande compaixão pelos oprimidos, pelos pobres-coitados e pelos descamisados. Decidiu-se pela prática do Direito geral, ajudando os inocentes a encontrar justiça; procurando aconselhar o casal que queria se divorciar a salvar o casamento, em vez de tentar conseguir o acordo mais vantajoso e honorários mais altos; ajudando a fundar empresas justas, que se importassem com o meio ambiente, escrevendo-lhes contratos inteligentes. Ele tinha prazer em seu trabalho. Conheceu uma linda moça na faculdade, a quem namorou e com quem se casou. Ele a amava bastante. Tinham três filhos, de 14, 12 e 9 anos de idade.

Paradoxalmente, à medida que ele falava sobre o seu sucesso profissional, sobre a esposa e os filhos queridos, sobre a sua vida confortável de classe média, a voz de Miguel foi ficando cada vez mais triste como se a história de sua vida estivesse indo por água abaixo, tornando-se progressivamente mais trágica. Ele entremeava a narrativa com comentários que culpavam a depressão pela espiral descendente. Reclamou que a depressão tinha-lhe roubado a energia e o interesse de buscar realizar os ideais da sua juventude. Considerava-os agora inatingíveis e insignificantes. Antes, quando quisera estudar Direito, não previra a rotina e os procedimentos cruéis e antagonísticos que compunham a prática jurídica diária. Ele adorava escrever, mas detestava escrever relatórios e petições maçantes. Sempre quisera escrever ficção, e estava frustrado pela linguagem formal e estereotipada dos documentos jurídicos. Gostava muito das discussões filosóficas sobre o Direito que travava com seus colegas de faculdade, mas as oportunidades de entabular tais diálogos pareciam haver desaparecido e ele estava perdendo a paciência com as negociações insinceras e as piadas cínicas de seus colegas, cujos valores e idéias políticas ele, na maioria das vezes, desprezava.

Ele sentia que a depressão também lhe estava afetando o casamento e a vida familiar. Ficava muitas vezes irritado com a esposa e os filhos, ou desinteressado neles. As únicas reclamações que tinha contra a esposa era que ela tinha engordado um pouco e tinha perdido o interesse pelo sexo. Ele sentia que o relacionamento deles tinha se tornado rotineiro, insípido e chato. Devido à insônia, ele não dormia mais na mesma cama que a esposa. Na semana anterior, tinha pensado em suicídio, e isso o assustara o suficiente para levá-lo a buscar ajuda psiquiátrica.

O Equilíbrio Entre o Objetivo e o Subjetivo

Como interpretar a história do sofrimento de Michael? Como ajudá-lo, ou pelo menos levá-lo a ajudar a si mesmo? Vamos comparar os pontos de vista objetivo e subjetivo e ver se há um meio-termo onde ambos podem coexistir.

O ponto de vista objetivo é representado pelo modelo médico moderno da psiquiatria. Deste ponto de vista, os pensamentos e emoções dolorosos, como a depressão, são encarados como sintomas de uma doença. Segundo essa perspectiva, Michael D. sofre de depressão clínica. A maioria dos psiquiatras contemporâneos vê a depressão como uma doença corpórea, causada por um distúrbio dos transmissores neuroquímicos do cérebro. Crê-se que fatores genéticos aumentam a vulnerabilidade biológica da pessoa a esse "desequilíbrio químico", que pode ser desencadeado por uma experiência traumática na vida. O tratamento apropriado, segundo essa maneira de ver, é um antidepressivo tal como o famoso Prozac, que corrige o desequilíbrio químico que estaria por trás da depressão.[4] A psicoterapia é vista primordialmente como um meio auxiliar, que pode ajudar o indivíduo a lidar com a doença e as situações traumáticas que a podem ter desencadeado.

Caracteristicamente, o ponto de vista objetivo explica a depressão e outras formas de sofrimento humano em função de supostas causas antecedentes, não-morais. De acordo com essa posição, as causas primeiras da depressão de Michael D. não têm sua raiz mais profunda no caráter dele, no modo pelo qual ele vê a vida, nos seus valores e decisões, na sua coragem ou egoísmo. Elas estão na bioquímica do cérebro e em circunstâncias traumáticas das quais ele seria a vítima. O ponto de vista objetivo exclui completamente o conceito da responsabilidade moral do indivíduo pelo seu sofrimento.

A posição objetiva pode postular alguns fatos válidos. A depressão de fato parece ter uma correlação com a queda do nível de serotonina em certas partes do cérebro. Isso precisa ser pesquisado mais a fundo para ser confirmado. Michael D. pode até ter uma deficiência de serotonina nas suas sinapses cerebrais, muito embora, no momento presente, ainda não haja nenhum método clínico para medir rotineiramente os níveis de serotonina no cérebro de uma pessoa viva. O Prozac, ou outro medicamento desse tipo, talvez ajude. Somente uma prova clínica poderia afirmá-lo com certeza.

Na minha opinião, se um determinado medicamento ajuda as pessoas a superar seus sofrimentos sem impor efeitos colaterais indesejáveis, ele deve ser posto no mercado, desde que a sua administração seja sempre voluntária e os pacientes possam tomar uma decisão baseados em informações sólidas. Mas, ainda que se prove a existência de uma correlação entre a falta de serotonina e a depressão, isso não explica completamente a depressão. Quantifica um componente corpóreo dela, mas não explica a depressão enquanto experiência humana.

Resta ainda uma pergunta crucial: essa deficiência é a causa ou um efeito do estado mental depressivo? Na minha opinião, essa questão ainda não foi suficientemente debatida nem conclusivamente decidida.[5] Há um sem-número de indícios de que as experiências da vida podem causar mudanças físicas no cérebro. A experiência do perigo, por exemplo, estimula no sistema nervoso adrenergético a reação de lutar ou fugir, que envolve uma avalanche de transformações fisiológicas, inclusive mudanças na atividade e nas funções do cérebro. Certas experiências clássicas, feitas com crianças normais e outras que sofriam de depressão analítica,[6] dão a entender que a falta de cuidados maternos e de estímulos sociais pode inibir o desenvolvimento do cérebro. Inversamente, uma quantidade suficiente de estímulos pode até acelerar o crescimento cerebral das crianças. A percepção que temos dos acontecimentos externos, a interpretação que lhes damos e o modo pelo qual reagimos a eles podem afetar fortemente a química do cérebro e do corpo.

A título de analogia, pense nos torcedores de futebol que assistem a um importantíssimo jogo da Copa. Num momento empolgante, um dos times faz um gol decisivo nos últimos instantes de um jogo disputado. Os torcedores ficam empolgados e agitados — gritando, pulando, aplaudindo e vaiando. É bem possível que no cérebro deles haja uma grande quantidade de catecolaminas e outras substâncias químicas, num nível correspondente ao nível de empolgação. Se uma análise bioquímica mostrasse que o nível de catecolamina desses torcedores estava elevado, ninguém ousaria dizer que foi essa elevação que causou a empolgação. A animação e o entusiasmo estão no jogo. Os níveis elevados de catecolamina são um *resultado* da empolgação do jogo, fazem *parte* da empolgação do jogo, mas não representam a causa primária dela. Eles constituem a base material da empolgação, mas não o seu aspecto mental ou emocional.[7]

Depois de fazer um diagnóstico de depressão clínica, receitar e acompanhar o uso de um medicamento antidepressivo, o psiquiatra psicofarmacologista não tem mais quase nada a oferecer. Mas a falta de serotonina não é a única explicação possível para a depressão de Michael. O comportamento humano não pode ser visto exclusivamente sob o ponto de vista da fisiologia cerebral, como é moda agora na psicologia, na psiquiatria e na filosofia. O predomínio e o uso oficial do modelo médico da psiquiatria teve inadvertidamente o efeito de deixar de lado os aspectos subjetivos da depressão, fazendo com que as pessoas ignorem, neguem e reprimam a compreensão subjetiva de si mesmas e da contribuição que dão para o seu próprio sofrimento.

Os pontos de vista objetivo e subjetivo podem ser equilibrados se aceitarmos como verdadeiros os fatos científicos válidos a respeito de Michael D. e, depois, examinarmos o sentido que a vida tem *para ele*. Um tratamento equilibrado da depressão dele englobaria tanto a farmacoterapia quanto a psicoterapia. A combinação dos pontos de vista objetivo e subjetivo é o meio mais equilibrado para a compreensão de uma situação humana. A ciência pode nos dar um conhecimento válido da biologia do corpo humano, bem como de alguns aspectos do comportamento social. Não há dúvida de que a biologia e a sociedade moldam e influenciam a vida e a conduta do ser humano. Os fatos e teorias biológicas e sociológicas podem ser válidos, mas são incompletos. Representam somente dois terços da tríade necessária. Para compreender plenamente as emoções e o comportamento do ser humano, é indispensável compreender também a dinâmica da mente subjetiva.[8]

Se o nível de serotonina de Michael D. está realmente em baixa, é muito possível que a prolongada tensão de se sentir impotente e sem esperança devido à luta existencial com o sentido da vida e do trabalho tenha causado essa queda. Ainda que a falta de serotonina seja um resultado e não uma causa da depressão, ela pode contribuir para a languidez e a falta de energia que tornam a recuperação mais difícil. Ainda que a causa da depressão seja primordialmente psicológica, ela causa reverberações fisiológicas que são difíceis de reverter. Os antidepressivos podem reverter essa inércia. Eu digo aos meus pacientes que o Prozac é como a manivela de dar partida num carro antigo. É preciso girar a manivela para ligar o motor, mas, uma vez que ele está ligado, você pode parar de girar. O mesmo acontece com os antidepressivos, desde que o paciente também se dedique a refletir sobre si mesmo. Caso contrário, é muito provável que ele volte à condição anterior. Eu aconselho com veemência todos os meus pacientes que tomam antidepressivos a também examinar diligentemente a si mesmos, de preferência acompanhados por um psicoterapeuta maduro e experiente.

Aspectos Psicológicos da Subjetividade

Para compreender Michael D. sob o ponto de vista subjetivo, é preciso saber algo a respeito de como ele vê a vida, das suas esperanças e expectativas, seus desejos e seus temores, suas negações e defesas. Ele sempre foi idealista. Derivou isso dos ideais da mãe, do amor que ela lhe dedicava e das ambições e expectativas dela para com ele. Para ser um bom filho e deixar sua mãe feliz, ele assumiu o papel complementar de querer ser a pessoa que ela queria que ele fosse e lutar para fazer na vida algo que valesse a pena, tudo isso para agradá-la. Em si mesmas, essas motivações não são ruins; mas não eram as motivações espontâneas de Michael D. Eram implantes que lhe vinham da mãe. Haviam aderido nele com a cola da culpa e, portanto, não eram autênticos.

O idealista é aquele que acha que a vida pode ser o que ele pensa que ela deve ser ou quer que ela seja. O Projeto Felicidade de Michael D. se baseava em várias expectativas irreais. Quando jovem, ele pensava que podia salvar o mundo ou, pelo menos, deixá-lo bem melhor ao sair do que estava antes da sua chegada. Seu ego o exigia. Se ele não conseguisse sentir-se importante por meio do trabalho, entraria em crise; começaria a sentir-se medíocre e inútil. Ele idealizava a vida, a profissão que escolheu e a mulher com quem se casou. Achava que, se trabalhasse bastante e tentasse fazer o que é certo, seria bem-sucedido e obteria toda sorte de recompensas e satisfações. Achava que o ensino e a publicação de livros, o casamento, a família e a vida de classe média iriam satisfazê-lo. A ironia e a tragédia de Michael D., à qual todos nós estamos sujeitos, é que a vida não foi o que ele pensava e queria que ela fosse. Quando ele obteve tudo o que ele achava que ia fazê-lo feliz, ele não queria mais nada daquilo.

A prática do Direito não era tão altruísta e fascinante quanto ele esperava e imaginava. Todos os dias ele tinha de lidar com clientes exigentes. Alguns eram culpados. Outros mentiam. Outros eram inocentes, mas ele, ainda assim, cobrava bem alto para poder sustentar sua família e seu modo de vida. Michael tinha pavor da rotina dos detalhes do escritório. Detestava a hipocrisia de beber e almoçar com colegas chatos que ele nem apreciava nem respeitava, simplesmente para conseguir deles boas referências. Era dilacerado pela tensão de cobrar honorários e pagar contas, pela delicada armadilha de obrigações e responsabilidades para com a carreira e a família, que o impediam de explorar seus talentos de escritor e pintor. O casamento com a mulher a quem amava não era o paraíso que ele pensou que seria. Eles tiveram vários conflitos e brigas que levantaram uma tênue mas forte barreira entre eles. Seu relacionamento sexual tinha se tornado rotineiro, sem imaginação e sem graça. Michael se sentia atraído por outras mulheres mas não tinha coragem de levar a cabo seus desejos. Sentia que a vida o estava deixando para trás. Sua busca da felicidade tornara-se uma causa perdida, que já não fazia sentido nenhum. Incapaz de vislumbrar um modo de ser feliz no futuro, ele pensou em acabar com tudo.

Se o ponto de vista objetivo pode ajudar Michael D. mediante a prescrição de um antidepressivo, como o ponto de vista subjetivo poderia ajudá-lo? Em primeiro lugar, poderia encorajá-lo a olhar para si mesmo, para o modo pelo qual ele encara a vida, para as decisões que tomou e para as reações que teve perante as diversas situações. Se tiver a oportunidade de examinar a si mesmo e refletir, talvez Michael perceba que tem um pouco de responsabilidade pela sua depressão e, portanto, pela cura. É muito difícil para algumas pessoas aceitar isso. É como se estivéssemos acusando a vítima. Elas perguntam: "Como é que a depressão pode ser uma doença da qual a vítima é a culpada? Será que as companhias de seguros de saúde pagariam pela terapia se o paciente fosse considerado culpado pela doença?"

Lembre-se, entretanto, de que a psicoterapia só pode dar certo se o paciente assumir a responsabilidade pelos seus estados mentais e suas ações. O sucesso da psicoterapia depende de que o sujeito compreenda o próprio sofrimento e se responsabilize por ele. Nem todos respondem à terapia porque nem todos se responsabilizam por si mesmos. Algumas pessoas tentam e outras não. Algumas são corajosas o suficiente para encarar os aspectos dolorosos do seu passado, do seu caráter e da sua vida. Outras não. A eficácia da psicoterapia depende da abertura e da flexibilidade do paciente. Depende da capacidade e da vontade que o paciente tem de se exprimir abertamente, de prestar atenção, de refletir a respeito da vida sob diferentes perspectivas e de reagir ao que aprendeu e aplicá-lo nas situações reais da vida. É muito estranha a idéia de que as pessoas são responsáveis por sair da depressão mas não por ter entrado nela.

Se observasse e refletisse, Michael D. poderia perceber que a depressão resultara das suas próprias opiniões e atitudes em relação à vida, particularmente da irrealidade dos seus desejos, esperanças, expectativas e ideais. O seu amor-próprio se baseava no agradar sua mãe, embora ele tivesse incorporado os valores dela como se fossem dele mesmo. Durante toda a sua vida, ele lutou para ser bem-sucedido e especial. Queria ficar famoso como um advogado brilhante, que ajudava as pessoas. Queria casar-se com uma esposa linda, a quem ele amasse e que o amasse, com quem poderia levar uma vida emocionante. Queria desfrutar de um alto padrão de vida. Ele acreditava que essas coisas o fariam feliz. Obteve todas elas, mas não obteve a felicidade. A confusão e a insatisfação internas permaneciam.

Do ponto de vista subjetivo, Michael está deprimido porque contava com a realização dos seus ideais para ser feliz no futuro. Em vez de se relacionar com a vida como ela é, à medida que ela se desenrola, ele se relacionou com seus ideais, sonhos, anseios e desejos, tomando-os como seus guias. Por causa disso, ele exigiu mais da vida do que ela podia lhe dar, e isso pareceu-lhe uma perda terrível. Ele queria que o seu trabalho fosse puro e emocionante, mas ele era chato e rotineiro. Queria que a esposa fosse eternamente carinhosa e atraente, mas ela está mais velha agora e às vezes fica cansada. Michael acreditava que, se vivesse o que convencionalmente se chama uma "boa vida", ele seria feliz. O seu Projeto Felicidade, falido, era a fonte do seu sofrimento.

Quando começou a fazer terapia, Michael foi ficando cada vez mais confuso. Na verdade, seria mais acertado dizer que ele foi ficando mais consciente da sua confusão, a qual ele tinha tentado esconder e negar com suas crenças e suposições ilusórias sobre a vida. Ele não conseguia entender a idéia de que sua depressão envolvia não só um desequilíbrio bioquímico, mas também um desequilíbrio nos seus pensamentos, sentimentos e ações. No início, Michael explicou seu problema segundo o modelo médico: ele não era feliz porque estava deprimido. Ele não estava preparado para examinar a possibilidade de a depressão não ser a causa dessa infelicidade, mas um dos seus efeitos. A crença de que estava sofrendo de um desequilíbrio bioquímico se tornou uma manobra defensiva que lhe permitia continuar apegado às suas fantasias imaturas sobre a vida, continuar esperando pelo impossível.

À medida que fomos conversando e ele foi relembrando e revendo a história de sua vida, Michael começou a pensar de modo mais subjetivo e a tomar consciência de certos sentimentos que antes ele havia posto de lado. Começou a perceber que a depressão tinha medrado no contexto das suas idéias, sentimentos, interpretações e reações às situações e às pessoas. Quando começou a pensar de modo subjetivo, ele passou a ver que a depressão estava relacionada com suas idéias sobre como a vida deveria ser, e com o sentimento concomitante de que a vida não era o que ele queria que fosse. Essa vida, sua única vida, não tinha se desenrolado como ele queria. Ele tinha a expectativa de uma carreira e um casamento satisfatórios, mas acabou achando-os chatos e desinteressantes. Sentia-se um fracassado, um inútil, um perdedor.

Aos poucos, começou a aceitar a idéia de que estava deprimido por causa da distância que havia entre os seus desejos e expectativas e a vida real. Teve de encarar esses fatos para superar a depressão. Enquanto lutava com suas decepções, ele começou a perceber que o problema não era o que a vida não lhe havia dado, mas que ele queria mais da vida do que ela podia lhe dar. Isso azedou tudo para ele. Ele queria que o trabalho e a esposa fossem diferentes do que eram. Por isso, não conseguia desfrutar de alguns aspectos deles tais como realmente eram. Ele queria que tudo fosse maravilhoso — queria que o seu trabalho fosse emocionante e socialmente significativo, que a esposa fosse atraente e interessante, que os filhos fossem vencedores obedientes. Morria de medo da decepção, da chatice e da mesmice. Queria ser feliz para sempre, sem sofrimento — um projeto que está destinado a não dar certo.

À medida que falava e refletia, ele começou a ver como é possível que toda profissão, por mais chamativa que seja, é, sob alguns aspectos, rotineira e repetitiva. Ao pensar a respeito, ele se deu conta de que poucas pessoas são capazes de influenciar o curso dos fatos sociais e históricos, como ele, egoisticamente, esperava fazer. Relutantemente, foi capaz de admitir que sua esposa era uma pessoa comum, não uma beldade perpétua, provedora de todas as suas necessidades. Numa súbita intuição, ele percebeu que tinha ciúmes dos filhos e que ficava com raiva da esposa por não lhe dar mais atenção, assim como tivera raiva da mãe por causa da atenção que ela dava aos seus irmãos mais novos. Além disso, estava zangado com a esposa porque ela não se interessava mais pelo sexo.

À medida que foi começando a ver as coisas de maneira diferente, ele passou a agir de maneira diferente. Reduziu suas expectativas a um nível mais razoável. Em vez de ter como certo que o trabalho seria automaticamente satisfatório, ele se condicionou a buscar o que havia de positivo em cada situação, fazer o possível para tornar seus dias mais interessantes e gratificantes e aceitar o que não pudesse mudar. Em vez de esperar que a esposa o atendesse servilmente e satisfizesse todas as suas necessidades, ele começou a escutá-la, a ver as coisas do ponto de vista dela e a dar atenção às necessidades dela. Aos poucos, eles se tornaram amigos — e amantes — outra vez.

Aspectos Espirituais da Subjetividade

Sigmund Freud fazia uma distinção entre o sofrimento extraordinário dos neuróticos e o sofrimento ordinário da vida diária. Admitia que a psicanálise só era capaz de reduzir o sofrimento neurótico no nível do sofrimento ordinário. Hoje em dia, muitas pessoas concordam com Freud: acham que a psicoterapia pode ajudar a aliviar os sofrimentos extraordinários, tais como a ansiedade severa, a depressão profunda, a ira explosiva, sentimentos intensos de culpa ou vergonha, etc., mas não tem poder algum sobre o sofrimento ordinário, que é uma parte intrínseca do ser humano e que todas as pessoas sentem. Essa forma de sofrimento, crêem elas, está sob o domínio da religião.

Cada escola de psicoterapia trata o sofrimento segundo sua visão singular mas limitada. Os psicoterapeutas cognitivos afirmam, não sem razão, que o sofrimento neurótico provém de um modo de ver errado, e que a terapia cognitiva pode ajudar a pessoa a examinar e corrigir certos modos de ver a vida: os idealistas demais, os irreais, os distorcidos, os derrotistas. A psicoterapia do comportamento pode ajudar a descondicionar e eliminar os hábitos de comportamento negativos e autodestrutivos. A gestalt e outras formas de terapia podem ajudar a pessoa a reviver e integrar traumas e decepções do passado e desenvolver pensamentos e sentimentos mais positivos, sobretudo sentimentos de amor-próprio. A terapia analítica pode ajudar a pessoa a compreender melhor o seu passado e a relação deste com as suas motivações, temores e mecanismos de defesa. Mas a psicoterapia, por se apoiar demasiado na ciência, não pode incorporar com tanta facilidade a sabedoria das eras passadas, sabedoria que, tradicionalmente, sempre esteve sob a jurisdição da religião. Os psicoterapeutas se concebem como dependentes do conhecimento científico e, por isso, não podem dar a entender que estão sendo influenciados por idéias religiosas. A sabedoria religiosa é oficialmente excluída da psicoterapia porque não pode ser medida, quantificada nem avaliada pelas empresas de planos de saúde.

A visão espiritual do sofrimento não exige uma crença num deus nem num dogma ou ensinamento religioso em particular. Exige, isto sim, que se passe a ver a vida de maneira mais madura, que se abram os olhos para os fatos da vida e para o papel da mente na origem do sofrimento e na obtenção da felicidade. E exige que se ponha em prática a sabedoria que vem de uma consciência e uma reflexão mais profundas.

Um dos ensinamentos básicos de todas as religiões, e um dos fatos fundamentais da existência, é que a vida é difícil e o sofrimento é uma parte inalienável da vida. Os momentos de felicidade existem, mas são difíceis de atingir e, quando atingidos, são efêmeros. Na tradição judeu-cristã, esse fato é apresentado metaforicamente no Gênesis, quando Deus castiga Adão e Eva pelo pecado original cometido no Jardim do Éden. Ele impõe a Eva um parto doloroso e a obediência ao marido; e, a Adão, obriga a trabalhar com o suor do seu rosto para sobreviver em meio a uma natureza indiferente às suas necessidades. Na tradição do Antigo Testamento, a vida é um "vale de lágrimas". A compreensão desse mesmo fato levou Sigmund Freud a lamentar: "A intenção de que o homem seja 'feliz' não faz parte do esquema da criação."[10]

Essa idéia está expressa na tradição budista como a primeira nobre verdade — a verdade do sofrimento. A consciência da verdade do sofrimento, da natureza e das causas do sofrimento, é o primeiro passo em direção à iluminação. Um dos ensinamentos dos "quatro pensamentos fundamentais do *ngondro*",[11] — as práticas preliminares do budismo tibetano — é o de que "a vida temporal é essencialmente insatisfatória". Em outras palavras, é difícil encontrar a felicidade duradoura neste vale de lágrimas, que é o círculo vicioso do samsara. O fato fundamental é que a dor é uma parte inalienável da vida neste mundo — não somente a dor física, mas também a dor psico-emocional das decepções, das perdas, da ansiedade, da depressão, da culpa, da vergonha, do enfado, etc. O ponto sobre o qual se deve refletir é a escolha entre tentar evitar o inevitável, o que só causa mais sofrimento, e viver e sentir o inevitável na íntegra, com consciência e destreza.

A consciência e a investigação do sofrimento é uma parte importante da psicoterapia, embora não seja reconhecida como um ensinamento espiritual. Quando Michael examinou seus sentimentos de decepção, ele percebeu o quão irreal era a sua expectativa de que a vida se curvasse aos seus desejos, anseios e exigências. Percebeu também que a vinculação das suas esperanças de felicidade futura com a realização dos seus sonhos tinha sido a preparação para a queda. Era como viver no mundo dos sonhos. A idéia de que os nossos Projetos Felicidade sempre se realizarão, e de que é possível ser feliz para sempre, é uma das causas principais da infelicidade, da dor e do sofrimento do ser humano. Michael teve de encarar os seus desejos irreais e os pensamentos negativos que eles geravam. Teve de encarar e sentir o seu sofrimento, as suas decepções, e seu enfado, a sua falta de amor-próprio, a sua ira — toda a sua confusão interior — e trabalhar para transformá-la em algo positivo. Teve de transformar alquimicamente a si mesmo, do chumbo do sofrimento ao ouro da tranqüilidade interior. Como dizem os tibetanos, teve de transformar vinagre em mel. O mesmo sentimento se expressa no aforismo: "Se a vida lhe dá um limão, faça uma limonada."

A segunda verdade espiritual que é importante para a psicoterapia é que a causa próxima e a qualidade do nosso sofrimento estão na nossa mente, e não no mundo externo. O mundo externo é neutro. Ele contém tanto a vida quanto a morte. A idéia de um cosmos indiferente aos nossos desejos e exigências, mesmo que não às nossas necessidades, é compatível com a visão budista, que afirma que a fonte e a origem do nosso sofrimento estão dentro de nós mesmos. Os cristãos identificam essa fonte interna de sofrimento com o pecado original. Em todas as tradições, a jornada espiritual é uma jornada interior. A oração silenciosa do cristão é uma forma de meditação, uma oportunidade de examinar a mente e se familiarizar com ela.

Quando Michael passou a examinar sua mente e seus sentimentos, ele começou a perceber que a sua vida mental e emocional era alimentada e motivada pelos seus desejos e temores egoístas. Começou a ver que a sua depressão era o sofrer das suas esperanças irrealizadas. Essa é uma intuição fundamental que diz respeito tanto à psicoterapia quanto à vida espiritual.

Na tradição judeu-cristã, essa verdade se expressa na oração luterana: "Seja feita a tua vontade, Senhor, não a minha." Esse axioma expressa a idéia de que a felicidade se obtém por meio da aceitação da "vontade de Deus", e não por meio da inútil busca de satisfazer o nosso sem-número de desejos egoístas. Este último estado é a posição do narcisista, cujo lema, ao contrário, é: "Seja feita a minha vontade e não a tua." O narcisista pensa: "A vida deveria ser o que eu quero que ela seja, e não o que ela é." À medida que amadurecemos, o axioma se inverte. Michael aprendeu que um dos segredos da felicidade é a compreensão madura: "A vida é como ela é, não como eu quero que ela seja."

Nos ensinamentos budistas, os três venenos — desejo, aversão e ignorância — são a fonte do sofrimento que causamos a nós mesmos e ao próximo. Os desejos de Michael, cuja satisfação ele achava que lhe daria a felicidade, eram a fonte do seu sofrimento. A percepção trágica que escondemos de nós mesmos é que a coisa mesma que pensamos que nos fará felizes é a fonte dos nossos problemas e da nossa dor.

A VISÃO BUDISTA

CAPÍTULO QUATRO

Visão, Caminho, Realização: O Acesso Empírico à Sabedoria e à Autotransformação

> Meditar sem ouvir e refletir é cegueira. Mas ouvir e refletir sem meditar é como ter olhos mas não ter pernas.
>
> — Khenpo Tsultrim Gyamtso, *Progressive Stages of Meditation on Emptiness*

A busca dos pontos comuns à ciência e à religião, às perspectivas objetiva e subjetiva, é uma tarefa gigantesca. As contradições entre as duas perspectivas parecem irredutíveis, parecem impregnar todos os aspectos de cada uma delas. A ciência, campeã da objetividade, adquiriu o seu poder por ter purgado a si mesma de todas as crenças e valores empiricamente insustentáveis, enquanto a religião, paladina da subjetividade, parece acalentar crenças que a ciência não pode provar, como a crença na existência de seres sobrenaturais, e defender imperativos morais, às vezes de modo fanático e tirânico. Ainda assim, temos de encetar essa busca se quisermos integrar conhecimento e valor, superar a nossa ignorância, desvelar os segredos que escondemos de nós mesmos e encarar os problemas da vida de modo mais são e inteligente.

O problema se simplifica quando nos lembramos de que não estamos procurando unificar a ciência e a religião, mas somente buscar os pontos comuns a ambos. A ciência e a religião são atividades diferentes, e não podemos fazer de conta que essas diferenças não existem. Por outro lado, o fato de elas serem diferentes não significa que não possuam pontos em comum. Assim como o homem e a mulher são diferentes, mas são ambos humanos, a ciência e a religião podem diferir e, ainda assim, compartilhar de um conjunto de pontos comuns.

Para que uma religião compartilhe de um ponto comum com a ciência ela precisa, no mínimo, aceitar como verdadeiros os fatos científicos. No mundo ocidental, algumas religiões, especialmente as do tipo fundamentalista, rejeitam a autoridade da ciência e de certas asserções científicas. O famoso caso judiciário chamado "Tennessee Scopes", que pôs no ringue os fundamentalistas protestantes contra os darwinistas, tornou-se um símbolo do conflito entre a religião e a ciência. Os fundamentalistas, que interpretam a Bíblia literalmente, crêem que os seres humanos são uma criação especial de Deus e rejeitam a opinião científica de que os seres humanos evoluíram dos animais. Os darwinistas, por outro lado, rejeitam o criacionismo por ser algo que a ciência é incapaz de verificar. Sob esse ponto de vista, a religião e a ciência parecem fundamentalmente contraditórias e irreconciliáveis.

Entretanto, o conflito entre religião e ciência não é nem intrínseco nem necessário. Muito pelo contrário: quanto mais a religião estiver disposta a aceitar como verdadeiros os fatos científicos, mais crível e confiável ela se torna. O budismo é uma religião assim. Os budistas podem aceitar como verdadeiros todos os fatos comprovados pela ciência. O Dalai Lama, líder espiritual dos budistas tibetanos, encorajou explicitamente os seus seguidores a aceitar todos os fatos e teorias científicos.[1] Se um fato científico contradiz um ponto da doutrina, ele recomenda que este seja reexaminado e reconsiderado. No budismo, não existe incompatibilidade intrínseca entre religião e ciência.

Ao contrário das religiões que rejeitam as descobertas científicas que entram em conflito com os seus dogmas, os budistas podem aceitar abertamente as descobertas da ciência como "verdades relativas". A verdade relativa é o conhecimento adquirido pelo sujeito sobre o mundo objetivo. Inclui todo o conhecimento e todos os conceitos científicos factuais. Os cientistas modernos já conhecem muito bem o conceito de verdade relativa, uma vez que, pelos postulados da Teoria da Relatividade de Einstein e da física quântica, o conhecimento que temos do mundo físico é um produto da relação entre o observador e o observado.[2] Aceitando os fatos científicos como verdades relativas, o budismo compartilha um ponto comum com a ciência.

Ainda que uma religião atenda a esse critério mínimo, ela, entretanto, não terá nenhum ponto *significativo* em comum com a ciência se permanecer aferrada a crenças contraditórias com o método científico, ou que não sejam passíveis de prova por meio deste. Por exemplo, a crença num Criador sobrenatural e onipotente não é compatível com a ciência, porque esse ser invisível não pode ser observado pelo método empírico e parece, portanto, não ser passível de verificação e inacessível.

Mas nem todas as religiões compartilham da crença num Criador onipotente. O budismo é uma religião atéia, na medida em que não crê num Criador Todo-poderoso. No geral, os budistas orientais crêem em deuses sobrenaturais. Alguns budistas orientais crêem na existência literal desses seres. Outros os vêem como projeções da mente. Porém, não é necessário crer na existência literal desses deuses para ser um bom budista. O bom budista pode até rejeitar ou encarar com ceticismo qualquer crença que entre em conflito com os fatos científicos. O budismo é diferente das outras religiões na medida em que o praticante é livre para rejeitar ou deixar em suspenso a crença em qualquer idéia — inclusive a crença nos deuses, em poderes sobrenaturais e na reencarnação — que seja contraditória com os fatos científicos comprovados ou que não possa ser conhecida e verificada por meio da experiência e da observação.

O Budismo Como uma Ciência da Mente

Para que os indivíduos modernos de mentalidade científica tenham pleno acesso à sabedoria esotérica que nos ajuda a ver as verdades que escondemos de nós mesmos, é necessário que tenham acesso a uma religião compatível com a ciência, que aceite como verdadeiros todos os fatos científicos e não proponha crenças que sejam contraditas por esses. O fato de o budismo ser uma religião assim explica, pelo menos em parte, por que ele fascina tanto os ocidentais. Na verdade, porém, a grande maioria dos ocidentais não percebe o grau de compatibilidade que o budismo tem com a ciência.

O budismo é compatível com a ciência ocidental não somente porque aceita todas as evidências científicas como válidas, mas também porque encara o conhecimento sob um ponto de vista fundamentalmente empírico. A idéia de que uma religião possa chegar à verdade por meio de métodos empíricos é estranha para os ocidentais. As religiões ocidentais do Antigo Testamento — judaísmo, cristianismo e islamismo — se apóiam principalmente na fé e na palavra segura das escrituras para conhecer Deus e a vontade de Deus.

Na epistemologia do budismo tibetano, chamada *lo-rig* (literalmente: percepção-conhecimento), as duas formas primordiais do conhecimento, que não dão margem ao erro e à contração, são a percepção direta e cognição dedutiva.[3] A primeira é semelhante à observação científica e a segunda é equivalente à inferência lógica. Nesse sentido, a visão budista da mente e do mundo se baseia na experiência, na observação e na lógica, e não faz apelo algum à autoridade, à doutrina tradicional, à superstição ou às crenças comuns.[4] Por essa razão, o budismo foi corretamente qualificado como uma "ciência da mente".

Os budistas também têm suas escrituras sagradas, chamadas *sutras*. E os lamas muitas vezes apelam para a autoridade dos sutras nos seus ensinamentos. Os budistas também se apóiam com freqüência na palavra de *yogues* venerados. Supõe-se que alguns yogues têm o poder de perceber diretamente a verdade — o que se chama de "percepção direta yogue". Mesmo assim, a abordagem cognitiva empírica é fundamental para o caminho budista. Não é necessário aceitar os ensinamentos não-empíricos do budismo para aceitar suas idéias empíricas. Não é necessário aceitar as palavras das escrituras ou de um yogue venerado, se isto contradiz um fato científico conhecido. Está escrito nos sutras que, no fim da sua vida, o Buda pediu encarecidamente aos seus discípulos que não aceitassem os seus ensinamentos por uma fé cega ou por respeito ou deferência a ele enquanto autoridade. "Sede uma luz para vós mesmos", aconselhou. Eis um legado com o qual o indivíduo moderno de mente científica pode concordar comodamente.

O Buda pediu a seus discípulos que se baseassem na própria inteligência para descobrir as verdades fundamentais da vida e da mente. Pediu-lhes que usassem "o teste dos joalheiros" — uma prova empírica para verificar a pureza do ouro, utilizada naquela época. O joalheiro não confiava na palavra de um vendedor de que uma pedra era ouro; poderia ser ouro de tolo, bronze ou cobre. O joalheiro testava a pedra esfregando-a, cortando-a, esquentando-a, pesando-a — usando todos os métodos conhecidos para determinar se ela era de ouro ou não. Do mesmo modo, os budistas são encorajados a pôr os ensinamentos à prova por meio da observação, da análise e da reflexão, para determinar por si mesmos o que é verdadeiro e o que é falso.

A confiança que os budistas depositavam na evidência e na lógica, em vez de depositá-la na autoridade e na fé, é ilustrada por uma historinha sobre Mullah Nasrudin, um místico sufi aparentemente abjeto que ensinava por meio da tolice e da loucura. Um dia, um amigo veio pedir o burro de Mullah emprestado. "O burro não está aqui", disse ele. Naquele mesmo instante, do lado de fora da janela, o burro relinchou. "Achei que você tinha dito que o burro não estava aqui!", reclamou o visitante, indignado. "Em quem você vai acreditar?", respondeu Mullah igualmente indignado. "Em mim ou no burro?"

Os budistas são livres para acreditar no burro. Como os cientistas, os budistas podem confiar somente nas próprias observações e análises lógicas. É verdade que muitos budistas, os ocidentais inclusive, vêem a fé como uma base válida para o conhecimento espiritual e aceitam como verdadeiras muitas crenças que não foram nem podem ser verificadas pela ciência.[5] Mas isto não é um requisito para se ser budista. O budista não é obrigado a crer em nada por fé ou pela autoridade de quem diz; é livre para rejeitar qualquer proposição que não seja nem possa ser diretamente verificável ou deduzida pela lógica.

Sendo um ocidental adepto da ciência, eu não creio em muitas idéias que são erroneamente estereotipadas como "budistas", tais como a crença nos poderes psíquicos "paranormais" ou fenômenos preternaturais inclusive a reencarnação pessoal literal, a clarividência, o teletransporte, sortilégios, espíritos desencarnados e ou outros tipos de espiritualismo de miolo mole. Como aluno do Namgyal Monastery Institute of Buddhist Studies [Instituto de Estudos Budistas do Mosteiro Namgyal], eu muitas vezes encetei debates amistosos com outros estudantes, professores ocidentais e até mesmo com alguns lamas que pareciam crer num renascimento pessoal literal, na clarividência e em outros poderes sobrenaturais especiais que os praticantes avançados da yoga supostamente possuem. Eu expresso minha reserva a respeito desses fenômenos porque não tenho conhecimento direto deles nem posso deduzir-lhe a existência pela lógica. Nesses assuntos tenho, portanto, de me portar como um agnóstico e ficar em silêncio. Os lamas de Namgyal aceitam bondosamente o meu ceticismo (muito embora alguns deles, em particular, creiam que eu não tenho a capacidade necessária para observar essas verdades sutis) e observam, com uma nota de aprovação, que o Buda nos ensinou a basearmos nossas opiniões na observação e na lógica.

Os Princípios Básicos da Ciência

Vimos que o budismo compartilha um ponto de vista comum com a ciência por serem os budistas livres para aceitar como verdadeiros os fatos científicos e rejeitar as idéias que não podem ser comprovadas pela observação direta ou pela dedução lógica. Além disso, vimos que a concepção budista da vida é fundamentalmente empírica. Vamos agora examinar o que é essa abordagem empírica.

O sinal característico da abordagem empírica é a afirmação de que o conhecimento válido se baseia num apelo à observação, à experiência e ao raciocínio, e não num apelo à autoridade, à tradição ou à superstição. A experiência é o fundamento do método científico. Temos a tendência de conceber o método científico segundo a imagem estereotipada de um grupo de especialistas conduzindo experimentos com aparelhos sofisticados de medição e deduzindo fatos empíricos e previsões de outros fatos ainda por meio de complicadas análises matemáticas. Isto, porém, é uma caricatura. O método científico é mais amplo do que isso. Ele é, em essência, um método inteligente para resolver problemas.[6] É uma investigação precisa, sistemática, disciplinada e *crítica* sobre a natureza dos fenômenos que nos habilita compreendê-los, manipulá-los e controlá-los a serviço das necessidades, desejos e interesses do ser humano — mesmo que seja somente no interesse da curiosidade.

A estratégia científica normal para a resolução de problemas se decompõe em algumas etapas básicas: (1) A primeira etapa consiste em definir o problema. Do ponto de vista budista, o problema é o sofrimento. (2) A segunda etapa consiste em se familiarizar com o problema, observá-lo e colher informações a respeito dele. (3) A terceira etapa é interpretar as informações, fazendo inferências lógicas e razoáveis a respeito. (4) A quarta etapa consiste em pôr à prova essas inferências ou hipóteses, conduzindo outras observações sistemáticas e incluindo nelas, se possível, a manipulação de variáveis independentes. (5) A etapa final é a formulação de um plano de ação baseado no conhecimento adquirido por meio da observação e do raciocínio; se levado a cabo com destreza, esse plano de ação é bem capaz de resolver satisfatoriamente o problema.

Muitas vezes, o conhecimento adquirido nessas investigações empíricas leva ao desenvolvimento de ferramentas e técnicas mais interessantes e úteis. John Dewey acreditava que a ciência se baseia num processo contínuo de ação e reflexão. Essa interação é uma característica da ciência e da tecnologia e da teoria e da prática. A ciência descobre um conhecimento que, quando aplicado de maneira correta aos problemas humanos, produz efeitos que levam a um novo conhecimento e, assim esperamos, a um aumento da felicidade humana. No budismo, o mesmo princípio é conhecido como *visão, caminho* e *realização*.

A Ciência de Transformação da Mente

O budismo, como ciência, lida com o problema do sofrimento de maneira metódica e ordenada. Os budistas procuram resolver esse problema em três estágios, chamados visão, caminho e realização. A lógica é a mesma da resolução de problemas científicos. Em face de um problema, seja um problema mecânico com o carro, um problema médico com o corpo, um problema emocional ou uma crise espiritual em nossa vida, a abordagem racional consiste em, primeiro, tentar compreender a natureza do problema, e, então, à luz desta compreensão, conceber o melhor meio para resolvê-lo. A visão é a compreensão; o caminho é o meio; a realização é a solução.

Só quem entende como um carro funciona pode consertá-lo quando ele pára de funcionar. Somente entendendo de anatomia, fisiologia e patologia é que o médico pode aplicar os métodos e técnicas apropriados para o tratamento e restaurar a saúde e o bem-estar. Do mesmo modo, é só pela compreensão da natureza da mente que se pode encontrar o caminho da felicidade. Em termos ocidentais, Visão e Caminho = Ciência e Tecnologia = Teoria e Prática = Sabedoria e Método. A realização é o resultado positivo do uso da *visão correta* e do *caminho correto*.

A visão correta é essencial para buscar a felicidade de maneira inteligente. Não estamos falando aqui a respeito de a visão correta no sentido da visão de uma pessoa, ou de um grupo, ser superior à visão de outra pessoa ou grupo. *Visão correta* aqui se refere à harmonia da mente cognoscente com a natureza dos fenômenos tais como eles são na verdade. A maneira pela qual vemos o mundo molda a maneira pela qual agimos e nos sentimos nele. Se vemos o cosmos como algo pessoalmente hostil a nós, ou decepcionante, ou sem sentido, vamos ser inevitavelmente assombrados por uma ansiedade que se esconde nos recantos escuros da nossa mente e que periodicamente irrompe na consciência com uma intensidade desestabilizante. Se vemos a existência como algo benévolo ou pelo menos agradável, será mais fácil para nós nos descontrairmos nela; talvez sejamos mais tolerantes, mais agradecidos, mais generosos e menos inclinados a sair do equilíbrio e cair na dor das emoções negativas.

A maneira como vemos o mundo molda a maneira pela qual nos sentimos e agimos nele. Se a nossa visão de mundo for correspondente à realidade — aos fatos da vida tais e quais ele são —, estaremos mais preparados para acompanhar habilidosamente as mudanças incessantes da vida. Nas palavras da Oração da Serenidade, teremos a coragem de mudar as coisas que podemos mudar, a serenidade para aceitar as coisas que não podemos mudar e a sabedoria para conhecer a diferença entre umas e outras. Por outro lado, se a nossa visão de mundo contradiz a natureza das coisas, se nós lutamos contra a realidade, é certo que vamos perder. A realidade é mais forte do que nós. Quem luta contra a realidade está destinado a perder a briga, a sofrer e, muito provavelmente, a enlouquecer.

O conceito budista de *visão* usa a analogia do olho para representar a sabedoria. As palavras "visão" e *wisdom* ["sabedoria" em inglês] vêm da mesma raiz da palavra latina "video" — *videre* —, que significa "ver". Os textos sagrados hindus, os Vedas, receberam esse nome porque são uma "visão" da verdade. A visão está associada à cognição. Ver é conhecer. O visionário é a pessoa que vê ou sabe o que os outros não vêem nem sabem. A sabedoria é a visão nítida da natureza da existência e do lugar do homem dentro dela. O oposto de ver é a ignorância. A palavra sânscrita que designa a ignorância é *avidya* — literalmente, "não-visão", isto é, cegueira. A palavra tibetana que designa ignorância é *ma-rig-pa* — literalmente, "não-inteligência". Nessas analogias, a visão se identifica com o conhecimento, e a cegueira, com a ignorância.

A *visão* também é chamada de *chão*, porque a percepção que temos de nós mesmos e do mundo é o fundamento das nossas ações no mundo. Quando perguntaram ao Buda em que autoridade ele baseava seus ensinamentos, ele apontou para o chão, indicando, com este gesto, que a própria existência dava autoridade à sua visão. Muitas estátuas do Buda mostram-no sentado em meditação, apontando para a terra com o dedo.

A *visão* é a imagem última que formamos de nós mesmos e do nosso mundo. Ter a visão correta significa "ver claramente", isto é, ver sem a obscuridade do desejo e do medo em nossos pensamentos. Se virmos claramente o nosso mundo e compreendermos o lugar que ocupamos nele, poderemos caminhar pela vida com mais agilidade e beleza. Quem tem a visão errada vê o mundo através da obscuridade dos seus desejos, medos, crenças falsas e ilusões. A visão errônea da existência e do lugar que ocupamos nela é ignorância, ou avidya. A ignorância produz ações tolas e ineficazes, que estão fora de harmonia com os fatos e o fluxo da vida e criam grande consternação, comoção e sofrimento para nós mesmos e para o próximo.[7]

O *caminho* é a prática, a praxe — o que nós fazemos de fato, como realmente vivemos no nosso dia-a-dia. O *caminho* é a "Via a Percorrer".[8] A palavra *tao* é representada, em chinês, por uma combinação de dois ideogramas que significam "cabeça" e "seguir" — o caminho correto da cabeça, ou da mente, pela vida, "a jornada da alma em direção a Deus".[9] Ver o tao significa ter a visão correta e tomar o caminho correto, ou seja, praticar a ação correta. Juntos, visão e caminho levam à *realização*. Juntos, eles são a ciência e a tecnologia da mente, o método para encontrar alívio para o sofrimento e alcançar um certo grau de clareza, equanimidade e alegria na vida.

No budismo, o método de observação da vida é a meditação. Jamgon Kongtrul Rinpoche definiu a meditação como "ficar íntimo de algo".[10] A meditação é um método para conhecer-se intimamente a natureza da mente e dos fenômenos. Há dois tipos básicos de meditação no budismo. O primeiro é chamado *shamatha* — uma palavra sânscrita que significa "viver na paz". A meditação shamatha também é chamada de meditação de "tranqüilidade" ou "estabilizadora". Sua função é a de concentrar, estabilizar e aquietar a mente. A mente normal sofre de hipermentalismo: o barulho e a confusão contínuos da corrente da consciência, que é alimentada pela biologia do desejo e do medo. Esse hipermentalismo sufoca o potencial de clareza natural da mente. A prática tradicional de shamatha ajuda a aquietar e concentrar a mente. Quando a mente se aquieta e consegue se concentrar, ela é capaz de examinar a si mesma para descobrir as verdades da existência.

O segundo tipo de meditação chama-se *vispashyana*, que significa literalmente "conhecimento superior" ou "intuição especial". Trata-se de uma forma analítica de meditação que nos permite ver com mais clareza o funcionamento da nossa mente e a maneira pela qual causamos o nosso próprio sofrimento e perturbamos o nosso potencial de ser felizes. Ainda que o âmago da verdade budista seja acessível por meio do estudo, da reflexão, da observação e do raciocínio, a plena realização e a integração desse conhecimento ao indivíduo exigem uma formação e uma disciplina extensivas e rigorosas. Quando aplicadas de maneira apropriada, a sabedoria adquirida nesse caminho de meditação faculta o desenvolvimento da compaixão, da virtude e da capacidade de lidar com as diversas situações. O fruto da visão correta e do caminho correto é um aumento da felicidade para nós mesmos e para o próximo.

CAPÍTULO CINCO

Quem é o Buda e o Que Ele Ensinou?

> E o que eu expliquei, ó Malunkyaputta? Expliquei, ó Malunkiaputta, o sofrimento; expliquei a origem do sofrimento; expliquei a extinção do sofrimento; e expliquei o caminho que leva à extinção do sofrimento.
>
> — O Buda, *The Teachings of the Compassionate Budda*

Já vimos que, para que as concepções do budismo, ou de qualquer outra religião, sejam compatíveis com a ciência, elas têm de atender a três requisitos. Em primeiro lugar, têm de aceitar como verdadeiros todos os fatos científicos comprovados. Em segundo, têm de rejeitar qualquer opinião contradita pela ciência ou que não seja, em princípio, passível de verificação pelo método empírico. Em terceiro, têm de ser obtidas pelos métodos de experiência, da observação e da lógica, sem fazer apelo algum à autoridade, à revelação, à escritura sagrada, à superstição ou a uma crença arbitrária.

Ao mesmo tempo, essa concepção religiosa tem de satisfazer o anseio da pessoa por uma imagem do cosmos que seja realista e operante; e tem de lhe dizer qual é a sua identidade dentro desse mesmo cosmos, proporcionando-lhe assim uma orientação para a vida que seja significativa e eficaz.

Será o budismo capaz de atender a esses critérios? Para começar essa investigação, talvez seja bom refletir sobre a vida e o caráter do fundador do budismo: Sidarta Gautama, o Buda Shakyamuni. Que espécie de homem foi o Buda histórico? Em que sentido sua vida é relevante para a nossa? O que podemos aprender com ele que possa nos ajudar a lidar com o sofrimento e a infelicidade?

É perfeitamente lícito perguntarmo-nos quem foi esse homem que alguns vêem como "o maior ser humano que já viveu". No Ocidente, somente Jesus de Nazaré tem uma reputação tão exaltada quanto a dele. Sidarta Gautama viveu há 2.500 anos. Nasceu por volta de 563 a.C. e morreu mais ou menos em 483 a.C. Poucos fatos da sua vida são conhecidos com certeza, e esses foram embelezados com lendas e mitos milagrosos, como aconteceu com Jesus e com outros heróis culturais. O herói cultural simboliza as aspirações de um povo. Ele transcende a norma e os padrões habituais para resolver um problema fundamental, realizar um sonho comum a muitas pessoas ou representar uma verdade universal. O Buda e Jesus são ambos heróis culturais que representam a verdade e a transcendência do sofrimento e cujas vidas foram idealizadas em mitos e lendas.

De acordo com a lenda, o Buda, como Cristo, nasceu milagrosamente. Quando a mãe de Sidarta, a rainha Mahamaya, tinha 16 anos, foi tomada de uma grande sensação de paz e sonhou que um elefante de seis presas entrara no seu ventre. Quando estava com nove meses e dez dias de gravidez, ela parou para descansar no meio de uma grande floresta e deu à luz, em pé, ao menino Buda, que saiu-lhe do ventre sem dor, sem nenhuma mancha de sangue ou muco.[2] O recém-nascido deu sete passos em cada uma das quatro direções e então, apontando para o céu, disse: "Neste universo, vim para purificar a alma confusa de todos os seres viventes."[3] Muitas pessoas acreditam que o Buda podia fazer milagres à vontade, levitar, voar e ler a mente dos outros. Seus discípulos acreditavam que ele era onisciente, que tudo — o passado, o presente e o futuro — era abarcado simultaneamente pelo seu conhecimento. Quando ele morreu, conta-se que torrentes de água caíram do céu para extinguir sua pira funerária.[4]

O Buda nunca se vangloriou de ter poderes sobre-humanos nem os exibiu. Ele não confirmava nem negava que os tinha. Ensinava que o uso dos poderes espirituais só para mostrar que se tem poder é um ato destrutivo, que infla o ego. Insistia continuamente em que era um ser mortal e não um deus. Não obstante, as pessoas querem deuses com poderes mágicos. Muitos budistas contemporâneos atribuem poderes mágicos ao Buda e a seus sucessores. Já encontrei diversos norte-americanos, inteligentes em todos os outros aspectos, que crêem que os lamas podem voar! Isso me parece uma adoração infantil do herói. Na minha opinião, os grandes líderes espirituais são seres humanos mortais; extraordinários, sem dúvida, mas, ainda assim, humanos, mortais e falíveis.

Freud pensava que a idéia de deus é uma projeção do anseio, próprio do ser humano atemorizado, de um pai protetor e benevolente.[5] A projeção do poder divino numa imagem humana cria uma personagem fictícia a cujos pés se pode orar pedindo ajuda, orientação, redenção e salvação. As pessoas querem acreditar em seres mágicos porque crêem que os poderes mágicos benéficos podem superar os obstáculos que se interpõem entre elas e seus desejos e tornar possível a felicidade; daí, então, temos o gênio da lâmpada, que atende a três desejos; a espada Excalibur, que derrota todos os inimigos; e o deus onipotente, que atende a todas as orações.

A adoração de uma personagem humana e divina oferece, sem dúvida, um consolo espiritual à humanidade sofredora, mas tem a desvantagem de deixar a pessoa exaltada totalmente fora de alcance. Quem será capaz de entender um deus, ou de imitá-lo? Por isso, é essencial procurar ver nossos deuses em termos humanos, ver o Buda como ele mesmo disse que era, um mortal como os outros, para podermos nos identificar com ele, compreender suas conquistas segundo a nossa perspectiva, visualizar suas realizações como possibilidades nossas.

Despido das lendas e mitos milagrosos, o Buda era um ser humano mortal com qualidades extraordinárias de inteligência e compaixão, tão entristecido com o sofrimento humano que dedicou a vida a aprender as causas e a cura do sofrimento e ensinar o que aprendera para o benefício dos outros.

Sidarta Gautama, o Buda histórico, nasceu perto de Kapilavastu, no norte da Índia, um pouco ao sul do Nepal. Seu pai, Sudodana, era um príncipe. Conta-se que, quando Sidarta era menino, seu pai consultou um vidente que predisse que, se o menino escolhesse a vida secular, ele se tornaria um grande rei, e, se escolhesse a vida espiritual, se tornaria um Buda.

O pai queria que ele perpetuasse a linhagem real. Preocupado com a idéia de ver o filho deixar o lar e se tornar um monge itinerante, Sudodana rodeou Sidarta de todos os luxos e confortos, tentando-o a viver uma vida sensual e secular com todas as diversões que somente grande riqueza e poder conseguem obter.

Como precaução extra, Sudodana determinou que seu herdeiro fosse impedido de ver e conhecer a doença, o sofrimento e a morte. Sidarta era um lindo menino, inteligente, atlético e talentoso. Cresceu e se tornou um homem, desfrutando de todos os benefícios e regalos que a riqueza e o poder podem comprar. Como era costume, ele se casou jovem, com 16 anos, e se estabeleceu para criar a família.

Ninguém pode, entretanto, ser isolado para sempre do sofrimento. À medida que os anos foram passando, Sidarta se tornou irrequieto e insatisfeito com a vida fácil, como inevitavelmente acontece com os ricos ociosos. Ele queria conhecer o mundo que havia além das cercas douradas do palácio de sua família. Um dia, quando tinha 29 anos, Sidarta pediu a um servo que o levasse para dar um passeio pela cidade e suas redondezas. O que ele viu nesse passeio precipitou sua transformação num Buda. Ele viu as "quatro cenas" que voltaram sua mente para dentro de si mesma. Viu um homem doente, deitado na rua; um velho, caminhando a duras penas, apoiado numa bengala; um morto sendo cremado nas margens do rio; e um monge, meditando serenamente.

Sidarta foi profundamente afetado pela visão da doença, da tristeza, do sofrimento e da morte. Pensou profundamente a respeito do significado dessas coisas e ansiava por conhecer-lhes as causas. Ficou interessado pelos monges e yogues errantes, que falavam sobre o sentido da vida e buscavam a compreensão por meio da meditação e da concentração yogue. Yashodara, a esposa de Sidarta, tinha dado à luz a um lindo menino, Rahula, mas Sidarta não estava feliz. Ele ansiava por cumprir seu destino e encontrar a causa do sofrimento. Aos 29 anos, fez a "grande renúncia". Clandestinamente, no meio da noite, abandonou a sociedade, a família, a linda esposa e o filho ainda bebê para se tornar um asceta errante sem lar.

Durante seis anos Sidarta viveu com os monges da floresta estudando os princípios da yoga com vários mestres, mas se decepcionou com todos, um após o outro. Encontrou por fim, numa floresta, um grupo de monges que se dedicavam à penitência e à ascese. Impressionado pela sinceridade e pelo esforço deles, ele se uniu ao grupo e começou a praticar uma renúncia e uma mortificação severíssimas. Sidarta foi ficando cada vez mais fraco até que um dia, quando tinha 35 anos de idade, ele mal conseguiu sair do rio onde estava se banhando. Quase morto e nem um pouco mais próximo da iluminação, ele aceitou o alimento que uma jovem lhe ofereceu. Havia conhecido os limites do ascetismo e da abnegação, assim como conhecera os limites da vida regalada na fase anterior de sua existência.

Sidarta se sentou naquele lugar, sob a árvore *bodhi* (*ficus religiosa*), e determinou-se a não sair dali até descobrir a verdade dentro de si mesmo. Passando pelo que os cristãos chamam de "noite escura da alma", desafiado pela confusão e pela possibilidade de fracassar, humilhar-se e morrer, ele arrostou e derrotou a tentação de voltar à vida de respeitabilidade e prazeres mundanos. Aos poucos, sua mente se desanuviou. Ele foi tomado por um sentimento de paz e luz interiores. Intuiu as causas e a cura do sofrimento humano. Tinha-se tornado iluminado. Tinha se tornado um Buda: "aquele que despertou".

O Buda permaneceu sentado em silêncio sob a árvore Bodhi durante sete semanas, relutando em revelar o que havia aprendido por medo de não ser compreendido, ou de ser escarnecido e rejeitado, por aqueles que não houvessem ávida e sinceramente buscado a verdade. Alguns de seus amigos dos tempos de ascetismo passaram por perto e maravilharam-se da sua beleza e graça. O Buda brilhava com a luz clara do amor. Ele lhes falou com simplicidade, mas com elegância poética. Os ascetas ficaram tão impressionados com os ensinamentos do Buda que tornaram-se seus discípulos. Eles o convenceram a ir para o Parque dos Veados, perto de Benares, a fim de fazer sermões públicos. No seu primeiro discurso, conhecido como "O Girar da Roda do Dharma", o Buda ensinou as "quatro nobres verdades".

O Buda ensinou durante 45 anos, no norte da Índia, suas idéias sobre as causas e a cura do sofrimento. Muitas pessoas escutaram seus ensinamentos e muitas se tornaram seus discípulos. Depois da sua morte, os discípulos transmitiram os ensinamentos oralmente, de geração em geração. Poucas décadas depois, desenvolveram-se disputas a respeito dos seus ensinamentos e formaram-se dissensões entre seus seguidores. No decorrer dos séculos, o budismo se espalhou da Índia para o Sudeste Asiático, a China, o Tibete, a Coréia e o Japão.

Em 1950, os chineses invadiram o Tibete e, em 1959, suprimiram violentamente uma revolta popular. Oprimiram e quase destruíram o sistema de mosteiros e destruíram a cultura teocrática do país. Isso levou à emigração em massa dos lamas tibetanos, que se espalharam pelo globo como sementes de flores do campo levadas pela brisa da primavera. Nos últimos trinta anos, cresceu o número de mestres budistas no Ocidente, e muitos ocidentais passaram a se conduzir pelas concepções do Buda. Consideremos agora o paradigma básico do budismo, tal como se revela nas quatro nobres verdades.

As Quatro Nobres Verdades

O Buda afirmou reiteradamente que as quatro nobres verdades são o fundamento e o núcleo dos seus ensinamentos. Toda a sabedoria budista está contida nelas como as camadas de uma cebola; cada camada é mais sutil e mais profunda do que a anterior, levando a um âmago central de intuição. "Ó monges", disse o Buda, "pelo fato de compreender essas quatro verdades como realmente são, um *Tathagata* é chamado um *Arhat*, alguém plenamente iluminado."[6]

O que são as quatro nobres verdades? Quando discípulos e críticos lhe faziam perguntas estranhas a respeito da natureza do universo, da história da criação, do destino da alma depois da morte, etc., o Buda se recusava a responder, alegando que sua resposta não ajudaria em nada os que buscam alívio para seus sofrimentos. "Eu ensino somente isto", ele dizia. "Ensino a realidade do sofrimento, a causa ou origem do sofrimento, a cessação do sofrimento e o caminho para a cessação do sofrimento." Essas são as quatro nobres verdades.

Por causa da sua compaixão para com os que sofrem, o Buda ficou conhecido como o Grande Médico, um médico do espírito. Usando o modelo médico como uma metáfora das quatro nobres verdades, a primeira delas descreve a doença; a segunda nos dá a causa da doença; a terceira revela a cura da doença; e a quarta nos ensina os meios de curar a doença.

Uma das grandes metáforas do budismo são as "Três Jóias". Elas são o Buda, o dharma — os ensinamentos — e a *sangha*, ou assembléia dos que seguem o caminho do dharma. No modelo médico do budismo, o Buda é o médico; o dharma, os ensinamentos, são o remédio; e a sangha, a comunidade dos praticantes budistas, é a enfermeira que administra o remédio.

A Primeira Nobre Verdade

A primeira nobre verdade é a realidade do sofrimento. À primeira vista, ela não parece ser uma verdade esotérica ou muito profunda. Sir M. Monier-Williams, famoso indologista britânico e estudioso do sânscrito, observou certa vez que se maravilhava com o fato de uma religião tão popular poder se basear em algo tão corriqueiro.[7] Ele é óbvio para qualquer um que tenha os olhos abertos. O sofrimento está em todas as manchetes, é o tópico de todas as fofocas, é o tema constante das nossas reflexões. O fato é que o sofrimento é uma parte inalienável da nossa vida. Ele nos fascina porque todos sofremos no passado e sabemos que vamos sofrer de novo, mas não sabemos quando nem como. Ficamos curiosos de saber se os outros suportam seus sofrimentos com coragem ou não. Ao mesmo tempo, morremos de medo do sofrimento e fazemos um esforço tremendo para evitá-lo, negá-lo e reprimi-lo.

Mas pensar, como Sir Monier-Williams, que a existência do sofrimento é corriqueira, é converter num segredo a sua importância fundamental. Não conseguimos ver claramente o nosso sofrimento porque tentamos tirá-lo da cabeça. A repressão do sofrimento nos torna incapazes de trabalhar inteligentemente com ele. Se não estivermos dispostos a sentir todo o nosso sofrimento com consciência, não seremos capazes de compreendê-lo nem vamos aprender a reduzi-lo na medida do possível e a conviver com ele quando necessário. A primeira nobre verdade põe a existência do sofrimento no centro da consciência, obrigando-nos a encará-lo e a conhecer o papel de protagonista que ele tem na nossa vida mental. Esse "sinal de alerta" é o princípio da sabedoria.[8]

A Segunda Nobre Verdade

A segunda nobre verdade ensina a origem ou as causas do sofrimento. A palavra sânscrita que designa a causa do sofrimento é *tan-ha** — que, literalmente, significa "sede". Tan-ha são as nossas ânsias, desejos e apegos egoístas. A palavra-chave é *egoístas*. A essência de tan-ha é o egoísmo. Do ponto de vista budista, tan-ha é responsável pela tragédia e pelo mal do homem. Os desejos egoístas são a fonte do sofrimento que impomos a nós mesmos e ao próximo. Esse é um fato empírico que cada qual pode confirmar ou desmentir por si mesmo. Mas, para fazer isso, é preciso ter olhos para ver.

Tan-ha tem três aspectos, os três venenos mencionados anteriormente: desejo, aversão e ignorância. Dos três, desejo e aversão são um par antitético. Nossos anseios egoístas são bipolares. Sob um aspecto, nós queremos ter as coisas, trazê-las para perto, possuí-las, controlá-las, usá-las. Queremos ter boa saúde, amigos dedicados, uma família que nos apóie, segurança, amor-próprio, poder, dinheiro e os muitos bens que o dinheiro pode comprar.

Sob o aspecto oposto, tan-ha é aversão. Nós queremos nos livrar das coisas, empurrá-las para longe dos olhos e do coração. Temos medo de que nossos entes queridos adoeçam e morram. Detestamos a pobreza, não gostamos das contas, odiamos nossos inimigos, e muito mais. Tan-ha é a soma de ambos: nossos anseios, ambições e apegos, e nossas aversões, ódios e fugas.

---

* O hífen é acrescentado por motivo de pronúncia. O *h* é aspirado e é independente do *n*. (N.R.)

A ignorância é a recusa ou a incapacidade de ver a verdade sobre nós mesmos, nossa vida e nossa situação; e é, por outro lado, a projeção dos nossos desejos e temores sobre a percepção que temos das outras pessoas e do mundo. É um estado mental nascido do desejo fútil de permanência e imortalidade. É a atribuição arbitrária a si mesmo de uma alma eterna e substancial. A ignorância é a causa fundamental do sofrimento porque promove nossas paixões e agressões ou, pelo menos, não consegue abrandá-las.

A Terceira Nobre Verdade

A terceira nobre verdade ensina que o sofrimento pode ser aliviado ou transcendido. O que é necessário é abrir mão dos anseios e ódios egoístas. Essa intuição está no âmago da sabedoria esotérica. Repetindo, ela não é esotérica porque é inacessível ou complexa, mas porque nós nos recusamos a aceitá-la e, portanto, escondemo-la de nós mesmos. Nesse sentido, esotérico é aquilo que é segredo para nós, um segredo que escondemos de nós mesmos porque vai contra certas idéias que temos. Mas, como dizíamos, aquela intuição nos põe diante de um dos paradoxos mais dolorosos da existência: que a nossa luta pela felicidade, mediante o nosso próprio Projeto Felicidade, é a causa do nosso sofrimento. O que pensamos que nos fará felizes é o que nos faz sofrer. Se achamos que o dinheiro vai nos trazer felicidade, nossos piores problemas vão ser problemas de dinheiro. Se pensamos que os relacionamentos vão nos fazer felizes, teremos problemas de relacionamento. Se pensamos que a carreira vai nos fazer felizes, nossos problemas mais angustiantes vão girar em torno do nosso trabalho.

O paradoxo trágico da nossa vida é o sofrimento que temos por causa do modo torto pelo qual procuramos a felicidade. Somos como viciados, que não podem suportar ser privados do que querem e nunca dizem basta. Em grande medida, a dor que infligimos a nós mesmos e ao próximo vem da busca obstinada, incessante e egocêntrica do que pensamos que nos fará felizes — prazeres sensuais, sucesso, poder, fama, dinheiro, relacionamentos, etc. Que mancada! Não é de se admirar que os gregos pensassem que os deuses se riam deles.

A terceira nobre verdade nos ensina que a verdadeira felicidade não é o produto da satisfação dos desejos, mas de uma transformação interior, uma transfiguração da consciência. Isso não significa que temos de abrir mão de todos os nossos desejos. Significa que a felicidade é o fruto da consciência e da aceitação da natureza da mente, do eu e dos fenômenos. A verdadeira felicidade vem de compreender a existência e entregar-se ao fluxo dela. Para tanto, é preciso acalmar-se e disciplinar pensamentos, palavras e atos. Fácil de dizer, difícil de fazer; mas é indispensável dizê-lo para que seja possível pô-lo em prática.

A Quarta Nobre Verdade

A quarta nobre verdade é uma orientação prática para a vida. Delineia os pensamentos, palavras e atos — o que os budistas chamam de caminho — que minimizam o sofrimento e aumentam ao máximo a felicidade. O caminho é um sistema de ética; mais ainda, é um programa para um viver moral.

Desse ponto de vista, a ética não é uma lista fixa de "sins" e "nãos" arbitrariamente outorgada por uma autoridade superior que impõe suas leis mediante a ameaça da dor e a recompensa do gozo celestial. A ética é uma orientação prática e inteligente para evitar o sofrimento e atingir a felicidade aqui e agora na Terra.

A quarta nobre verdade consiste num "caminho óctuplo", *marga* em sânscrito, que se divide em três ramos: a sabedoria, a virtude e a disciplina mental. A sabedoria é a visão; a virtude e a disciplina são o caminho.

GRUPO DA SABEDORIA
1. Compreensão Correta
2. Pensamento Correto

GRUPO DA VIRTUDE
3. Fala Correta
4. Conduta Correta
5. Meio de Vida Correto

GRUPO DA DISCIPLINA MENTAL
6. Esforço Correto
7. Concentração Correta
8. Meditação Correta

As quatro nobres verdades também podem ser divididas em dois grupos. As duas primeiras verdades tratam das negatividades da mente. Os cristãos chamam-nas de "pecados"; os budistas chamam-nas de *kleshas* — impurezas, máculas ou obscurecimentos. A primeira nobre verdade trata dos diferentes tipos de sofrimento aos quais nós, seres humanos, estamos sujeitos. A segunda nobre verdade trata das causas do sofrimento. Juntas, essas duas representam a doença e a causa da doença — a infecção e a bactéria.

O segundo par de verdades trata da limpeza, da cura e da purificação — de como sair do buraco negro da dor e da negatividade que impomos a nós mesmos. A terceira nobre verdade descreve o bem-estar espiritual: paz interior, clareza e bondade. A quarta nobre verdade ensina o método para se atingir o bem-estar espiritual: o caminho óctuplo. Juntas, essas duas verdades constituem a fórmula para transformar o vinagre em mel.

Vamos agora examinar mais de perto a primeira e a segunda nobres verdades, de modo a lançar luz sobre as causas ocultas do sofrimento e das negatividades que impomos a nós mesmos e ao próximo.

CAPÍTULO SEIS

A Primeira Nobre Verdade: O Sofrimento e os Três Fatos da Existência

> E qual é, ó amigos, a nobre verdade do sofrimento? O nascer é sofrimento; o envelhecer é sofrimento; a morte é sofrimento; a mágoa, a lamentação, a dor, a tristeza e o desespero são sofrimentos; não obter o que se quer é sofrimento; em suma, os cinco agregados afetados pelo apego são sofrimento.
>
> — O Buda

A visão budista do sofrimento é drasticamente diferente da visão ocidental oficial. A idéia mais aceita pela psicologia e pela psiquiatria modernas é a de que o sofrimento psicológico é causado por fatores específicos, externos e traumáticos, tais como a perda, os maus-tratos, o abandono, condições sociais injustas ou desumanas, o fracasso, o azar, ou por um desequilíbrio bioquímico, como a falta de neurotransmissores.

Esse ponto de vista, forjado no molde de uma ciência que se presume livre de todos os valores, postula que o indivíduo não é responsável pelo seu próprio sofrimento mental. Exceções possíveis feitas nos casos em que há uma relação óbvia entre os atos de um indivíduo e o seu conseqüente sofrimento, como no caso de um fumante que sofre de câncer ou de alguém que é pego e legalmente punido por um crime. Quanto ao mais a idéia politicamente correta hoje em dia é que as emoções dolorosas, persistentes ou incapacitadoras, como a depressão, a ansiedade e a ira, são sintomas de uma doença mental pela qual o indivíduo não é culpado e, portanto, não é responsável.

Em contraposição, o ponto de vista budista postula que o sofrimento tem suas raízes na mente. O sofrimento se faz sentir e processa-se na mente. A qualidade do sofrimento depende da maneira pela qual o indivíduo reage aos acontecimentos da vida. Essa reação, essa *capacidade de reação*, depende de fatores mentais, como, por exemplo, os direitos e expectativas que temos; depende da percepção que temos da natureza da existência e do nosso relacionamento com essa existência; depende, além disso, da disciplina que nos impomos, da paciência, da perseverança e de outras virtudes; ou, ao contrário, dos nossos egoísmos, exigências, reações indiscriminadas, da preguiça e da tendência de culpar o próximo.

Enquanto os budistas podem e se dispõem a aceitar todos os fatos científicos como verdadeiros, a maioria dos psiquiatras não quer aceitar nem mesmo, em alguns casos, sequer examinar a concepção budista de que as causas do sofrimento jazem na mente. Um psiquiatra bem conhecido escreveu recentemente que, se um membro da sua categoria profissional acredita que as emoções negativas como a ansiedade, a depressão e a ira são causadas pela mente, esse membro deveria ser proscrito e não deveria ser recebido na mesma mesa que a maioria dos psiquiatras modernos![1]

Por trás desse conflito está a dialética entre os pontos de vista objetivo e subjetivo. A psiquiatria e a psicologia científicas modernas defendem a posição objetiva: o indivíduo humano deve ser estudado e compreendido como um objeto puramente corpóreo, uma vez que o comportamento não poderia ser explicado pela questão moral e intencional, mas, antes, só por fatores causais externos. Elas não admitem a visão religiosa tradicional de que as intenções e propósitos que também são causas de nossos atos, são dotadas de uma qualidade moral e têm como conseqüências um aumento da felicidade ou do sofrimento.

Os budistas são livres para aceitar os fatos científicos da visão objetiva, mas nós também vemos o sujeito como um agente moral cujos pontos de vista, percepções, desejos, aversões, lapsos, intenções, decisões e ações criam as condições da sua felicidade ou sofrimento. Essa é a "lei do karma", que parece oculta aos olhos dos cientistas e objetivistas.

Do ponto de vista budista, a causa crítica do sofrimento, da infelicidade e das diversas emoções dolorosas e debilitantes, é a visão que o indivíduo tem de si mesmo e dos fatos da existência. De maneira geral, o indivíduo que está consciente desses fatos e que os aceitou e integrou é capaz de reagir melhor às adversidades do que o indivíduo que os ignora ou reprime. Quanto mais a pessoa ignorar e rejeitar os fatos da vida mais ela sofrerá. Para essa pessoa, os fatos da vida são o conhecimento esotérico que ela não possui e que, em muitos casos, ela busca. Do ponto de vista budista, portanto, a compreensão e a cura do sofrimento exigem, antes de mais nada, a consideração dos fatos básicos da existência.

As Três Marcas da Existência

Para os budistas, a existência tem três qualidades fundamentais que são conhecidas como "as três marcas da existência". Não são apenas marcas no sentido de "sinais característicos", mas também no sentido de manchas ou máculas. São consideradas manchas porque a falta de compreensão delas, e de um trabalho realista em função delas, é o obstáculo principal à paz interior e à felicidade. Por isso, elas também são chamadas "as três manchas da existência". Elas são o sofrimento (*duhkha*), a impermanência ou mudança (*anitya*) e o vazio ou ausência de eu (*anatman*).

Sofrimento — Duhkha

O sofrimento é um fato da vida porque todos os seres conscientes sofrem. Todos os seres conscientes sofrem porque todos nascem e estão sujeitos a mudanças, tais como o envelhecimento, a doença e a morte. Esse é um fato empírico, que pode ser refutado caso alguém encontre uma criatura consciente que não sofreu ao nascer, nem durante as mudanças da vida, nem na morte. Na falta de qualquer exemplo desse tipo, temos de aceitar o sofrimento como um fato intrínseco, ainda que inconstante, da vida.

Se aceitamos o sofrimento como um fato universal, temos então de examinar-lhe o significado. A importância e as implicações do sofrimento não são tão óbvias nem tão simples quanto parecem. O sofrimento é uma presença que nos assusta e persegue durante a vida inteira. Todos já sofremos no passado, muitos estão sofrendo agora mesmo e todos nós sabemos, no fundo do coração, que vamos sofrer outra vez no futuro. O sofrimento é inevitável, mas não sabemos quando nem como ele há de nos afligir. Temos medo dessa possibilidade e, ainda assim, tentamos instintivamente esquecê-la, evitá-la e escondê-la; e nos sentimos mal com o sofrimento alheio. Nós só gostamos do sofrimento quando ele nos entretém — em mitos, histórias, peças de teatro, romances e filmes, nos quais podemos senti-lo com segurança, como se estivéssemos tomando uma vacina contra uma dor futura inevitável.

O fato do sofrimento é uma verdade que escondemos de nós mesmos. Mas a consciência do sofrimento só pode ser reprimida em parte. Não conseguimos suprimi-la a ponto de ela parar de nos incomodar, porque ela é a essência das nossas preocupações. Ainda assim, nós reprimimos o suficiente para não ser capazes de vê-la claramente. Por isso, muitas vezes não percebemos a quantidade de esforço e imaginação que investimos para reprimi-la nem vemos que ela se impõe, como uma presença monumental, bem no centro da nossa vida.

Uma das descobertas fundamentais de Freud foi a da grande quantidade de energia mental que é dedicada à repressão do sofrimento.[2] Os mecanismos psicológicos de defesa, que são a essência das neuroses, são guardas contra a ansiedade, que é uma forma terrível de sofrimento.[3] Ernest Becker afirmava que a negação do fato doloroso da morte é o mecanismo principal por meio do qual se forma a personalidade.[4] A personalidade e o caráter se organizam em torno do que Becker chamou "veículos de imortalidade", hábitos de crença e de conduta que fortalecem o senso ilusório de segurança e a esperança que o indivíduo tem da felicidade eterna. As idéias de Becker eram coerentes com a visão budista, embora ele não tenha vivido tempo suficiente para se dar conta disso.[5] A negação da morte é um dos mecanismos mais essenciais por meio dos quais nós, seres humanos, tentamos evitar o sofrimento e fugir dele.

Para o budismo, a causa básica do sofrimento é a ignorância, *avidya* — literalmente, "não-ver". O ego é o local exato onde repousa a nossa ignorância. Concebemos o ego como o local onde se encontra o conhecimento, e ele é até visto como a sede das faculdades lógicas; mas o ego em si mesmo é feito de ignorância, uma vez que se constrói sobre uma visão de si e do mundo que nega, reprime ou distorce os fatos da existência, especialmente os fatos do sofrimento e da morte. A negação e a distorção da realidade se consubstanciam nos mecanismos psicológicos de defesa, que se encontram, em diferentes graus, em todos os seres humanos sem exceção alguma. Todos os mecanismos de defesa são falsificações da realidade. São mentiras que contamos a nós mesmos. A negação, por exemplo, é a rejeição de fatos desagradáveis ou inaceitáveis. A repressão põe esses fatos para fora da consciência. O racionalismo dá justificativas plausíveis para intenções ou atos que de outro modo seriam inaceitáveis. A projeção é a atribuição das nossas próprias percepções, desejos e medos a outra pessoa. A reação se forma quando se age de maneira oposta ao que se sente.

A falsificação da realidade também se manifesta no nosso orgulho, na supervalorização da nossa importância e poder, que muitas vezes é confundida com uma boa auto-estima. A negação da morte se manifesta em nossas preocupações com o futuro distante, em como vamos "acabar" e em crenças religiosas nascidas do desejo, tais como as crenças na salvação pessoal ou na reencarnação, na imortalidade e no céu.

A negação dos fatos da vida, o fato da morte inclusive, é motivada pelo instinto de sobrevivência que é inerente em todas as formas de vida. Nos seres humanos, o instinto de sobrevivência é sublimado e se transforma nos desejos egoístas de segurança, poder e imortalidade. Queremos viver para sempre, então achamos que isso nos é possível. O instinto de sobrevivência, em todas as suas formas, é frustrado pelos dois outros fatos da vida, particularmente pelo fato da mudança ou impermanência. O fato da mudança cria uma tensão entre a aparente estabilidade do presente e a incerteza do futuro. Essa tensão leva o indivíduo a se esforçar inutilmente, e, portanto, dolorosamente, para resistir à mudança. Ao fim e ao cabo, entretanto, o fato da impermanência frustra de modo trágico todos os projetos felicidade que o indivíduo faz para o futuro, bem como o seu desejo e a sua luta para sobreviver à morte e transcendê-la.

A Dor da Dor — Duhkha Duhkhata

Cada uma das três marcas da existência está associada com a sua própria forma de sofrimento. O sofrimento associado ao sofrimento se chama *duhkha duhkhata*. Reflete o fato de que há duas formas primárias de sofrimento que qualquer um pode observar por si mesmo: o sofrimento intrínseco à vida consciente e o sofrimento causado pelas tentativas de evitá-lo e fugir dele. O sofrimento que causamos com as tentativas de evitar a dor e fugir dela constitui a "dor da dor" (*duhkha duhkhata*).

Segundo essa interpretação, *duhkha duhkhata* é a dor que vem das tentativas de evitar a dor. É a luta sem fim para negar, reprimir e evitar o sofrimento. A mente indisciplinada está sempre ruminando os prazeres passados e lamentando e querendo apagar os sofrimentos passados; e está sempre esperando a felicidade futura e morrendo de medo do sofrimento futuro. O medo do sofrimento futuro é a essência das nossas preocupações e a raiz das nossas ansiedades.

Existe muita confusão acerca da diferença entre medo e ansiedade. Muitos dizem que o medo é real e as ansiedades são irreais ou imaginárias. Isso é apenas uma meia-verdade que esconde a verdade completa. A diferença é que o medo se volta para o presente. Nós sentimos medo na presença de uma ameaça definida, tal como o fogo, um animal predador ou um assaltante. O *medo* é a reação a um perigo atual. A *ansiedade* é o medo de um perigo futuro. A mente está sempre examinando o futuro em busca de problemas, e não é difícil encontrá-los em abundância. Existem milhares de maneiras pelas quais as coisas podem dar errado, e somente umas poucas pelas quais podem dar certo. Às vezes, nós temos consciência do perigo futuro do qual temos medo. Pensamos em tomar uma iniciativa, mas ficamos com medo de fracassar ou de sermos rejeitados. Outras vezes, estamos ansiosos mas não conseguimos identificar o motivo. A chamada "ansiedade sem causa" é o medo de um perigo futuro que a intuição corretamente identifica como inevitável, sem a consciência de qual é o perigo específico cuja ocorrência futura nos aterroriza.

A semelhança entre o medo e a ansiedade está na fisiologia de ambos. O corpo não consegue distinguir entre o medo de um perigo presente e o medo de um perigo futuro. Ele reage do mesmo modo, com a reação de "lutar ou fugir". A fisiologia, portanto, é a mesma. A melhor maneira de entender a diferença entre medo e ansiedade é observar e refletir sobre o medo que temos dos perigos percebidos como imediatos e nossas ansiedades sobre perigos futuros possíveis ou imaginários.

O sofrimento muitas vezes assume a forma sutil de uma tentativa de resistir à mudança. Sabemos, por exemplo, que estamos destinados a envelhecer e morrer. Todos nós sabemos que ninguém fica jovem e belo para sempre. Sabemos com certeza que a nossa saúde vai inevitavelmente ser consumida pelo tempo. Por causa disso, entabulamos uma busca desesperada pela fonte da juventude, pelo elixir da vida, pelo segredo da vida, da beleza e da felicidade eternas. A busca da vida eterna é um esforço para escapar ao sofrimento de envelhecer, adoecer e morrer.

A realidade inevitável do envelhecer, adoecer e morrer é especialmente dolorosa para os vencedores, para os que têm tudo, os ricos e famosos, os jovens e belos. Eles têm de batalhar para conservar o poder, a riqueza, a fama e a beleza que possuem. A fama, como todos nós sabemos, é fugidia. E o poder é o patrimônio mais frágil que há, pois precisa ser resguardado contra todos — não somente contra os inimigos, mas também contra os amigos e a família. A beleza juvenil se evapora e a riqueza não pode ser levada para a sepultura.

A dor da dor, *duhkha duhkhata*, é o sofrimento de conservar, preservar e defender as coisas que reputamos boas. Se vamos bem nos negócios, temos de lutar continuamente para manter os ganhos. Os tibetanos têm um ditado: "Se você tem um camelo, seus problemas são tão grandes quanto o camelo." Um homem pobre só tem de se preocupar consigo mesmo e sua família. Um rico tem essas mesmas preocupações, mas também se preocupa com a riqueza e com os meios de conservá-la e multiplicá-la. Todos nós lutamos para defender o que temos. Defendemos nossas coisas, nossa família, nossos amigos, nossa reputação e nossa própria identidade, como acontece nas chamadas guerras nacionalistas, que, afinal, são guerras para a preservação e a expansão da identidade étnica.

O comerciante bem-sucedido tem de continuar atraindo a freguesia, pedir novas mercadorias sem estocar em demasia e pagar as contas em dia. Todos nós precisamos trocar o óleo do carro, consertar a goteira do telhado antes que ele apodreça e fazer exames médicos todo ano, religiosamente. Ninguém "se dá bem" para sempre. Ninguém vive feliz para sempre. A vida é uma luta até à morte, para todos nós.

Nós criamos a nossa própria dor quando tentamos evitar as dores futuras; e fazemo-lo conservando, preservando e defendendo tudo o que temos, tudo o que conquistamos, tudo a que estamos ligados. Buscamos a permanência, a estabilidade e a segurança nos relacionamentos, nas coisas que temos, nas tradições sociais, na identidade nacional e na nossa religião. Essas coisas todas são a pedra e o cal da nossa identidade — a idéia que temos de quem nós somos. Na verdade, a identidade em si mesma é uma idéia fictícia de permanência que nós construímos na vã esperança de resistir ao rio caudaloso da mudança, de contê-lo e represá-lo.

O fato do sofrimento é a primeira nobre verdade porque é um fato básico da vida. É também a primeira porque a consciência e a aceitação da existência do sofrimento são o primeiro passo no caminho espiritual, como foram para o Buda Shakyamuni. Sem sofrimento, a sabedoria não seria nem necessária nem procurada, e, logo, só raramente seria atingida. É por isso que existem tão poucos jovens sábios. Sem sofrimento não há por que buscar a verdade ou a salvação. Na tradição judeu-cristã, o sofrimento é o fogo que purifica. É a experiência necessária para voltar a mente para dentro de si mesma, em direção à compreensão do eu e do seu relacionamento com o mundo.

Por essa razão, os budistas veneram o sofrimento. Ele é visto como o esterco que fertiliza o fruto da sabedoria, assim como o fazendeiro espalha o esterco para fertilizar sua plantação. O esterco cheira mal. É uma coisa feia e mal-cheirosa. Mas dá os nutrientes preciosos ao solo onde germina o fruto da sabedoria.

Impermanência e Mudança — Anitya

O fato de que tudo é mutável, impermanente, é um fato doloroso da existência. A impermanência é dolorosa porque queremos que as coisas boas da vida durem bastante. Ansiamos pela estabilidade e pela segurança. Queremos sobreviver, prosperar e continuar. Não queremos perder as pessoas ou as coisas, que são importantes para nós. Nadando num rio de mudança, nós ansiamos desesperadamente por algo duradouro ao qual possamos nos agarrar. O ego, o sentimento de nós mesmos, depende dos pontos fixos de referência que o localizam em relação aos outros seres, à natureza e à eternidade.

Ainda assim, tudo é fluxo. O filósofo grego Heráclito (cerca de 500 a.C.), mais ou menos contemporâneo do Buda, comparou a existência com um rio no seu famoso aforismo: "Não é possível entrar duas vezes no mesmo rio."[6] Um rio pode nos parecer uma estrutura duradoura. Pode correr no mesmo leito por mil anos. Pode parecer tão estável que nós o utilizamos como fronteira entre propriedades vizinhas, estados e nações. O rio corrente parece eterno: "O velho rio, sua vida é seguir em frente."* Mas a permanência do rio é ilusória. Os rios estão sempre mudando, como bem sabem os habitantes das margens do rio Mississipi. Eles mudam de momento a momento. Entre num rio uma vez e depois entre outra vez. Da segunda vez, você não terá entrado no mesmo rio. A água que o molhou da primeira vez já seguiu em frente para se fundir com o oceano. Na segunda vez você entrou numa água nova, num rio novo. O rio é movimento puro, mudança pura, dança pura. Quando a água pára de fluir, o rio deixa de existir.

A vida é como um rio, em constante mudança. É um fluxo contínuo de fenômenos — sensações, percepções, sentimentos e pensamentos. O fluxo dos acontecimentos da vida é como a corrente de um rio: às vezes pacífico e agradável, vertiginosamente rápido em alguns lugares, tediosamente lento em outros, mas sempre fluindo.

Ninguém vive o mesmo momento histórico duas vezes. Pode-se ver na História certas linhas-mestras, é claro. Mas as linhas históricas não são fatos objetivos. São projeções da mente que ignoram as diferenças para ressaltar as semelhanças. O sol nasce todos os dias, mas cada dia é um novo dia. Os padrões históricos dependem do nosso desejo de localizar pontos fixos de referência, ainda que sejam somente periódicos. A mente humana tem sede de esquemas, de princípios gerais,

---

* Letra da música "Ol'Man River": "Ol'man river, he jus keeps rollin' along…"

leis universais, ciclos históricos. Os esquemas, porém, são entes fictícios, como a Ursa Maior. As estrelas da Ursa Maior não têm entre si nenhuma relação específica, exceto a que é feita pelo observador, que desenha linhas entre elas e as liga umas às outras.

Pode parecer que a História se repete a si mesma, mas isso é *déjà vu*. *Déjà vu* é a ilusão de ter vivido o mesmo momento duas vezes. É uma ilusão porque há uma diferença essencial entre os dois momentos, mesmo que somente em virtude da sucessão. O primeiro momento não foi um *déjà vu*. O segundo foi. Por isso, o segundo momento é bem diferente do primeiro, ainda que pareçam idênticos. Na verdade, a coisa estranha do *déjà vu* é exatamente a impressão de estar entrando no mesmo rio duas vezes. Cada momento da existência, entretanto, cada momento da vida, é único. Como escreveu o poeta Rilke, que buscou inspiração no budismo:

>Uma vez para cada coisa.
>Uma vez só; nada mais.
>E nós também, uma vez só.[7]

A Dor da Mudança — Viparinama Duhkhata

Depois de ganhar o campeonato de futebol americano, o treinador estava deprimido. Ao contemplar o gol que garantiu a vitória, ele levantou as mãos cheio de alegria. "Foi a melhor sensação do mundo", disse ele mais tarde, no vestiário. "Foi tão grandiosa que a gente gostaria que ela durasse para sempre... mas ela vai embora tão rápido! No momento seguinte, você está no vestiário... você vai lá em cima, recebe o troféu e pronto, acabou. Tudo está acabado."[8]

O triunfo não dura mais do que um instante. Logo passa a fazer parte da História, varrido pelos vagalhões históricos dos fenômenos incessantemente mutáveis. A mudança é um fator constante na vida. As mudanças de vida nunca acabam. Crescer é uma metamorfose e uma descoberta. O ritual religioso da confirmação, a primeira menstruação de uma menina, a maratona de bebida no fim da escola, são todos rituais de iniciação que marcam a transição da infância para a idade adulta. O casamento é uma mudança drástica! A doença é uma mudança da saúde e do vigor para a dor e a fraqueza. O envelhecimento é uma mudança traumática o suficiente para causar crises de meia-idade dos 40 anos em diante. A morte é a mudança mais dramática e assustadora de todas, dolorosa para os moribundos, que têm de abrir mão da vida e de tudo o que lhes é querido, e dolorosa para os que ficam, que perderam um ente querido.

A vida começa com uma mudança — da fertilização do óvulo à expulsão do feto de dentro do ventre, passando pelo rápido crescimento do embrião. A crise da meia-idade não é nada de mais. Existe uma crise em cada idade e em cada mudança de vida. O Buda ensinou que a vida é mudança e que a mudança é cheia de aflição e dor. "Onde há mudança, há sofrimento", disse ele.

A dor do nascimento é o arquétipo da dor da vida. É essa a premissa básica da psicologia de Otto Rank.[9] Na tradição judeu-cristã, a dor da "Queda" é uma metáfora da dor da vida. No mito do Gênesis, Deus castiga Adão e Eva pelo seu "pecado original", expulsando-os do paraíso e amaldiçoando a mulher com as dores do parto e o homem com a dor do trabalho. A expulsão do paraíso é a mudança primordial, a mudança que dá início à História. É a mudança da inocência para o pecado, da permanência para a impermanência, da rocha eterna do paraíso imutável para o rio fluente do tempo histórico.

A mudança é cheia de aflição e dor porque cada mudança é uma morte e um renascimento. A mudança é o fim de algo velho e conhecido e o começo de algo novo e estranho. A dor da mudança, entretanto, não vem da mudança em si mesma. Vem da resistência a ela. A mudança é dolorosa porque nós nos agarramos ao que é conhecido mas já era, e relutamos em aceitar o que é novo e desconhecido.

A mudança é desnorteante, porque nós nos orientamos de acordo com pontos de referência fixos — objetos duráveis, padrões regulares, repetições, hábitos, leis e verdades eternas. Nós nos apegamos a esses pontos de referência como uma criança se apega a um cobertorzinho de estimação. Envolvemo-nos neles como se fossem o manto de um rei. Nós nos identificamos com eles e derivamos deles nossa identidade.

Quando somos ameaçados pela perda dos nossos pontos de referência, ficamos confusos, desnorteados e ansiosos. A psiquiatria moderna concebe a ansiedade como um dos sintomas primários da doença mental. Como já observamos, a ansiedade é o medo de uma mudança perigosa. As toneladas de Valium e de outros tranqüilizantes que se prescrevem para combater a ansiedade são o remédio oficial contra a dor da mudança. Quando ela é leve, é a dor das preocupações que nos incomodam. Quando é mais severa, é a tensão e a ansiedade neurótica. No ponto mais intenso, é como uma viagem ruim de LSD: um pesadelo vertiginoso de falta de fundamento, sem nada em que se segurar, caindo pelo espaço dentro de um buraco negro. Pânico!

Nós morremos de medo da mudança, e por isso tentamos entrar sempre no mesmo rio, repetir as mesmas experiências, voltar ao mesmo momento no tempo. Sigmund Freud muitas vezes se punha a pensar a respeito dos motivos que havia por trás da repetição compulsiva — a tendência de perpetuar ou repetir o mesmo trejeito, o mesmo gesto, hábito, palavra ou brincadeira, como uma criança que quer brincar de esconde-esconde várias vezes seguidas; ou como o jogador de beisebol que sempre encosta a mão direita na segunda base antes de ir rebater; ou como cada um de nós, repetindo nossa rotina e nossos hábitos cotidianos.

Freud entendia a repetição compulsiva, que é a essência da neurose obsessivo-compulsiva, como uma tentativa de dominar a ansiedade. Alguns obsessivos tendem a reviver a mesma situação dolorosa indefinidas vezes na esperança de encontrar uma nova maneira de vencer a dor. A repetição compulsiva também pode ser uma defesa psicológica contra a ansiedade da mudança, da impermanência e da perda. É muito possível que o compulsivo-obsessivo, ao repetir indefinidamente os mesmos padrões de pensamento, fala e comportamento, esteja tentando resistir à mudança.

Brincando de esconde-esconde, a criança procura vencer a ansiedade de que o pai ou a mãe vão embora e não voltem mais. O jogador que uma vez encostou na segunda base e deu uma boa rebatida quer repetir as mesmas circunstâncias, na esperança de dar outra rebatida. Cada um de nós quer preservar e proteger os pontos de referência da nossa vida, porque eles criam a ilusão de uma ilha sólida, contínua e imutável de permanência no meio do rio incessante da mudança. Mas o apego às nossas muralhas fictícias de permanência, aos nossos pontos de referência ilusórios, inevitavelmente nos leva à frustração e ao sofrimento, porque no fim tudo e todos desaparecem inevitavelmente, na maré inexorável da mudança.[10]

O fato da mudança pode, a princípio, parecer muito melancólico e pessimista. Mas ele também tem um lado bom; em suma, tem dois lados. O lado ruim é que a mudança torna tudo impermanente, instável e incerto. Meus pacientes muitas vezes reclamam de que se sentem inseguros. Em certos casos, a ansiedade foi condicionada por circunstâncias realmente traumáticas, como um pai inconstante ou violento. Mas as pessoas também tentam tornar a vida mais segura do que ela pode ser. Eu lhes digo que ninguém consegue se sentir completamente seguro, porque a vida é insegura. Elas muitas vezes se sentem mais tranqüilas quando eu lhes digo que a sensação de insegurança que elas têm é baseada na insegurança da própria vida. Como poderia alguém se sentir completamente seguro se ninguém sabe o que o futuro trará, exceto pela certeza do sofrimento e da morte? Todos nós somos inseguros em diversos graus. O problema não está na sensação de insegurança em si mesma, mas no modo pelo qual nós aceitamos o fato da insegurança e lidamos com ele. A pessoa segura é a que aceita a sua insegurança. A pessoa insegura é a que inutilmente se agarra ao rio impermanente da vida, em busca de uma segurança que não existe.

O lado bom é que a mudança é como uma brisa fresca. Nossos pontos fixos de referência são também as nossas cadeias. Eles nos aprisionam. Estamos amarrados ao nosso cobertorzinho de estimação, atados e sufocados por ele. Os pontos fixos são nossas cadeias e nossa servidão. A permanência pode ser restritiva e tediosa. Na verdade, o enfado é a dor da mesmice, que busca alívio por meio da mudança.

Por si mesma, a mudança não é nem negativa nem positiva; ou, sob outro ponto de vista, ela é tanto negativa quanto positiva. Ela é uma perda ou um ganho, dependendo de como se veja o copo; meio cheio ou meio vazio. Se cada momento da vida é único, então cada momento é novinho em folha, até mesmo o momento da morte. A vida no fluxo da mudança é morte e renovação constantes, um contínuo nascer de novo em meio a uma criação tremenda e mágica.

A Dança do Vazio — Anatman

Se nada é imutável, então não pode haver *uhrstoff*,* não pode haver uma substância fundamental do mundo. O mundo não pode ter uma matéria ou uma alma que tenham existido como entidades independentes desde o início dos tempos. A substância básica é algo que não muda. É completa, auto-suficiente, permanente e eternamente verdadeira para si mesma. Se tudo é mudança, não existe uma matéria ou uma essência básica da qual o universo é feito.

Do ponto de vista budista, nem a matéria nem o espírito são reais, no sentido de que nenhum deles é uma substância permanente e irredutível. A concepção budista é a de que o mundo físico é vazio de substância verdadeira. Isto não significa que nada exista. As coisas existem, mas não por si mesmas. Existem porque nós projetamos nelas a *coisidade*. Isso não significa tampouco que não haja um motivo para atribuir-lhes essa "coisidade". O *samsara* consiste num fluxo de aparências, combinações de partículas interdependentes em perpétuo fluir, perpétuo rearranjar-se, perpétua ascensão e decadência. Esse estado de insubstancialidade chama-se "vazio" ou "não-eu" (*anatman*). A negação ou a incapacidade de ver que os fenômenos são vazios de substância verdadeira, e a atribuição de substância e alma aos fenômenos, são a ignorância.

A palavra "vazio" se refere ao fato de que o mundo não é tão "sólido" como parece aos nossos sentidos. Essa idéia é compatível com a ciência moderna. Quando visto pelo prisma da ciência, o mundo material surge como um conjunto de padrões de energia em movimento. Um pedaço de ferro, por exemplo, parece uma massa sólida, mas, na realidade científica, o ferro é um conjunto de prótons, nêutrons e elétrons em movimento homeostático. Até mesmo os prótons, nêutrons e elétrons são formas de energia. Nada é sólido, duradouro ou transcendente. Tudo é aparente, transitório e imanente.

O vazio é como uma dança. O "dançarino" não tem identidade independente. A identidade do dançarino deriva da dança. Quando a dança termina, o dançarino deixa de existir. Ao mesmo tempo, a dança também não possui uma existência sólida, independente. Ainda assim, ela não é uma ilusão absoluta ou algo totalmente inventado. A percepção dela tem um certo fundamento. Ela é energia em movimento, que, no seu contínuo fluxo e mudança, define a realidade do dançarino. A dança é como um rio, um fluxo constante de energia, do aparecimento e desaparecimento dos fenômenos. Os budistas chamam esta dança do vazio de "*samsara*". A palavra "samsara" significa algo como "vagar perpétuo".[11]

Na visão budista, nada no mundo — nenhum objeto, entidade ou pessoa — contém uma substância essencial que faz dela o que ela é. Tudo é composto de combinações de elementos que, juntos, formam o fenômeno. Quando os elementos se desintegram, quando se decompõem, o objeto composto desaparece.

---

* *Uhrstoff* (alemão): matéria primordial.

Uma mesa, por exemplo, parece uma entidade definida, independente. O que há de mais sólido do que uma mesa de jacarandá na sala de jantar, em torno da qual a família se reúne para jantar? Na realidade, entretanto, a mesa de jantar não é um objeto sólido. É um objeto composto, uma ficção, um produto da mente humana. As mesas só existem porque os seres humanos usam mesas. Elas são os objetos que usamos para comer, escrever, pôr coisas. Minha cachorrinha não tem o conceito de mesa. Ela se senta na mesa mas come no chão. Para ela, a mesa é uma cadeira e o chão é uma mesa. A mesa é um produto das intenções humanas e da imaginação humana.

"Mesa" é o nome de um objeto composto, uma combinação de combinações. Pensamos que a mesa é sólida porque ela tem um nome. Na verdade, se separarmos as pernas do tampo, não teremos mais uma mesa, mas uma pilha de madeira. Todas as partes estão ali, mas a mesa não. Se queimarmos a madeira, a mesa vira fogo e fumaça, que pode ser reduzida ainda mais, a átomos de hidrogênio, carbono, oxigênio, etc. Esses átomos, por sua vez, são compostos de prótons, nêutrons e elétrons, que, num acelerador atômico, seriam decompostos em partículas subatômicas cuja existência é conhecida somente dos físicos, por intermédio de rastros e manchas em chapas fotográficas.

Nos seus ensinamentos a respeito do vazio, o Dalai Lama gosta de dizer que não há flor na flor. Pegue uma margarida; tire as pétalas, remova os estames e pistilos, separe o caule das folhas: onde está a margarida agora? Todas as partes estão ali, mas não há mais margarida. Não há margarida na margarida. A margarida é apenas a unidade aparente de uma combinação de partes interdependentes.

O mesmo vale para o eu. Segundo a concepção budista, não há eu no eu. Nas suas meditações, o Buda olhou profundamente para dentro de si, buscando pelo âmago do seu ser. Ele não o encontrou. Não conseguiu encontrar nenhum âmago distinto, substancial, permanente. Encontrou somente uma série de componentes que, em relação dinâmica uns com os outros, constituem o fluxo mutável, impermanente e vazio das aparências, sobre as quais é projetada a imagem holográfica do eu. Como a flor, não há eu no eu. O eu e os fenômenos são vazios.

É um erro conceber o vazio como um vácuo. Essa idéia é um produto da mente comum, que só é capaz de perceber algo em função do oposto desse algo. A mente comum, ou dualista, forma conceitos por contraste, em função de qualidades antitéticas tais como você e eu, vida e morte, bem e mal, acima e abaixo, direita e esquerda, etc. Desse ponto de vista, o vazio é percebido como a ausência de fenômenos. Esse conceito de vazio é distorcido pelo próprio processo de conceitualização.

Nas imagens ilusórias da mente dualista, o vazio e os fenômenos são qualidades antitéticas. Em contraposição aos fenômenos, o vazio parece não ter qualidades, não ter distinções internas. Neste sentido, é visto como inteiro e puro. A palavra *holy* ["santo" ou "sagrado" em inglês] vem desse conceito de uma entidade que é inteira, isto é, indivisível e pura, isto é, despojada de todas as qualidades negativas. Esse conceito de vazio também é chamado de "um". O vazio e o um são idênticos. Nenhum dos dois é passível de ser conhecido. O "um" não pode distinguir a si mesmo, porque daí se tornaria dois — sujeito e objeto — o conhecedor e o conhecido.[12] Desse ponto de vista errôneo, o mundo dos fenômenos seria cheio e real, e o vazio seria uma nulidade.

Essa é, entretanto, uma concepção errônea da idéia budista do vazio. O vazio não é um estado ontologicamente negativo. Não é um vácuo, uma privação, uma ausência. Ao contrário, o vazio é uma plenitude, um todo, a fonte e o receptáculo fértil do qual todos os fenômenos se levantam, para onde voltam, de onde emergem e onde desaparecem. O vazio, entretanto, é um estado epistemologicamente falso. Refere-se à falsidade da atribuição de substância aos fenômenos e à falsidade da atribuição de substância ao eu. O vazio só é ausência no sentido de que os fenômenos carecem de uma substância essencial.

Com um pouco de reflexão, torna-se evidente que o vazio em si mesmo não possui qualidades verdadeiras nem máculas essenciais. Ele é simplesmente a falta de substância verdadeira inerente aos fenômenos por si mesmos. Na medida em que é integral, puro, permanente, e que dele tudo nasce e para ele tudo volta, o vazio é o conceito budista do sagrado e compara-se com o Deus judeu-cristão, que também é integral, puro, eterno e é a origem e o destino de todas as coisas. É isso que o Buda quis dizer quando afirmou ao seu discípulo Sariputra, no *Sutra do Coração*: "A forma é o vazio e o vazio é a forma."[13] O mundo fenomenal é o vazio fantasiado de forma, uma dança sem dançarino.

A *Dor do Vazio* — Samskara Duhkhata

A maioria das pessoas não consegue suportar o pensamento de que um dia vai morrer e desaparecer. A morte se afigura como um nada, e o nada é conhecido como a negação do eu. O eu luta para sobreviver com a desesperada energia da vida, buscando substanciar-se, proteger-se, expandir e perpetuar a si mesmo.

O ego, que mal tem consciência da sua própria inefabilidade, se esforça constantemente para criar um eu sólido a partir do não-eu, como se algo pudesse ser criado do nada. A meta principal do ego é criar, conservar e perpetuar o eu para sempre. Para o budismo, a ilusão do eu substancial, o subseqüente apego ao eu, e a luta egoísta do eu para substanciar a si mesmo são as maiores causas do sofrimento que nós, seres humanos, infligimos a nós mesmos e ao próximo.

Otto Rank e Ernest Becker contam-se entre os poucos ocidentais que perceberam que o desejo de negar e evitar a negação do ego pelo nada da morte, por um lado, e a busca antitética da substancialidade mediante a luta pelo poder e pela imortalidade, por outro, são as duas motivações primordiais do ego. Esses desejos gêmeos constituem a pedra fundamental do caráter e da personalidade e a matriz de todas as neuroses e emoções negativas.

O desejo de afirmar e proteger a nossa identidade, a nossa propriedade, a nossa bandeira e o nosso orgulho, o desejo de afirmar e perpetuar para sempre as coisas que dão sentido à nossa vida, é a fonte principal da agressão, da violência e da guerra. O inimigo, o alvo, o adversário, é o "não-eu", cuja destruição, derrota e sujeição, por contraposição antitética, afirmam e exaltam o nosso eu. Esse é o papel do bode expiatório.

Os judeus foram o bode expiatório de Hitler. Na verdade, os judeus foram, durante séculos, o bode expiatório de toda a Europa. À medida que os clãs e tribos iam se juntando em grupos étnicos e os grupos étnicos em estados nacionais, essas coletividades heterogêneas precisavam de um bode expiatório para selar sua identidade comum. Isso se realiza por meio da criação de um inimigo comum, um "não-eu" comum a todos. O ariano foi definido em função do judeu; foi definido como um "não-judeu". Hitler mesmo estava longe de ser o ariano ideal, alto e louro, que ele tanto admirava. Mas ele não era judeu, ou assim dizia, e por meio dessa afirmação ele se identificou como ariano — aliás, como o Führer da nação ariana.

Na Iugoslávia, Tito amalgamou cristãos e muçulmanos, sérvios, bósnios e croatas numa única nação, quando da luta contra Hitler. Hitler era o bode expiatório de Tito. À medida que esses grupos foram vivendo juntos nas mesmas ruas, nas mesmas vizinhanças, nos mesmos vilarejos, nas mesmas regiões, à medida que se misturavam nas feiras e mercados, seus jovens se enamoraram uns dos outros e casaram-se entre si, e as identidades étnicas foram ficando difusas. Depois que Hitler foi derrotado e Tito morreu, a união começou a se desintegrar. Os grupos étnicos da Iugoslávia voltaram-se uns contra os outros, uns fazendo os outros de bodes expiatórios a fim de reafirmar cada qual a sua identidade étnica, particularmente os cristãos e muçulmanos. Pelo conflito com o "não-eu" étnico, a identidade étnica se reafirma antiteticamente. As chamadas "guerras de nacionalismo étnico" são, na verdade, guerras de "identidade étnica", de eus sem substância que lutam para estabelecer a própria identidade por meio da separação e do conflito com outras identidades. Pode-se dizer, com um tanto de cinismo mas outro bom tanto de verdade, que o motivo psicológico oculto das guerras étnicas na antiga Iugoslávia é o de impedir que cristãos e muçulmanos façam amor entre si.

Freud ficou intrigado com o que ele chamou de "narcisismo das diferenças secundárias". Ficou impressionado com o fato de que as pessoas, por causa de pequenas diferenças, agissem de modo tão egoísta e agressivo umas com as outras. A razão é que, como o eu e a identidade não têm uma base substancial, eles só podem se constituir antiteticamente, contrapondo-se a um outro "não-eu". Esse é o fundamento do antigo ditado árabe: "Eu luto contra o meu irmão até que o meu primo lute contra o meu irmão; daí eu luto do lado de meu irmão contra o meu primo, até que meu vizinho lute contra o meu primo; daí eu luto do lado de meu irmão e do meu primo contra o meu vizinho, até que os estrangeiros ataquem o meu vizinho; daí eu, meu irmão, meu primo e meu vizinho vamos lutar contra o estrangeiro invasor." O eu é um algoritmo de identidades. O eu insubstancial, que não tem nenhuma identidade própria e essencial, só pode constituir a sua identidade antiteticamente, em relação e em oposição aos outros. Esse padrão totêmico de identidade com os outros e de diferenciação em relação aos outros é a base sobre a qual o eu se torna conhecido para si mesmo.

Já que o vazio é a ausência de uma substância física ou mental fundamental e permanente, ele parece determinar uma visão sombria e pessimista do mundo. Se não existe uma substância ou um ser fundamental, então não há pontos fundamentais de referência, nada em que se agarrar. Mas o vazio também tem o seu lado positivo. Se refletirmos a respeito do vazio, fica muito claro que, se os fenômenos fossem substâncias definidas, permanentes, auto-suficientes e completas, nada poderia interagir com as outras coisas ou afetá-las. Nada poderia sofrer uma mudança ou evolução fundamental. Tudo permaneceria congelado em sua própria natureza, para sempre isolado das outras substâncias.

O fato do vazio significa que tudo no mundo está relacionado com tudo o mais. Cada coisa no universo é um objeto composto de energias e elementos dos quais tudo o mais no universo também é composto. O vazio é a base da interdependência de todas as coisas. Tudo no universo está relacionado com tudo o mais por causa do vazio. Por causa do vazio, o mundo é um.

Os Fatos Que Escondemos de Nós Mesmos

Os três fatos da existência — sofrimento, impermanência e vazio — são uma parte muito importante da verdade que escondemos de nós mesmos, criando assim o segredo esotérico da felicidade pelo qual buscamos ansiosamente. Podemos até vislumbrar os fatos da existência, mas eles são difíceis de reter. Precisamos lembrar-nos deles constantemente para mantê-los na consciência enquanto enfrentamos os problemas da vida. Temos dificuldade para conservá-los na consciência, porque eles não são o que queremos ver. Mesmo depois de contemplá-los e reconhecer-lhes a veracidade, rapidamente recaímos e voltamos ao modo comum de ver as coisas, negando e evitando o sofrimento, a impermanência e a insubstancialidade e, ao contrário, buscando obsessivamente a felicidade em pontos de referência fixos e estáveis e em objetos materiais aparentemente substanciais.[14]

Diz-se que uma vez perguntaram a Chögyam Trungpa Rinpoche o que os ocidentais precisam para compreender o modo budista de ver as coisas. Ele respondeu: "Uma mente nova." O mesmo acontece com os fatos da existência. Para vê-los, temos de abrir mão do nosso modo normal de ver, dos nossos desejos e medos normais, e praticar a atenção sem motivações nem projeções. Isso é muito difícil de conseguir. A obtenção de uma consciência estável do sofrimento, da impermanência e do vazio exige anos de disciplina e prática.[15] Exige a conquista de nós mesmos.

CAPÍTULO SETE

A Segunda Nobre Verdade: O Desejo

> Agora, qual é a Nobre Verdade da causa do sofrimento? É aquele anelo que dá origem a um novo renascer e que, unido ao prazer e à luxúria, ora aqui, ora lá, encontra sempre novos deleites.
>
> — Buda, *A Buddhist Bible*

> O conflito psíquico que produz sonhos e neuroses não é gerado pelos problemas intelectuais, mas pelos propósitos, ânsias, desejos... Consideremos, pois, o "desejo" como o mais apropriadamente abstrato de todos esses termos; ora, Freud tomou como axioma a idéia de que a essência do homem não consiste em pensar — como dizia Descartes — mas em desejar... A História se forma além da nossa vontade consciente, não pela astúcia da razão, mas pela astúcia do desejo.
>
> — Norman O. Brown, *Life Against Death*

Na noite escura da sua alma, debaixo da árvore bodhi, Buda buscou por toda a parte, no mundo material externo, pelas causas do sofrimento e da infelicidade. Finalmente, ele percebeu que as causas da dor não podem localizar-se no mundo externo, pois a aparência do mundo externo e a nossa reação a ele dependem da mente. Ele então buscou dentro da sua mente pelas causas do sofrimento e descobriu *tan-ha* — o desejo egoísta. Tan-ha é o culpado pelas nossas emoções negativas, insatisfações e frustrações e pelo nosso sofrimento neurótico. Essa percepção importantíssima se expressa na segunda nobre verdade, a verdade da causa do sofrimento.

Tan-ha pode ser traduzido livremente como "sede" ou "anelo", mas recebe muitos nomes: apego, cobiça, querer, gostar de ter, almejar, anseio, ânsia, aspiração, desejo, etc. Vamos seguir Norman O. Brown e usar o termo genérico "desejo" no lugar de todos os sinônimos. O Dicionário Random House define desejo da seguinte maneira:

> DESEJAR: 1. Ter desejo ou vontade de; querer, apetecer, ambicionar. 2. Expressar a vontade de obter; pedir... DESEJO: 1. Vontade de possuir ou de gozar. 2. Um pedido expresso. 3. Algo que se deseja. 4. Apetite sexual... Sinônimos: 1. Cobiçar, ambicionar. 2. Solicitar. 3. Aspiração, fome, apetite, sede. Desejo, Anelo, Anseio, Cobiça sugerem sentimentos que nos impelem a buscar a posse de algo que (na realidade ou na imaginação) se pode obter: desejo de sucesso...[1]

A essência de tan-ha é o desejo *egoísta*: a busca das *minhas* necessidades, do que *eu* quero, dos *meus* objetivos e metas, dos *meus* projetos felicidade, dos *meus* propósitos. "Desejo" é o nome genérico de todos os anseios egoístas que assombram o coração humano. Os instintos são desejos moldados pela biologia. As motivações e impulsos são desejos disfarçados de causas. É como se eles nos empurrassem por trás. As metas e objetivos se imiscuem nos nossos projetos felicidade como desejos para o futuro. As necessidades são desejos urgentes. As obsessões, compulsões e vícios são desejos dos quais se perdeu o controle, desejos que enlouqueceram. As escolhas, decisões e preferências são desejos moderados pela razão. Tan-ha é a somatória de todos os desejos egoístas, todos os esforços empenhados para buscar o prazer, preencher as necessidades, atingir as metas, satisfazer-se e realizar-se.

O desejo tem amplitude cósmica. Pode tomar qualquer coisa do universo, real ou imaginária, grandiosa ou insignificante, terrena ou sublime, como seu objeto. O desejo é a fome sensual de comida, sexo, conforto e diversão. É a fome sutil de amor, identidade, fama, poder, riqueza, sucesso e sentido. É a fome divina de salvação e imortalidade. O desejo é onívoro, mas caprichoso. Num momento ele se agarra à fama ou à vida eterna, e no momento seguinte ele se contenta com um nada, um bombom, um cigarro, uma palavra gentil.

Os budistas dizem que o desejo egoísta faz girar a roda da vida. Isso quer dizer que o desejo egoísta é a força motriz de nossos pensamentos, sonhos, atos e, portanto, do drama da nossa vida. Os problemas da vida não são intelectuais ou mentais; trata-se de satisfazer os desejos, conquistar as metas, atender às necessidades, defender certos interesses. Temos a tendência de reprimir e negar este fato óbvio. Escondemos dos outros os nossos desejos egoístas, porque fomos treinados para não parecer egoístas; mas também os escondemos de nós mesmos, convertendo-os assim em segredos — segredos que escondemos de nós mesmos.

Esse é o axioma fundamental da psicanálise, embora não seja normalmente expresso dessa maneira. Os desejos reprimidos, às vezes chamados de "compulsões" ou "impulsos", são o núcleo das neuroses. Um dos axiomas mais fundamentais da psicanálise é que o desejo é a força motriz que está por trás de todos os pensamentos e gestos. Vale a pena refletir sobre essa idéia crucial, sucintamente formulada pelo neo-freudiano Norman O. Brown e citada no início deste capítulo:

O conflito psíquico que produz sonhos e neuroses não é gerado pelos problemas intelectuais, mas pelos propósitos, ânsias, desejos... Consideremos, pois, "desejo" como o mais apropriadamente abstrato de todos esses termos; ora, Freud tomou como axioma a idéia de que a essência do homem não consiste em pensar — como dizia Descartes—, mas em desejar... A História se forma além da nossa vontade consciente, não pela astúcia da razão, mas pela astúcia do desejo.

Se tivermos coragem e força de vontade para investigar, vamos ver, cada qual por si mesmo, o quanto são os desejos que nos causam sofrimento. O desejo causa sofrimento de dois modos: primeiro, sua própria natureza, e, segundo, pela natureza da existência.

O desejo causa sofrimento por sua própria natureza porque é intrinsecamente insatisfatório. *O desejo é uma privação.* Querer algo é não tê-lo, estar privado daquilo. Nós não queremos o que já temos, só o que não temos. A sede é o desejo de água e ocorre na ausência da água. A fome é a sensação de falta de comida. Desejar é não ter, estar frustrado, sofrer. Desejar *é* sofrer. Essa verdade é das mais importantes, e é uma daquelas que relegamos ao campo do segredo pela recusa de reconhecê-la, criando assim um conhecimento esotérico que então passamos a buscar.

Os desagrados importunos do dia-a-dia resultam dos desejos frustrados do dia-a-dia. Reclamamos das nossas frustrações, mas não estamos dispostos a abrir mão dos desejos. Platão reconheceu o caráter intrinsecamente insatisfatório do desejo e a felicidade do não desejar numa frase poética que condensa a visão budista do desejo:[2]

> ...aquele que deseja algo carece de algo. E aquele que nada deseja, de nada carece.

O desejo não causa sofrimento somente por causa da sua natureza intrínseca de privação, mas também porque envolve uma luta contra os fatos e condições da existência. "Se algo se torna um problema", escreve Piyadassi Thera, "por certo haverá sofrimento, ou, se quisermos, conflito — conflito entre os desejos e os fatos da vida."[3] Queremos que tudo seja do nosso jeito. Queremos que o fluxo da vida esteja de acordo com nossos planos e aspirações. Martinho Lutero acatou humildemente a vontade de Deus: "Seja feita a vossa vontade, Senhor, e não a minha." O lema do eu egoísta é o oposto: "Seja feita a minha vontade, Senhor, e não a vossa."

Os desejos nos causam sofrimento porque a existência raramente coopera com eles. Ela não se preocupa com o que queremos; como diz o Gênesis, a natureza é indiferente às nossas necessidades.[4] Queremos ser felizes para sempre, mas somos seres compostos que sofrem ao nascer, sofrem na velhice e sofrem na morte. Queremos estabilidade e referências permanentes, mas temos de viver na insegurança, nas águas fluentes da mudança. Cremos na existência sólida da matéria, da mente e de Deus, mas as coisas materiais surgem e desaparecem, e Deus e o eu são imagens fantasmagóricas num espelho — as projeções da mente dualista. Mesmo quando atingimos nossos objetivos, a vitória é sempre temporária, tão transitória quanto a própria vida. O pássaro da felicidade perpétua é uma miragem fugidia.

A segunda nobre verdade é profunda e sutil. É profunda porque ilumina os segredos mais profundos da mente. Na psicologia profunda, uma qualidade mental é chamada de profunda quando é poderosa e oculta. O desejo é uma força psíquica poderosa porque é o movente da consciência e do comportamento. O desejo é oculto quando não temos consciência dele, quando o reprimimos, quando permanecemos ignorantes da poderosa influência que ele tem sobre a nossa vida e a nossa felicidade.

O desejo é sutil porque nem sempre é fácil de reconhecer. Ele anda disfarçado. É um trapaceiro, um mestre da ilusão. Os desejos sensuais são os mais óbvios, porque operam por intermédio do corpo; os espasmos da fome, a pressão para urinar e defecar, a secura da sede, o ventre dolorido da excitação sexual.

Os desejos do ego são mais sutis. Eles operam na esfera da linguagem, dos símbolos e dos significados. Na maioria das vezes são ambíguos, espertos e enganadores. Revestem-se de virtude, de justiça, de lógica e razão, de convenção social, lei, tradição e ideologia. Mas se olharmos mais de perto, muitas vezes conseguiremos ver, por trás do disfarce, o ego nu, ansiando e se apegando. Vemos exemplos disso todos os dias: no comerciante ganancioso que diz ser apenas um homem de negócios obediente às leis, que trabalha em troca de um lucro honesto; no político que diz estar servindo ao povo, mas que na verdade está buscando o poder para si; no amante que faz juras de amor mas está interessado principalmente em sexo, dinheiro ou poder.

A busca dos segredos da felicidade começa, necessariamente, com a consciência do sofrimento e da infelicidade, mas daí deve prosseguir na busca das causas do sofrimento. O buscador dotado de uma mente inquisitiva, científica, vai ponderar a respeito do desejo egoísta e da relação deste com a dor, as tragédias, a frustração, as emoções negativas, a violência, todas as agonias que nós, seres humanos, fazemos cair sobre nós mesmos e sobre o próximo.

O sofrimento e o desejo egoísta estão entrelaçados num só tecido, que cobre a nossa vista como um véu, obscurecendo a natureza verdadeira da mente e da existência material. O desejo habita na escuridão, na ignorância, nas ilusões do eu. Tan-ha e avidya, desejo e ignorância, são companheiros, presos um ao outro. "O amor é cego", esse antigo ditado só conta a metade da história. Não é somente o amor romântico que é cego. Todos os desejos egoístas são cegos quando reprimem ou negam as verdades da impermanência, do vazio e do sofrimento.

Os Três Venenos

A interação entre desejo e ignorância reflete-se, na psicologia budista, na noção dos "três venenos". Os três venenos são chamados cobiça, ódio e ilusão. Há muitos sinônimos: a cobiça pode ser chamada de paixão, luxúria, desejo ou apego; o ódio pode ser chamado de agressividade, ira ou aversão; a palavra ilusão é, às vezes, substituída por engano ou ignorância. Na concepção budista, essas três qualidades mentais são a causa primordial do sofrimento humano, o sofrimento que impomos a nós mesmos e aos outros.

Em termos ocidentais, os três venenos são o desejo, a aversão e o ego. Utilizamos a palavra desejo como um equivalente genérico do *tan-ha* do sânscrito. Mas tan-ha, ele mesmo, é bipolar: divide-se em cobiça e ódio, paixão e agressividade. Por outro lado, é o desejo de ter algo, possuí-lo, senti-lo, absorvê-lo e retê-lo. Por outro lado, é o desejo de evitar algo, mantê-lo distante, rejeitá-lo, abandoná-lo, destruí-lo e se separar dele. Se chamarmos esses dois pólos de desejo e aversão, perceberemos mais claramente que eles representam os pólos antitéticos de tan-ha — o desejo de possuir e o desejo de jogar fora.

Tan-ha é bipolar porque todos os seres são polarizados, inclusive os seres humanos. Todos os seres são "tropísticos", isto é, movem-se em direção ao que dá mais vida e evitam o que traz a morte. Nos organismos mais avançados, essa dualidade se manifesta no desejo de prazer e no medo da dor. Nós, seres humanos, lutamos pelos prazeres sensuais e pela vida, pela felicidade e pela imortalidade. Lutamos contra a dor e a morte, contra a infelicidade e o desaparecimento eterno. Essa é a dialética de tan-ha, que molda a mente, a vida e a História.

A polarização do desejo é a marca do mundo samsárico, o mundo do "perpétuo vagar", de nascimento, decadência e morte. O samsara é uma projeção da mente dualista. Esta, como já observamos, percebe o mundo em função de polaridades, pares antitéticos, dos quais cada elemento se define em função do outro: acima/abaixo, direita/esquerda, quente/frio, macho/fêmea. Cada pólo deriva seu significado do pólo oposto. Sem o acima, o abaixo não teria nenhum sentido. Sem a fêmea, o macho desapareceria. O eu depende do outro. A felicidade perde o seu sentido sem a infelicidade. O bem não pode existir sem o mal. A morte é o correlato necessário do nascimento.

As principais qualidades antitéticas da mente dualista e, portanto, do mundo samsárico, são prazer/dor, vida/morte, eu/outro, bem/mal e passado/futuro. Essas polaridades criam as realidades relativas do samsara. Elas definem os pontos de referência da vida biológica, da vida individual, da vida social, da moral e da História. Esses pares antitéticos dão forma a um drama dialético no qual o eu se manifesta em relação ao outro, lutando, no decorrer do tempo histórico, para assegurar para si uma vida boa e para evitar o mal e a morte. Carl Jung deu a essa dialética o nome de *enantiodrama*, o drama dos opostos.

Tan-ha, o desejo, se liga a avidya, a ignorância, por meio do pressuposto errôneo de que a dança samsárica dos opostos é a realidade última. A ignorância é a mãe da cobiça e do ódio, porque é ela que lhes dá vida. É ela que os justifica e lhes dá verossimilhança. A ignorância também converte os nossos desejos em segredos e esconde o fato de que eles são a causa dos sofrimentos dos quais reclamamos. O desejo é alimentado por uma visão ignorante ou iludida do mundo e de nós mesmos, ou seja, pela "visão errada" de que o eu e o mundo são substâncias sólidas, perenes, que podem ser delimitadas, desfrutadas, possuídas e preservadas, talvez para sempre. A visão errada atiça a motivação de preservar e ampliar o eu e os laços que ele tem com o mundo. É ela o fundamento ideológico de todas as formas de egoísmo, de todos os anseios egoístas e, portanto, de todo o ódio e da violência que causamos a nós mesmos.

A cura para a ignorância é a "visão correta". A visão correta toma aquilo que, sob a visão errada, nos parece como um segredo e o converte numa consciência da realidade básica da nossa situação — uma consciência das três marcas da existência. A visão correta é a revelação do segredo da felicidade. Ela revela que o eu e o mundo são aparências efêmeras, luminescências que nascem do vazio, entram no rio incessante da mudança samsárica e desaparecem por fim no vazio. O segredo da felicidade está em aceitar essa realidade.

O problema é que a mente samsárica rejeita a realidade do vazio. A mente dualista percebe o vazio como algo negativo, e, portanto, assustador. Os fatos da existência nos dizem que vamos desaparecer e que o mundo, tal como o conhecemos, irá conosco. O ego resiste ao vazio porque resiste à sua própria dissolução.

Com a visão correta como guia, entretanto, pode-se ver também o lado positivo dos fatos da existência. O lado positivo do sofrimento é que ele nos dá a oportunidade de compreender as causas dele mesmo. Cria-nos a possibilidade de compreender o papel do desejo e da aversão na nossa vida. O sofrimento é o primeiro passo no caminho espiritual. A impermanência e o vazio significam que a cobiça e o ódio também são fenômenos vazios e transitórios. Também são aparências, ilusões. Isso não é nada mau. Significa que podemos sentir essas coisas, podemos ter consciência delas, sem necessariamente pô-las para fora, sem deixar que o potencial destrutivo delas domine as nossas motivações e a nossa vida.

Os Três Desejos

Quando Buda procurou dentro de si a causa do sofrimento, descobriu tan-ha, o desejo. Sentado, observando a própria mente, ele conseguiu distinguir três formas de desejo: (1) O desejo dos prazeres sensuais; (2) o desejo da vida, da continuidade da existência, da felicidade e da imortalidade pessoal; e (3) o desejo da morte, de escapar da dor, da aniquilação pessoal e da não-existência. Cada qual pode refletir para verificar se a percepção do Buda cobriu todas as modalidades do desejo. Há algum desejo que não entre em uma dessas três categorias?

Essas três categorias do desejo são muito semelhantes ao *id*, ao instinto de vida e ao instinto de morte de Freud. Isso não é de surpreender, tendo em vista que Buda e Freud estavam examinando o mesmo fenômeno. Segundo Freud, o *id* representa os desejos animais, sensuais, lascivos e agressivos. O instinto de vida é o desejo de vida, de mais vida, de uma vida mais plena, de um eu mais definido, substancial e permanente. O instinto de morte é o desejo de escapar do mal, de evitar o sofrimento, de perder-se a si mesmo e fundir-se com uma entidade mais poderosa e invulnerável.[5]

O Desejo do Prazer Sensual

O desejo de prazer sensual é evidente, já que todos nós o sentimos, conhecemos e, até certo ponto, sofremos por causa dele. Nós o buscamos por meio dos seis portais do corpo: os cinco sentidos — visão, audição, olfato, paladar e tato — e o sexto sentido, a mente. Cada portal tem o seu deleite próprio. Os desejos sensuais mais poderosos são os desejos de comida e sexo. Esses dois desejos motivam fortemente o pensamento, o sentimento e o comportamento. A busca de comida e de sexo não tem como única finalidade a satisfação de necessidades biológicas — alimentar e reproduzir o corpo. O desfrute desses prazeres atende também a funções psicológicas, dando ao organismo a recompensa subjetiva pelo esforço de preservar o eu e a espécie. Muitas pessoas buscam comida, sexo e outros prazeres sensuais de modo compulsivo, cego e indiscriminado, só para escapar do sofrimento, da tristeza e das ansiedades da vida.

A bulimia, ou compulsão de comer, serve para tranqüilizar os sofrimentos da ansiedade. Essa doença é epidêmica no mundo ocidental de hoje. Do ponto de vista budista, a bulimia é pura gula. É uma busca de prazer por intermédio da alimentação, motivada pelo desejo de reprimir, negar e escapar ao sofrimento. A explicação disso é biológica, mas isso não quer dizer que a bulimia tenha uma causa biológica. A causa é psicológica: o desejo de aliviar a dor por meio da sensação de prazer.

A base biológica da bulimia está no fato de que os sistemas nervosos que regulam o comer e a ansiedade se ativam alternadamente. A ansiedade, que é uma forma de medo, qual seja, o medo de um perigo futuro, é mediada pelo sistema nervoso simpático, a reação de lutar ou fugir. A alimentação é mediada pelo sistema nervoso parassimpático.

Os sistemas nervosos simpático e parassimpático são enervados de forma mutuamente exclusiva. Quando o sistema nervoso simpático é ativado, o apetite é desativado, e é por isso que as pessoas ansiosas sofrem de anorexia e perda de peso; é por isso que as pessoas tomam Dextrina, que ativa o sistema nervoso simpático, para reprimir o apetite. Pela mesma razão, comer tranqüiliza a ansiedade, porque é um ato que ativa o sistema nervoso parassimpático e, até certo ponto, desativa o sistema simpático.

A bulimia é a busca do prazer por meio do comer, a fim de atenuar a dor da vida e distrair-nos dela. A boca, a cavidade oral, a língua e a faringe estão cobertas de terminações nervosas. O ato de comer enche o cérebro de estímulos extremamente prazerosos e divertidos.

Muitas pessoas são bulímicas às ocultas. Comem para aliviar a dor, seja esta a da ansiedade, das decepções, da ira, do tédio. Não são definidas como bulímicas, sobretudo porque não se preocupam o suficiente com o peso para jejuar ou vomitar compulsivamente depois dos ataques de comilança. Mas são obesas por causa das comilanças emocionais. Muitas pessoas, especialmente jovens mulheres que se preocupam com a silhueta, jejuam ou se purgam depois dos ataques de comilança, criando um ciclo de comilança-jejum/purgação. A farra alimentar é uma fuga para o prazer, mas também aumenta o peso e cria sentimentos de vergonha. A função do jejum ou da purgação é desfazer a comilança. O ciclo da comilança e purgação é a alternância da entrega total à consciência do prazer alimentar e da repressão dessa mesma consciência.

Muitos homens tendem a fazer uso do sexo do mesmo modo que as mulheres fazem uso da comida — para apagar as dores da existência. De maneira geral, as mulheres tendem a abusar e depois se privar da comida, ao passo que os homens tendem a abusar e depois se privar do sexo, ainda que haja muitos exemplos do contrário. A clássica síndrome de satiríase — o homem com um apetite sexual insaciável — é paralela à bulimia na mulher. Muitos homens (e mulheres também) usam sexo como um tranqüilizante, para dar alívio às pressões e tensões da vida. Na mulher, a formação reativa contra a entrega à gula é o jejum ascético, qualificado pelos psiquiatras como uma forma de doença mental — a anorexia nervosa. No homem, a formação reativa contra a entrega à luxúria é a castidade, uma forma de jejum sexual que foi institucionalizada pelas religiões patriarcais sob a forma do monasticismo.

O desejo de prazer sensual produz o apego ao mundo exterior, material, de onde os estímulos prazerosos se originam. Assim como um cão se apega ao dono que o alimenta, os seres humanos se apegam às fontes do seu prazer (ou se viciam nelas). O sensualista e o materialista são lados opostos da mesma moeda. Os dois querem possuir e desfrutar os bens do mundo material: boa comida, um lar confortável, roupas elegantes, carros de luxo, conveniências mecânicas, brinquedos eletrônicos, companheiros sexuais e dinheiro e tempo para desfrutar de tudo. Essa é a motivação que está por trás da mentalidade *yuppie*, um estilo de vida que se alimenta do desejo de escapar ao sofrimento e à ansiedade da morte.

Ter dinheiro e tempo para desfrutar dos prazeres sensuais da vida é um problema político, talvez o mais fundamental dos problemas políticos. O desejo universal da humanidade é gozar a vida, amar e ser amada, ter conforto, divertir-se, distrair-se, entreter-se e estar segura até o momento da morte. Aqueles que têm poder, têm poder de se divertir. Aqueles que não têm poder, têm de se abster e sofrer. Nesse sentido, o desejo é o mais fundamental dos problemas políticos. A pobreza equivale a uma luta pela existência, sem tempo nem meios de desfrutar dos prazeres mais refinados da vida. A riqueza nos dá a oportunidade de nos cercarmos de beleza e prazer. O desejo de prazer é, por conseguinte, a motivação básica da busca de poder. O poder corrompe exatamente porque dá acesso à riqueza e aos prazeres sensuais. Buda disse:

> Em verdade, ó monges, devido aos anseios sensuais, reis lutam contra reis, príncipes contra príncipes, sacerdotes contra sacerdotes, cidadãos contra cidadãos, a mãe briga com o filho, o filho com a mãe, o pai com o filho, o filho com o pai, o irmão com o irmão, o irmão com a irmã, a irmã com o irmão, e o amigo com o amigo.[6]

Os desejos animalescos de prazer sensual se transformam no desejo humano de felicidade pelo processo de sublimação. Discutiremos sublimação de modo mais detalhado mais tarde.[7] Aqui é suficiente dizer que a sublimação é um conceito tirado da física, onde se refere à evaporação direta de um sólido para a forma gasosa, como quando o gelo seco se evapora como dióxido de carbono. Na psicologia, a palavra sublimação é usada metaforicamente para referir-se à transformação de um estado ou sentimento corpóreo num estado ou sentimento mental. Por exemplo, a fome física bruta é sublimada pela civilização no comer ritualístico e no jantar elegante. A lascívia sexual é sublimada no carinho, na compaixão, nos sentimentos familiares e no altruísmo. No nível mais fundamental, o desejo de prazer sensual é sublimado no desejo da vida eterna.

O Desejo da Vida

O desejo da vida já está presente no corpo quando do nascimento, nos mecanismos homeostáticos, hormonais e reflexivos. A fome, a digestão, o metabolismo, a excreção, a procriação, a imunidade e a reação de lutar ou fugir são mecanismos feitos para propiciar a vida: para nutrir, eliminar venenos, resistir às infecções, reparar os tecidos danificados, propagar a espécie, escapar às ameaças de morte.

No nível mais sutil do ego, o desejo de vida é a luta do ego para constituir-se e solidificar-se, garantir uma posição segura, prevalecer e dominar, e assim desfrutar dos deleites sensuais do mundo fenomênico. O desejo de vida se manifesta em todas as lutas egoístas e ambiciosas do ego para se afirmar, sobreviver, permanecer, ser reconhecido, respeitado, amado, bem-sucedido, rico, poderoso e sábio. O desejo de vida ativa a dinâmica básica das interações sociais humanas. É o alimento das novelas diárias, das biografias e da História. O desejo da vida motiva o drama humano dos conflitos, das vitórias e das derrotas de egos que lutam uns contra os outros — lutam por mais vida, por uma vida mais longa, mais rica, mais cheia de sentido, eterna.

O Desejo de Morte

Evidentemente, o desejo de morte é o oposto do desejo de vida. Assim como o desejo de vida se baseia no desejo de prazer e felicidade, o desejo de morte se baseia no desejo de escapar à dor e ao mal. Um é eternalista, o outro é niilista. Juntos, eles refletem o nosso anseio dualista de sermos felizes para sempre e evitarmos o sofrimento para sempre.

O desejo de morte é o anseio de aliviar a dor, a ansiedade, as decepções, o desespero e a negatividade. O motivo do desejo de morte é mais evidente no caso do suicídio. Não há dúvida de que as pessoas doentes e às portas da morte, quando cometem suicídio, são motivadas pelo desejo de escapar à dor e ao sofrimento físicos. No assim-chamado suicídio "altruísta", como o *haraquiri*, o *kamikaze* e outras formas de suicídio condicionadas pela sociedade, o motivo é evitar o sofrimento mental — a vergonha, a humilhação e a desonra.

O suicídio egoísta também é motivado pelo desejo de escapar ao sofrimento mental. Suicídio significa "pôr fim à própria vida". O motivo de pôr fim à própria vida é a falta de disposição para encarar e aceitar com humildade e elegância, o fracasso ou a inanidade dos nossos Projetos Felicidade. O sentimento de nós mesmos depende da possibilidade que a pessoa tem de satisfazer as próprias esperanças, anelos, planos, idéias, sonhos e expectativas. O eu egoísta luta para encontrar meios de realizar suas esperanças, de preservar, fortificar e expandir o seu significado, de buscar alívio e salvar-se da frustração, das decepções, do fracasso e da perda. Sem o projeto de vida, não há esperança. Sem Projetos Felicidade, a vida perde o seu propósito e, portanto, o seu significado. A perda da esperança e do sentido arrasa o ego. O assassinato do corpo o põe em harmonia com o eu enfraquecido.

A pessoa se suicida para escapar das realidades da vida, do sofrimento que faz parte da vida, das mudanças constantes, da falta de pontos de referência fixos, estáveis e duradouros nos quais possa se agarrar. As pessoas se suicidam por egoísmo quando pensam que a vida não vai estar à altura das suas espectativas, sonhos e esperanças, quando acham que suas metas mais queridas e motivações condicionadas não poderão ser atingidas, quando a esperança de encontrar um sentido no futuro parece destinada à frustração e fracasso, quando não têm mais esperança de atingir a felicidade futura e a paz interior no futuro.

Uma epidemia de suicídio recentemente se abateu sobre os jovens do mundo ocidental. Nossos jovens foram criados na indisciplina dos desejos, nas expectativas e nas ambições arrogantes de uma sociedade materialista. Eles anseiam pelos prazeres materiais do mundo. Querem o amor, a aceitação, a liberdade e a felicidade. Em vez de enfrentar a natureza da existência, em vez de aceitar as privações, as decepções, a confusão e o temor, em vez de aceitar a vida como ela é, eles preferem morrer. Estão morrendo por não conseguir realizar seus desejos, incitados por uma sociedade mundana e materialista que erroneamente prega que a felicidade se atinge pela busca e satisfação de desejos.

Se não forem adequadamente compreendidos e habilmente manejados, os três desejos geram a negatividade — a infelicidade, a dor, a decepção, a desilusão, a agressividade, o desespero e a depressão. O desejo de prazer sensual, levado ao extremo, conduz por fim à dissipação, à deterioração e à morte. O desejo de vida, levado ao extremo, conduz à frustração, à depressão e à agressão. O desejo de morte, de modo desnecessário e prematuro, extingue a possibilidade e a potencialidade da consciência, da aceitação e do amor.

CAPÍTULO OITO

O Eu e a Identidade ou o Assombro Fundamental

Disse Moisés a Deus: Eis que quando eu vier aos filhos de Israel e lhes disser: O Deus de vossos pais me enviou a vós outros; e eles me perguntarem: Qual é o seu nome? Que lhes direi? Disse Deus a Moisés: EU SOU QUEM SOU. Disse mais: Assim dirás aos filhos de Israel: EU SOU me enviou a vós."

— Êxodo 3:13

Nós, conhecedores, somos desconhecidos para nós mesmos.

— Friedrich Nietszche, *The Genealogy of Morals*

Ninguém sabe quem eu sou, ou o que eu faço. Nem mesmo eu.

— Don Juan, in *Journey to Ixtlan*, de Carlos Castanheda

Essa percepção de um ser, Subhuti, é só um não-ser.

— Buda, *The Diamond Sutra*

Para a mente humana comum, o "eu" parece uma entidade dotada de uma existência definida, concreta, unitária, que habita bem no meio de nós, perdura no decorrer de toda a nossa vida consciente, e talvez além dela, e é a essência do nosso ser e da nossa identidade. O que vem a ser esse "eu" que é a essência do nosso ser e da nossa identidade?

Do ponto de vista budista, o eu é vazio, isto é, sem substância. O eu é uma aparência sem essência, uma "ilusão", a sede da nossa ignorância e a causa primeira do sofrimento que impomos a nós mesmos. Os mestres zen-budistas são famosos por desafiar os seus estudantes com perguntas enigmáticas a respeito da natureza do eu, tais como: "Qual é o seu rosto original?" "Você é os seus pensamentos? Seus sentimentos? Suas memórias? Seu cérebro? Seu coração? Suas mãos, sua pele, seus ossos?" O leitor pode tentar fazer essas experiências de pensamento. O desafio é olhar para dentro e ver se você é capaz de localizar aquela entidade que você chama de "eu". O autoconhecimento começa com essa busca.

Para os budistas, o eu não é uma entidade dotada de existência independente. Quando o Buda investigou a si mesmo, encontrou uma colagem caleidoscópica[1] de sensações, sentimentos, percepções, pensamentos, e da consciência de tudo isso. Mas nesse fluxo contínuo e estonteante de acontecimentos mentais, ele não encontrou nada que pudesse identificar como um "eu". Desse ponto de vista, o eu é "vazio", porque não possui uma essência definida, distinta e concreta.

Ao mesmo tempo, é falso dizer que o eu não existe de modo algum. Todos nós pensamos em nós mesmos, falamos sobre nós mesmos, agimos como nós mesmos no mundo social e reconhecemos o eu dos outros. Nesse sentido, o eu existe, mas somente como algo atribuído, imputado, projetado. O eu existe como uma imputação convencional/social. Chamamos de "eu" à colagem fluida das nossas experiências e à presumível colagem das experiências dos outros.

Buda resolveu a contradição entre a existência e a não-existência do eu tomando o caminho do meio — o caminho intermediário entre o eternalismo e o niilismo. Do ponto de vista do caminho do meio, é falso dizer que o eu existe e também é falso dizer que ele não existe. O eu existe, mas somente como uma *atribuição*. Nós atribuímos a nós mesmos, ou projetamos em nós mesmos a idéia do eu. Em outras palavras, a mente humana reflexivamente toma a si mesma como um objeto e projeta uma *persona* em si mesma. Nesse sentido, o eu existe como uma ficção que ele mesmo cria. Como ficção, ele ao mesmo tempo existe e não existe.

Do ponto de vista budista, o eu, ou ego, é ignorância – *avidya*. Mais especificamente, a ignorância é a reificação do eu. É a reificação daquele "eu" que a mente atribui a si mesma. O eu é a fonte da ignorância porque ele toma erroneamente como reais a si mesmo e ao campo simbólico que ele projeta e no qual opera. Ao mesmo tempo, a reificação do eu e das suas projeções resulta na negação e na repressão dos fatos da existência — o sofrimento, a impermanência e o vazio. A confusão entre fato e ficção nos assombra. Na concepção budista, essa confusão é a fonte do sofrimento que impomos a nós mesmos e ao próximo.

Que é o Eu?

Podemos pôr à prova a concepção budista investigando por nós mesmos a natureza do eu. Não se trata de um exercício acadêmico, mas de algo dotado de importância pragmática. Queremos encontrar alívio e nos libertar dos nossos sofrimentos. Para fazer isso, precisamos entender a natureza e a dinâmica do eu fictício, que é a sede do sofrimento.

Entender o conceito de "eu" é uma tarefa e tanto. Quem somos nós como indivíduos e como espécie? Como vemos a nós mesmos? Será que nós mudamos com o passar do tempo? Ou foi somente o modo pela qual nos vemos que mudou? Essas perguntas, embora não pareçam, são muito difíceis de serem respondidas. A investigação de si mesma é obra complexa, contraditória e obscura: um caminho cheio de armadilhas, becos sem saída e ilusões. O eu é inefavelmente indistinto. Quando não pensamos a respeito, achamos que sabemos o que ele é. Quando pensamos um pouco, ele se torna indefinível. Tentar conhecer a si mesmo é como tentar vislumbrar uma sombra numa sala de espelhos.

O autoconhecimento exige que se tenha alguma pré-concepção do eu; senão, como saberíamos o que buscar e onde buscar? Que critério utilizaríamos para distinguir entre o conhecimento autêntico e ilusões que poderiam afigurar-se verdadeiras? Queremos começar nossa investigação sobre uma base epistemológica sólida, mas o que é essa base? Nem o modo de começar está claro.

Que forma toma o autoconhecimento autêntico? Será que o conhecimento que buscamos é científico? Ou é introspectivo? Será que ele consiste em fatos expressos em proposições lógicas? Ou toma a forma de intuições poéticas expressas em mitos e metáforas? Será melhor começar pela biologia, pela psicologia, pela sociologia ou pela antropologia? E qual será o papel da religião, a fonte tradicional do autoconhecimento? Se pararmos para pensar nessas perguntas, vamos perceber rapidamente o quanto é difícil entender o conceito do "eu".

A solidez aparente do nosso conceito de "eu" parece ser um produto da mente, que é, ela mesma, extremamente esquiva e difícil de ser compreendida, porque só pode ser compreendida por ela mesma. Um lama budista tibetano, Jamgon Kongtrul Rinpoche, fez certa vez a um grupo seletíssimo de psiquiatras e psicoterapeutas ocidentais — modernos especialistas da mente — uma pergunta muito simples, mas também muito incômoda: "O que é a mente?"[2] A resposta foi um silêncio retumbante e embaraçoso. Eles não conseguiram, ou talvez não ousaram responder. Essa pergunta incomoda os ocidentais. Não temos uma resposta satisfatória para ela. Não há uma concepção ocidental "oficial" do que é a mente. Há muitas "teorias da mente", mas não uma concepção aceita por todos.[3]

A concepção que prevalece no Ocidente é a de que a mente não passa de um epifenômeno do cérebro. Esse modo de ver se popularizou porque o pensamento ocidental é moldado em grande medida pela ciência, e, como já observamos, a ciência assume o ponto de vista objetivo e luta para eliminar o subjetivo. Pelas regras do seu próprio método, a ciência é obrigada a tratar a mente como um objeto; por isso, para a ciência, a mente parece ser um objeto, como o cérebro. A maioria dos neurobiólogos, psicólogos e psiquiatras ocidentais contemporâneos aceitam o ponto de vista de que os fenômenos mentais, especialmente quando são "patológicos", são produzidos por fenômenos neurológicos e, portanto, são redutíveis a estes.

A concepção materialista da mente nos atrai porque nos dá segurança. Dá a impressão de que a mente, e, portanto, o eu, é sólido. Já que o cérebro é um objeto material sólido, e a mente emana do cérebro, a mente, então, também é fundamentalmente sólida. Se a mente é o cérebro, ela pode ser manuseada e manipulada — por meio da psicofarmacologia, da psicoterapia, dos meios de comunicação e da política.

Do ponto de vista budista, entretanto, a aparente solidez da mente é uma ilusão criada por ela própria. Ela existe, mas só na mente do observador. A sensação de realidade sólida do "eu" é uma ilusão, como a Ursa Maior é uma ilusão. A única conexão entre as estrelas da Ursa Maior é a que a mente do observador faz.

O eu não tem um significado único e preciso. É uma montagem de facetas e personalidades infinitamente variáveis, que se manifesta dualmente nas dimensões subjetiva e objetiva. Em certo sentido, a palavra "eu" denota a imagem do meu corpo enquanto objeto da minha experiência reflexiva. Quando eu penso em mim mesmo, penso neste meu corpo, o qual, embora mudado no decorrer dos anos, parece uma continuidade do corpo das minhas lembranças mais antigas. Quando eu penso nos outros, eu penso no corpo deles. Sob outro ponto de vista, entretanto, o corpo é um amontoado de matéria, um objeto da investigação científica, dotado de aspectos fisiológicos, genéticos e ecológicos.

O eu também tem um componente sociocomportamental. Esse componente é o estilo singular de comportamento e a história da vida de cada corpo. Quando pensamos no nosso eu e nos outros eus, pensamos em como nos relacionamos uns com os outros, no quanto nos divertimos juntos e em como nos magoamos mutuamente. Concebemo-nos como heróis e vítimas na corrente do tempo histórico.

Em outro sentido ainda, o eu conota o sujeito pensante em atitude reflexiva. Refere-se à corrente da consciência, que é o objeto a que temos mais apego, o ponto focal das nossas perguntas mais urgentes a respeito da vida e do sentido da vida. O eu é o emblema do indivíduo humano singular, que é tão diferente dos outros quanto o são as suas impressões digitais. Ainda assim, como cada qual "tem" um eu, ele é um universal humano, o tótem da espécie *homo sapiens*, que se distingue dos animais pela consciência de si mesmo.

O termo "eu" não tem um significado denotativo muito claro. Não há nada no mundo que se possa apontar como caso particular do eu, como há casos particulares de cães, árvores e estrelas. Podemos até apontar para uma pessoa em particular, mas só vamos ver aí as manifestações exteriores, quando o que nós queremos compreender é a vida interior. Mesmo nesse caso, as palavras "exterior" e "interior" são metáforas que ao mesmo tempo revelam e distorcem o fenômeno que estamos tentando definir. Parece-nos impossível captar o nosso objeto de investigação, sem projetar nele alguma imagem para torná-lo mais compreensível; só que, então, vemo-nos incapazes de distinguir a imagem do objeto que procuramos conhecer. Quem seria capaz de perceber uma sombra fugidia numa sala de espelhos?

O Assombro Fundamental

Cada início de busca de autoconhecimento parece ser uma intromissão arbitrária no jardim fechado do enigma. Cada início explode num caleidoscópio de imagens, pensamentos e conceitos que nos maravilham. Tudo o que nos resta, então, é começar a investigação sobre a natureza da mente e do eu no meio desse maravilhamento, desse assombro. O ponto de partida da busca do autoconhecimento é o assombro.

O assombro é o ponto de partida da auto-investigação porque é nele que estamos agora. Por mais que nos consideremos seguros de quem somos e para onde estamos caminhando na vida, há certas perguntas que não conseguimos responder: Por que nasci? De onde vim? Qual é a origem da humanidade? Qual é a natureza do universo? O que estou fazendo aqui? Como devo viver e pensar? Qual é o propósito da minha vida? Por que tenho de morrer? Quando vou morrer?

Num episódio da série de televisão "Além da Imaginação", de Rod Serling, a voz de barítono de Serling apresenta o protagonista da história daquela noite: um caçador que subitamente se encontra numa ilha, acossado por um caçador que ele não consegue ver nem sabe quem é. "Esse homem é como cada um de nós", anuncia Serling, ironicamente. "Ele não tem a menor idéia de por que está onde está nem do que deve fazer. Ele só sabe que está condenado à morte — hora, local e modo de execução, desconhecidos."

René Descartes (1596-1650) fundou a filosofia moderna com a dúvida infatigável que põe em questão todos os pensamentos, todas as imagens, todas as afirmações do intelecto, mas não pode duvidar da dúvida. "O que, então, pode ser tomado como verdade?", perguntou Descartes, desesperançado. A resposta dele? "Talvez nada, a não ser que o fato de que não há nada de indubitável neste mundo."[4] Descartes só pôde deduzir o fato da sua própria existência a partir dessa dúvida: "Penso (duvido), logo existo."

A busca do autoconhecimento começa com essa dúvida. Chögyam Trungpa Rinpoche chamou-a de "assombro fundamental" — uma confusão terrível, profunda, a respeito de quem somos e do significado da nossa vida.[5] A mente humana comum permanece num estado contínuo de assombro, e tenta escapar dele por meio do conhecimento exato ou de artigos de fé. O assombro fundamental é o ponto de partida da viagem rumo ao autoconhecimento e à iluminação.

Muitas vezes, meus pacientes jovens reclamam da sua confusão. Eles estão confusos a respeito do que pensam, de como se sentem ou do que fazer a respeito de diversos assuntos importantes em sua vida. Eu me identifico com eles e encorajo-os a admitir e aceitar a confusão. Não há por que ter medo dela. Eu lhes digo que eu também estou confuso. Todo o mundo está confuso porque todo o mundo está desnorteado a respeito da causa, do significado e do propósito fundamental da vida. Eu lhes dou a entender que a aceitação da confusão é um passo em direção à clareza. Quando fica claro que estamos confusos, então a nossa busca pelo menos começa num momento de clareza sincera.

Quem Sou Eu?

A questão da identidade — "Quem sou eu?" — é a manifestação lingüística do assombro fundamental. "Quem sou eu?" é, segundo se supõe, a eterna pergunta do adolescente neurótico. Quando a minha filha estava no segundo ano da faculdade, ela tinha um pôster na parede do seu quarto que expressava de modo tocante a confusão de identidade do universitário:

ESTA VIDA É UM TESTE
NÃO PASSA DE UM TESTE
SE FOSSE A VIDA DE VERDADE
VOCÊ TERIA RECEBIDO
MAIS INSTRUÇÕES
SOBRE ONDE IR E O QUE FAZER

A agonia do adolescente moderno resulta em grande medida de um esforço frustrado para resolver sua confusão fundamental e encontrar sentido na vida. Todos nós lutamos para resolver a nossa confusão buscando ou construindo uma visão do mundo, e do lugar que ocupamos nele, que faça sentido em nossa vida. Desse ponto de vista, o problema da identidade é uma questão filosófica.

Os adultos que adotaram alguma filosofia de vida e, portanto, acham que sabem quem são, tendem a ver a confusão de identidade como um sintoma da imaturidade adolescente. Mas os adultos também sofrem de confusão de identidade. Em épocas de tumulto e instabilidade social, quando a incerteza e a dúvida a respeito do sentido e do objetivo da vida se levantam, muitos adultos tendem a voltar à preocupação "adolescente" com a identidade. Aqui, de novo nos lembramos do recente recrudescimento das guerras étnicas ocorrido depois do colapso do comunismo; esse recrudescimento pode ser considerado uma luta pela identidade numa época de caos social.

Em tempos de mudanças rápidas, os fatos novos se abatem sobre o nosso sentido do eu como partículas de alta energia bombardeando o núcleo do átomo, e rompem a nossa personalidade. Sob essas circunstâncias, a autocontradição é inevitável; ela, por sua vez, faz rachar a casca da dúvida quanto à própria identidade, e lá dentro pode-se vislumbrar o espectro terrível da insubstancialidade do eu.

No nível pessoal, esse tipo de crise de identidade pode ocorrer depois de um acontecimento traumático, como uma perda, uma morte em família, um roubo, estupro ou agressão. Pode resultar de uma viagem ruim de LSD, na qual os pontos pessoais de referência se perdem e a auto-imagem se despedaça.

No nível sócio-histórico, a autocontradição pode decorrer das descobertas científicas. A história da ciência, de Galileu e Newton a Darwin e Freud, está cheia de descobertas de fatos novos que contradisseram a imagem que a sociedade tinha de si mesma e a lançaram numa crise de identidade.

Freud enumera três crises da identidade ocidental, cada uma das quais infligiu novo ferimento no ego coletivo. Primeiro foi a revolução de Galileu na astronomia, que revelou que nós, terráqueos, não estamos no centro do universo de Deus. Somos nele um mero detalhe, os habitantes de um planetinha, um entre nove, orbitando em torno de uma estrela de tamanho médio, de meia-idade, uma entre os bilhões da nossa galáxia, que é uma entre bilhões de galáxias num universo inimaginavelmente vasto.

A segunda crise da identidade ocidental foi a revolução de Darwin, que revelou que não fomos criados por Deus no sétimo dia, mas que evoluímos no decorrer de milhões de anos a partir dos animais, mais recentemente dos primatas. Aliás, segundo Darwin, nós, seres humanos, *somos* animais. Muitos tomam esse fato como um insulto ao orgulho humano, uma contradição inaceitável à visão ainda dominante da Europa católica medieval, de que os seres humanos são criaturas especiais de Deus.

A terceira crise foi a revolução do próprio Freud, que propôs que nós, insignificantes criaturas do cosmos, não conhecemos nem mesmo a nossa própria mente. Não conhecemos a nós mesmos de maneira alguma! Pensamos que somos seres conscientes, mas somos inconscientes. Pensamos que sabemos o que estamos fazendo, mas na verdade somos joguete de forças inconscientes. Somos cegos para nós mesmos, e confusos.

O filósofo iluminista Blaise Pascal soube disso séculos antes de Freud. "O coração tem razões que a própria razão desconhece", escreveu ele. O conceito psicanalítico do inconsciente é a versão ocidental moderna do assombro fundamental.

O assombro é uma forma de sofrimento emocional. É o sofrimento da confusão e ansiedade, de estar perdido e não conseguir achar o caminho de casa, de se sentir isolado, deslocado e abandonado. O assombro fundamental envolve uma ansiedade e uma insegurança profundas perante a precariedade da vida e do seu delicado tecido de significações.

A insegurança da vida é uma das formas mais difundidas e traiçoeiras do sofrimento humano. Se existe algo que poderíamos chamar de qualidades fundamentais da identidade humana, estas seriam as de *sofredor, paciente* e *penitente*. A natureza básica do eu é sofrimento. O sofrimento é inerente ao eu. É inerente porque a luta fundamental pela sobrevivência envolve a rejeição e a negação da inefabilidade do eu, e a busca, no decorrer de toda uma vida de frustração, por um fundamento estável, seguro e permanente. Mesmo assim, tudo é impermanente e destituído de substância própria.

A Busca da Identidade Pessoal

A busca de autoconhecimento é legítima — para nos levar à descoberta de que não sabemos nem podemos saber quem somos —, mas não é suficiente para a resolução existencial do nosso problema de identidade. O problema da identidade não é intelectual, mas existencial.

Convencionalmente falando, a identidade pessoal se constrói sobre um esqueleto de fatos físicos, sociais, biológicos e biográficos — os fatos, por exemplo, que a polícia usa para encontrar alguém: nome, endereço, telefone, sexo, idade, CPF, profissão, perfil de DNA, impressões digitais, etc. São fatos sobre o eu que o cientista ou estatístico pode observar, reunir e classificar.

A identidade também tem um componente subjetivo, intelectual, uma interpretação reflexiva dos fatos, um "retrato factual" do eu. Eu criei uma história sobre mim mesmo, como todos nós fazemos, baseada nos fatos objetivos da minha vida tais como eu os interpreto, e nessa história eu me personifico para mim mesmo. Descrevo-me como o herói (ou a vítima) da história da minha vida mental. "Eu" sou o ator principal da minha história. Por meio dos meus atos e do meu relacionamento com outros, meu caráter e minha personalidade se revelam para mim mesmo, muito embora os outros possam me ver de maneira diferente. Essa colagem de memórias, percepções, imagens, construtos e ideais compõe uma boa parte do meu senso de identidade.

A imagem que tenho de mim mesmo é parcialmente pessoal e particular e parcialmente pública e comum. Todas as sociedades, em todas as épocas, construíram um mito-guia da natureza do eu e do seu relacionamento com a sociedade e a natureza; esse mito serve como mapa e bússola na jornada da vida. Nesse sentido, o problema da identidade tem um componente social. As perguntas dos adolescentes não são meras intelectualizações colegiais feitas especialmente para irritar os adultos. Nascidas do assombro, são uma busca que eles encetam para encontrar seu lugar na sociedade e no cosmos. A zelosa defesa dos ideais e ideologias do sistema contra os ataques críticos, as heresias e as rebeliões da juventude não serve somente para perpetuar o poder dos mais velhos, mas também para preservar a identidade deles, sua orientação no mundo, a sensação que eles têm de ocupar um lugar ao sol.

O que melhor ilustra a fragilidade do eu é o paradoxo de que, uma vez que o eu é parcialmente feito de fatos e da interpretação dos fatos, ele pode ser contradito por fatos. O hipócrita, o mentiroso e o agente secreto são vulneráveis à negação da sua identidade falsa pelos fatos contrários. Mas não somos nós todos assim?

É preciso um esforço extremo para conservar o nosso sentimento de nós mesmos do eu para nós mesmos e para o próximo. Um movimento em falso, um descuido da língua, uma explosão de raiva, uma piada vulgar, uma indiscrição sexual, um copo a mais, e eis-nos despidos de nossa reputação, da nossa honra e das nossas esperanças. Não somos todos suscetíveis a agir de forma anormal, revelando um eu secreto e vergonhoso que escondemos dos outros, talvez até mesmo dos que nos conhecem melhor? Não sentimos o medo constante de sermos descobertos? E se alguém pudesse ler nossos pensamentos? Quantos poderiam suportar, como os políticos, o assédio e a investigação sistemática dos jornalistas?

Por mais que sejam científicos, os fatos da identidade não têm um fundamento sólido. Os mitos-guias dos indivíduos e dos grupos são ideologias — construções mentais que ignoram os fatos que contradizem uma imagem ideal e sublinham os fatos que a promovem. Entretanto, o rio da biografia pessoal e da história pública continuamente faz surgir novos fatos, que podem reforçar ou contradizer a idéia que fazemos de nós mesmos.

> Quem é você? Suponha que você seja algo de errado,
> Uma estátua de Vênus com uma capa preta,
> Um periquito que canta como galo,
> Um arquiteto que virou poeta.[6]

David H., estudante de uma faculdade próxima, consultou-me e reclamou que, embora sentisse que amava a esposa, não estava enamorado dela e não estava se sentindo bem no casamento. Sentia claustrofobia. Precisava de espaço. Queria largar a esposa e viver sozinho para descobrir quem era. Ele expôs o problema como um problema de identidade: queria descobrir quem ele era. Separou-se da esposa e, em dois meses, encontrou outra mulher de quem se enamorou. Sentiu então que a sua crise de identidade estava resolvida. A depressão e a insônia desapareceram.

O caso de David H. ilustra o fato de que a busca de identidade não é intelectual, mas existencial. Ela não se resolve pela descoberta de uma série de respostas que esclareçam a confusão, mas quando se encontra um novo amigo, um novo trabalho, uma nova situação, uma nova vida na qual a pessoa se sinta melhor. Então, a questão da identidade é posta de lado. *Ela não é respondida, é posta de lado*. Nesse sentido, o problema da identidade não é uma questão intelectual, mas um problema de relacionamento — do modo pelo qual o eu se encaixa com os outros, com a comunidade e com a vida. Quando nos sentimos encaixados, não temos problema de identidade. Sabemos quem somos. Quando sentimos que estamos de fora, a questão da identidade se levanta em meio a uma terrível angústia.

"Quem sou eu?" Eis a questão da identidade, do relacionamento do eu com o mundo e com a vida como um todo. O problema da identidade não pode ser resolvido intelectualmente, uma vez que o eu não é uma coisa. Ele não possui substância; não pode ser descrito nem compreendido objetivamente. O eu é uma aparência que projetamos sobre a nossa vida subjetiva. Essa projeção cria tanto o eu quanto o problema da identidade. Por isso, esse problema só pode ser resolvido por meio da adaptação do eu ao cosmos — resolvendo as contradições entre o "eu" subjetivo e o mundo objetivo. A questão de identidade é parcialmente intelectual, parcialmente intuitiva e parcialmente existencial. É uma questão de harmonia, de encontrar o centro, de se render à existência.

CAPÍTULO NOVE

Neurose: Interseção do Pensamento Budista com o Pensamento Ocidental

A neurose é um complexo de desejos, ignorância e sofrimento.

— Khenpo Karthar Rinpoche

Já ouvi vários lamas tibetanos dizerem que a causa básica do sofrimento humano é a mente neurótica, isto é, a neurose. Eles dizem que, por causa da nossa mente neurótica, nós desenvolvemos hábitos negativos e ineficazes de pensamento, sentimento e conduta, os quais, no fim, causam sofrimento a nós mesmos e ao próximo.

Fascinou-me o fato de os mestres budistas, representantes de uma tradição de 2.500 anos de idade, usarem a palavra neurose para designar a causa do sofrimento! Eu tinha aprendido que a idéia de neurose é relativamente moderna; teria sido inventada em 1777, pelo médico escocês William Cullen e adotada por Sigmund Freud e pela moderna psiquiatria como uma categoria de doença mental. Pedi ao meu mestre Khenpo Karthar Rinpoche, abade do Mosteiro Karma Kagyu em Woodstock, Nova York, que me esclarecesse quanto ao uso da palavra neurose de acordo com o Dharma. Sua resposta foi concisa e impressionante. "A neurose", disse ele por intermédio do seu tradutor, "é um complexo de desejos, ignorância e sofrimento."

O desejo (no sentido de desejos e aversões) e a ignorância, como já vimos, são "os três venenos". Pela definição de Khenpo, a neurose é formada pelos três venenos e pelas conseqüências destes, isto é, o sofrimento. Dizer que a neurose é a causa do sofrimento equivale a dizer que os três venenos são a causa do sofrimento.

No Ocidente, o termo "neurose" é usado de modo amplo e impreciso. Na linguagem comum, ele significa uma grande variedade de pensamentos ou formas de conduta excêntricas, estranhas, aparentemente irracionais ou destrutivas. Por exemplo, uma pessoa avara e esbanjadora pode ser considerada neurótica a respeito de dinheiro. Do mesmo modo, uma pessoa pode ser considerada neurótica se ela come em excesso para depois vomitar (bulimia) ou se jejua continuamente (anorexia). Os excessos de cobiça e ciúme são considerados neuróticos, assim como os extremos de medo e inibição. Na linguagem comum, o termo "neurose" é utilizado pejorativamente, como uma tarja negativa que se opõe a certos hábitos extremos de pensamento, sentimento e conduta.

A palavra neurose também tem um significado técnico psiquiátrico cuja história é bem complexa. É interessante contar essa história, porque ela revela um aspecto antitético da mente ocidental. Revela o esforço da mente ocidental tanto para revelar-se a si mesma quanto para esconder-se de si mesma. A história psiquiátrica do termo "neurose", segundo a minha interpretação, compõe-se de um período de descoberta e confusão, um momento de clareza no qual os conceitos budista e ocidental de neurose se harmonizaram e, por fim, um período que se estende até o presente, no qual a importância do desejo egoísta como causa do sofrimento mental e emocional tem sido negada e reprimida.

A Neurose no Pensamento Ocidental

A idéia mais aceita é a de que o termo "neurose" foi cunhado pelo médico escocês William Cullen (1710-1790) em 1777.[1] Um século antes disso, o conceito de "doença nervosa" tinha sido introduzido na medicina por dois médicos ingleses, Thomas Willis (1622-1675) e Thomas Sydenham (1624-1689). Essa idéia de "doença dos nervos" surgiu numa época da história da ciência em que os biólogos estavam aprendendo sobre a atividade elétrica do sistema nervoso. A descoberta acidental da energia elétrica nos nervos e músculos das pernas de sapos, feita pelo médico italiano Luigi Galvani (1737-1798), suscitou muito interesse.[2] Esse novo conhecimento das propriedades elétricas dos nervos foi incorporado à medicina junto com a idéia tacitamente aceita de que as perturbações na energia elétrica do sistema nervoso podiam causar uma grande variedade de doenças. O conceito de neurose de Cullen foi uma variação sobre esse tema.

"A suposta energia dos nervos" substituiu o conceito de humores e vapores. Pensava-se que essa energia, como aqueles "fluidos", fluía pelo corpo e, em quantidade excessiva ou deficiente, causava uma grande variedade de doenças nas partes afetadas do corpo.[3] A neurastenia, por exemplo, era diagnosticada por diversos sintomas que se supunham causados por "nervos fracos". Um grande número de sintomas e doenças incompreendidos eram diagnosticados como distúrbios nervosos ou neuroses: certos sintomas neurológicos, como paralisia, tremores e ataques; diversos distúrbios ginecológicos; os sintomas protéicos e enigmáticos da sífilis terciária; e muitos distúrbios emocionais, como a apatia, a hipocondria, as manias e a depressão. Muitos médicos classificavam uma grande variedade de sintomas como "neurose histérica", quando ocorriam em mulheres, e "neurose hipocondríaca", quando ocorriam em homens. Robert Whytt (1714-1766), entretanto, era nesse ponto um herético e um cético. Ele afirmou que os médicos davam o diagnóstico de "distúrbio nervoso" para todos os sintomas que não compreendiam.

Com poucas exceções, os médicos dos séculos XVIII e XIX supunham que as neuroses eram doenças físicas (neurológicas), isto é, causadas por mudanças físicas no corpo (sistema nervoso). Esse pressuposto se baseava somente na fé: fé na ciência. Os médicos viviam e trabalhavam na forte esteira ideológica do Iluminismo, que transferiu o poder de validar o conhecimento da religião para a ciência. Essa transferência acarretou o abandono das explicações animistas, mentalistas, espiritualistas ou moralistas dos fenômenos, inclusive dos pensamentos, sentimentos e atos humanos, em favor de explicações materialistas, científicas e causais.

Os médicos daquela época, como os de hoje, lutavam para ser científicos, e foram, portanto, motivados a pressupor que as doenças podiam ser explicadas como processos físicos e não como possessões demoníacas, castigos divinos, conseqüências kármicas ou resultados de inépcia moral. A maioria esmagadora dos médicos da época acreditava que a neurose tinha uma causa física, apesar das centenas de autópsias que não revelavam nada que confirmasse essa idéia.[4] Por causa dessa orientação histórica e ideológica, os médicos descobriram os efeitos patológicos do desejo egoísta sobre o corpo e a mente, mas entenderam-nos erroneamente como doenças físicas.

Philippe Pinel (1745-1826), o famoso herói da Primeira Revolução Psiquiátrica,[5] foi uma exceção notável. Pinel, filho da Revolução Francesa, foi o diretor do Bicetre, uma instituição psiquiátrica para homens, e do Salpetrière, uma instituição psiquiátrica para mulheres, em Paris. Ele sabia que, depois de centenas de autópsias feitas em pacientes psiquiátricos, não se havia descoberto uma causa física da neurose. Pinel, influenciado pela filosofia moral do Iluminismo, inclinou-se a crer que os sintomas neuróticos eram causados por fatores mentais e emocionais que afetavam as faculdades morais. Ele defendia a etiologia moral da neurose; ao mesmo tempo, ainda a via como uma doença. Outros médicos, em outros países, também acreditavam que a neurose era, quanto à causa e ao tratamento, um problema moral. Eles desenvolveram, por toda a Europa e os Estados Unidos, pequenos "retiros", ou "asilos" particulares, humanitários e íntimos, que praticavam o assim-chamado "tratamento moral da doença mental".[6]

Lá pelo fim do século XIX, duas visões antagônicas sobre a origem e natureza da neurose tinham se desenvolvido. De um lado, havia os que acreditavam ter a neurose uma etiologia orgânica, quer sob a forma de um distúrbio da energia elétrica, quer de alguma outra patologia neuro-anatômica ainda não descoberta. Do outro lado, médicos "heréticos", tais como Pinel, Mesmer (1734-1815), Charcot (1825-1892), Janet (1859-1947), Liebauld (1823-1904), Bernheim (1840-1919) e Forel (1848-1931) acreditavam na psicogenia da neurose.

Com as descobertas científicas, constatou-se que muitos sintomas antes associados à neurose tinham uma base física, e esses males foram classificados como doenças médicas. Por causa disso, a lista de doenças neuróticas encolheu da noite para o dia, dando mais força aos defensores de uma causa moral das doenças mentais. O membro mais influente desse grupo foi Sigmund Freud, que dedicou toda a sua vida para compreender o conceito de neurose.

No início da carreira, Freud (1856-1939) aceitou ambas as teorias da neurose. Ele fazia uma distinção entre a "neurose verdadeira" e a "psiconeurose". A neurose verdadeira, segundo Freud, era causada por uma contenção *física* da libido no sistema nervoso. A psiconeurose era causada pela interação dinâmica de forças *psicológicas* — o ego e o inconsciente. Mais tarde, ele perdeu o interesse pela neurose verdadeira e se concentrou na psiconeurose, embora ainda tivesse esperanças de que, no fim, se encontrasse uma causa neurológica para esta última.[7]

A teoria psicanalítica de Freud sobre a neurose se tornou bem conhecida e foi amplamente aplicada na Europa e nos Estados Unidos. Foi muito aceita pelos psiquiatras desde os anos 1940 até o final dos 1960. Hoje em dia, ela ainda é amplamente utilizada pelos psicoterapeutas não-médicos.

A psiquiatria abandonou a teoria psicogênica da neurose por razões várias e complexas.[8] Nos anos 60, essa teoria criou um grande problema para a psiquiatria médica. Não foi apenas um problema intelectual ligado à compreensão das causas do sofrimento mental e emocional; foi também uma crise da identidade psiquiátrica. A teoria psicogênica estimulou os psiquiatras a adquirir um interesse intenso pela mente e pelo mundo da mente: a cultura, a arte, as ciências sociais, a filosofia e por aí afora. Como resultado desses interesses, que se manifestaram no vocabulário, nas convicções sociais e no pensamento dos psiquiatras, a psiquiatria começou a perder sua identidade médica. Era a única especialidade da medicina que não se voltava totalmente para o corpo.

Outro fator estava ameaçando pôr à mostra as funções morais e sociais da psiquiatria. Os psiquiatras administravam toda uma burocracia [sic] de instituições psiquiátricas que se chamavam hospitais, mas que tinham funções sociais e políticas evidentes.[9] À medida que os vínculos sociais e políticos da psiquiatria se tornaram de conhecimento público, os psiquiatras, ansiando por serem mais respeitados pelos outros médicos, começaram a minimizar a importância dos fatores mentais e emocionais das doenças mentais e, em lugar desses, começaram a procurar por causas e tratamentos biológicos. Reuniram-se à tendência ideológica dominante de hoje em dia, de se apoiar exclusivamente na ciência para o conhecimento da dor e do sofrimento humanos. Agora, o modelo médico (neuroquímico) da neurose prevalece outra vez.

Durante uns sessenta anos, mais ou menos do início do século até os meados dos anos 60, o ponto de vista freudiano sobre as causas do sofrimento neurótico foi bastante semelhante às concepções budistas, já muito mais que bimilenárias. Naquela época, havia poucos estudiosos competentes do budismo no Ocidente, e essa coincidência passou, então, relativamente desapercebida. Hoje, o número de estudiosos budistas aumentou consideravelmente, mas a teoria psicanalítica da neurose caiu de moda.

A teoria psicanalítica da neurose afirma que a causa do sofrimento neurótico é um conflito mental. Esse conflito ocorre em três esferas mentais: o id, o superego e o ego. Numa definição suscinta, o id é o repositório dos desejos e medos primitivos. O superego representa os valores morais adquiridos. O ego tenta mediar o conflito entre ambos. Na neurose, os desejos e temores instintivos do id entram em conflito com as proibições e prescrições morais do superego. Esse conflito intrapsíquico causa ansiedade, porque significa que das duas, uma: ou o indivíduo vai ter de renunciar ao que quer, ou vai ter de sofrer as dores da consciência e a possível rejeição e castigo impostos pela sociedade. O ego faz a mediação desse conflito psíquico, muitas vezes tomando partido e tomando parte nele, com a meta de reduzir a ansiedade. Os sintomas neuróticos se formam em decorrência dos esforços desajeitados do ego para resolver esses conflitos psíquicos. Na teoria psicanalítica clássica, a neurose é concebida como um complexo de desejos e aversões reprimidos, contraditórios, e dos seus sintomas dolorosos e paralisantes.

Esses três construtos psicanalíticos — id, superego e ego — correspondem mais ou menos às categorias budistas de desejo e ignorância. Freud definiu o id como a "coisa", o animal, o repositório dos nossos "instintos" sexuais e agressivos primitivos, como ele os chamava. Se interpretarmos "instinto" como "desejo", o id, então, representa o desejo sensual. O superego é a sede das aversões morais às necessidades primitivas, sensuais e agressivas do id. O conflito entre o id e o superego é um conflito entre desejos e aversões. Mais tarde, a psicologia do ego reconheceu a importância dos nossos desejos mais sublimes de fama, glória, honra, amor, riqueza e imortalidade, bem como das nossas aversões sutis ao fracasso, à derrota, à humilhação, à privação e à morte. Segundo as concepções psicanalítica e budista, a causa do sofrimento neurótico se encontra nesse complexo de desejos, aversões e ego. Juntos, eles formam o complexo neurótico.

Há outras semelhanças entre os pontos de vista psicanalítico e budista, algumas das quais já mencionamos. O conceito psicanalítico de repressão é mais ou menos análogo ao conceito budista de ignorância, como já notamos. Ambos representam a incapacidade de ver e a recusa de encarar e aceitar a realidade. Ambos são defeitos da atenção, restrições da consciência, fechamentos em relação ao mundo. Como vimos, essa recusa e essa incapacidade de aceitarmos a nós mesmos, ao próximo e aos fatos da existência tais como são, combinando-se com o anseio de felicidade, continuidade e solidez eternas, são a maior causa do sofrimento que nos impomos. Os tibetanos têm uma palavra para designar o estado mental oposto à neurose e que, por isso, ajuda a esclarecer o significado desta. A palavra *chokshe* (tib. *chog shes*) significa a aceitação de uma vida simples como ela é, sem exigir mais nada.[10] A neurose, ao contrário, é a rejeição da vida como ela é e a tentativa de obter mais prazer e mais felicidade e escapar da dor e da morte.

A negação da realidade causa um tipo de cegueira que resulta numa passagem confusa, inábil, desajeitada, desequilibrada e frustrante pela vida. Isso é a neurose tanto no sentido ocidental quanto no oriental. A ignorância é negativa porque promove os nossos desejos e aversões neuróticos, causando dor em nós mesmos e no próximo. Em vez de se relacionar com o mundo como ele é, a mente neurótica projeta suas próprias esperanças e temores no mundo e então, egocentricamente, exige que a existência coopere. Quando a existência não o faz, como normalmente acontece, a mente neurótica se torna ansiosa, irritada, culpada, envergonhada, autodestrutiva ou deprimida.

Interseções do Pensamento Budista com o Pensamento Ocidental

Num certo ponto da História, as concepções budista e ocidental da neurose se cruzaram. Há muitos outros pontos de interseção dos dois pensamentos. Se examinarmos esses pontos, isso talvez nos possa ajudar a triangular e isolar as verdades básicas que ambos, cada um à sua maneira, percebem.

Do ponto de vista do budismo, as duas primeiras nobres verdades, a origem do sofrimento e as causas do sofrimento, são verdades fundamentais da condição humana. Como procedem as tradições ocidentais com relação a elas? Como veremos, elas estão quase totalmente escondidas; mas também estão muito mal escondidas, como pepitas de ouro enterradas bem perto da superfície da terra. Vez por outra, alguém tropeça numa pepita. Se rasparmos a camada superficial da mente, encontraremos ali sofrimento, desejos, aversões e ignorância. Se analisarmos os fundamentos da ciência, da medicina, da psicoterapia e da política ocidentais, vamos encontrar o sofrimento e os três venenos embutidos neles. Se estudarmos atentamente a História, descobriremos em nossos maiores profetas, filósofos e cientistas uma preocupação profunda com os problemas do sofrimento e as causas do sofrimento.

O pensamento budista e o pensamento ocidental compartilham de um interesse comum pelo sofrimento e pela felicidade, porque eles são preocupações humanas universais. Cada tradição apresenta seus pontos de vista usando um estilo e uma terminologia próprios. Se conseguíssemos ver esses mesmos temas com mais clareza no pensamento ocidental, se entendêssemos a sua operação interna, o conhecimento assim obtido talvez pudesse nos auxiliar na busca pela felicidade. Inspirados por essa esperança, vamos passar os olhos sobre toda a paisagem do pensamento ocidental, buscando uma compreensão interior que talvez nos ajude a elaborar Projetos Felicidade mais esclarecidos.

Concepções ocidentais do sofrimento

CAPÍTULO DEZ

O Sofrimento como Móvel da Vida Mental: Ciência, Medicina e Psicoterapia

Se é verdade que os dois móveis principais do comportamento humano são o desejo de felicidade e a aversão ao sofrimento e à morte, então esses temas devem aparecer no pensamento e nas instituições sociais do Ocidente. O budismo não é o intérprete exclusivo do fato do sofrimento. Na minha opinião, esse fato foi afirmado pelo budismo de um modo mais claro e distinto do que pelas outras religiões. Mas a existência do sofrimento também é fundamental para a tradição judeu-cristã, embora esteja oculto nela como um tesouro enterrado. A existência do sofrimento e o desejo de evitá-lo e transcendê-lo são temas poderosos na vida mental humana. Na verdade, não seria exagero dizer que eles são o móvel e o fundamento da religião — bem como da ciência, da medicina, da psicoterapia e da política.

Isso pode parecer uma afirmação desproporcional à baixeza dessas emoções. Como pode o sofrimento ser a base das mais sublimes realizações da civilização? Se lembrarmos, entretanto, que o princípio fundamental da psicologia do comportamento é que os organismos buscam o prazer e fogem da dor, ficará mais fácil aceitar o fato de que esses são os móveis básicos de toda a vida. A sublime epifania desse princípio, o nível mais alto da sua evolução, está nas duas motivações principais da vida mental humana: o desejo de prazer, sentido e felicidade eterna, e o desejo de escapar do mal — da falta de sentido, da dor e da morte.[1] Imagine que a vida fosse contínua e eternamente prazerosa, que todas as necessidades, desejos e quereres fossem copiosamente satisfeitos assim que surgissem. Que motivação haveria para fazer o que quer que seja? Toda motivação, todo desejo seriam instantaneamente satisfeitos. Quem jamais buscaria um problema a ser resolvido ou uma pergunta a ser respondida, exceto, talvez, por diversão? Isso seria o céu, onde não há necessidade de ciência, de religião e nem mesmo de pensamento.

O filósofo ocidental que mais se aproximou da doutrina búdica foi William James (1842-1910). James queria saber sobre o significado evolutivo da inteligência. Analisou a inteligência sob a perspectiva da biologia evolucionista e definiu-a como um órgão altamente desenvolvido e voltado para resolver os problemas da existência. Para os seres vivos, os problemas da existência são a busca da sobrevivência e do bem-estar e a fuga do sofrimento e da morte. Na opinião de James, a evolução da inteligência, tanto no indivíduo quanto na espécie humana, é uma resposta a esses problemas.

A ciência é um produto da inteligência humana; isso é óbvio. Segue-se então que a função da ciência é a de compreender e encontrar meios para aliviar o sofrimento e a infelicidade do homem. Como já notamos, seria praticamente impossível acreditar nas teorias científicas se elas não fossem apoiadas pelas "rendas líquidas" da tecnologia. O rendimento do conhecimento científico é o poder que ele nos dá de fazer a natureza se curvar à nossa vontade a fim de que os nossos sofrimentos sejam reduzidos e aliviados, a nossa vida seja prolongada e os recursos naturais sejam usados para a satisfação dos nossos desejos. Se a ciência não contribuísse tangivelmente para a nossa felicidade, as teorias científicas não teriam nem interesse nem sentido.

Os Fundamentos Morais da Medicina

A aplicação mais óbvia e concreta da ciência para o alívio do sofrimento humano é a medicina. A medicina moderna parece uma ciência objetiva, que lida com o diagnóstico e o tratamento de doenças. O edifício científico da medicina atrai tanto a atenção, que, muitas vezes, nos faz esquecer que está construído sobre fundamentos morais e religiosos. Nós só refletimos a respeito da ética médica em dilemas extremos, como o auxílio ao suicídio ou o prolongamento artificial da vida. Mas a medicina depende fundamentalmente da moral. Baseia-se nos desejos humanos universais de evitar a dor, a incapacidade e a morte.[2]

No passado, a prática da medicina sempre foi ligada à religião, e, até mesmo hoje, ela conserva as motivações e o sabor religioso. O médico é visto como um cientista e um técnico, mas também como uma autoridade onisciente e sagrada, cujos conhecimentos esotéricos e proezas técnicas fazem a mediação entre a vida e a morte, entre este mundo e o outro. O ressentimento que existe contra os médicos vem em boa parte da incapacidade destes de corresponder à expectativa idealizada das pessoas.

O fundamento religioso da moderna medicina científica se evidencia no emblema do médico: o *caduceu*. O caduceu é uma justaposição de três símbolos religiosos antigos: a serpente, o cajado e as asas. No emblema médico, duas serpentes estão enroladas, formando uma hélice dupla, em volta de um cajado encimado por uma espécie de coroa; duas asas saem do cajado abaixo de seu topo.

Na Grécia antiga, o caduceu era a insígnia do arauto do rei. O cajado representa a autoridade real, e as asas representam o mensageiro do rei. O cajado, ou a árvore, é um símbolo antigo que aparece em muitos mitos primitivos, inclusive no mito bíblico de Gênesis, e representa um elo entre o céu e a Terra — a Árvore da Vida. O cajado, a árvore e o pé de feijão do Joãozinho têm, todos eles, o significado mítico de um vínculo entre os seres humanos e seus deuses no céu.

As asas são um antigo símbolo do mensageiro, como Mercúrio, deus do comércio e da comunicação (assim considerado porque o planeta é o mais próximo do sol e, portanto, do Deus-Sol), e Pégaso, o cavalo alado, que leva o espírito humano para o outro mundo. (Algumas pessoas vêem Pégaso como um anjo da morte — como alguns vêem o médico.) A serpente, desde sempre um predador dos seres humanos, simboliza, em muitas culturas, a entidade dual Vida-Morte. A serpente perde sua pele e então perece, mas só para "renascer" em sua nova pele. O caduceu, então, segundo essa interpretação, é a insígnia religiosa do médico, o intermediário entre os seres humanos e Deus, que tem poder sobre a vida e a morte, entre a bênção de uma vida longa e saudável e a maldição do sofrimento e do desaparecimento.

Na medicina, o fator principal que distingue a saúde da doença é o desejo humano universal de evitar a dor, a incapacidade e a morte.[3] Os estados corporais são classificados como doenças porque produzem dor, incapacidade e morte. Claro, alguns males físicos essencialmente inofensivos são classificados como doenças por serem semelhantes, sob o prisma anatômico ou fisiológico, a males mais destrutivos; mas esse é um fundamento secundário mais abstrato para a distinção entre saúde e doença. A superestrutura científica da medicina está enraizada na primeira nobre verdade, a existência do sofrimento.

Os Fundamentos Morais da Psicoterapia

Em alguns lugares, a psicoterapia é vista como um ramo da medicina e, em outros, como uma religião.[4] De fato, ela se assemelha a ambas em certos aspectos e difere de ambas em outros aspectos. Em grandes linhas, as diferenças entre elas se resumem em que a medicina se especializa no sofrimento do corpo; a psicoterapia, no sofrimento da mente; e a religião, no sofrimento da alma. Quando se acredita que a mente e a alma são semelhantes, a psicoterapia tem uma dimensão religiosa. Quando se acredita que a mente é um epifenômeno do cérebro, a psicoterapia é considerada como um ramo da medicina.

Embora tanto a medicina quanto a psicoterapia tenham se originado da religião primitiva, as versões modernas dessas três instituições se diferenciam pelos seus objetos — a doença corpórea, a doença mental e o comportamento moral; pelos métodos de conhecimento — a medição, a comunicação e a meditação ou oração; e pelo vocabulário — a ciência, a psicologia e a teologia.

Ainda assim, a psicoterapia está unida à medicina por um lado e à religião por outro; e está unida a elas por um tema comum e fundamental, o tema da compaixão pelo sofrimento humano. Mesmo que as diferenças entre medicina, psicoterapia e religião sejam nitidamente delineadas por considerações lógicas e ideológicas, e mesmo que os três campos sejam classificados segundo a distinção de seus objetos, do método e da linguagem, eles ainda permanecem intimamente unidos pela compaixão comum pelo sofrimento humano.

Podemos ver, por esse breve resumo, que a ciência, a medicina e a psicoterapia são motivadas pelo desejo humano de felicidade e pela aversão humana, pelo sofrimento e pela morte, e procuram todas servir a esses propósitos. Isso é um reflexo da verdade mais profunda de que a vida mental humana é motivada por esse duplo fator. Vamos agora procurar saber como essas verdades se manifestam na religião ocidental.

CAPÍTULO ONZE

O Sofrimento na Religião Ocidental: o Gênesis e a Lição de Jó

> O homem bom, do bom tesouro do seu coração, tira coisas boas; e o mau, do mau tesouro, tira coisas más.
>
> — Lucas 6:45

O desejo humano de escapar do sofrimento é o móvel básico e o fundamento da religião. Cada religião oferece a seus fiéis um caminho de vida que lhes dá um meio de transcender o sofrimento e a morte e realizar a felicidade eterna.

A consciência do sofrimento aparece bem cedo no Antigo Testamento. A primeira nobre verdade está enunciada no Gênesis. Imediatamente depois de expulsar Adão e Eva do Paraíso, Deus impõe-lhes os sofrimentos da existência:

> E à mulher disse: Multiplicarei sobremodo os sofrimentos da tua gravidez; em meio de dores darás à luz filhos; e teu desejo será para o teu marido, e ele te governará.
>
> E a Adão disse: Visto que atendeste à voz de tua mulher, e comeste da árvore que eu te ordenara não comesses: maldita é a terra por tua causa; em fatigas obterás dela o sustento durante os dias da tua vida. Ela te produzirá espinhos e abrolhos; e tu comerás a erva da terra. Comerás o pão com o suor do teu rosto, até que voltes à terra, de que foste tomado; porque tu és pó, e ao pó retornarás.[1]

O Gênesis é o mito judeu-cristão do nascimento da humanidade. Adão e Eva são os primeiros seres humanos, e a existência humana deles começa com o sofrimento. A opinião de Otto Rank de que a dor da vida começa com a dor do nascimento está afirmada no mito do Gênesis. No momento em que nascem, os primeiros seres humanos são amaldiçoados com o sofrimento da existência. A mulher, cuja função nos tempos bíblicos era dar à luz e criar filhos, foi amaldiçoada com um parto doloroso e a escravidão humilhante ao marido. O homem, cuja função era prover os meios de sobrevivência, foi amaldiçoado com a necessidade de sobreviver num mundo indiferente às suas necessidades. No Jardim do Éden, Adão e Eva desfrutavam da satisfação instantânea de todos os desejos e da vida eterna, mas, depois de ter nascido como seres humanos, foram condenados ao sofrimento e à morte certa. Do ponto de vista de ambas as tradições, a judeu-cristã e a budista, o sofrimento é inerente à vida, uma vez que se inicia no nascimento do indivíduo e da espécie. Essa é a primeira nobre verdade.

O Elo Entre o Pecado e o Sofrimento

Os antigos hebreus viam o sofrimento como uma retribuição divina pelo pecado. Os sofrimentos dos primeiros seres humanos, Adão e Eva, são interpretados como um castigo pelo pecado deles, o "pecado original". Alguns crêem que o pecado original foi a desobediência à proibição divina de comer o fruto da Árvore do Conhecimento. Outros, como São Paulo e Santo Agostinho, pensavam que o pecado de Eva foi o de deixar-se tentar pelo Diabo, e o pecado de Adão foi o de ter cedido às seduções sexuais de Eva. Em ambos os casos, o pecado é a obstinação, ou desejo egoísta. O castigo é vida de sofrimento. Eis uma expressão da segunda nobre verdade.

A relação causal entre o pecado e o sofrimento foi exaltada sobretudo nos Dez Mandamentos, que são uma aliança, ou pacto, entre os antigos hebreus e o seu deus celeste, Jahweh. A Aliança, uma das pedras fundamentais da civilização ocidental, reza que, em troca do cumprimento fiel das obrigações expressas nas tábuas de Moisés, Jahweh faria dos hebreus (do aramaico *haibaru*, "nômades do deserto")[2] o seu "povo eleito". Se os hebreus obedecessem à Lei (ou *talmud*, que significa "orientação para a vida"), Deus os protegeria do sofrimento e os conduziria à "terra que mana leite e mel". Desse modo, Deus prometeu aos hebreus a terra de Israel em troca de obediência aos Dez Mandamentos. Desse pacto se conclui, por fim, que quem rompe a lei de Deus comete pecado e está destinado a sofrer. O primeiro sinal que Deus deu de que estava disposto a cumprir o contrato foi o êxodo dos judeus da escravidão no Egito, no século XIII a.C.

A idéia de que o sofrimento é um castigo divino pelo pecado, e a sua conseqüência lógica, que a felicidade é uma recompensa da virtude, está profundamente arraigada na consciência religiosa. É a base da lei moral. Vê-se a felicidade como o resultado da harmonia entre a vontade do indivíduo e a vontade divina (a origem da doutrina moral da "lei natural"). A infelicidade é a conseqüência da discórdia, que foi o pecado de Adão – o pecado original –, a desobediência a Deus. Essa concepção recebeu sua expressão clássica pela boca do profeta Isaías, do oitavo século a.C.:

Dizei ao justo que ele será bem-sucedido, pois comerá do fruto das suas obras. Ai do ímpio! O mal se abaterá sobre ele, porque lhe será dado segundo merecem as suas ações.[3]

Para os antigos nômades hebreus, o deus celeste Jahweh era o Deus da Natureza, que podia ser tanto bondoso quando irado, tanto generoso quanto exigente. Jahweh era o Senhor da chuva e da tempestade, da fartura e da fome, da fertilidade e da morte. Já que ninguém podia alegar com humildade ser perfeitamente virtuoso, o sofrimento era aceito como um juízo de Deus sobre os pecadores.

Uma longa série de catástrofes, entretanto, que culminou com a destruição do Templo de Jerusalém, em 586 a.C., o fim da dinastia davídica e a transmigração para a Babilônia, desencadeou uma crise de fé na Aliança com Jahweh. O problema era não o *fato* do sofrimento, mas a sua *distribuição*.[4] Os virtuosos e fiéis estavam sofrendo e morrendo, ou pelo menos assim parecia, ao passo que os ateus e pecadores viviam longamente e prosperavam.

Isso parecia violar a Aliança de Deus com os hebreus. Contradizia a idéia sagrada de que a virtude é recompensada e de que os pecadores sofrem o que merecem. Como um Deus justo e misericordioso podia castigar os justos e recompensar os pecadores? Se Deus é injusto, então qual é o significado do sofrimento e, portanto, da vida?[5]

A Lição de Jó

Essas perguntas constituem o cerne da história de Jó, do Antigo Testamento. O Livro de Jó é o ensinamento bíblico clássico sobre a primeira nobre verdade. No meu trabalho, encontro muitas pessoas que estão sofrendo uma grande tragédia. Elas não conseguem aceitar a idéia de que essa tragédia tenha sido um castigo por seus pecados. Sentem-se traídas e enganadas por Deus, como se Ele tivesse rompido um pacto que fez com elas. São inconsoláveis. Nada que eu lhes diga alivia-lhes a dor, nem mesmo por um momento. Se elas são religiosas, eu lhes pergunto se já leram a história de Jó. Surpreendentemente, poucas pessoas o fizeram. A história tem um tremendo valor terapêutico. É uma lição moral inspiradora, porque é fonte de intuições profundas e de consolo para os sofredores de todas as idades.

> Havia na terra de Hus, um homem chamado Jó; era um homem íntegro e reto, e temia a Deus, e fugia do mal.[6]

Jó era um grande xeque do deserto, "o maior dentre todos os filhos do Oriente". Possuía grandes rebanhos de ovelhas, camelos, bovinos e jumentos e era pai de sete filhos e três filhas. Um dia, Deus se gabou a Lúcifer sobre seu fiel servo Jó. Lúcifer, o anjo da luz, um dos favoritos de Deus, que mais tarde se voltou contra ele e ficou conhecido como o Diabo (grego *diabolos*, "caluniador"), disse a Deus:

"Não é de se admirar que Jó seja fiel a ti. Olha a riqueza que tu lhe deste. Tira-lhe a riqueza, e ele te amaldiçoará."

Deus confiava em Jó, e permitiu que Lúcifer tirasse dele tudo o que tinha a fim de provar-lhe a fé. Os animais de Jó foram todos roubados ou mortos, seus servos foram assassinados e seus filhos morreram num vendaval súbito, vindo do deserto, que derrubou sobre eles a casa em que estavam. Jó caiu de joelhos e orou, mas "não pecou, nem disse coisa alguma insensata contra Deus".[7]

Mais uma vez, Deus se gabou a Lúcifer a respeito da fé de Jó. Mas o Diabo replicou: "Não é de se admirar que ele permaneça fiel. Tu não o tocaste na carne. Aflige-o com dor e ele te amaldiçoará." Outra vez, Deus permitiu que Lúcifer pusesse Jó à prova, e Jó foi atacado com pústulas doloridas da cabeça aos pés.

A história de Jó foi escrita provavelmente entre o sexto e terceiro séculos a.C., durante o período de exílio e extremo sofrimento dos hebreus.[8] Jó é um símbolo de Israel. O sofrimento dele simboliza os sofrimentos de Israel. Se os israelitas eram o povo escolhido de Deus, por que Ele os fez sofrer tanto? Já que os justos sofriam junto com os pecadores, não teria Deus rompido o contrato com Israel?

O prólogo da história exprime a primeira nobre verdade: o sofrimento é um fato da vida. Por ser ele um fato da vida, suportar o sofrimento com paciência é a prova da virtude. Na visão judeu-cristã, o sofrimento é imposto por Deus como castigo pelo pecado original. As ações virtuosas podem mitigar o pecado original e aumentar a nossa medida de felicidade neste "vale de lágrimas", mas não podem impedir o sofrimento. Muito pelo contrário, o modo pelo qual se suporta o sofrimento – com humildade ou arrogância – é uma medida da virtude. O prólogo do Livro de Jó nos diz que Deus ordena o sofrimento daqueles que Ele mais ama para impor-lhes uma prova que os justos suportam e à qual sobrevivem. O sofrimento, assim, é uma maldição nobre, uma crise que dá ao ser humano a oportunidade de elevar-se acima de si mesmo a um nível mais alto de consciência. Por essa concepção, o sofrimento é um sinal de mérito aos olhos de Deus. É uma purgação espiritual, o "fogo purificador".

O epílogo da história de Jó ensina a virtude da paciência. Paciência significa sofrimento. As palavras "paciência", "paciente", "paixão", "piedade" e "patologia" estão todas provavelmente relacionadas, por meio de uma raiz indo-européia comum, ao latim *pati* e ao grego *pathos*, que significam sofrimento. *Paciência é estar disposto a sofrer sem agressão*. Jó nos dá uma lição de paciência. Ele sofreu serenamente, sem amaldiçoar nem rejeitar a Deus. O sofrer com paciência é a garantia da redenção. Deus recompensou a Jó pela sua paciência devolvendo-lhe em dobro a riqueza anterior, duplicando-lhe a honra e a reputação e abençoando-o com mais sete filhos e três filhas, cada qual mais forte e mais belo do que os anteriores.

Jó viveu feliz por longos 140 anos e teve quatro gerações de netos; tudo, menos a vida eterna. Os hebreus do Antigo Testamento acreditavam que os seres humanos foram criados do pó pelo sopro de Deus e que, depois da morte, o pó retorna ao pó e o sopro retorna a Deus. (As palavras espírito e sopro vêm da mesma raiz.)

A idéia de uma vida pessoal eterna como recompensa do sofrimento não ocorre a Jó, e representa somente um tema secundário no Antigo Testamento.[9]

> O homem, nascido de mulher, vive pouco tempo, cheio de inquietação. Como uma flor nasce e logo é cortada; foge como a sombra, e não permanece... Uma árvore tem esperança, pois mesmo sendo cortada, ainda se renovará, e não cessarão os seus rebentos...O homem, porém, morre e fica prostrado; expira o homem, e onde está?...assim o homem se deita, e não se levanta; enquanto existirem os céus não acordará, nem será despertado de seu sono.[10]

Três amigos de Jó lhe dizem que um Deus justo não castiga os justos. O sofrimento é o castigo de Deus pelo pecado. Portanto, Jó deve ter pecado. Se ele fizesse expiação e implorasse o perdão de Deus, seria redimido e restabelecido na posição anterior. Jó rejeita esse conselho, não nega seus pecados nem faz a apologia das próprias virtudes, mas recusa-se a se defender a si mesmo de qualquer modo que seja, especialmente confessando pecados que ele não acreditava ter cometido. Jó acreditava que defender a si mesmo ou implorar a misericórdia de Deus seria vaidade. Ele aceita seu sofrimento como um fato da vida. "Deixa-me pois", ele grita, "porque meus dias são nada. Que é o homem, para que tanto o estimes?"[11]

Com essas palavras, Jó mostra quão profunda era a sua compreensão do sofrimento. Ele não encara o sofrimento pelo prisma estreito das suas próprias lutas egoístas, seus apegos, suas perdas. Ele o conhece sob a perspectiva cósmica, sob a perspectiva divina da criação como um todo. Compreende o sofrimento como fruto da sua objeção orgulhosa ao princípio universal da impermanência.

"Como pode o homem justificar-se diante de Deus?", ele pergunta. "Se quiser contender com Ele, entre mil razões não haverá uma para rebatê-lo."[12] Como todo ser humano, Jó deseja uma vida longa, saúde, prosperidade e felicidade. Mas ele sabe que essas coisas são somente dádivas temporárias de Deus, que se perdem no final, quando e como Deus quiser. Jó nos dá um exemplo de virtude, suportando o seu sofrimento com paciência e humildade, como deve fazer uma criatura de Deus. Ele não questiona os juízos de Deus ou a sua misericórdia. Não fica nem zangado nem amargurado. Não perde a fé e não se desvia do caminho da virtude. Em palavras retumbantes de autoridade irrefutável, Jahweh elogia a Jó, confirmando o vazio e a insignificância do ego humano:

> Onde estavas tu, quando eu lancei os fundamentos da terra? Dize-mo, se tens entendimento. Quem lhe pôs as medidas, se é que tu o sabes? Ou quem estendeu sobre ela o cordel? Sobre que estão fundadas as suas bases, ou quem lhe assentou a pedra angular, quando as estrelas da alva juntas alegremente cantavam, e rejubilavam todos os filhos de Deus?[13]

A história de Jó tem consolado os sofredores de todos os séculos; isso porque, nas palavras de Horace Kallen, ela nos dá "uma teoria da vida, uma teoria que define o lugar próprio do mal na economia da natureza e no fluxo das realizações humanas".[14] A lição de Jó é a de que o sofrimento é um fato da vida, e a paciência é a virtude de sofrer sem agredir. Questionar a vontade de Deus (questionar os fatos da existência), opor-se a ela, irar-se contra ela, questionar-lhe a justiça, são atos fúteis e pecaminosos de orgulho e vaidade. Os seres humanos são crianças indefesas sentadas no colo divino. A sabedoria de Jó é a aceitação fiel e paciente da impermanência e da insubstancialidade.

CAPÍTULO DOZE

Édipo Rei:
Herói Trágico do Ocidente

> Nós mesmos fazemos o mal;
> Nós mesmos o sofremos;
> Nós mesmos não fazemos o mal;
> Nós mesmos nos purificamos.
> A pureza e a impureza estão em nós mesmos;
> Ninguém pode purificar a outrem.
>
> — O Buda
>
> As maiores tristezas são as que causamos a nós mesmos.
>
> — Sófocles, *Édipo Rei*

Os gregos se deram conta do problema do sofrimento mais ou menos na mesma época em que os hebreus o fizeram. A concepção grega clássica do sofrimento humano se expressa no *Édipo Rei*, de Sófocles, escrito no século quinto a.C. Os mitos de Jó e de Édipo exprimem a mesma consciência incipiente da natureza trágica da vida humana. Sigmund Freud considerava *Édipo Rei* como a quintessência do herói trágico e transformou-o em símbolo da mente neurótica. Por isso, em tese, há uma grande lição a ser aprendida na interpretação de Édipo a partir do ponto de vista budista. Isso não quer dizer que o ponto de vista budista seja *o correto*. As obras de arte, assim como os sonhos, têm muitas interpretações. Não há nenhuma que seja a "correta". O significado está na mente do observador. Como seria a tragédia de Édipo interpretada sob o ponto de vista de um budista?

A meu ver, a chave da concepção trágica de Sófocles sobre a vida está na resposta de Édipo ao enigma da Esfinge. A Esfinge é um símbolo do esoterismo, uma figura misteriosa que representa os segredos que guardamos de nós mesmos. É um monstro mítico que desafia a ignorância humana, propondo-lhe enigmas. O castigo da resposta errada — o preço da ignorância — é uma morte dolorosa. Se o enigma for resolvido, a Esfinge se destruirá a si mesma. Na história de Sófocles, a Esfinge bloqueia a estrada que leva a Tebas, apresentando o seu enigma a todos os viajantes: "Qual a criatura que caminha com quatro pernas pela manhã, duas pernas ao meio-dia e três pernas ao anoitecer?" Nesse enigma aparentemente infantil jaz, escondido, o segredo da vida humana. Os que o conhecem, sobrevivem e prosperam. Os que não o conhecem, sofrerão e morrerão.

Édipo desvendou o enigma corretamente, e tornou-se o herói de Tebas: "O homem é a criatura que caminha com quatro pernas quando bebê, com duas pernas no sol resplandecente da maturidade e com três pernas, com a ajuda de uma bengala, na velhice." O enigma da Esfinge é uma metáfora das verdades da impermanência, do sofrimento e da morte. Os seres humanos nascem indefesos e inocentes, crescem até a maturidade e enchem-se de esperanças e sonhos, somente para envelhecer e morrer. Com palavras estranhamente semelhantes às do autor de Jó, Sófocles lamenta a tragédia da vida humana numa passagem que revela claramente que ele conhecia muito bem a verdade da impermanência:

> Ai da semente do homem.
> O que darei a essas gerações
> Que respiram o vazio e são o vazio
> E existem e não existem?
> Quem leva em si outro fardo de alegria
> Que não uma massa de luz solar se deslocando em imagens?
> Ou quem fará permanecer o pensamento
> Que pelo tempo vai à deriva?
> Teu esplendor se foi.[1]

Vale a pena citar aqui outra passagem da mesma tradução, devido à beleza do fraseado e à pungência de seu lamento:

> Homem após homem após homem, ó gerações mortais,
> ora aqui já, quase fora daqui
> o que somos
> imagens fantasmagóricas de pó, sussurro de ar
> nada, nada
> respiramos o abismo
> somos o abismo
> nossa felicidade meros vestígios de sonho
> sol do meio-dia descendo no mar
> a espuma rubra de seu rasto em seu encalço
> somos tu
> somos tu, ó Édipo
> arrastando em agonia o teu pé aleijado,

e agora que vejo a tua vida afinal revelada
tua vida fundida ao deus,
destacando-se em fogo do nada negro do quanto conhecemos
digo
felicidade alguma permanece, nada humano
permanece.[2]

Do ponto de vista budista, a história de Édipo é uma metáfora da mente neurótica. Édipo foi vítima do seu próprio ego ganancioso – dos seus desejos e agressões. Seu destino foi selado pelo próprio esforço de escapar a ele. A origem da dor e da tragédia de Édipo foram a ignorância, a paixão e a agressividade que estavam nele: os três venenos.

Quando Édipo nasceu, um oráculo predisse que, um dia, ele iria matar o pai e dormir com a mãe. Seus pais, o rei e a rainha de Tebas, ansiosos para escapar da profecia, ordenaram a morte do filho. O pastor a cujo cargo fora deixado o trabalho sujo não teve coragem de matar um bebê. Em vez disso, ele deu Édipo a uma família de Corinto para que ela o criasse, pensando que a verdade nunca seria descoberta. Quando Édipo cresceu, um bêbado lhe profetizou que um dia ele iria matar o pai e dormir com a mãe. Aterrorizado pela profecia, Édipo tentou escapar dela, fugindo de Corinto.

No caminho de Tebas, uma carruagem em alta velocidade jogou Édipo para fora da estrada. Tomado pela raiva egoísta, ele matou o passageiro e todos os seus acompanhantes, exceto um. Sem que Édipo o soubesse, o passageiro que matara era seu próprio pai, o rei Laio, em viagem para recrutar ajuda para Tebas na luta contra a Esfinge. Depois de assassinar o pai, Édipo se confrontou com a Esfinge e resolveu o enigma, levando o monstro à morte. Entrou em Tebas como herói. Naturalmente, a fama o levou até a corte da rainha, sua mãe Jocasta. Édipo, movido pela luxúria e pelo desejo de poder, seduziu a mãe, casou-se com ela e tornou-se rei. Assim, cumpriu a profecia da qual tentava escapar, matando inadvertidamente o pai e dormindo com a mãe.

Freud interpretou o mito de Édipo literalmente. Tinha certeza de que o pecado de Édipo representa um desejo inconsciente que todos os homens têm de matar o pai e dormir com a mãe. Tomada literalmente, a "teoria" de Freud parece absurda. Pouquíssimas pessoas encontram tais desejos dentro de si, mesmo depois de uma investigação intensa e sincera. Ainda assim, tomada literalmente, a teoria freudiana do complexo de Édipo gerou um sem-número de explicações descabidas do comportamento humano, como se tudo fosse causado por esses desejos proibidos. Em conseqüência disso, muita gente rejeita a interpretação de Freud, considerando-a uma projeção da imaginação dele mesmo.

Por outro lado, há uma verdade profunda no mito de Édipo. Édipo estava destinado a cometer atos horríveis e impensáveis, que são tabu no mundo inteiro. Esses atos, e os pensamentos e desejos que estão por trás deles e os motivam, são repulsivos a ponto de serem considerados subumanos. Na verdade, a rejeição deles é uma característica do ser humano. Mas, enquanto tabu, eles só têm sentido se forem desejos e ações potenciais. Isso não significa necessariamente que todos nutrem tais desejos. Os tabus contra o parricídio e o incesto materno são tão fortes quanto o tabu contra o canibalismo. Ninguém sugeriu que haja um desejo inconsciente universal de comer o corpo de outros seres humanos. Mesmo assim, algumas pessoas podem talvez nutrir esse desejo, como alguns podem querer matar o pai e dormir com a mãe.

Não há nada na peça de Sófocles que indique que Édipo, consciente ou inconscientemente, tenha querido matar o pai e dormir com a mãe. Pelo contrário, os seus atos foram trágicos exatamente porque ele tentou evitar o destino horrível que os deuses lhe haviam decretado.

A tragédia de Édipo parece fazer mais sentido do ponto de vista do budismo.[3] Nessa concepção, o desejo de matar o pai e dormir com a mãe são *símbolos* da agressividade e da luxúria do homem. São símbolos de dois dos três venenos. Édipo foi, sem dúvida, levado pela paixão e pela agressividade, embora inadvertidamente, por ignorância. É razoável, pois, explicar o mito de Édipo como um símbolo das causas da dor que ele infligiu a si mesmo e a outros: os três venenos.

A história de Édipo é uma metáfora, ou mito. Considerados literalmente, os desejos de Édipo são repugnantes. Como metáforas, revelam uma sabedoria recôndita. Os crimes dele foram a agressão, a paixão e a ignorância. A ignorância estava no fato de ele não valorizar nem se lembrar da profunda verdade da resposta que deu à Esfinge. A sabedoria da Esfinge, representada em forma de enigma, era que o destino humano é nascer, crescer e morrer. Édipo queria mais. Era um ser humano e tinha as fraquezas de um ser humano. Era cheio de orgulho e queimava com as paixões do desejo. Quando o estranho da carruagem o atirou para fora da estrada como se ele nem existisse, Édipo ficou humilhado. Defendeu sua dignidade e seu orgulho com a raiva e a agressão. Em decorrência do egoísmo, do orgulho e da agressão, ele, sem saber, matou o próprio pai. Quando foi acolhido em Tebas como um herói, isso lhe subiu à cabeça. Ele ficou cheio de si. Agora podia dormir com a linda rainha e tornar-se ele mesmo rei. "Vaidade das vaidades, tudo é vaidade."

Ernest Becker viu os desejos supostamente inconscientes de Édipo como metáforas de uma dinâmica psicológica inerente à socialização humana – a transição de Édipo. Metaforicamente, o desejo de Édipo de ter relações sexuais com a mãe representa o desejo de continuar sendo um bebê dependente, de continuar a se relacionar fisicamente com os pais em vez de relacionar-se simbolicamente; de permanecer nos prazeres polimórficos do narcisismo infantil ou de regredir a eles. Metaforicamente, o desejo de matar o pai representa o desejo de resistir à autoridade dos pais, de atrasar o crescimento, de não ter de abrir mão da dependência sensual da criança em favor do autocontrole e da inibição que a sociedade exige dos adultos.[4]

Todos sentem esses dois desejos e lutam contra eles – o desejo de ser cuidado como um bebê e o desejo de ser livre das restrições que a autoridade impõe ao gozo dos prazeres. As principais máculas de Édipo não foram o incesto e o parricídio, mas o desejo sexual e a agressão.[5] A luxúria e a ira são o duplo flagelo da humanidade. A socialização da criança tem a finalidade de reprimir, atenuar e sublimar a luxúria e a agressão. Tanto o budismo quanto o cristianismo ensinam repressão do sexo e da agressão. No geral, o cristianismo se dedica mais à repressão do sexo e o budismo se dedica mais à repressão da agressão.

Édipo queria ser tanto criança quanto rei – um "rei bebê". Esse é o desejo universal representado pelo Édipo mítico. O complexo de Édipo, assim redefinido, representa a luta da mente neurótica pelo poder de maximizar o prazer e minimizar a dor. Todos nós conhecemos pessoas que não conseguem esconder essas motivações primitivas, que se recusam a crescer, que são egoístas e exigentes, que se tornam agressivas quando ficam frustradas. Até certo ponto, todos nós abrigamos secretamente esses desejos e agressões. O desejo de ser um rei-ou-rainha-bebê está no âmago do sofrimento humano neurótico. É isso, sem dúvida, o que Thomas Hobbes quis dizer quando afirmou: "O mal é uma criança robusta."

A Lição de Édipo

Como Jó, Édipo era um chefe rico e poderoso. Como Jó, ele foi lançado do pináculo do sucesso ao abismo do sofrimento e da tristeza. Se Jó é uma metáfora do sofrimento — a primeira nobre verdade —, Édipo é a metáfora dos três venenos – a segunda nobre verdade. Édipo é um exemplo perfeito da fraqueza, do pecado e da ignorância do homem. Jó é o paradigma do heroísmo e da virtude.

Édipo chegou a conhecer a verdade da trágica condição humana. Mostrou sua sabedoria na resposta que deu ao enigma da Esfinge: "O homem nasce, envelhece e morre." Em outras palavras, a vida é transitória e breve. O ego é uma ilusão e a ambição é a vaidade das vaidades. Édipo se esqueceu, entretanto, dessas verdades essenciais, e esqueceu que esqueceu. Ele se achava grande, achava que podia transcender as limitações da condição humana. Tentando escapar ao seu destino, ele matou o pai num ataque de orgulho raivoso, como os membros de uma quadrilha de jovens hoje em dia matam. Era lascivo e ambicioso, como qualquer *yuppie*, qualquer jovem moderno que só pensa em ser "bem-sucedido". Seus desejos e ambições o derrubaram. O incesto cometido com a mãe foi simplesmente a expressão mais abominável da entrega irrestrita à busca do prazer.

Quando Édipo descobriu a verdade a respeito de si, quando descobriu que a profecia do sacrilégio tinha sido cumprida apesar dos (ou por causa dos?) seus esforços para evitá-la, quando se deu conta de sua ignorância, ele vazou os próprios olhos, como se quisesse pôr também o corpo em harmonia com a sua alma, que já era cega. O esplendor de Édipo decaiu. Ele se exilou de Tebas e vagou, na velhice, pelo deserto próximo a Colonnus, como um velho amargo e angustiado.

Jó, por outro lado, foi e ainda é uma inspiração para Israel e para todos os sofredores. Jó nos dá um exemplo que nos ajuda a suportar o sofrimento com profunda fé e paciência. Ele se lembrou das verdades cósmicas do sofrimento e da impermanência. Tinha gratidão pela dádiva da vida, mas aceitou o sofrimento com dignidade. Quando seu esplendor diminuiu, como ele sabia que um dia iria acontecer, ele foi ao encontro do destino com coragem e humildade.

A tragédia de Édipo é uma metáfora das causas do sofrimento humano. A ignorância é uma pré-condição da dor que causamos a nós mesmos e ao próximo. Relutantes em compreender a verdadeira natureza da condição humana, nós lutamos, cega e agressivamente, pela felicidade, pela permanência e pela substancialidade. Quando nos frustramos enfim, tornamo-nos agressivos ou deprimidos. Nesse sentido, a intuição de Sófocles a respeito do sofrimento é a mesma do Buda: as maiores tristezas são as que causamos a nós mesmos.

CAPÍTULO TREZE

Jesus

> Ouvistes o que foi dito: Amarás o teu próximo e odiarás o teu inimigo. Eu, porém, vos digo: Amai os vossos inimigos.
>
> — Jesus de Nazaré, Mateus 5:43-44

De todas as religiões do mundo, a existência do sofrimento transparece mais no âmago do cristianismo, simbolizado pela figura de Jesus morrendo na cruz. A vida do Cristo representa uma continuação e um cumprimento da interpretação do Antigo Testamento acerca do problema do sofrimento. "Não penseis que eu vim para abolir a lei e os profetas", disse Jesus. "Eu não vim para abolir, mas para cumprir."[1] A contribuição de Jesus, entretanto, foi original e singular.[2] Ele representa uma evolução da consciência religiosa. Como resposta ao sofrimento, Moisés deu aos hebreus a *lei*, Jó lhes deu a *fé* duradoura, e Jesus lhes deu o *amor*.

As explicações do Novo Testamento sobre o sofrimento começam com a crença tradicional hebraica de que o sofrimento individual é a retribuição de Deus pelo pecado. Como com os judeus, entretanto, a perseguição e o martírio dos cristãos levantou dúvidas a respeito da injusta distribuição do sofrimento e, portanto, a respeito da justiça, da misericórdia e até mesmo da existência de Deus.

Essas dúvidas foram parcialmente resolvidas pelo conceito do pecado original, que macula igualmente a todos. O pecado original faz do sofrimento um fato da vida para os bons e os maus igualmente. A filosofia de Jó também está representada no cristianismo pela doutrina paulina de que o homem não pode, com humildade, questionar ou desafiar a vontade de Deus. "Quem és tu, ó homem, para discutires com Deus? Porventura pode o vaso de barro perguntar a quem o fez: Por que me fizeste assim?"[3]

O Diabo também é apresentado como causa do pecado e do sofrimento. Ele é mencionado somente três vezes no Antigo Testamento.[4] Mas sua personalidade e suas funções foram plenamente delineadas no cristianismo, onde ele recebe a culpa não somente pelo pecado original, pela tentação de Eva, mas também por todas as formas de maldade na vida do homem.

O apelo universal e eterno do cristianismo, entretanto, é o poder, não de racionalizar e justificar o sofrimento, mas da imagem do Cristo como vítima do sofrimento e vencedor do sofrimento.[5] Como Jó, Cristo era extraordinariamente inocente e puro, tendo sido concebido sem pecado. Mesmo assim, ele sofreu.

Jesus profetizou seu sofrimento e morte. Aceitou-os como fatos decretados. Como Jó, ele encarou o destino com coragem, enfraquecendo somente por um momento, em Betânia,[6] e no delírio da paixão da cruz, quando gritou: "Meu Deus, meu Deus, porque me abandonaste?"[7]

O significado da vida de Jesus está na sua resposta ao sofrimento. Seu ministério teve como objeto os pecadores e sofredores. "Os sãos não precisam de médico, mas sim os enfermos. Não vim chamar os justos, mas os pecadores ao arrependimento."[8] A missão do Cristo era confortar os pobres, os tristes, os famintos e os perseguidos, e admoestar os pecadores que causam o sofrimento alheio. Ele só fez milagres, tais como curar os doentes e ressuscitar os mortos, para mostrar suas credenciais de curador; é por isso que só Lázaro foi ressuscitado aos mortos.

A resposta que Jesus deu ao sofrimento foi o amor. Ele pregou o evangelho do amor ao seu rebanho de sofredores. Ensinou-lhes o amor incondicional e radical para com cada ser humano, até os inimigos:

> Ouvistes o que foi dito: Amarás o teu próximo e odiarás o teu inimigo. Eu, porém, vos digo: Amai os vossos inimigos. Fazei bem aos que vos odeiam, e orai pelos que vos perseguem e caluniam, para que vos torneis filhos de vosso Pai que está nos céus, porque ele faz nascer o seu sol sobre maus e bons, e vir chuvas sobre justos e injustos.[9]

Talvez seja esse o mandamento mais radical e exigente, o mais difícil de ser obedecido e o mais assiduamente infringido. Ele parece atingir o próprio coração da vida, parece ir contra o instinto de autopreservação, contra as buscas e a realização do indivíduo. Parece exigir uma atitude de passividade perante o mal e uma prontidão para abrir mão de tudo o que é mais desejado e mais querido – a vida, a liberdade e a felicidade.

O budismo ensina uma prática semelhante e igualmente difícil, chamada *tonglen*, também conhecida como "dar e receber" ou "trocar de 'eu' com os outros". Ela é especialmente eficaz para a cura da ira e da agressividade. Nessa prática, o meditante progressivamente visualiza seus parentes, amigos e inimigos e, prestando atenção ao modo de respirar, entrega toda a sua felicidade, os seus confortos e a sua riqueza a eles na expiração, e, ao inspirar, toma para si toda a infelicidade, a negatividade e a dor deles. Para o ego, essa prática budista é tão difícil de praticar quanto o mandamento de Jesus de amar os inimigos.

Jesus, como o Buda, foi a encarnação exemplar dos seus ensinamentos. Ele viveu o evangelho do amor até o fim, perdoando até aos que o escarneceram, torturaram e assassinaram. Nos seus momentos finais de sofrimento, ele clamou: "Pai, perdoa-lhes, porque não sabem o que fazem." Embora os cristãos "conheçam" a mensagem de Jesus, ela é extremamente difícil de seguir e por isso é reprimida, transformando-se num segredo. Não obstante, Jesus ensinou que o amor é o melhor método para transcender o sofrimento. Esse padrão moral sublime é um desafio a quem quer que busque uma consciência mais alta.

A Evolução da Consciência da Lei ao Amor

O evangelho cristão do amor não é uma simples questão de oferecer passivamente a outra face. Ele representa uma evolução da consciência. Vai além da preocupação mosaica com a lei e a conduta e postula uma preocupação com a dimensão interior e espiritual da vida. Moisés deu aos hebreus a Torá, que significa "orientação para a vida".[10] A Torá dá regras de conduta que reduzem ou impedem o sofrimento que os homens infligem uns aos outros.

Jesus também é uma orientação para a vida. Ele é chamado o Pastor, o Caminho, e a Porta.[11] Jesus é um guia para a vida *interior*, um guia para a vida do coração e da alma. Ele representa, para o problema do sofrimento, uma solução, que vai além da passagem de uma conduta pecaminosa para uma conduta virtuosa; sua solução é a transformação da própria consciência, passando do desejo egoísta ao amor divino.

A Torá comanda: "Não matarás."[12] Jesus pregou que não é suficiente apenas se abster da violência física. O ódio, a ira e o ressentimento também são atos de violência, mesmo que sejam apenas pensamentos e sentimentos, e não ações exteriores. Não obstante, eles são pecados e violam o mandamento de "amar ao próximo como a si mesmo".[13] Ambos os mandamentos têm como meta o alívio do sofrimento, porque, enquanto a conduta violenta causa um sofrimento imediato e direto, os pensamentos, sentimentos e palavras violentas criam "repercussões kármicas" que se espalham e, no final, voltam para afligir o pecador que lhes deu origem.[14] Nas palavras do Cristo:

> O homem bom, do bom tesouro do seu coração, tira coisas boas; e o mau, do mau tesouro, tira coisas más.[15]

Compare os ensinamentos de Jesus aos do Buda:

> Tu és servo de um tirano por ti mesmo erguido:
> Tuas ações, palavras e pensamentos são teus próprios vingadores,
> Teus atos, teus anjos são para o bem ou para o mal,
> Caminhando ao teu lado sempre, tua sombra fatal.[16]

Como o Dharma, o evangelho do amor pede uma transformação da consciência de um estado movido pelo desejo de auto-satisfação e realizações mundanas para um estado movido pela renúncia, pela abnegação e pelo amor. Assim sendo, o ressentimento e a ira devem ser transformados em compaixão e reconciliação; a luxúria deve ser convertida em afeto, se não em castidade; a cobiça deve transfigurar-se em caridade; e o orgulho, amadurecer para a humildade.

Jesus e o Buda pregaram soluções semelhantes para o problema do sofrimento. Jesus, como o Buda, retratou a si mesmo como um médico. Como o Buda, a doença que ele procurava tratar é o sofrimento – do corpo, da mente e da alma. O remédio é o amor. A terapia do sofrimento por meio do amor, como uma morte e um renascer, não é fácil. Exige uma autotransformação radical, um aquietar da mente sempre ocupada e um pacificar do coração cheio de desejos. Para a aquisição desse estado espiritual, Jesus, como o Buda, prescreveu o silêncio do pensamento e o despir-se das roupagens do ego:

> Qual de vós, por muito que pense, pode acrescentar um côvado à sua estatura? E por que andais ansiosos quanto ao vestuário? Considerai como crescem os lírios do campo: eles não trabalham nem fiam.[17]

O estado de amor, ou *ágape*, é semelhante ao estado de meditação. Exige uma consciência centralizada no presente, jamais absorta em memórias do passado ou visões do futuro:

> Portanto, não vos inquieteis com o dia de amanhã, pois o amanhã trará os seus cuidados; basta a cada dia o seu mal.[18]

O evangelho cristão do amor é um caminho espiritual de redenção do sofrimento por meio da figura de Jesus Cristo. Na sua paixão e morte na cruz, ele é uma vítima com a qual todos os seres humanos podem se identificar. Sua Ressurreição simboliza a vitória sobre o sofrimento e a morte. A Ressurreição, como a Crucificação, pode ser interpretada literal ou metaforicamente. No seu sentido literal, a Ressurreição significa a transcendência do sofrimento por meio de um renascer do mesmo indivíduo no céu, depois da morte. Essa interpretação literal cumpre a promessa de Yahweh aos hebreus do Antigo Testamento, de que a virtude seria recompensada e o pecado seria punido. A distribuição desigual do sofrimento aqui na terra encontra sua explicação no fato de que a recompensa pela virtude e o castigo pelo pecado ficam diferidos para depois da morte. A Ressurreição permite, assim, a renovação da fé em um Deus justo e misericordioso, que supervisiona ativamente os assuntos humanos.

No sentido metafórico, a Ressurreição simboliza a vitória do amor sobre o sofrimento. A vida de Jesus nos dá um caminho ou meio de superar o sofrimento e a morte mediante o amor: com a compaixão, o perdão e a reconciliação; deixando de lado as ambições e satisfações pessoais; com um coração pacífico e uma mente tranqüila, atentamente concorde com o desenrolar da vida; mediante a identificação humilde com todas as criaturas obras de Deus; e mediante a aceitação do fato da morte. O sofrimento é, assim, o sinal característico do discípulo do Cristo.[19] A vida do Cristo ensina o caminho da transcendência do sofrimento por meio do amor, a vitória sobre o mal por intermédio da perfeição da bondade humana.[20]

O Caminho Espiritual

À medida que o cristianismo evoluiu no decorrer dos séculos, a profundidade e a complexidade da compreensão que o homem tem da sua dimensão interior também evoluíram, e o problema da salvação do sofrimento passou a ser formulado segundo a metáfora de uma transformação ou jornada interior.

Santo Agostinho (354-430) fundiu diversas correntes da tradição mística cristã com a tradição neoplatônica da contemplação filosófica. O progresso espiritual, de acordo com Santo Agostinho, vai da natureza para a mente, e desta para Deus. O pecado e o sofrimento ocorrem no plano mais baixo da existência, ou plano material. O pecado primordial, o pecado de Adão, é o ato sexual, o desejo de prazer sensual. O "caminho ascendente" é uma evolução que, partindo do corpo e dos sentidos, chega à compreensão racional e à sabedoria. A sabedoria é atingida quando a atenção se volta para dentro, para o interior da alma, em busca da verdade, guiada pela "iluminação divina" e pela "graça". O maior bem é a felicidade, definida não como uma satisfação pessoal, mas como a união com Deus no amor (*ágape*), que se manifesta na caridade (*charitas*). A jornada espiritual parte da cidade terrenal da humanidade para a cidade celestial, a Cidade de Deus.

> Do mesmo modo, de dois amores duas cidades foram formadas: a terrena, pelo amor do eu, que vai até o desprezo de Deus; a celeste, pelo amor a Deus, que vai até o desprezo do eu. A primeira, numa palavra, glorifica-se em si mesma; a segunda, glorifica-se no Senhor.[21]

Outros escritores cristãos usaram metáforas diferentes para retratar a jornada divina, algumas das quais assemelham-se um pouco ao sistema tântrico hindu dos *chakras* e à chamada "ascensão da *kundalini*". Os chakras, entretanto, sintetizam melhor o corpo e a mente do que os sistemas cristãos de desenvolvimento espiritual. Os chakras têm uma localização física, mas não são centros físicos. São corpos sutis, estados mentais embutidos no corpo. Os chakras são símbolos dos estágios de desenvolvimento da consciência cósmica. O itinerário é basicamente o mesmo que foi especificado por Santo Agostinho. Partindo-se do amor ao sexo e ao poder, abre-se primeiro o coração à compaixão e sabedoria e, finalmente, obtém-se a consciência mística transcendente.

Ricardo de São Vítor (m. em 1172) apresenta a família de Jacó – seus filhos, filhas, esposas e servos — como um símbolo do desenvolvimento dos estados espirituais da consciência.[22] Mencionando os membros da família de Jacó em seqüência, Ricardo descreve os estados sucessivos de ascese e autoconhecimento e que levam ao estado divino de paz e amor interiores.

Mais ou menos treze séculos depois da morte do Cristo na Cruz, São Boaventura (1217-1274), um frade franciscano, qualificou a jornada espiritual como um "caminhar para o êxtase". Em *The Soul's Journey into God*, ele fala sobre seis níveis de iluminação, cada um dos quais é mediado por Cristo; do mundo sensorial da carne e da matéria, passando pelo mundo interior da razão e da imaginação, até o mundo divino da contemplação e da ágape — a união com Deus no êxtase.[23]

Boaventura interpretou a Crucificação como um símbolo da expiação pelo pecado de Adão, o pecado original, pelo qual o homem se separou de Deus. A Ressurreição significa a Redenção. A Redenção é a cura da separação em relação a Deus pela fusão com Ele. Mediante a Crucificação e a Ressurreição, Jesus, o segundo Adão, se reúne com Deus por meio do amor. A figura de Jesus na cruz, e a mística consciência do amor que ele representa, simboliza a transcendência do sofrimento pela reconciliação dos opostos. A interseção dos braços horizontal e vertical da cruz representa a reconciliação do céu com a Terra, do humano com o divino, da vida com a morte, do bem com o mal, da inocência com a maturidade e do sofrimento com a alegria.

> Pois se uma imagem é uma semelhança expressa, quando nossa mente contempla em Cristo, o filho de Deus — que é por natureza a imagem do Deus invisível —, a nossa humanidade tão maravilhosamente exaltada, tão inefavelmente unificados o primeiro e o último, o mais alto e o mais baixo, a circunferência e o centro, o alfa e o ômega, a causa e o efeito, o Criador e a criatura, isto é, o livro escrito por dentro e por fora, ela atinge então algo perfeito.[24]

A mais famosa narrativa medieval cristã sobre a jornada da alma até Deus é a *Divina Comédia* de Dante. Nesse poema épico, Dante descreve o progresso espiritual como uma passagem do inferno ao purgatório e deste ao céu, dispondo-os numa seqüência hierárquica que vai do sofrimento, do pecado e da ignorância até o amor, a virtude e o conhecimento. Nessa jornada, os guias de Dante são Virgílio (70-19 a.C.), o poeta romano que o guia através do inferno e do purgatório, e Beatriz, o amor de sua vida, que o guia do amor terrenal ao ágape. Como os antigos astrônomos da bacia mediterrânea, Dante usa os astros para simbolizar as metas do espírito humano. O Paraíso é composto pelas sete esferas visíveis da astronomia ptolemaica: a Lua, Mercúrio, Vênus, o Sol, Marte, Júpiter e Saturno. Depois vem a esfera das estrelas fixas e depois ainda o *primum nobile*, uma esfera invisível que é a origem de todo movimento. Na periferia está o *empírico* — *nirvana* —, uma região situada além do espaço e do tempo, onde a alma se une a Deus na felicidade perfeita.

Do Caminho Espiritual à Cura de Almas

No início do século XVI, quando Dante consignou por escrito a visão medieval do mundo como uma divina hierarquia cósmica, com Deus no ápice e a terra e toda a sua história no centro – o humilde grão de mostarda plantado por Jesus já havia crescido e se tornado a orgulhosa e poderosa Igreja Católica. Até então, o alívio do sofrimento por meio da ascensão da alma a Deus tinha sido voluntário. A busca da redenção era uma decisão do indivíduo. Os pecadores e sofredores, como Santo Agostinho, tomavam por si mesmos a iniciativa de renunciar ao pecado e encetar a árdua jornada da virtude. Pelo século XV, entretanto, a Igreja Católica tinha tomado para si a responsabilidade de salvar os pecadores deles mesmos — pela persuasão, pela coerção, pela excomunhão e até pela morte na fogueira, caso fosse necessário.[25]

No século XV, Roma fundou uma Congregação para a Cura das Almas, cuja meta era salvar do sofrimento eterno as almas pecadoras, errantes e perdidas.[26] O que começou como uma salvação simbólica do sofrimento por meio da figura mítica do Cristo na cruz transformou-se numa instituição social de aconselhamento pastoral. A Cura das Almas, como a psiquiatria moderna, tinha também um lado violento. Os oficiais da Igreja receberam a responsabilidade de defender a fé identificando os pecadores, os sofredores e os hereges; então, por persuasão e coerção, induziam-nos a confessar e se reformar.[27] O *Malleus Malificarum*, ou *Martelo das Feiticeiras*, foi um manual elaborado para ajudar os sacerdotes a identificar as bruxas e determinar os meios apropriados para reformá-las e "curá-las" – pela morte, se necessário.[28]

Do ponto de vista espiritual, a Cura das Almas e a figura do Cristo na cruz, que é o seu ícone fundamental, são os ancestrais da psicoterapia moderna. O psicanalista Otto Rank (1884-1939) chamou a psicoterapia de "neta da religião", porque a qualidade comum a ambas é o desejo de escapar à dor da vida, que, segundo Rank, começa no nascimento.[29] Os psicoterapeutas modernos não acham que estejam na tradição do Cristo. Preferem pensar em si mesmos como membros de um ramo da medicina que lida com o diagnóstico e o tratamento das doenças mentais. Mas o apelo do Cristo na cruz, como todos os ícones religiosos, tem o mesmo móvel que a psicoterapia. De fato, a religião, a medicina e a psicoterapia estão, no fundo, unidas pelo desejo de aliviar e transcender o sofrimento.

CAPÍTULO CATORZE

Sofrimento e Política

> Assim, a crítica do céu se transforma na crítica da Terra; a crítica da religião, na crítica do direito e a crítica da teologia, na crítica da política...
>
> — Karl Marx

> Quem não compreende que política é religião e religião é política não compreende nem a política, nem a religião.
>
> — Mahatma Gandhi, *An Autobiography*

No século XV, a Igreja Católica, numa aliança incômoda com a aristocracia e os monarcas, passava a dominar a vida social, econômica e política da Europa ocidental. A estrutura social medieval consistia numa hierarquia de classes que tinha a nobreza no ápice, seguida dos homens de igreja, donos de terras e comerciantes, apoiava-se sobre os camponeses e servos embaixo. Essa estrutura desigual era explicada e justificada como uma manifestação da hierarquia divina, ordenada pela "lei natural". A distribuição desigual do sofrimento entre as classes mais altas e as mais baixas era explicada como uma manifestação do plano divino para o cosmos.

O mundo europeu medieval, entretanto, estava acabando. A antiga ordem feudal fora substituída pelas monarquias absolutas, que uniram o poder econômico e o político sob a guisa de um suposto "direito divino". As viagens de descobrimento dos séculos XV e XVI abriram novos continentes para o comércio, a exploração e a colonização. Esse fato inaugurou a "era dos impérios" e produziu uma nova e poderosa classe social, a dos *bourgeois* (burgueses, ou moradores da cidade), que desequilibraram a antiga hierarquia.

As descobertas feitas na matemática, na física e na astronomia entre os séculos XV e XVIII, minaram a astronomia geocêntrica ptolomaica, sobre a qual a cosmologia cristã medieval se apoiava. A Igreja Católica, que tinha sido corrompida pela sede de poder temporal, começou a perder esse poder. Desafiada pelos monarcas, pelos hereges e pelos protestantes, ela recorreu ao expurgo desesperado e sangrento da Inquisição para salvar-se. Mas, com isso, e ao contrário do que pretendia, ela deixou de ser o veículo mais nobre para o alívio do sofrimento humano.

No século XVIII, a Europa estava num turbilhão. A nova ciência e a nova matemática haviam revolucionado a visão que as pessoas tinham do mundo e de si mesmas. O conflito de classes entre as camadas superiores, de um lado, e os burgueses e camponeses, do outro, culminou na Revolução Francesa, em 1789. Esta foi apenas um caso particular de uma longa série de revoluções democráticas, que continua até hoje, contra a tirania e a injustiça do feudalismo, do totalitarismo e da exploração de classes.

Nessa grande transformação histórica, a antiga confiança no poder dogmático e sacramental da Igreja Católica como meio de explicação e redenção do sofrimento foi desgastada pelas dúvidas e pelo ceticismo. No Iluminismo europeu (c.1650-1800), a confiança na autoridade religiosa como detentora do poder de extinguir o sofrimento e a infelicidade foi substituída por uma confiança na ciência e na democracia.[1] A solução do problema do sofrimento deixou de ser vinculada à salvação depois da morte por meio da fé e da piedade e passou a ser vista como uma questão de progresso social na terra por intermédio da democracia e da ciência.[2]

As Raízes do Comunismo: Jean-Jacques Rousseau e o Problema do Sofrimento

Em 1755, a Academia Francesa de Dijon patrocinou um concurso que premiaria o melhor ensaio sobre a eterna questão na qual estamos todos intimamente interessados: "Qual é a origem da desigualdade do sofrimento humano, e qual o melhor remédio para ele?" Jean-Jacques Rousseau (1711-1778) escreveu o ensaio vitorioso. Esse texto marca o começo do pensamento moderno sobre o problema do sofrimento.[3] Rousseau opinou que o problema do sofrimento devia ser abordado pela ciência, e não pela religião, por uma investigação crítica da natureza humana, sem fazer apelo aos dogmas tradicionais a respeito da personalidade e das motivações de Deus:

> Pois como conheceremos a origem da desigualdade entre os homens se não começarmos por conhecer a humanidade? E como pode o homem conhecer a si mesmo tal como a natureza o fez, depois de todas as mudanças que a sucessão de tempos e lugares deve ter produzido em sua constituição original? Como pode ele distinguir entre o que é fundamental na sua natureza e as mudanças e acréscimos que as circunstâncias e o progresso introduziram, modificando-lhe a condição primitiva? ... Pois de

modo algum é tarefa ligeira fazer uma distinção apropriada entre o que é original e o que é artificial na natureza humana atual, ou conceber uma noção verdadeira de um estado que não existe mais, que talvez nunca tenha existido e provavelmente nunca existirá, e do qual, não obstante, é necessário ter-se uma noção verdadeira para que se possa emitir um juízo correto sobre o nosso estado atual.[4]

Rousseau buscou as causas e a cura da desigualdade do sofrimento humano por meio de uma pesquisa histórica da natureza humana. Pela compreensão dos homens primitivos no seu estado original (*l'homme naturel*) em contraposição ao homem civilizado (*l'homme artificiel*), Rousseau esperava criar um tipo ideal da sociedade humana, que pudesse servir como fundamento da crítica e do progresso social.

Por essa razão, o grande Immanuel Kant (1724-1804) venerava Rousseau como o Newton das ciências humanas. Um retrato de Rousseau era a única peça decorativa no austero escritório do filósofo alemão.[5] Inspirado por Rousseau, Kant acreditava que o objetivo da ciência não é somente descobrir fatos e leis gerais, mas também revelar a ordem fundamental do universo, uma ordem na qual se possa basear uma moral universal. Esse é o ideal iluminista de substituir a concepção religiosa do mundo por uma concepção científica e fazer desta a base da moral. Para Kant, a ciência devia revelar não somente "os céus estrelados lá em cima", mas também "a lei moral aqui dentro". Para compreender a natureza do bem e do mal, segundo Kant, é preciso entender "o que há de permanente na natureza humana e o lugar que o homem ocupa na criação".[6]

Nem Rousseau nem Kant tinham qualquer conhecimento da história darwiniana da evolução, claro. O primeiro fóssil de um hominídeo, os fragmentos do crânio de Neanderthal, só chamou a atenção dos cientistas em 1856; ironicamente, meros três anos antes da publicação da *Origin of Species* [A Origem das Espécies] de Darwin. O conceito que Rousseau fazia da humanidade primitiva era uma fantasia moldada por idiossincrasias pessoais e fortes correntes históricas.

Rousseau era um espírito solitário, idealista, crítico e independente a qualquer custo, que se sentia mais feliz quando estava longe da sociedade parisiense, vagando sozinho pelos bosques.[7] Viveu na era das navegações oceânicas e da exploração de continentes e civilizações desconhecidas para os europeus. Os navegantes, ao voltar, faziam relatos românticos de culturas paradisíacas nas quais não havia a violência. Rousseau atribuiu o pacifismo dessas sociedades, ou "comunidades primitivas", à inexistência da propriedade privada. Em comparação, as turbulentas guerras de classe da sociedade européia pareciam o resultado de uma decadência retrógrada. Rousseau buscou a raiz dessa decadência para poder formular um programa político de reforma utópica. Refletindo as percepções radicais da estrutura de classes do seu tempo, Rousseau concluiu que a linha divisória entre os homens primitivos e os civilizados, o pecado original e a raiz da queda, era a noção de propriedade privada:

O primeiro homem que, depois de cercar um pedaço de terra, pensou em dizer, "isso é meu", e encontrou pessoas simples o suficiente para acreditar nisso, foi o verdadeiro fundador da sociedade civil.[8]

O fato de Rousseau contrapor os povos primitivos à sociedade moderna para compreender esta última deu-lhe a honra de ser chamado o pai da antropologia.[9] Sua idéia de que a propriedade privada é a raiz da desigualdade do sofrimento, porque cria uma estrutura desigual de classes que mantém os pobres aprisionados, influenciou fortemente Karl Marx (1818-1883) e deu forma à ideologia das futuras sociedades comunistas. A palavra "comunismo" se refere às sociedades comunais primitivas e contrapõe-se à propriedade privada tal como existe na sociedade moderna.

A palavra "radical" designa o que está ligado à "raiz". O conceito que Rousseau fazia do mal social tornou-se a pedra fundamental das críticas, protestos e revoluções radicais dos últimos três séculos, as quais buscavam corrigir o mal do capitalismo eliminando o que se supunha ser sua raiz: a propriedade privada. O ideal marxista — agora desacreditado — de uma sociedade sem classes, na qual o povo vive em harmonia e dignidade, é uma versão da fantasia utópica de Rousseau sobre a sociedade pré-civilizada. Por essa razão, algumas pessoas também vêem Rousseau como o pai do totalitarismo moderno.

Karl Marx e o Problema do Sofrimento

Os filósofos do Iluminismo, como Rousseau, eram inspirados pela esperança de que a democracia e a ciência dessem uma solução racional e eqüitativa ao problema do sofrimento. Em meados do século XIX, entretanto, começou a ficar cada vez mais evidente, para a decepção de todos, que a nova revolução científico-industrial tinha intensificado o problema da distribuição desigual do sofrimento. Ela gerara um novo sistema de classes no qual a classe mais alta, a dos capitalistas, tinha acumulado o poder e a riqueza, ao passo que as classes mais baixas, as classes trabalhadoras, viviam na pobreza e na miséria, recebendo apenas as migalhas produzidas por seu trabalho.

Essa situação gerou uma nova fórmula para o alívio do sofrimento: o comunismo utópico formulado por Karl Marx. Como as figuras religiosas que o precederam, Marx estava preocupado principalmente com o problema do sofrimento. John Bowker escreveu:

> ...Marx não pensava no sofrimento como um problema teórico, mas nos fatos e na ocorrência do sofrimento que ele via diante de si. O sofrimento está na raiz do pensamento de Marx, porque foi a percepção direta das condições horrorosas nas quais os trabalhadores viviam e morriam que o levou ao seu apelo veemente e apaixonado pela ação revolucionária.[10]

Como já notamos, a análise marxista do sofrimento humano deriva do Iluminismo europeu e de Jean-Jacques Rousseau. Por isso mesmo, a solução que ele deu para o problema do sofrimento que os homens se impõem foi a abolição da propriedade privada e da produção privada. Já que sua sociedade ideal era a comunidade primitiva, onde os meios de produção eram comuns a todos, seu sistema político foi chamado de "comunismo".

O comunismo marxista é uma mistura de religião e ciência. Geralmente não pensamos no marxismo como algo científico, mas Marx foi um dos primeiros a aplicar os métodos da "nova ciência" à política e ao governo. Os sociólogos vêem Karl Marx como um dos fundadores da ciência social moderna, porque ele usou fatos, estatísticas e teorias para descrever e explicar as condições sociais e para formular um curso de ação para o alívio do sofrimento e a busca da felicidade na Terra.

Se o marxismo é uma ciência, entretanto, é uma ciência com uma missão, a mesma missão que dá vida à religião — o desejo de escapar ao sofrimento. A fé marxista não é a fé em Deus, mas no poder libertador da ciência e da política. Os marxistas usam do poder político e da ciência para atingir suas metas ideológicas. Revestem-se com a autoridade da ciência para cativar a obediência dos seus seguidores. Em sua estrutura autoritária e na exigência de obediência, o marxismo se assemelha à religião. Lewis Feuer chamou o marxismo de "a primeira religião secular mundial", com seus próprios textos sagrados, seus santos, seus hereges e sua cidade santa.[11]

Seguindo a tradição do Iluminismo, Marx acreditava numa religião da humanidade: um humanismo temporal que faz parte da ação sócio-política o meio de aliviar o sofrimento. Tarjou a religião tradicional de "ópio do povo".[12] Dizia que um movimento que acredita na salvação do sofrimento depois da morte é, em si mesmo, uma projeção do conflito de classes já existente, que reprime a dissensão, seduz o povo, leva-o à passividade e prolonga o sofrimento.

A meta de Marx era criar um sistema político que pudesse aliviar o sofrimento causado pela pobreza, pela escravidão, pela exploração, pela injustiça e pela alienação. Marx e seu amigo e colaborador, Friedrich Engels (1820-1895), estavam bem a par das semelhanças entre o comunismo e o cristianismo, como demonstram as seguintes palavras de Engels:[13]

> A história do cristianismo dos primeiros tempos tem notáveis pontos de semelhança com o moderno movimento operário. Como este último, o cristianismo foi originalmente um movimento dos oprimidos: apareceu inicialmente como uma religião de escravos e escravos emancipados, dos pobres espoliados dos seus direitos, dos povos subjugados ou dispersados por Roma. Tanto o cristianismo quanto o socialismo operário pregam a futura salvação da escravidão e da miséria. O cristianismo situa essa salvação numa outra vida, depois da morte, no céu; o socialismo a situa aqui neste mundo, numa transformação da sociedade.

Para Marx, o sofrimento é sempre o sofrimento, quer seja expresso numa terminologia social, quer numa religiosa. Ele escreveu: "A aflição religiosa é ao mesmo tempo uma expressão da verdadeira aflição e um protesto contra essa aflição." É "o suspiro da criatura oprimida, o coração de um mundo sem coração".[14] No programa que Marx ideou para secularizar a religião, a devoção à "sagrada família" é visto como um meio de distrair a atenção da aflição da "família terrena". "Quando se descobre que a família terrena é o segredo da sagrada família, a primeira tem de ser criticada na teoria e revolucionada na prática."[15]

Marx acreditava que é inútil se apoiar na religião para o alívio do sofrimento. A filosofia se apoiava, também inutilmente, na análise e no entendimento. A proposta revolucionária de Marx se apoiava na ação política. Ele escreveu: "A tarefa imediata da filosofia — que entra a serviço da história no mesmo instante em que a forma sagrada da alienação humana é desmascarada — é a de desmascarar a alienação em suas formas profanas. Assim, a crítica do céu se transforma na crítica da Terra; a crítica da religião, na crítica do direito; e a crítica da teologia, na crítica da política."[16]

Embora as sociedades comunistas por ele inspiradas tenham fracassado, Marx revolucionou a visão tradicional do sofrimento no mundo moderno. Deus não é mais o criador e administrador do sofrimento; a sociedade é. Deus não é mais o agente do alívio do sofrimento; a política é.

Diz-se comumente que Marx virou Hegel de cabeça para baixo. Persuadindo a muitos, Marx acusou a declaração de Hegel de que "tudo o que é real é racional e tudo o que é racional é real" de ser uma projeção da estrutura de classes existente e servir para explicá-la, justificá-la e perpetuá-la. Marx insistia em afirmar que a base da consciência e do sofrimento não é Deus, mas a sociedade. A História não é uma idéia na consciência de Deus, como Hegel pensava. Pelo contrário, são as condições materiais da vida — os meios de produção — que geram a História e dão forma ao pensamento. De acordo com Marx, não é a consciência que causa as condições sociais, mas as condições sociais determinam a consciência.[17]

Segundo Karl Marx, a tarefa da filosofia, da ciência e da política não é somente a de entender o mundo, mas a de transformá-lo segundo os interesses humanos. "Os filósofos se limitaram a interpretar o mundo de diversas maneiras. A questão, entretanto, é mudá-lo", escreveu ele em outra passagem famosa.[18]

O marxismo passou por transformações radicais nos últimos cinqüenta anos. O comunismo marxista-leninista da União Soviética virou uma superpotência mundial e daí entrou em colapso, como fatalmente sucede a todas as tiranias sob o peso da desmoralização do seu povo. O comunismo entrou em colapso na União Soviética e na Europa Oriental e está caindo, ou se debatendo, em outros lugares. Mas o marxismo deixou a sua marca na política moderna. A maioria das modernas ideologias políticas, quer o admitam, quer não, são misturas de marxismo e capitalismo. Derivam do marxismo na medida em que depositam a sua fé na ciência e na política para encontrar a redenção do sofrimento. Talvez os políticos modernos nem o percebam, mas a confiança que depositam nos consultores científicos e fatos científicos para construir seus programas e estratégias deriva de Karl Marx.

Os liberais modernos defendem a idéia de que as causas do sofrimento humano se encontram nas más condições sociais e de que a cura do sofrimento é a ação política que visa eliminar essas condições. Em contraposição, os conservadores modernos desconfiam do governo e acreditam na antiga religião pré-marxista. Acreditam que os indivíduos são agentes morais responsáveis e que o sofrimento é causado pelo fracasso moral. O remédio para o sofrimento, portanto, está na reconstrução moral e no chamado "interesse pessoal esclarecido", mas nunca na ação do Estado. É por isso que os fundamentalistas cristãos são politicamente conservadores e muitas vezes pensam que os liberais estão sendo influenciados pelo pensamento marxista. Isso também explica por que os liberais acham que os conservadores são cegos e insensíveis às condições sociais que contribuem para a miséria humana.

A Traição dos Salvadores

Tanto o grande apelo histórico da tradição judeu-cristã quanto o da política moderna baseiam-se no mesmo motivo primordial e puro: o alívio do sofrimento humano. A religião oferece a redenção do sofrimento por meio de uma vida depois da morte. A política a oferece por meio da ação do estado para mudar as condições sociais existentes. Em ambos os casos, o motivo original e puro foi traído muitas vezes por discípulos que se transformaram em diabos, que causaram sofrimento em vez de remediá-lo.

Os sábios de todas as épocas conheceram o perigo do ajudante que tenta remediar o sofrimento e, ao contrário, acaba causando-o. Um antigo provérbio chinês tem como tema o dano causado pelos ajudantes. O provérbio pergunta: "Por que você está zangado comigo? Eu nunca tentei lhe ajudar!" Lembre-se desta justificativa de um ato de guerra, famosa por sua ironia: "Para salvar o vilarejo, nós tivemos de queimá-lo." A ajuda que não foi solicitada é uma forma de tirania.[19]

Os budistas sabem há muito tempo que as tentativas ignorantes de aliviar o sofrimento sempre causam mais sofrimento. Essa é a "dor da dor", *duhkha duhkhata*, o sofrimento causado pelo desejo de se livrar do sofrimento.[20] Uma reflexão sobre a história recente nos deixa de sobreaviso quanto àqueles que ficam posando de curandeiros e prometendo o paraíso. Eis aí uma isca à qual poucos homens conseguem resistir. Nesse ponto, o conselho do Buda é fundamental: "O sábio sabe que a isca esconde um anzol."[21]

Quando a Igreja Católica desencadeou a Inquisição e a Cura das Almas contra as ameaças de rebelião e heresia, São Tomás de Aquino (1225-1274), o grande "doutor da Igreja", que é admirado ainda hoje por ter reconciliado o cristianismo com a filosofia aristotélica, propôs uma "solução final" para o problema da heresia. Em algumas palavras atribuídas a ele: "Do ponto de vista dos próprios hereges, existe o pecado deles, pelo qual merecem não somente serem separados da Igreja, como também serem eliminados do mundo pela morte."[22] A Igreja condenou Bruno, Galileu e muitos outros cientistas heréticos, mas ainda honra Aquino.

A Igreja Católica não está sozinha na sua hipocrisia. Hoje em dia, a maioria das guerras, dos genocídios e das carnificinas é cometida por facções religiosas que lutam umas contra as outras: judeus e muçulmanos no Oriente Médio; protestantes e católicos na Irlanda do Norte; cristãos e muçulmanos na antiga Iugoslávia. É uma ironia – intrinsecamente ligada, aliás, à natureza do ego humano – que essas instituições, às quais recorremos para obter alívio do sofrimento, sejam uma das causas principais do mesmo. A causa, é claro, não está na instituição, mas nas pessoas que usam a instituição para realizar seus próprios Projetos Felicidade egoístas. A fórmula de cada um para a felicidade e o fim do sofrimento se torna a justificativa da sua violência.

Os políticos, de Lênin a Stalin a Mao e Pol Pot, passando por liberais e conservadores do mundo inteiro, sempre causaram sofrimento ao pôr em prática seus ideais de redução do sofrimento. Eles defenderam seu poder e hegemonia por meio dos expurgos sangrentos, da tortura, dos campos de concentração, das prisões psiquiátricas, da discriminação oficial e da repressão legal.

O desejo de aliviar o sofrimento, que é o ponto comum ao marxismo e ao cristianismo, também é, ironicamente, a base das divergências entre eles. Cada um deles acusa o outro de causar sofrimento. No século passado, Karl Marx condenou a religião como uma causa do sofrimento. Neste século, o papa João Paulo II condenou o comunismo como inimigo da liberdade humana e do espírito humano.

Essa condenação de parte a parte mostra o quanto o sofrimento é tomado como medida básica da avaliação das nossas instituições sociais. Nós julgamos os governos, os partidos e a burocracia de acordo com o modo pelo qual servem à nossa luta pessoal pela felicidade e aliviam os problemas que nos causam dor.

Visões ocidentais do desejo

CAPÍTULO QUINZE

A Transformação do Desejo no Projeto Felicidade

> Precisamos, em suma, de uma metafísica que admita tanto a continuidade quanto a descontinuidade que existe entre o homem e os animais.
>
> — Norman O. Brown, *Life Against Death*

Como a raiz da palavra indica, a *emoção* é um sentimento que nos move. Já dissemos que existem duas emoções fundamentais: o desejo e o medo. No comportamento, o medo se manifesta como aversão. O desejo e o medo, ou aversão, são dois dos três venenos do budismo. Todo ato, todo querer, todo juízo, todo plano ou esperança para o futuro, é motivado pelos nossos desejos e temores. Como antes, chamaremos a ambos de "desejo", porque um é o desejo de ter e o outro é o desejo de se livrar.

O doce veneno do desejo penetra profundamente a psique humana. De todos os aspectos caleidoscópicos da natureza humana, nenhum é tão vital, tão desconcertante quanto o desejo. O desejo, principalmente o desejo de escapar ao sofrimento, é a força motriz da vida, o móvel de todas as nossas esperanças e ambições. Alimenta nossos pensamentos e sentimentos. A personalidade e o caráter são formados pelo embate da pessoa com seus desejos: pelo esforço para satisfazê-los; pela submissão subserviente a eles; pela sublimação simbólica deles; e pela luta para controlá-los e reprimi-los.

Também a cultura é moldada pelo desejo. A cultura é a emanação do caráter coletivo do homem, como são as instituições que constituem o fundamento da sociedade. A religião, a ciência e a medicina são moldadas pelos desejos de prazer e felicidade e pelo desejo de escapar ao sofrimento e à infelicidade. Se não olharmos face a face, o autoconhecimento e a paz interior não serão possíveis.

Nós amamos, cultivamos e defendemos nossos desejos porque achamos que a satisfação deles nos trará prazer e felicidade. Agimos como se tivéssemos uma fé obstinada — mais inabalável do que as nossas mais indiscutíveis crenças religiosas — na idéia de que, se os nossos desejos forem satisfeitos, seremos felizes. Mas, por mais que nos prometa o deleite, o desejo tem uma qualidade assustadora que nos faz estremecer e virar o rosto, cegando-nos para a natureza do nosso ser. Parafraseando George Bernard Shaw: "Há duas grandes tragédias na vida. Uma é não realizar o desejo do nosso coração. A outra é realizá-lo." Ficamos presos nesse paradoxo: quanto mais queremos algo, mais medo temos de não consegui-lo. E quando estamos quase conseguindo, assusta-nos a idéia de abandonar a busca que dava sentido à nossa vida. Os desejos são a raiz do nosso sofrimento. Por isso o desejo vem sempre acompanhado da ansiedade, e existe uma tendência sistemática — tanto por parte do indivíduo quanto da sociedade — de evitar a plena tomada de consciência dele.

Apesar de toda a positividade da sua força vital, o desejo tem algumas imperfeições fatais. Outra complicação é que nossos desejos nem sempre são desejáveis. Alguns são dignos, outros não. Esse conflito de desejos deveria nos fazer parar para pensar. O problema do desejo, porém, é que ele não pára para pensar. Ele nos instiga a agir e não se deixa ignorar nem tolera resistência ou repressão. Na maioria das vezes ele vai em frente sem ouvir as admoestações da razão, jogando-nos contra um muro e levando outros conosco no seu rastro. O desejo está no âmago da nossa dor. É a raiz dos nossos problemas pessoais e sociais mais profundos. As maiores fontes de confusão sobre nós mesmos e sobre o significado e o objetivo da nossa vida são a resistência à consciência dos desejos e a negação da responsabilidade que temos sobre eles.

Em suma, o desejo é o elemento mais básico da natureza humana e da identidade pessoal. É a energia motriz da vida, a essência da motivação. É a fonte da felicidade e da infelicidade. Gera a religião, a ciência, a medicina, a psicoterapia e a arte. Constitui o problema central da ética e da moral. É a chave do reino dos céus e a passagem para o inferno. É a essência da neurose. A compreensão dos nossos desejos é o segredo da felicidade.

A Física e a Biologia do Desejo

Para compreender o desejo e a influência que ele exerce sobre nossa vida e nossas emoções, temos de desenvolver o que Norman O. Brown chamou de "uma metafísica que admita tanto a continuidade quanto a descontinuidade que existe entre o homem e os animais"[1]. Os animais têm desejos, mas, como os seus sofrimentos, seus desejos são simples e diretos. O cachorrinho sonha em caçar e comer, ter um território seguro, brincar e, na época certa, acasalar-se. Nos animais, não há uma diferença essencial entre os desejos e os instintos. As duas palavras denotam o mesmo fenômeno básico. Os instintos são mecanismos corporais, moldados por instruções genéticas, que definem determinadas técnicas e modos de vida do organismo. O desejo do salmão de nadar rio acima na época da desova é moldado pela fisiologia, assim como o desejo da abelha de dançar e o desejo do leão de caçar. Os desejos de comida e de sexo, de autopreservação e de propagação da espécie, estão contidos na estrutura e na função do corpo do animal.

O desejo é o impulso por meio do qual a natureza cumpre o seu destino. É a energia pela qual o universo se diferencia, o motivo da criação do indivíduo. Definindo-o assim, podemos encontrar o desejo já nos primeiros sinais de mudança que se manifestaram na indistinção primordial da bola de fogo cósmica. O desejo nasceu nos primeiros dez segundos da criação, de acordo com o moderno mito científico, quando a energia homogênea começou a esfriar, coagular-se e diferenciar-se nas partículas subatômicas carregadas que, aos poucos, se combinaram, formando prótons, nêutrons, elétrons e, no final, átomos e moléculas.

O desejo é o potencial que as partículas individualizadas de energia possuem de se unir e formar uma nova entidade. A magia do desejo se manifesta quando prótons e nêutrons se casam e formam o núcleo do átomo, e quando os átomos se unem para formar moléculas. A união do oxigênio e de outros átomos ao redor do carbono cria os compostos orgânicos que são a base da vida tal como nós a conhecemos. O desejo evoluiu ainda mais quando as moléculas, no caldo orgânico préhistórico, se multiplicaram, dando à luz sistemas viventes e capazes de evoluir. As substâncias primitivas, semelhantes aos vírus, transformaram-se em organismos unicelulares que, por sua vez, se dividiram e multiplicaram, subindo na escala evolutiva até que o desejo, no final, floresceu na necessidade que os organismos complexos têm de copular e procriar.

O desejo é a luta do universo para atualizar o seu potencial, crescer, mudar e se diferenciar. É a energia da evolução. Na mitologia, o desejo é representado por Eros, o deus grego do amor e da fertilidade, que personifica a harmonia, a ordem e a perfeição do mundo. Esse aspecto do desejo se resume na palavra *Vai!*

Mas a vida não está sempre na ativa. Há também a hora de parar: para reconhecer e reconsiderar, para dormir e tirar férias, para se renovar e meditar e, inevitavelmente, para morrer. O universo é uma fusão de *Vai!* e *Pare!*, de atividade e repouso, de geração e corrupção. Os sistemas vivos são um equilíbrio dinâmico de ação e inibição.

O impulso nervoso é um *Vai!* despolarizado circundado por um *Pare!* polarizado. É uma onda de excitação com uma membrana de inatividade à frente e uma membrana refratária atrás. A existência de um mecanismo cérebro-motor do *Pare!* nos mamíferos foi demonstrada de modo dramático alguns anos atrás pelo neurobiólogo espanhol Delgado, que, com uma cirurgia, implantou eletrodos nos centros cerebrais inibidores de um touro vivo; então, quando o touro o atacou no centro de uma arena, ele apertou um botão com toda a calma e, eletronicamente, trouxe o touro irado a um súbito *Pare!*

Se a primavera e o verão significam *Vai!*, o outono e o inverno significam *Pare!* Essa é a tendência do universo de descansar, parar, desintegrar-se e voltar ao caos primordial. É Thanatos, o deus grego da morte, personificação do caos e do conflito. Na sua forma humana mais extrema, o desejo do *Pare!* é o desejo de morte.

Como o desejo de *Vai!*, o desejo de *Pare!* pode ser objeto de uma busca zelosa, movida pela previsão de uma grande satisfação. O homicídio e o suicídio requerem uma grande paixão. O ascetismo, o puritanismo e a autodisciplina exigem uma motivação e uma determinação muito fortes. *Vai!* e *Pare!* não podem existir um sem o outro. Eles são o *Yang* e o *Yin*, vida e morte, o arquetípico par antitético que reflete o *Liga/Desliga* cibernético do universo.

A Sublimação do Desejo por Meio da Linguagem

Os seres humanos são animais e todo desejo humano é, em parte, um desejo animal. A fome, a excitação sexual, a vontade de viver, a necessidade de socializar-se e de brincar, e, do outro lado, o desejo de descansar, de dormir, de se retirar, e o destino final da morte, estão todos inscritos no corpo humano. Mas há um aspecto do desejo humano que é muito diferente do desejo animal. Quando o homem surgiu sobre a face da Terra, o desejo adquiriu novas dimensões. Os estudiosos e cientistas geralmente concordam em que uma das diferenças mais importantes entre a mente dos animais e a mente humana é a linguagem. A evolução da linguagem, que polarizou o pensamento num dualismo entre sujeito e objeto, também polarizou o desejo.[2] O desenvolvimento da consciência lingüística transformou o desejo animal num desejo distintamente humano.

O axioma biológico de que "a ontogênese recapitula a filogênese" reflete o fato de que o desenvolvimento do indivíduo espelha o desenvolvimento da espécie. Em outras palavras: a evolução da espécie humana se repete na evolução de cada indivíduo. O desenvolvimento pelo qual uma criança se torna um adulto envolve a evolução do desejo até a sua forma humana.

O recém-nascido é, antes de mais nada, um organismo físico cuja mente está inundada de sensações e percepções do próprio corpo. Os desejos do recém-nascido são puramente sensuais, como os do animal. À medida que amadurece, o bebê aprende a substituir as ações sensuais por ações simbólicas. Em vez de pegar a comida com a mão e metê-la na boca, a criança aprende a pedir com educação e a usar o garfo e a faca. As boas maneiras à mesa são um marco de diferenciação entre os animais e os homens. Os animais comem, os seres humanos almoçam. Assim como o leão ensina o filhote a caçar, os pais humanos ensinam aos seus filhos boas maneiras à mesa. À medida que a criança cresce, o desejo sexual se sublima em afeto e cooperação. O desenvolvimento da mente humana, como a evolução da civilização humana, exige a repressão e a inibição dos desejos sensuais impulsivos e a sua transformação em desejos refinados e socialmente aceitáveis. Resumindo, esse é o processo de socialização por meio do qual a criança humana se torna um adulto social. A socialização é, na sua essência, a modificação social do desejo.

A modificação social do desejo é o âmago do processo psicológico de "sublimação". Eis aí um processo fundamental para a identidade humana, porque representa a distinção essencial entre os desejos animais e os desejos humanos. Sublimação é uma metáfora tirada da física; nesta, a palavra designa a transformação de um sólido em gás, como quando o gelo seco se evapora. É uma linda metáfora. A sublimação é a evaporação do corpo sensual, num corpo sutil, dos desejos sensuais do animal no sublime desejo humano. É a evolução do desejo de comer para o desejo de almoçar, do desejo de fornicar para o desejo de fazer amor, do desejo de matar em combate para o desejo de derrotar nos esportes. Na vida da espécie, como na vida do indivíduo, a sublimação é a transformação, por meio da linguagem, do *Vai!* do animal na motivação, na aspiração e na ambição do ser humano; do *Pare!* do animal nas proibições, repressões e culpas do homem.

À medida que a criança cresce e se desenvolve, o corpo e o desejo de prazeres sensuais vão sendo relativamente reprimidos e transformam-se, sublimados, na idéia de eu e no desejo de amor-próprio. O amor-próprio é a sublimação do prazer do corpo num prazer do ego. O desejo de amor-próprio é o anseio de se sentir bem a respeito de si em relação aos outros, em relação à vida e à existência. É o desejo de se encaixar bem no mundo *samsárico*, de ser aceito e admirado como um objeto de valor num mundo de significados comuns a toda uma sociedade.

A socialização da criança exige uma certa transformação da consciência sensual-corporal, numa consciência da mente e dos significados.[3] Essa evolução ocorre por intermédio da repressão do desejo de prazer sensual e a sublimação do mesmo num desejo de felicidade — o desejo de vida, de significado, de um objetivo, do sucesso, da vitória, da transcendência, da união espiritual com a divindade num bem-estar eterno.

Nessa transformação, a criança renuncia à primazia do corpo, reprime o desejo de prazeres sensuais e se identifica com os pais, assumindo um projeto de vida: o Projeto Felicidade.[4] O Projeto Felicidade envolve a renúncia aos prazeres sensuais do agora em troca de uma felicidade futura. Ele converte o desejo sensual em ambição. Influenciada pela repressão e pela orientação dos pais, a criança formula uma meta ou objetivo para a vida — casar e constituir uma família, tornar-se médico, advogado, executivo; ficar rico ou famoso; gozar do sucesso e acumular objetos; escalar a montanha mais alta; atingir a iluminação. Esse projeto de vida, ou meta de vida, dá à vida um propósito e um significado. É a encarnação do desejo de vida.

O Projeto Felicidade é o veículo por meio do qual o eu transcende o corpo físico. Pela sublimação, o eu se separa do corpo e se põe acima dele. Essa sublimação é a alienação original, o pecado original. Ocorreu no momento em que Adão e Eva foram expulsos do Éden. No momento em que caíram no tempo histórico, eles ficaram com vergonha do próprio corpo. A vergonha do corpo é a rejeição do corpo e a afirmação da realidade da mente dualista. A Queda no tempo histórico é a Queda no samsara. A mesma transformação ocorre quando o recém-nascido tem de abrir mão da esperança de ser para sempre o rei-bebê e é obrigado a formular um Projeto Felicidade por meio do qual a identidade social é estabelecida.

Por intermédio do veículo do Projeto Felicidade, o eu se torna um núcleo incorpóreo, um núcleo de sentido e valor inserido no corpo social do qual tira o seu significado. O corpo social, que é um produto e uma projeção da mente, continua vivendo depois da morte do corpo físico e, portanto, se torna para o indivíduo um veículo de imortalidade.[5] Ao se identificar com o mundo samsárico dos símbolos e significados partilhados por toda a sociedade, o eu adquire uma importância social, qualidade essa que pode viver além da morte do corpo. É isso que Durkheim quis dizer quando afirmou que a sociedade é a essência, a fonte e o objeto da religião.[6]

A Sublimação como Evolução da Consciência

A evolução da sublimação está retratada no mito do Éden no Antigo Testamento. Os pré-hominídeos Adão e Eva, os primeiros seres humanos ainda-não-plenamente-humanos, viviam como os animais e ao lado deles, com duas exceções: primeiro Deus lhes deu o poder de dar nome aos animais. Isso simboliza o domínio do homem sobre os animais pelo poder da linguagem. As palavras não são apenas simbólicas. Elas têm uma realidade social tangível. Permitem que nós nos comuniquemos uns com os outros a fim de manipular o mundo físico. A ciência e a tecnologia não seriam possíveis sem a linguagem. Aqueles que têm o poder de rotular os outros também têm o poder de dominá-los.[7]

A segunda exceção é que Deus proibiu Adão e Eva de comer do fruto da Árvore do Conhecimento do Bem e do Mal.

> De toda árvore do jardim comerás livremente; mas da árvore da ciência do bem e do mal não comerás; porque no dia em que dela comeres, certamente morrerás.[8]

Esse tabu arquetípico, "Tu não o farás", é o princípio da Queda. O Éden era o paraíso porque os desejos podiam ser satisfeitos impunemente, sem acarretar castigo algum. O tabu, ou proibição, queria dizer que pelo menos um dos desejos não poderia ser satisfeito com impunidade. Pelo mandamento de Deus, a violação do tabu era punível com a morte. Isso significa que Adão e Eva já tinham uma noção da morte; caso contrário a ameaça de Iahweh não lhes meteria medo. A capacidade de dar nome aos animais e a consciência da morte eram os sinais de que Adão e Eva já tinham evoluído a um nível de consciência acima do nível animal.

O significado do tabu arquetípico é a luta do homem contra o desejo, no seu aspecto de vida e morte. Nessa luta, levanta-se a questão: "Devo ou não devo?" Essa pergunta marca o começo da consciência moral. A sublimação primordial é a Queda, na qual o desejo irrefletido e totalmente solto é reprimido e transforma-se num desejo reflexivo e inibido. Os desejos de sentir-se bem, de agradar a si mesmo e de propagar a espécie sublimam-se nos desejos de ser bom, de agradar a Deus e de ser feliz para sempre.

A Sublimação na Psicanálise

A evolução da sublimação é representada na tradição psicanalítica por dois mitos que Sigmund Freud criou e apresentou como "teorias psicológicas". Freud era interessadíssimo pela evolução da consciência, da culpa, da vergonha e da moral. Um dos mitos que ele propôs pode parecer tolo se for compreendido literalmente como fato ou teoria científica. Enquanto mito ou metáfora, entretanto, é uma representação profunda da realidade psicológica.

Freud disse que o primeiro passo em direção à civilização, a domesticação do fogo, resultou da repressão e da inibição do "erotismo uretral" e da sua sublimação numa ambição socialmente útil. Freud imaginava que os homens primitivos apagavam o fogo urinando em cima dele, como os menininhos vienenses provavelmente faziam.

De acordo com Freud, a inibição do desejo de apagar o fogo urinando em cima dele resultou na domesticação do fogo. Ele escreveu: "O primeiro que foi capaz de negar a si mesmo esse prazer e poupar o fogo conseguiu levar o fogo consigo e domá-lo para seu serviço."[9] É verdade que a "teoria" de Freud parece ridícula como fato científico, mas como metáfora ela faz sentido. Na vida do indivíduo, como na vida da espécie, os desejos primitivos e infantis são reprimidos e transformados em desejos adultos, aceitáveis e civilizados. O erotismo uretral é substituído por um Projeto Felicidade. O menino uretro-erótico pode tornar-se um bombeiro. A criança mandona pode tornar-se um policial. O pré-adolescente sonhador pode tornar-se um escritor.

Em outro mito sobre a evolução da sublimação, Freud disse que a culpa e a moral nasceram de um crime arquetípico cometido pela horda primordial.[10] A horda primordial era um grupo de homens pré-históricos jovens e robustos, movidos por um desejo feroz, não muito diferentes dos adolescentes modernos que saem para uma noitada "selvagem".

Num acesso de fúria luxuriosa, a horda primordial matou o pai tribal, comeu-o e tomou para si suas fêmeas. Freud postulou que os homens primitivos, assim como os neuróticos, tinham sentimentos ambivalentes (polarizados) de ternura e ressentimento para com o pai. Depois do assassinato primordial, a horda ficou horrorizada com o que havia feito. A ternura que sentiam pelo pai foi sublimada e transformou-se em remorso e culpa. O desejo pelas fêmeas do pai e o ressentimento parricida foram então abandonados e reprimidos. Para Freud, a renúncia arquetípica aos desejos sexuais agressivos e a repressão deles definiu a submissão à lei e à autoridade e fez surgir o tabu do incesto. Por isso, esse fato marca o início da civilização e é o fundamento tanto do caráter quanto da cultura.

Freud formulou a hipótese de que esse mítico acontecimento pré-histórico se repete na vida da criança (do menino). Como a horda primordial, a criança deseja a mãe e se ressente do pai. Já vimos que Freud chamou de complexo de Édipo a essa constelação de desejos. Em tese, se esses desejos não forem adequadamente sublimados, formarão a semente de uma neurose.

Para que o complexo de Édipo seja resolvido, é preciso que os instintos sexual e de agressão sejam sublimados. O desejo pela mulher do pai (a mãe) é reprimido e, sublimado, vira o desejo socialmente aceito de ter a própria esposa e filhos. O desejo de matar o pai é reprimido e, sublimado, transforma-se no desejo de ser como ele, de canibalizar a imagem dele e se tornar um bom pai, um bom trabalhador e um bom cidadão.[12] O caráter individual se forma no decorrer da luta para sublimar os desejos animalescos (sexo e agressão) numa forma que seja moralmente aceitável para o pai, a família e a sociedade.

A sublimação do desejo, segundo Freud, determina tanto a estrutura cultural da sociedade quanto a estrutura do indivíduo. A repressão do desejo pela mãe se manifesta socialmente no tabu do incesto. Na sua forma sublimada, o tabu do incesto se extrapola em regras que governam os contatos sexuais, o casamento e o parentesco, constituindo assim a estrutura básica da sociedade.

O tabu do incesto é uma série de regras que determinam com quem se pode e com quem não se pode ter relações sexuais. Talvez seja por isso que algumas pessoas vêem o homossexualismo como uma ameaça à família. O tabu contra a homossexualidade é uma variante do tabu contra o incesto. Ao transgredir um tabu, por mais periférico, insignificante ou obsoleto que seja, o homossexual ameaça todos os tabus. Em outras palavras, a homofobia é a linha de frente da defesa contra o incesto. Talvez o medo do "bicha" ou do "sapatão" seja uma projeção invertida do medo do "estuprador da mãe" (ou "estuprador da filha") que existiria dentro de nós.

Os tabus contra o incesto e o parricídio são as proibições primordiais, os "Tu não o farás" que dão início à consciência e à ordem moral. Esses tabus dão estrutura à família e à comunidade. A repressão da agressão contra os pais é a raiz da autoridade social. Por intermédio da sublimação e do Projeto Felicidade, o ressentimento contra o pai autoritário se transforma na conformidade social. Essa conformidade recebe uma forma social pela adoração da figura totêmica (ou da bandeira), que é o fundamento de toda autoridade, lei e moral legítimas.

Evidencia-se então que, tanto nos mitos judeu-cristãos quanto nos mitos psicanalíticos da transformação do desejo num Projeto Felicidade, a sublimação é representada como uma transformação do desejo sensual num desejo moral, sob o estímulo de uma proibição ou tabu que pode acarretar a vida ou a morte.

A Sublimação do Prazer no Projeto Felicidade

Recapitulando: do ponto de vista da biologia evolucionista, a sublimação é a transformação do desejo sensual num Projeto Felicidade. Ela começa com a evolução da linguagem, quando o sistema ocular-cerebral-manual dos primatas foi adaptado à fala humana.[13] As faculdades morais se originam da palavra, e a palavra é *Não! Pare! Tu não o farás.* Todo *Não!*, antiteticamente, implica um *Sim!*. A dialética entre *Não!* e *Sim!* é a dissertação moral.

A evolução do Projeto Felicidade significa a metamorfose do animal sensual num homem moral, como se a fome corpórea de alimento e sexo se evaporasse numa fome etérea de amor-próprio e imortalidade. Essa metamorfose não resolve os problemas do homem; ela os levanta. No homem, o desejo de *Vai!* e o desejo de *Pare!* existem em dois níveis diferentes: no nível do corpo e no nível sutil do ego e da sociedade. E é do caldeirão desses desejos conflitantes e contraditórios que nasce o ego.

CAPÍTULO DEZESSEIS

Religião e Lei: O Desejo como Pecado e Crime

O que o homem semear, isso também colherá.

— Gálatas 6:7

Os seres são donos de suas ações, herdeiros de suas ações. Quaisquer ações que façam – boas ou más –, dessas eles serão herdeiros... e onde quer que os seres venham à existência, suas ações amadurecerão, e onde quer que as suas ações amadureçam, eles receberão os frutos delas.

— O Buda

A tradição judeu-cristã acredita que o sofrimento é ordenado por Deus como castigo pela violação da lei divina. A violação da lei divina é o pecado. O sofrimento, portanto, é o castigo pelo pecado.

Embora esse discurso seja lógico e preciso, ele omite e obscurece o papel do desejo como causa do sofrimento. Ele torna o desejo invisível e converte a verdade sobre o desejo num segredo que escondemos de nós mesmos. Afinal de contas, a lei divina é estabelecida pela vontade divina, que é uma expressão do desejo divino. O desejo divino contrapõe-se ao desejo egoísta e ordena que este seja abandonado. O desejo egoísta é a raiz do pecado, porque contradiz o desejo divino. Portanto, seria mais apropriado dizer que, na tradição judeu-cristã, o sofrimento é o castigo que Deus inflige aos homens que se entregam à satisfação de desejos proibidos.

Essa maneira de formular a questão faz com que a visão judeu-cristã e a visão budista das causas do sofrimento fiquem mais parecidas uma com a outra. A afirmação de que o sofrimento é causado pela satisfação irrestrita dos desejos egoístas está de acordo com ambas. Existe, porém, uma diferença significativa. A tradição ocidental tende a conceber o sofrimento como efeito de uma causa externa — Deus — a título de castigo pela desobediência à lei divina. Na tradição budista, a tendência é conceber o sofrimento como causado pelo próprio ser que sofre — como a conseqüência natural da satisfação irrestrita dos desejos egoístas.

Existem, ao que parece, dois tipos de religião. Uma se apóia num poder exterior para obter a salvação; a outra se apóia no esforço da própria pessoa. Nem sempre as religiões são puramente uma coisa ou a outra; a maioria das religiões do mundo são uma mistura de ambas. Mas essa distinção nos ajudará a compreender melhor a relação entre desejo, pecado, crime e sofrimento nas tradições budista e ocidental. O conceito ocidental de pecado e crime se assemelha ao conceito budista de karma negativo, na medida em que as três coisas estão ligadas ao desejo egoísta. Entretanto, na concepção ocidental, o sofrimento, que é o fruto amargo do pecado, é infligido por um poder externo, ao passo que no budismo o sofrimento é infligido pelo próprio ser que sofre.

Karma

O karma é a lei budista das causas e efeitos morais. A palavra *karma*, do sânscrito, significa literalmente "ação", e, no budismo, é interpretada especificamente com uma ação intencional. Refere-se aos atos nascidos dos desejos e executados por meio de um esforço deliberado. No Ocidente, a palavra acabou sendo usada para significar "destino". Quando algo ruim acontece a alguém, as pessoas dizem: "É o seu karma". Nesse sentido, "karma" não se refere somente aos atos, mas também às conseqüências dos atos. Um ato e suas conseqüências são inseparáveis. Dizer que um certo destino é o karma de alguém significa que a situação daquela pessoa é a conseqüência dos seus desejos, intenções e atos passados. Nesse sentido, o caráter é um destino, como acreditavam os gregos.

A "lei do karma" reza que os nossos atos criam as circunstâncias do sofrimento ou da alegria que teremos no futuro. Nas palavras do Buda:

> Os seres são donos de suas ações, herdeiros de suas ações. Suas ações são o ventre de onde nasceram, com suas ações eles estão ligados, suas ações são seu refúgio. Quaisquer ações que façam – boas ou más —, dessas eles serão herdeiros... e onde quer que os seres venham à existência, suas ações amadurecerão; e onde quer que as suas ações amadureçam, eles receberão os frutos delas.[1]

O Buda foi um dos primeiros homens a fazer da lei da causalidade o princípio que determina os fatos do mundo fenomenal. Antes do Buda, as pessoas acreditavam que os acontecimentos se formavam pela vontade e pelo poder mágico dos deuses. Muitas pessoas ainda acreditam nisso hoje em dia. O Buda ensinou que todo fenômeno é condicionado, isto é, determinado, pelos acontecimentos precedentes. A ciência moderna concordaria com esse princípio.

A "lei da originação dependente", do Buda, afirma que tudo é condicionado. Dentro dessa teia de condicionamentos, entretanto, os indivíduos conservam o livre-arbítrio para tomar decisões morais. O karma, que é uma ação *deliberada*, implica uma escolha. Deliberar a prática de um ato significa prever-lhe as conseqüências e fazê-lo *para* obter essas conseqüências, ou, pelo menos, sem querer evitá-las. As ações deliberadas criam uma cadeia de causas e efeitos morais, de ação e reação; as conseqüências das nossas ações são determinadas pelas mesmas. Não obstante, somos livres para escolher se queremos agir ou não. O ato deliberado é a presença da liberdade no mundo determinado. É o ponto vital no qual podemos intervir e alterar o destino decretado pelas ações passadas.

O princípio do karma mostra que o nosso destino está determinado por nossas ações, mas também que, pela escolha das ações, nós somos livres para moldar o nosso próprio destino. A lei do karma é simultaneamente o princípio da causalidade, por meio do qual o passado determina o futuro, e a liberdade e o poder de *moldar* o futuro. Não é meramente um destino; é o poder de criar as condições da nossa felicidade ou infelicidade futuras.

A lei do karma, dessa forma, traz em si a semente da redenção, a possibilidade de purificação. Para tanto, a pessoa tem de assumir a responsabilidade pela própria conduta. Os budistas crêem que os detalhes dos resultados do karma são difíceis, senão impossíveis, de compreender. As conseqüências das nossas ações talvez não fiquem esclarecidas para nós, ou talvez nos recusemos a reconhecê-las e a nos responsabilizarmos por elas. É por isso que um dos primeiros ensinamentos que um noviço budista recebe, e um dos mais freqüentemente repetidos, fala sobre a importância de compreender e estar sempre consciente de que a felicidade e a infelicidade futuras dependem do que decidimos fazer agora, em nossa jornada por esta vida!

Na concepção budista, cada um é responsável por sua própria felicidade ou infelicidade. A responsabilidade pessoal e a independência ou autonomia, portanto, contam-se entre as maiores virtudes. Nas palavras do próprio Buda:

> Nós mesmos fazemos o mal;
> Nós mesmos o sofremos;
> Nós mesmos não fazemos o mal;
> Nós mesmos nos purificamos.
> A pureza e a impureza estão em nós mesmos;
> Ninguém pode purificar a outrem.[2]

Os pontos de vista do Buda sobre a responsabilidade pessoal são bem rigorosos. Somos responsáveis não somente pela nossa própria felicidade ou infelicidade, mas, por extensão lógica, pelos nossos pensamentos, desejos, intenções, escolhas e ações, pois é deles que dependem a felicidade ou a infelicidade futuras. Na visão budista, somos responsáveis pelo que pensamos e pelo que cremos. Essa idéia foi muito bem formulada pelo filósofo existencialista francês Jean-Paul Sartre, que acreditava que a decisão e a responsabilidade do indivíduo são inescapáveis. Ainda que um anjo nos aparecesse com uma ordem direta de Deus, disse Sartre, teríamos primeiro de decidir acreditar na autenticidade do anjo para depois nos submetermos à vontade de Deus. O mesmo sentimento foi expresso pelo Buda há 2.500 anos atrás:

> Além da luz da alma que brilha sobre a testa,
> Nada conduz o homem, nada jamais o conduziu.[3]

Isso significa que a compreensão de que os desejos egoístas são a causa da infelicidade que impomos a nós mesmos não pode ser passada de uma pessoa para outra. Entretanto, *é possível* aprender isso. Pode-se aprendê-lo por meio de um método muito semelhante ao de Platão, o que nos leva a considerar seriamente a idéia da influência do Buda sobre o pensamento platônico. Não se descobre a verdade por meio da escritura sagrada ou do apelo à autoridade, mas por meio da visão da luz interior – por meio da consciência e da reflexão sobre as nossas próprias experiências. As impressionantes palavras do Buda que vamos citar agora poderiam muito bem ter sido escritas por Platão mais de um século mais tarde:

> A verdade está dentro de nós; não nasce das coisas externas, quer creiais nisso, quer não. Dentro de cada um de nós há um centro íntimo no qual a verdade habita em plenitude; e, ao redor, muralha sobre muralha, a carne grosseira circunda essa percepção perfeitamente clara que é a verdade. Uma teia carnal desconcertante e perversa a prende e é a causa de todo erro: e conhecer, então, consiste mais em abrir uma passagem por onde o esplendor aprisionado possa escapar, do que em dar entrada a uma luz supostamente exterior.[4]

Os princípios morais da responsabilidade pessoal e da autonomia decorrem necessariamente da idéia de que o sofrimento é inerente ao desejo, e não causado por um poder externo. Não se pode fazer o que se bem entende e depois orar a um deus misericordioso pedindo a extinção do sofrimento. O castigo do pecado é inerente ao próprio desejo. O sofrimento é inerente ao desejo, como já vimos, porque o próprio desejo é um estado de privação e porque a existência não se submete espontaneamente aos desejos humanos.

A tragédia do pecado é que nós acreditamos, erroneamente, que a satisfação dos nossos desejos egoístas nos trará felicidade. Pensamos que os prazeres sensuais e a auto-satisfação nos trarão a realização. Por essa crença, até mesmo os supostamente "sãos" se deixam teimosamente enganar. A ironia é que, por definição, o pecado é ao mesmo tempo algo que desejamos e algo que nos fará sofrer. Como disse o Buda:

> O prazer é um laço, uma breve alegria
> que, mal se aprecia, leva a uma dor prolongada.
> O sábio sabe que a isca esconde um anzol.[5]

Os Dez Mandamentos e a Lei Mosaica

Na tradição judeu-cristã, a lei do karma está expressa na admoestação bíblica: "O que o homem semear, isso também colherá." Esse aforismo quer dizer que o sofredor tem alguma responsabilidade pela sua felicidade ou infelicidade futuras. Claro, Deus é o intermediário entre o desejo e o sofrimento. Deus julga os motivos e atos do crente e executa o castigo. Não obstante, o conceito da responsabilidade individual é bem forte na tradição ocidental. A versão judeu-cristã da lei do karma foi muito bem expressa pelo profeta Isaías, cujas palavras reiteram os ensinamentos do Buda:

> Dizei ao justo que ele será bem-sucedido, pois comerá do fruto das suas obras. Ai do ímpio maléfico, porque lhe será dado segundo merecem as suas ações.[6]

Quando Deus mandou que Adão e Eva não comessem do fruto proibido, Ele lhes deu o poder e a responsabilidade do livre-arbítrio. Se Deus não quisesse lhes dar o livre-arbítrio, só precisaria tornar o fruto amargo. Mas, ao contrário, Ele o fez doce e os proibiu de comê-lo. O tabu implica uma escolha. Se Adão e Eva não tivessem o livre-arbítrio, não faria sentido Deus lhes dar um mandamento. O mito do Éden, portanto, representa metaforicamente a evolução da capacidade de escolha no pré-amanhecer da história do homem.

A capacidade de escolher é a capacidade de decidir entre a satisfação de um desejo ou a renúncia a ele; entre confrontar ou fugir de algo que dá medo. Os estudiosos do Talmude, perguntando-se por que um Deus misericordioso permite a existência do mal no mundo, chegaram à conclusão de que o mal é o preço do livre-arbítrio. O mandamento de Deus implica que Adão e Eva podiam decidir pela desobediência. Senão, por que não inscrever no próprio corpo deles uma repugnância pelo fruto proibido? O comportamento de todos os outros animais é formado pela genética e pela fisiologia. O arbítrio requer um estado mais alto de consciência. Ele permite a escolha entre o bem e o mal, o certo e o errado. O desejo e o arbítrio são o duplo fundamento da ética, da moral, e da lei.

Os Dez Mandamentos simbolizam um contato entre os hebreus e o seu Deus Celestial, Jahweh, um contrato que é a base do moderno direito anglo-americano. Os Dez Mandamentos poderiam ser chamados de "Dez Decisões". O contrato com Jahweh estipulava que, caso os hebreus decidissem seguir os Mandamentos de Deus, seriam recompensados com uma vida feliz numa terra que mana leite e mel. Se decidissem violar os Mandamentos de Deus, seriam condenados à dor e à miséria. Nesse contrato, Deus revela ao "povo escolhido" (isto é, ao "povo capaz de escolher") o segredo do seu destino. A recompensa da obediência à lei é a felicidade. O castigo da desobediência à lei é o sofrimento.

O poder de escolha é uma característica exclusiva da mente humana. Os animais não o possuem. A tomada de decisões responsáveis requer a capacidade mental de compreender a lei e as conseqüências dos próprios atos. A responsabilidade implica a consciência da liberdade, da lei e das conseqüências da obediência ou desobediência à lei.

Um certo nível de consciência é, portanto, uma pré-condição para que a pessoa entre nesse contrato com Deus. Ela precisa ter a capacidade de formar uma intenção consciente, o que implica a capacidade de compreender a lei e a qualidade moral das ações. As pessoas que não possuem a capacidade de formular uma intenção consciente, tais como as crianças, os retardados mentais, os senis e os que estão em estado de delírio devido à doença, são, obviamente excluídas desse fardo de responsabilidade. Esse princípio é a base do conceito de responsabilidade criminal no direito anglo-americano.

O Conceito de Responsabilidade Criminal

No direito anglo-americano, uma pessoa é considerada responsável por um crime se possui a capacidade de *mens rea*, de intenção consciente. Quando se acredita que uma pessoa é incapaz de formar uma intenção consciente, ela é considerada insana, e é perdoada. A moderna alegação de insanidade evoluiu a partir desse princípio.

Uma das mais antigas definições de insanidade foi chamada de "Teste da Fera Selvagem"; segundo ela a pessoa estaria isenta de responsabilidade criminal se não tivesse capacidade de raciocínio maior do que uma fera selvagem.[7] Do ponto de vista desse princípio, a criança, o deficiente mental e o senil são moralmente equivalentes a uma fera selvagem.

A Regra de McNaughten, um artigo do direito inglês que define a insanidade, ampliou o conceito de responsabilidade criminal.[8] De acordo com esse critério, *a pessoa é considerada criminalmente responsável se tiver a capacidade de compreender a natureza e as conseqüências de suas ações e saber se elas são certas ou erradas*. Se uma pessoa é declarada incapaz de formular uma intenção consciente, ela está, então, isenta de responsabilidade e não será castigada. Logo, a moderna alegação de insanidade teve sua origem na lei mosaica.[9] A intenção, ou desejo consciente, é o sinal da culpa. A inocência, por outro lado, é literalmente a ausência de desejo ou de intenção, e/ou a ausência de consciência moral.

O conceito de responsabilidade criminal foi obscurecido e complicado pela psiquiatria norte-americana, que batalhou de tal modo para mudar as regras que a prova de capacidade, na maioria das jurisdições, depende agora de um diagnóstico de doença mental, com todas as confusões conceituais que isso acarreta, em vez de depender da capacidade de formular uma intenção consciente. Isso fez regredir ainda mais, no público em geral, a noção da responsabilidade pessoal sobre as próprias ações; nublou também a idéia de que o desejo e a escolha são as raízes do pecado e do crime.

O conceito budista de karma e o conceito ocidental de responsabilidade criminal são mais ou menos semelhantes, embora o primeiro se aplique a todas as formas de conduta, não somente aos crimes. Cada um deles é uma formulação cultural característica do problema de como distinguir os maus desejos dos bons desejos. Tanto o pecado quanto o crime são conseqüências indesejáveis da livre satisfação dos desejos egoístas e destrutivos. "Pecado" é o nome religioso dos desejos que causam sofrimento. "Crime" é o nome que os mesmos desejos assumem no mundo leigo. Pecado e crime são, portanto, ambos manifestações da relação causal que existe entre o desejo e o sofrimento.

CAPÍTULO DEZESSETE

O Desejo: A Base da Ética e da Moral

> A ética é necessária porque os desejos do homem estão em conflito uns com os outros. Os objetivos da ética são, em primeiro lugar, encontrar um critério pelo qual se possa distinguir entre os bons e os maus desejos; em segundo lugar, por meio de elogios e censuras, promover os bons desejos e desencorajar os maus desejos.
>
> — Bertrand Russell, A History of Western Philosophy

Se tudo o que nos faz sentir-nos bem fosse bom, nem a moral nem a ética seriam necessárias. As pessoas simplesmente fariam o que quisessem, como os animais, sem sofrer as restrições da consciência, da moral ou da lei. O problema da ética se resolveria pelo hedonismo e o "princípio do prazer" seria o bem moral mais elevado.

Isso, entretanto, é uma fantasia do paraíso e não um fato da vida. O sonho do paraíso é uma projeção sublimada do puro princípio do prazer. O problema do princípio do prazer é que os nossos desejos nem sempre são desejáveis. Na vida do indivíduo e da espécie, o paraíso se perde quando os desejos egoístas levam ao sofrimento próprio e alheio.

Para evitar a dor e o castigo do pecado, a inteligência moral obriga um desejo a se submeter a outro. O desejo de prazer se curva perante o desejo de autopreservação em suas formas sublimadas: o desejo de ser bom, de ser protegido, de ser aprovado e amado para sempre.

Quando o desejo de satisfação irrestrita cede ao Não!, a origem do Não! é percebida como uma força superior, divina. Aquele que diz Não! é temido e admirado. Os Dez Mandamentos, que são todos negativos,* são proibições que estimu-

---

* Erro do autor. Dos Dez Mandamentos, pelo menos três são positivos. (N.R.)

lam o desenvolvimento de uma capacidade de decisão refletida e responsável, e, desse modo, estimulam o desenvolvimento da consciência moral. Os mandamentos dos pais forjam a culpa e inibem o comportamento da criança, e os mandamentos divinos cumprem a mesma função em relação à espécie humana. A aura deiforme da sociedade nasce desse poder de impor proibições e tabus.

A renúncia aos desejos vis sob o poder da proibição negativa e a substituição desses desejos por outro, "superior", dá ao desejo uma forma contraditória e dialética. Essa tensão entre os desejos é a base da ética e da moral.

A filosofia, assim como a medicina e a psicoterapia, é filha da religião. É o resíduo intelectual da religião. Ela busca compreender, por meio do raciocínio, o caminho que leva da dor e da morte rumo à felicidade e à imortalidade. À medida que as religiões tradicionais começaram a entrar em declínio, a filosofia renasceu das cinzas como a fênix e se transformou novamente numa fonte de sabedoria e orientação. Nesse contexto, a ética filosófica é herdeira da ética religiosa.

O problema principal da ética e da moral é a escolha entre os desejos. Bertrand Russell compreendeu isso muito bem. Ele observou: "A ética é necessária porque os desejos do homem estão em conflito uns com os outros." De acordo com Russell, a ética tem dois objetivos: "Em primeiro lugar, encontrar um critério pelo qual se possa distinguir entre os bons e os maus desejos; em segundo lugar, por meio de elogios e censuras, promover os bons desejos e desencorajar os maus desejos."

A Ética na Filosofia Ocidental: Platão

Depois de estudar a filosofia budista e chegar a um entendimento rudimentar das quatro nobres verdades, eu tomei a peito a tarefa de reler os escritos sobre ética de algumas das maiores figuras da filosofia ocidental a fim de ver qual a correlação dos mesmos com a visão budista. Fiquei surpreso ao descobrir que o desejo e a escolha são os problemas básicos da ética ocidental. Vou apresentar, em grandes linhas, alguns temas para reflexão:

Platão (428-348 a.C.), cujos escritos nos lembram tanto os sermões do Buda, parece ter sido o primeiro pensador ocidental a perceber que os problemas da ética derivam da dialética dos desejos. Referindo-se ao prazer — mas em termos que se aplicam igualmente bem ao desejo — Platão disse:

> Ele tem um só nome, mas assume muitas formas.
> Pois não dizemos que o homem imoderado tem prazer,
> E que o moderado encontra prazer na própria moderação?[1]

Nessa distinção entre o prazer da satisfação irrestrita e o prazer da temperança e/ou da renúncia, Platão identificou os dois pólos do desejo. Num pólo estão os desejos animalescos dos prazeres da carne: comer, beber, ter relações sexuais, brincar e lutar. No outro pólo estão os sublimes desejos humanos dos prazeres do espírito: ser feliz, ter uma consciência tranqüila, amar, sentir-se realizado, viver de acordo com os primórdios mais elevados, ser íntegro e santo. A ética, enquanto categoria filosófica, surgiu da polarização do desejo em desejos da carne e desejos do espírito, desejo de satisfação a qualquer preço e desejo de renúncia. A história da ética é um diálogo que gira dessa dialética.

Na época de Platão, a definição de ética era mais ampla do que a definição dada por Russell em nosso século. Os gregos viam a ética como a suprema ocupação da mente: cuidar da alma na sua jornada pela vida. O objetivo da ética era responder à questão: "O que é a boa vida e como se pode alcançá-la?" Para Platão, o objetivo da vida era óbvio: ser feliz, viver feliz. A função da ética seria a de avaliar os Projetos Felicidade para descobrir o caminho da felicidade. As questões centrais da ética seriam, portanto: "O que é a felicidade e como se pode alcançá-la?" O bem e o mal não eram temas importantes na ética de Platão.[2] O que conduz à felicidade é bom; o que nos afasta dela é mau. Nós esquecemos este princípio da ética, que é fundamental e tem como idéia central a própria vida.

Nos seus diálogos, Platão explorou os dois extremos – o pólo da satisfação irrestrita e o pólo da renúncia. Na época dele, esses dois extremos eram representados pelos sofistas e pelos cínicos. Cálicles expressou a concepção dos sofistas com o seguinte conselho: "Quem quiser viver verdadeiramente, deve deixar seus desejos crescer até a plenitude." No extremo oposto, a concepção cínica foi expressa por Antístenes: "Melhor é a loucura do que a busca do prazer."[3]

Platão, como o Buda, menos de um século antes dele, rejeitou ambos os extremos em favor do famoso "justo meio". Os budistas chamam o "justo meio" de "caminho do meio", que encontra a sua melhor expressão na filosofia madhyamika. O justo meio, pelo equilíbrio e pela harmonia, evita os extremos da satisfação desenfreada e da renúncia.

Platão nos fala do justo meio por intermédio da metáfora da carruagem celestial, puxada por dois cavalos magníficos. O cavalo da esquerda, feio e indomável, representa o desejo passional. O da direita, belo e obediente, representa o desejo espiritual. Para Platão, nenhum dos dois, sozinho, poderia puxar a carruagem. Nenhum dos dois caminhos, sozinho, conduz à felicidade — nem a satisfação desenfreada dos desejos nem a renúncia ascética a eles. O caminho da felicidade jaz num equilíbrio entre as duas coisas. Na metáfora celestial de Platão, o auriga, que é a Razão, põe a parelha em equilíbrio. Na ética de Platão, semelhante à do Buda, a felicidade é atingida sob a direção da razão, no terreno intermediário entre a satisfação irrestrita e a renúncia.

A vida feliz, então, requer uma transformação interior — o desenvolvimento de uma consciência moral racional e de um caráter moral racional. Essa transformação exige o equilíbrio dos elementos contraditórios da natureza humana. Os gregos acreditavam que essa harmonia moral interior deveria estar sincronizada com a harmonia das esferas celestiais. A virtude consiste em alcançar esse equilíbrio; ao contrário do que asseveram muitos intérpretes modernos, ela não é uma lista peremptória de atos certos e errados. Para Platão e para os gregos, a pessoa virtuosa vive em equilíbrio com o universo, centrada no meio da criação; é moderada, prudente, dotada de consciência moral e da sabedoria e da coragem necessárias para seguir o justo meio.

Pensando nos prazeres que podem trazer a felicidade verdadeira, Platão observou que nem todos os prazeres são iguais. Alguns são maiores e outros menores. Além disso alguns são precedidos pelo desejo e outros não. Pode-se gostar de beber cerveja, por exemplo, mesmo sem estar com sede. O prazer de uma cerveja gelada depois de uma sede tremenda, porém, é incomparavelmente maior. Mas assim também é maior a dor: a dor da sede.

O desejo, então, é assombrado pela dor. O desejo de água é assombrado pela dor da sede. Como o desejo de água, todos os desejos são bipolares e contraditórios: num pólo está a animadora expectativa de beber; no outro pólo, a ausência dolorida da água. Apesar de toda a sua força vital positiva, o desejo é amaldiçoado com um lado escuro feito de vazio e privação. É uma privação agressiva que busca uma satisfação tranqüila. Platão percebeu muito bem a frustração do desejo:

> Ele, portanto, e todos os que desejam, deseja o que ainda não tem, o que está no futuro e não no presente, o que não possui, o que não é, o de que ele carece.[4]

Essa intuição tem um sentido profundo, difícil de entender. É um dos maiores segredos que escondemos de nós mesmos. Não que o segredo seja difícil demais; ele é simples demais.

O fato é que, se nós queremos algo, é porque sentimos que não temos essa coisa. Assim como a sede — o desejo de água — é a carência de água, assim também a pessoa que quer ter poder sofre de um sentimento de impotência; a pessoa que quer riquezas materiais sofre de um sentimento de pobreza; a pessoa que quer ser boa sofre de um sentimento de culpa; e a pessoa que quer a felicidade sofre de infelicidade.

Isso não é apenas um dogma freudiano engraçadinho: que tudo é na realidade o oposto do que parece ser. O fato é que a mente humana funciona por contrastes. O acima não tem sentido a não ser em relação ao abaixo. Esquerda e direita, bem e mal, passado e futuro, dependem um do outro para significar algo. Do mesmo modo, presença e ausência, desejo e privação, são co-dependentes em sua existência.

A conseqüência mais séria da intuição de que o desejo é assombrado pela privação é a idéia de que a felicidade não pode ser alcançada pelo desejo. A busca da felicidade é sempre trágica, porque a felicidade é impossível na presença do desejo. O desejo é contaminado pelos mesmíssimos sentimentos dolorosos de privação que constituem o obstáculo à nossa felicidade. Esse trágico estado de coisas, que os covardes não têm condições de compreender, significa que os nossos Projetos Felicidade são a causa principal dos sofrimentos que impomos a nós mesmos e ao próximo. Nas palavras de Gendun Rinpoche:

> Somente o fato de buscarmos a felicidade
> nos impede de percebê-la.⁵

Platão compreendeu bem essa ironia. A imagem platônica da felicidade é totalmente isenta da mácula do desejo. Por isso o amor platônico é puro e inocente. Não por não envolver o contato sexual — eis aí a idéia popular errônea —, mas por não envolver o desejo. Platão acreditava que os prazeres mais elevados e perfeitos são os que não vêm acompanhados de desejo. São espontâneos e completos, sem os vícios da insuficiência ou do excesso. De fato, as melhores coisas da vida são completamente gratuitas. Os maiores prazeres são atingidos pela razão, não pelo desejo; pela atenção consciente, não pelo esforço e pelo anseio. Platão chamou esse estado de felicidade de "amor". O amor platônico não é a ânsia de ter relações sexuais, de encontrar abrigo ou de ter um consolo romântico. É uma transformação interior, o desenvolvimento da harmonia interior que aquieta a alma e abre as portas místicas da percepção para a verdade e a beleza da criação.

A Ética Cristã: Santo Agostinho

A idéia de Platão sobre a jornada da alma virtuosa pela vida foi incorporada à ética cristã graças, sobretudo, aos esforços de Santo Agostinho (354-430). Agostinho, durante toda a sua vida, teve de se haver com o conflito entre os desejos da carne e os desejos do espírito. Ele via o desejo de prazer sensual como uma servidão, a mesma servidão da qual a iluminação é a libertação. Revelou a sua inquietação interior nas *Confissões*:

> Pois de uma vontade audaciosa nasceu a luxúria; a luxúria, uma vez atendida, tornou-se um costume; e o costume, sem encontrar resistência, tornou-se necessidade. Por tais elos, assim unidos (por isso os chamo de uma cadeia), uma dura servidão me manteve subjugado. Mas a nova vontade que começara a existir em mim, a vontade de livremente servir-Te e querer Te desfrutar, ó Deus, único deleite certo, ainda não era capaz de sobrepujar minha antiga obstinação, fortalecida pelo tempo. Assim minhas duas vontades, uma nova e a outra antiga, uma carnal e a outra espiritual, fizeram guerra dentro de mim; e pela sua discórdia flagelaram-me a alma. Então compreendi, por experiência própria, o que havia lido: que a carne lida contra o espírito e o espírito, contra a carne.⁶

Mônica, piedosa mãe de Agostinho, era católica fervorosa e queria que o filho seguisse a vocação religiosa. Desde sua juventude, entretanto, Agostinho se entregou a brincadeiras e frivolidades. Quando cresceu, passou a conviver com atores, escritores e estudantes. Vivia uma vida boêmia e teve muitas amantes e concubinas. Ele escreveu: "Vim para Cartago, onde ouvia ao meu redor o canto de inúmeros amores ímpios."⁷

Agostinho foi dotado de uma mente aguçada e de uma língua privilegiada. Estudou retórica e familiarizou-se com o pensamento filosófico e religioso da sua época. Por algum tempo, foi "ouvinte" ou noviço, de uma seita maniqueísta. Os maniqueístas, como os cristãos, ensinavam que o sofrimento e o pecado resultavam dos prazeres da carne. Mas Agostinho relutava em abrir mão desses prazeres. Ele pedia a Deus que o livrasse da concupiscência compulsiva, mas suas orações eram ambivalentes. Ele clamou: "Dá-me a castidade e a continência, mas não agora. Pois eu temia que tu me ouvisses logo, e logo me curasses da doença da concupiscência, a qual eu preferiria satisfazer, e não extinguir."[8]

Depois de muitos anos de conflito interior, Agostinho teve, aos 32 anos de idade, uma experiência religiosa de conversão, na qual o desejo espiritual venceu o desejo sensual. Passeando num jardim milanês, observando namorados se abraçando, ele se desesperou por não conseguir renunciar ao amor das mulheres pelo amor de Deus. No meio da sua autocomiseração, ele ouviu uma voz de criança dizer: "*tolle, lege; tolle, lege*", "toma e lê, toma e lê". Abriu um volume das epístolas do Apóstolo Paulo e leu as primeiras palavras que encontrou: "Não em orgias e bebedeiras, não em impudicícias e dissoluções, não em contendas e ciúmes, mas revesti-vos do Senhor Jesus Cristo e nada reserveis para a carne no tocante às suas concupiscências."[9] Daquele momento em diante, ele lembra, "luz e serenidade" penetraram-lhe o coração e "todas as dúvidas se desvaneceram".

Agostinho concordava com Platão em que o desejo é mau porque é incompleto e imperfeito e leva à servidão, à infelicidade e à tristeza.[10] Fundiu a idéia platônica do "Bem" com a idéia cristã de Deus. Deus é a perfeita plenitude do puro *ser*, com todas as virtudes e nenhum vício; absoluto em *verdade* e *beleza*; poderoso, justo e incorruptível. Comparados a Deus, os desejos humanos e carnais são a essência da corrupção.

Como Platão, Agostinho buscava a felicidade. "Embora um atinja esse gozo de um modo, e outro de outro modo, todos lutam para alcançar esse mesmo fim — a saber, a alegria."[11] Como Platão, Agostinho acreditava que o maior bem, o maior prazer e a maior felicidade são todos uma única e a mesma coisa: a união com Deus na alegria. "Como então buscar a Ti, ó Senhor? Pois quando Te busco, meu Deus, eu busco uma vida feliz."[12]

Agostinho acreditava que os principais obstáculos à felicidade e a Deus são as três concupiscências: a concupiscência da carne, a concupiscência dos olhos e a ambição do mundo.[13] São estes os três males que obstruem os vislumbres momentâneos que temos de Deus, vislumbres que, com o dom da graça, nos são acessíveis nessa vida. Mas a realização final da plenitude mística não está reservada às criaturas da terra; é a recompensa que, depois da morte, cabe a quem levou uma vida virtuosa. E o caminho da virtude cristã, o caminho da celeste Cidade de Deus, é o caminho da renúncia aos desejos.

Agostinho era mais inimigo dos desejos sensuais do que Platão, talvez porque esses desejos o tentavam mais e, portanto, o assustavam mais. Por isso, ele não abraçou o justo meio de Platão, mas tomou o partido de uma moral rigorosa no pólo da renúncia. Platão deixava que a razão moderasse os desejos antitéticos de buscar a satisfação e renunciar a ela. Mas Agostinho via o justo meio de Platão como um perigoso comércio com o desejo. Permitir que os desejos se satisfizessem com moderação, como o faz a temperança, seria consentir com a corrupção e o pecado. Daria ao Diabo toda a corda de que ele precisa para fazer o seu trabalho sujo.

Como um típico convertido, Agostinho foi de um extremo ao outro, do desejo de satisfação irrestrita ao desejo de renúncia. Antes da sua conversão, ele satisfazia compulsivamente os seus desejos; depois da conversão, assumiu uma austeridade militante — tão militante que ele quase se opunha ao uso ritual do vinho por medo de que isso desse aos monges uma oportunidade de se embebedar.[14]

Como a criança que se revolta contra os pais, pensando que se livrará deles, quando, na verdade, só está tomando-os como referência negativa de todos os seus valores, as austeridades de Agostinho fizeram com que ele se dedicasse tanto à luta contra os desejos quanto antes lutara para satisfazê-los. Agostinho esforçou-se para não sentir novamente os desejos de contato sexual, bebida e comida. Jejuava freqüentemente, lutando para dobrar o corpo à sua vontade. Queixava-se a Deus de que, embora comesse somente o indispensável para permanecer vivo, ainda assim a concupiscência se manifestava enquanto a comida ia do prato para a barriga. Ao que parece, ele foi mais bem-sucedido na luta contra o sexo e a bebida do que contra a comida, pois, como ele confessou ao seu Criador: "Às vezes, teu servo não resiste a tomar uma refeição completa."[15] Talvez um psiquiatra moderno, com essa confissão, dê a Santo Agostinho o diagnóstico de bulimia.

São Paulo

No seu puritanismo, Agostinho estava mais próximo de Paulo do que de Platão. Como Agostinho, Paulo era um convertido. Antes da conversão, Saulo, como era conhecido, fora um caçador de cristãos. Ele lançava "ameaças e morte contra os discípulos do Senhor".[16] Depois da conversão, ele se tornou, com a mesma ferocidade, um caçador de pecadores.

Na sua *Epístola aos Gálatas*, Paulo enumera os pecados que condenava com a piedade virulenta de um pregador do fogo do inferno: "o adultério, a fornicação, a impureza, a luxúria, a idolatria, a feitiçaria, o ódio, as porfias, a inveja, o assassinato, a embriaguez, a glutonaria e coisas semelhantes, das quais eu vos declaro, como já outrora vos preveni, que não herdarão o reino de Deus os que praticam tais coisas."

Embora essa lista não se componha exclusivamente de desejos e prazeres sensuais, Paulo acreditava que o desejo sexual é o pecado primordial, o "pecado original", porque precipitou a Queda da inocência e da imortalidade para a concupiscência e a morte.[18]

Agostinho aceitou o conceito de Paulo de virtude e pecado, o qual, comparado ao de Platão, é extremista para o lado da renúncia. Essa polarização extrema dos desejos sensuais e espirituais é o fundamento da ética cristã, e as conseqüências da virtude e do vício se projetam na vida depois da morte, na polarização entre céu e inferno. Os que procuram os prazeres da carne vivem na Cidade do Homem e, no "dia do juízo", serão condenados ao suplício eterno. Os que renunciam a esses prazeres e seguem o caminho cristão da renúncia habitarão, no dia do juízo, no "eterno sábado" da Cidade de Deus.

A ética religiosa de São Paulo e de Santo Agostinho se assemelha à ética de Platão na medida em que reconhece o desejo como a fonte do mal. Diverge, porém, de Platão, na medida em que rejeita completamente o desejo sensual e peleja pelo ideal ascético de converter o desejo sensual em desejo espiritual. Diverge, além disso, por rejeitar a razão como meio para resolver o problema do desejo e atingir a felicidade. Não se atinge a felicidade cristã pela razão, mas pela fé, pela esperança e pela caridade.

A fé é a chave da ética cristã paulina. A fé é a identificação do eu com a "vontade de Deus" vislumbrada. É o método pelo qual o corpo e o ego são transcendidos e o gozo do amor espiritual altruísta é atingido. O problema da fé, entretanto, é que ela freqüentemente se confunde com a obediência a uma autoridade. O catolicismo tem a tendência de fazer confusão entre a identificação fiel com o Jesus amoroso e sofredor e uma obediência fiel aos dogmas da igreja. Essa confusão facilitou o predomínio de uma poderosa igreja política cuja ética paulina dominou a civilização ocidental, pelo fogo e pela espada, por mais de mil anos.

A Ética Moderna

Com o advento da "nova ciência", a autoridade secular da igreja católica começou a se desfazer e a razão foi reabilitada como o melhor meio para definir e viver a vida feliz. Os filósofos do Iluminismo divergiram nos seus pontos de vista sobre a vida feliz. Parece, entretanto, que todos concordaram em que o problema fundamental da ética é esclarecer quais desejos são bons e admissíveis e quais são maus e, portanto, proibidos. O que se segue é um breve apanhado, mostrando o que mais sobressai nas concepções éticas de alguns filósofos importantes. O leitor interessado poderá estudar os textos por si mesmo a fim de ver o quão profundamente o tema do desejo está inserido no discurso ético ocidental.

Thomas Hobbes (1588-1679) foi um dos primeiros a aplicar a "filosofia natural" — nome com que a ciência era chamada na sua época — ao estudo do comportamento humano.[19] Seguindo a ciência mecanicista da sua época, Hobbes via o movimento como o fundamento principal tanto dos fenômenos físicos quanto dos mentais. Hobbes chamou os movimentos animais de "empenhos". Numa fantástica coincidência com as idéias budistas, Hobbes afirmou que os empenhos eram bipolares, consistindo em desejos e aversões — dois dos três venenos.

Hobbes definiu o desejo como um movimento em direção aos objetos, e a aversão como um movimento de afastamento em relação aos objetos. O mal, na alegoria antropomórfica de Hobbes, é uma criança robusta. O mal é praticado por pessoas cujos desejos e aversões, como os de um menino altamente elétrico, são ofensivamente desenfreados e incivilizados. Das suas observações do comportamento humano, Hobbes concluiu que a preocupação primeira das pessoas é a satisfação dos próprios desejos, muitos dos quais permanecem sob um controle precário. A única solução sensata para o problema do desejo furioso, raciocinou ele, é que as pessoas se submetam de comum acordo ao "estado leviatã", permitindo-lhe controlar os desejos destrutivos, pela força se necessário, de modo a que os cidadãos possam viver sem se matar uns aos outros e possam ser protegidos uns dos outros. A filosofia de Hobbes ajudou a justificar e dar fundamento aparentemente racional à idéia de um contrato social com o povo, no qual o Estado se torna o árbitro da ética por meio das leis e do poder policial.

Baruch Spinoza (1632-1677), como René Descartes (1596-1650), buscou a chave da ética na lógica infalível da geometria. À semelhança de vários outros pensadores, Spinoza queria obter, por meio da ética, o segredo da felicidade suprema e permanente. Depois de um prolongado conflito, não muito diferente do de Santo Agostinho, Spinoza rejeitou a busca da fama, da riqueza e do prazer sensual como coisa vã e inútil. Resolveu descobrir se o método geométrico poderia definir um princípio de *bem* pelo qual se pudesse atingir a felicidade permanente. Ao fim de demorada e profunda reflexão, Spinoza constatou que o desejo era o problema central da ética e da natureza humana — "a própria essência do homem".[20]

> Pela palavra "desejo", portanto, eu entendo todos os esforços, impulsos, apetites e volições do homem, que variam de acordo com as mudanças de disposição desse homem e que, muitas vezes, são a tal ponto opostos uns aos outros que ele fica sendo puxado daqui para lá e não sabe para que lado se voltar.[21]

No seu clássico ensaio sobre a servidão humana, Spinoza define o desejo como a servidão que leva à infelicidade. (Essa idéia é totalmente budista; talvez Spinoza tenha sido um dos primeiros de uma longa lista de judeus budistas!) O desejo é servidão. A felicidade é a libertação da servidão do desejo. O caminho da felicidade é a libertação em relação ao desejo por meio da razão e do amor intelectual a Deus, que nos faculta a contemplação feliz da natureza no seu aspecto de eternidade.

Immanuel Kant (1724-1804) também procurou na razão a base da moral. Aliás, ele preconizava a sujeição do desejo à razão. Acreditava que a lei moral, como a lei natural, tem de ser racional, universal e necessária. A busca de satisfação dos desejos é contrária à ação moral racional. A razão ordena, portanto, que se renuncie aos desejos pessoais em favor do "imperativo categórico", a lei moral mais elevada, que substitui o bem cumprido como um dever pelo interesse pessoal.[22]

No século XIX, os utilitaristas buscaram a base da moral por meio de cálculos matemáticos. Acreditavam eles que o objetivo da ética e da moral é promover a maior felicidade possível para o maior número de pessoas. A maior felicidade se define como o equilíbrio mais vantajoso que se possa obter entre o prazer e a dor. Eles tentaram determinar esse equilíbrio por meio da nova ciência da matemática, fazendo um cálculo do desejo e do sofrimento — o "cálculo hedonístico".

Arthur Schopenhauer (1788-1860), ao contrário dos seus precursores, não fez da ciência, nem da matemática, nem da razão a base do seu sistema ético. Quando jovem, tomou conhecimento dos livros sagrados do hinduísmo. Sua filosofia da ética é puro Vedanta em roupagens ocidentais. Revoltando-se contra a idéia hegeliana dominante de que a razão é a força primordial da natureza e da história, Schopenhauer via a *vontade* (o desejo) como a força motriz da matéria e da vida. A vontade cria em torno de si mesma uma ilusão de bondade, quando, na verdade, é a raiz de todos os males. Procuremos os ecos de Buda e Platão em Schopenhauer:

> Se todo esforço nasce de uma carência — de um descontentamento com o próprio estado —, ele é necessariamente um sofrimento enquanto não for satisfeito; mas satisfação alguma é duradoura, ao contrário, é sempre um mero ponto de partida para um novo esforço.[23]

Como o Buda e Platão, Schopenhauer acreditava que o desejo é intrinsecamente incompleto e doloroso. Todas as coisas se ocupam com a luta pela existência, mas a base de toda a luta é a necessidade e a deficiência; logo, essa luta envolve o sofrimento.[24] Eis algumas palavras de Schopenhauer que poderiam ser o lema de todo psicoterapeuta sábio: "Todo sofrimento procede da falta de proporção entre o que se quer e o que de fato se obtém."[25]

A base da moral, de acordo com Schopenhauer e o Vedanta, é a renúncia ascética ao desejo, inclusive ao próprio desejo de existir. Essa renúncia se faz por meio de uma sabedoria mais elevada, que acalma a vontade:

> Desse modo, pode ser que a natureza intrínseca da santidade, da abnegação, da mortificação da vontade própria, do ascetismo, definida aqui pela primeira vez de modo abstrato e despojada de todos os elementos míticos, como uma negação do desejo de viver; pode ser que essa natureza íntima, surgindo depois de um conhecimento completo dela mesma, se torne um calmante de toda volição.[26]

A Ética Contemporânea

Esse breve resumo da história da ética deve ter deixado claro que o problema básico da mesma é a escolha entre desejos concorrentes e conflitantes, de modo a encontrar-se o caminho excelente para a felicidade na vida. Entretanto, não é assim que se vê a ética hoje em dia. O papel do desejo na ética está reprimido, o que torna os nossos dilemas morais públicos e privados mais difíceis de compreender e resolver.

O século XX perdeu o sentido da ética como meio de alcançar-se a felicidade. A noção popular de ética tende a ser a de um código mais ou menos fixo de atos certos ou errados, ao qual as pessoas devem se ater para serem consideradas boas. Principalmente os filósofos profissionais esqueceram a idéia tradicional da ligação que existe entre ética e felicidade. Em vez disso, eles pensam na ética de maneira puramente calculista; a questão para eles é encontrar uma base lógica ou científica para a ação moral, ou, na falta disso, simplesmente rejeitar a ética como uma região psicológica não muito clara.

Com o advento da moderna psicologia científica, a dimensão ética do sofrimento humano foi negada e reprimida. A psicologia não se preocupa com a ética nem com o comportamento ético. Até mesmo os psicoterapeutas têm, na sua maioria, ignorado ou reprimido o fato de que as pessoas sofrem as conseqüências da sua conduta moral, e que, conseqüentemente, a terapia teria de incluir algum tipo de elevação da consciência moral. A ironia é que, como vamos ver agora, o conflito entre desejos, problema central da ética, é também o problema central do sofrimento neurótico e da psicoterapia.

CAPÍTULO DEZOITO

Psicoterapia: A Psicologia dos Desejos Escondidos

> A natureza do paciente é redefinida de modo que, na prática senão na teoria, ela se torne exatamente aquele tipo de objeto no qual se pode realizar um serviço psiquiátrico.
>
> — Erving Goffman, *Asylums*

A religião, a ética e a psicoterapia surgiram em estágios diferentes da evolução do ego humano. Na religião, o problema do desejo é resolvido pela retórica do pecado e da salvação. Na ética, é formulado segundo a terminologia do bem e do mal. Na psicoterapia, expressa-se na semântica da saúde e da doença mental. Mesmo assim, o problema central das três coisas é o mesmo: como conviver melhor com as contradições e conflitos entre os desejos de entregar-se ao prazer e os desejos de renunciar a ele.

À medida que a consciência humana evoluiu, a relação entre sofrimento e desejo começou a parecer mais abstrata, indireta e obscura. Na religião, os temas do desejo e do sofrimento estão muito próximos da idéia de pecado. Na ética, estão eclipsados pelos conceitos de bem e mal. Na psicoterapia, estão obscurecidos pela linguagem de saúde e doença. Quando se vê a dor do paciente como conseqüência de uma doença mental, o desejo se disfarça de instintos, pulsões, impulsos e desequilíbrios bioquímicos; a virtude se mascara de saúde mental; o sacerdote se finge de psicoterapeuta; e a jornada espiritual se desfigura num tratamento de psicopatologia.

Diversos observadores astutos, como Otto Rank, Allan Watts e Thomas Szasz, notaram que a psicoterapia é muito parecida com a religião.[1] O fato de a psicoterapia ser comparável à religião, e não oposta a ela, é um sinal do seu valor. A função da psicoterapia é a mesma da religião — aliviar o sofrimento mental e iluminar o caminho para o bem-estar.

Há muitas teorias psicoterápicas. A meu ver, as pessoas não buscam a psicoterapia porque crêem que estão com uma doença mental, mas porque estão sofrendo de uma dor mental e emocional para a qual buscam alívio. Do mesmo modo, o sucesso da psicoterapia não depende da atenuação dos sintomas psiquiátricos tais como o modelo médico os define,[2] já que esses sintomas não são necessariamente dolorosos. Os delírios, por exemplo, podem ser perfeitamente comuns, aceitáveis e até mesmo conformes às convenções sociais sob o ponto de vista do paciente, mas perturbadores para o cônjuge, o patrão ou o psiquiatra.[3] O verdadeiro sucesso da psicoterapia se mede pela redução da angústia e da infelicidade do paciente e pelo aumento da sua capacidade de desfrutar a vida. A psicoterapia começa na confusão e no sofrimento do indivíduo, e sua meta é o alívio desse sofrimento. Com esses pensamentos em mente, vamos agora refletir sobre o papel do desejo na psicoterapia.

Qual Era o Desejo de Freud?

A psicoterapia moderna começou com a psicanálise. O fundador da psicanálise, Sigmund Freud (1853-1939), tem sido muito ignorado e desacreditado nos últimos tempos, exceto nos departamentos de literatura das universidades. Muitos psiquiatras e psicólogos consideram o seu trabalho obsoleto. Não obstante, as idéias dele ajudaram a formar nosso modo de pensar a respeito da mente e do sofrimento. Quer se concorde com Freud quer não, ele é um dos pensadores seminais do século XX. Muitos dos seus pontos de vista sobre a dinâmica da mente foram tão completamente integrados à nossa linguagem e ao pensamento contemporâneos que muitas vezes nos esquecemos que eles se originaram em Freud. Ele pode ter apresentado suas idéias no estilo obsoleto da biologia do século XIX, mas elas refletem intuições fundamentais sobre a dinâmica da mente humana. Se examinarmos o trabalho de Freud *doch noch ein mal,*[4] mais uma vez, talvez sejamos capazes de compreender com mais clareza o papel oculto do desejo na psicoterapia moderna.

Freud expressou suas idéias segundo o modelo médico, e assim obscureceu o papel do desejo como causa do sofrimento. Para entender por que ele fez isso, é preciso responder à pergunta irreverente proposta por Jacques Lacan: "Qual era o desejo de Freud?"[5] Ao propor essa questão, Lacan admitia que o desejo é o problema central da psicanálise e da psicoterapia. Para compreender as dimensões éticas da moderna psicoterapia, portanto, ser-nos-á conveniente compreender os desejos do seu fundador. Os desejos de Freud e os desejos dos psicoterapeutas modernos dão forma à linguagem da psicoterapia da mesma maneira pela qual os desejos do paciente dão forma ao seu caráter e à sua neurose.

Como a maioria das pessoas, Freud tinha muitos desejos conflitantes. Ele nos conta, em suas próprias palavras, que nunca teve "nenhuma predileção pela carreira de médico".[6] Ele queria ser cientista e era motivado por uma curiosidade mais voltada para os assuntos humanos do que para a natureza.

Freud foi levado a estudar medicina pelas teorias de Darwin e pela palestra que um dos seus professores fez a respeito do ensaio de Goethe sobre a natureza. Só recebeu seu diploma de médico em 1881; de 1876 a 1882, trabalhou com grande satisfação no laboratório do neurofisiologista Ernst Brucke. Freud fez alguns trabalhos muito bons no laboratório de Brucke, que permanecem cientificamente válidos ainda hoje. Descreveu alguns aspectos da anatomia microscópica do cérebro; explicou como certos gânglios do sistema nervoso central estabelecem contato com os gânglios periféricos; e foi um dos primeiros a postular a natureza unitária do neurônio, uma descoberta marcante que se creditou, merecidamente, a outro neurologista.[7] Freud também quase descobriu as qualidades anestésicas da cocaína, mas abandonou essa pesquisa para visitar sua noiva. Antes de viajar, ele sugeriu a um amigo, o oftalmologista Dr. Koller, que investigasse as propriedades anestésicas da cocaína no olho. A descoberta da anestesia oftalmológica foi creditada a Koller, e não a Freud.[8]

Apesar dos bons trabalhos e da crescente reputação de cientista e neurologista competente, Freud foi aconselhado por Brucke, em 1882, a abandonar as pesquisas e começar a praticar medicina. O anti-semitismo da época fazia com que o progresso de Freud nos meios acadêmicos fosse bem difícil; e o salário de um cientista era muito pequeno — pequeno demais para que ele sustentasse a família, que estava crescendo. Freud tornou-se, então, um "aspirante" ou residente em neurologia sob a tutela de Theodor Meynert, e estudou a anatomia do cérebro e sua relação com as doenças do sistema nervoso.

Freud se tornou uma das maiores autoridades européias em paralisia neurológica da infância. Seu conhecimento sobre a paralisia precipitou uma cadeia fortuita de eventos que culminou na invenção da psicanálise. À medida que seus escritos e sua reputação se espalharam pela Europa e pelo além-mar, os desejos de sucesso, honra e poder cresceram em Freud. Sua ambição era ser um famoso "biólogo da mente", segundo as palavras muito apropriadas de Frank Sulloway. O desejo de Freud era o de tornar-se o venerável patriarca de uma nova ciência da mente.[10]

A Invenção da Psicanálise

Freud descobriu a psicanálise em 1893, quando foi chamado pelo seu colega Joseph Breuer para examinar uma jovem que sofria de paralisia e outros sintomas neurológicos, mas não tinha mais nada que confirmasse a existência de uma doença orgânica.[11] Freud examinou com Breuer vários pacientes com sintomas semelhantes — mulheres com sintomas neurológicos terríveis, dos quais, porém, não se identificava a base orgânica. Freud havia estudado com os maiores neurologistas de seu tempo, inclusive com René Charcot, que tinha uma cadeira de neuropatologia no Salpetrière, em Paris. Havia aprendido muito bem um dos axiomas fundamentais da nova neurologia científica: o de que existe uma relação causal entre lesões do sistema nervoso e os sintomas de uma doença neurológica orgânica. Freud resumiu esse axioma, que ainda é válido, da seguinte maneira:

> Cada detalhe de uma paralisia representativa (orgânica) encontra a sua explicação em algum detalhe da anatomia cerebral; inversamente pode-se deduzir a estrutura do cérebro pelas características clínicas da paralisia. Cremos na existência de um paralelismo perfeito entre essas duas séries de fatos.[12]

O fértil paradoxo apresentado pelas mulheres que foram as primeiras pacientes psicanalíticas de Freud é que todas elas violavam esse axioma. Elas apresentavam paralisia e outros sintomas neurológicos, mas não se encontrava sinal de nenhuma lesão orgânica. Freud havia encontrado pacientes assim, diagnosticadas como "histéricas", no seu período de formação com Charcot; além disso, havia lido vários artigos a respeito disso, artigos que ele freqüentemente avaliava para as revistas profissionais.[13]

Na época, o problema da histeria era considerado um dos enigmas "médicos" mais desconcertantes. Charcot abandonou sua clínica de neurologia orgânica para se especializar no problema. Uma das facetas mais intrigantes da histeria era que ela parecia estar de algum modo ligada à hipnose. Outros neurologistas, como Mesmer e Morel, haviam demonstrado que os sintomas histéricos podiam ser causados e curados por sugestão hipnótica. Foi pura sorte de Freud que um grupo de pacientes com os problemas neurológicos mais assustadores da época caísse em suas mãos.

A psicanálise e a moderna psicoterapia começaram com as tentativas de Freud para resolver o paradoxo da histeria — uma paralisia física sem sinais neurológicos que a confirmassem.

A Lesão Neurótica

O primeiro passo de Freud foi admitir o óbvio. Baseando-se nos fatos evidentes e no axioma aceito de que as doenças neurológicas eram causadas por mudanças físicas no sistema nervoso, Freud foi obrigado a concluir que suas pacientes não tinham lesões neurológicas: "Sustento que, pelo contrário, as lesões da paralisia histérica devem ser totalmente independentes do sistema nervoso."[14]

O que significa essa afirmação? Se as lesões não estão no sistema nervoso (ou em alguma outra parte do corpo), então onde se encontram? E se são independentes do corpo, seria apropriado chamá-las de "lesões", uma vez que o termo convencionalmente se refere à destruição dos tecidos?

O uso que Freud fez do termo "lesão" foi motivado pelo seu desejo de ser um cientista e, portanto, pela *língua franca* científica da época, que se fundava na física de Newton e na biologia de Darwin. Ser um cientista, cem anos atrás, acarretava, entre outras coisas, a rejeição consciente da religião e da filosofia para explicar os fenômenos. Embora a histeria não fosse caracterizada por nenhuma lesão do sistema nervoso, Freud tinha de encontrar uma lesão; senão seria levado ao domínio inaceitável da mente e do espírito. Foi por isso que ele revestiu o problema do desejo com o jargão da medicina.

Não é difícil traduzir as "lesões" pseudocientíficas que Freud encontrou para a histeria numa linguagem do desejo. As lesões são anseios inaceitáveis. São independentes do sistema nervoso porque existem na mente. Não são coisas, mas pensamentos. Freud chamou os desejos inaceitáveis de "lesões" porque eles são dolorosos. De fato, os desejos são dolorosos, como já observamos. Esses *desejos-lesões* são, nas palavras do próprio Freud, "alarmantes, desagradáveis ou vergonhosos pelos critérios da personalidade do sujeito".[15] Ceder livremente a eles é perigoso; reprimi-los é frustrante. O desejo precisa, portanto, esconder-se de si mesmo para que o sofrimento seja suportável. Mas o desejo só pode se esconder parcialmente, e a neurose é a irrupção sintomática daquele doloroso segredo no pensamento, na fala e nos atos.

O clássico exemplo freudiano de um desejo escondido, a "lesão emocional" que é a causa universal da neurose, é o desejo de Édipo. Freud imaginava que a criança (o menino) deseja a posse exclusiva do amor e da atenção da mãe. Para conseguir isso, porém, ele tem de se livrar do concorrente, o pai. A vida do indivíduo, desse modo, começa em tragédia. Os desejos da criança são pecaminosos e criminosos: incesto e parricídio. O bebê indefeso, então, está condenado ao sofrimento. Ou ele comete pecados abomináveis, ou renuncia aos seus desejos e fica condenado à frustração.

Satisfazer o desejo de matar o pai e dormir com a mãe é inadmissível. Para tornar suportável a dor resultante desse desejo proibido, ele tem de ser reprimido — negado e ignorado. Mas ele só pode ser parcialmente reprimido. Continua a exigir a sua satisfação. A melhor coisa que o homem normal pode fazer com o seu desejo edipiano, de acordo com a psicanálise ortodoxa, é se identificar com o pai e casar-se com uma mãe substituta. De um ponto de vista menos sectário, pode-se dizer que o adulto, homem ou mulher no seu relacionamento com um parceiro sexual, tem de trabalhar para resolver os desejos insatisfeitos e os medos irresolutos do seu relacionamento anterior com os pais. No indivíduo neurótico, o sintoma ou caráter neurótico é uma formação de meio-termo — em parte uma repressão e em parte uma satisfação dos anseios reprimidos e proibidos.

Como se Escondem os Desejos

Freud comentou os problemas da sua paciente na linguagem da ciência — e não nas da religião ou da ética — porque queria ser visto como um cientista. A citação que se segue, tirada do resumo de um dos primeiros artigos de Freud, mostra como a linguagem psicanalítica torna obscuro o problema do desejo, o qual, ainda assim, permanece como uma presença escondida mas poderosa na teoria psicanalítica. A citação é de um artigo intitulado "Um Caso Bem-sucedido de Tratamento por Hipnose". A paciente é uma mulher casada cujo "sintoma" neurótico consistia na "dificuldade" que tinha tido para amamentar cada um dos seus três filhos. O "sintoma" foi curado pela hipnose e explicado por Freud da seguinte maneira:

> Há certas idéias às quais se vincula um afeto de esperança. Elas são de dois tipos: intenções e expectativas. O afeto vinculado a essas idéias depende de dois fatores: primeiro, do grau de importância associado ao resultado; e, segundo, do grau de incerteza inerente à expectativa desse resultado. A incerteza subjetiva (a contra-expectativa) é representada por uma constelação de idéias chamadas idéias antitéticas aflitivas. Nas neuroses, caracterizadas pela presença pré-existente de uma tendência à depressão e à baixa autoconfiança, o paciente dá grande atenção às idéias antitéticas em detrimento de suas intenções.[16]

Trocando-a em miúdos e traduzindo-a para o português comum, essa passagem formal e pseudocientífica significa que a desventurada paciente de Freud tinha certos desejos irrealizados e sofria de um pessimismo depressivo e persistente, tendo a certeza de que seus desejos nunca iriam realizar-se. Como já vimos, tanto a intenção quanto a expectativa são formas de desejo. A intensidade dos sentimentos de anseio e privação depende do grau de importância dado à satisfação do desejo. O grau de improbabilidade dessa satisfação forma os sentimentos de pessimismo e traz à tona pensamentos pessimistas, que Freud, na sua tentativa de parecer científico, chama de "idéias antitéticas aflitivas".

O mais provável é que a paciente de Freud não conseguisse amamentar porque não queria fazê-lo. Ou ela tinha aversão à amamentação, ou tinha aversão à criança, ou talvez não gostasse do marido mas não podia dizer isso a ele nem abandoná-lo. Se tivesse escolha, talvez ela preferisse não ter filhos e, em vez disso, seguir uma carreira, como muitas mulheres fazem hoje em dia. No clima moral da época, porém, ela não tinha outra opção respeitável exceto a de cumprir os seus deveres maternais e conjugais. Não podia se rebelar e ao mesmo tempo conservar uma identidade social respeitável; e não era capaz de se acomodar docilmente. A depressão e o baixo amor-próprio resultavam da "idéia antitética aflitiva" de que ela não podia ter o que queria. O ressentimento veio à tona na "incapacidade" de amamentar seus bebês. Esse "sintoma neurótico", definido como doença mental porque contradizia as convenções machistas da época, era aliviado porque ela assumia o papel doentio, que a eximia de culpa.

A maioria dos primeiros pacientes de Freud saíram todos do mesmo molde. Eram mulheres com aparentes sintomas neurológicos, mas sem base física, que se opunham ao papel que lhes fora atribuído pelo sistema patriarcal vitoriano do continente europeu. Elas não podiam se rebelar sem serem lançadas fora da sociedade, e não conseguiam se adaptar. A única forma aceitável de protesto era a "doença falsa",[17] que em parte escondia e em parte exprimia o seu dilema moral, ao mesmo tempo em que preservava, e na verdade até aumentava, o seu *status* social, figurando-as como jovens trágicas, atacadas por uma misteriosa doença "neurológica" — a histeria conversiva.

A explicação que Freud dava para a neurose centra-se numa idéia que traz em si "um afeto de esperança" inerente; em outras palavras, um anseio ou desejo. Em português claro, sem as distorções dos eufemismos pseudocientíficos, esse axioma psicanalítico fundamental afirma que a causa da neurose são os desejos inadmissíveis ou frustrados — Projetos Felicidade inadmissíveis ou frustrados. Se os desejos são fortes e improváveis de se concentrar, vão surgindo pensamentos negativos e pessimistas que predispõem à depressão e ao baixo amor-próprio. Eis aí uma explicação perfeitamente plausível das causas psicológicas e da dinâmica da depressão, coerente tanto com a psicanálise quanto com o budismo.

A Medicalização do Desejo

À medida que desenvolveu a linguagem da psicanálise, Freud também a medicalizou. O que no começo ele chamou de "idéias com um afeto de esperança", mais tarde chamou de impulsos ou pulsões instintivas. As "idéias aflitivas" passaram a ser chamadas "resistências". Baseado no conceito de neurose da sua época, Freud atribuiu à "idéia expectante" uma carga de energia nervosa, ou catexia, semelhante à carga elétrica. A resistência à pulsão instintiva carregada foi chamada de contracarga ou anticatexia. Nesses conceitos, Freud lançou a estrutura básica da sua teoria da neurose, que eu cito na íntegra porque ela demonstra o quanto os assuntos éticos que giram em torno do desejo ficam obscurecidos pela linguagem médico-biológica da psicanálise:

> Então fica fácil reconstruir o processo patogênico. Atenhamo-nos a um exemplo simples, no qual um impulso em particular surge na mente do sujeito mas sofre a oposição de outras tendências poderosas. Antes achávamos que o conflito mental assim estabelecido tomaria o seguinte curso: as duas qualidades dinâmicas — que agora, para todos os efeitos, chamaremos de "instinto" e "resistência" — lutariam entre si por algum tempo, à plena luz da consciência, até que o instinto fosse repudiado e perdesse a sua carga de energia. Seria essa a solução normal. Na neuro-

se, entretanto... o conflito encontra uma saída diferente. O ego se retrai, por assim dizer, depois do primeiro choque do conflito com o impulso repreensível; ele impede o acesso do impulso à consciência e inibe-lhe as descargas motoras diretas, mas, ao mesmo tempo, o impulso retém toda a sua carga de energia. Eu chamei esse processo de repressão; tratava-se então de uma novidade, e nada igual havia sido antes identificado na vida mental. Era evidentemente um mecanismo primário de defesa, comparável a uma tentativa de fuga, e era somente um precursor do juízo condenatório normal, que se desenvolveu mais tarde.

O primeiro ato de repressão envolvia outras conseqüências. Em primeiro lugar, o ego é obrigado a proteger-se contra a ameaça constante de um novo ataque por parte do impulso reprimido, e para tanto faz um investimento permanente de energia, uma contracarga ou anticatexia, e, desse modo, empobrece-se. Por outro lado, o impulso reprimido, agora inconsciente, encontra meios de descarga e de satisfação substitutiva, por desvios, reduzindo assim a nada o objetivo todo da repressão. No caso da histeria conversiva, o desvio levava ao sistema nervoso do corpo; o impulso reprimido conseguia passar em algum ponto ao longo do caminho e produzia sintomas. Os sintomas eram, portanto, o resultado de uma solução de meio-termo, pois, embora fossem satisfações substitutivas, ainda assim estavam distorcidos e desviados de sua meta devido à resistência do ego.[18]

Nessa passagem, Freud descreve um conflito moral em linguagem médico-científica. O leitor atento não terá dificuldade para interpretar o conteúdo moral das entrelinhas. John Dewey disse certa vez que não é correto dizer que o indivíduo pensa, isto é, que os pensamentos de um indivíduo são independentes da sociedade na qual ele vive. É mais correto dizer que o indivíduo dá uma expressão individual ao pensamento da sua época. A linguagem e os conceitos que Freud usou para descrever o conflito de desejos da sua paciente foram moldados pelos modos de pensar dominantes daqueles tempos.

O pensamento dominante da época de Freud (e da nossa) era a ciência, especialmente as estruturas conceituais da nova física, da nova biologia e da filha de ambos, a medicina — no caso de Freud, a neurologia. Uma das metas da ciência, como já dissemos, é eliminar todos os vestígios de religião e pensamento moral do conhecimento científico. Ao ler Freud, é preciso lembrar que ele tentou descrever e explicar cientificamente os sintomas dos seus "pacientes sem doenças orgânicas", tentou explicá-los segundo o modelo da biologia, da medicina e da neurologia de sua época.

Freud concebia a mente como uma máquina, mais ou menos do mesmo modo pelo qual Newton concebera o cosmos como uma máquina. A máquina mental de Freud consiste em três forças primárias: o *id*, o superego e o ego. O *id* e o superego são diametralmente opostos um ao outro. O ego rege essas duas forças titânicas, buscando um equilíbrio homeostático.

É evidente que a metáfora de Freud sobre a *máquina* e a metáfora de Platão sobre a *carruagem de dois cavalos* se referem ao mesmo fenômeno. Ambas se referem à dialética do desejo. Ambas as metáforas usam, para representar a mente, algo que nas respectivas épocas estava ligado à força e à energia: uma a carruagem com dois cavalos; a outra, uma máquina. O desejo de obter todos os prazeres é o *id*, o cavalo feio e indomável da esquerda. O desejo de renunciar ao prazer é o superego, o cavalo belo e obediente da direita. O auriga (ou o mecânico) é o ego, que tenta dirigir os titãs beligerantes para o caminho do meio.

O próprio Freud notou — e se incomodou com isso — a incongruência entre os seus "dados clínicos" e a tentativa de explicá-los pelo modelo médico-científico. A linguagem e a conduta da sua paciente se assemelhavam mais a uma novela barata do que a um sistema mecânico. Freud reclama dessa incoerência em *Studies in Hysteria*. Ao falar do caso de Frau Elizabeth von R., ele escreve:

> Não fui sempre um psicoterapeuta. Como outros neuropatologistas, fui educado segundo os métodos de diagnóstico focal e de prognóstico elétrico, de modo que até mesmo eu fico espantado pelo fato de que os estudos de caso que estou escrevendo parecem romances e, como tais, não comportam as características sérias do caráter científico. Não obstante, consolo-me com o fato de que, ao que parece, a natureza do tema é mais responsável por esse problema do que as minhas próprias predileções."[19]

Freud nunca aprofundou essa consciência da contradição entre seus dados clínicos e suas teorias. Aliás, não era do seu interesse aprofundar-se nessa incoerência, porque ele queria ser cientista e não um romancista — e menos ainda um filósofo ou sacerdote.

Joseph Breuer, colega de Freud, foi muito mais franco em admitir que as questões que surgiam no seu trabalho com mulheres histéricas eram sociais e psicológicas, e não científicas. Em *Studies in Hysteria*, Breuer escreveu:

> Neste texto haverá pouquíssimas palavras a respeito do cérebro e nenhuma a respeito das moléculas. Falaremos dos processos psíquicos em linguagem psicológica, pois, na verdade, não se pode fazê-lo de nenhum outro modo. Se, em vez de "idéia", quiséssemos dizer "irritação cortical", esta última expressão só faria sentido pelo fato de reconhecermos, atrás do disfarce, a nossa velha conhecida; então, silenciosamente, teríamos de voltar a "idéia". Pois ao passo que as idéias, com todas as suas nuanças, nos são conhecidas como objetos da nossa experiência, as "irritações corticais" nos dão mais impressão de um postulado, objeto de uma cognição que se espera para o futuro. Tal substituição de termos afigura-se, então, uma palhaçada sem sentido.[20]

Breuer e Freud concordavam quanto aos fatos, mas admitiam que suas "interpretações e pressupostos nem sempre coincidiam".[21] Ambos achavam difícil aceitar a idéia de que a sexualidade tinha um papel proeminente na histeria. Breuer reagiu afastando-se de Freud. Isso aconteceu em parte por causa da dificuldade pessoal que ele tinha para lidar com assuntos relacionados ao sexo. A esposa de Breuer tinha ciúme do tempo que ele passava na companhia de suas pacientes jovens e atraentes. Mas ele se afastou também porque não podia, com a consciência limpa, traduzir e disfarçar problemas de sexualidade e desejo em problemas de energia nervosa, descarga e repressão.

Freud, por sua vez, não se deixou deter pela idéia escandalosa de que a sexualidade reprimida é a causa da neurose. O desejo de ser um cientista justificava a tradução e a "intelectualização" das suas observações e idéias numa linguagem de ciência. Essa distorção lingüística mudou a percepção que ele tinha dos fenômenos com que estava trabalhando, de modo que os problemas dos pacientes se acomodassem aos modelos conceituais e técnicas clínicas que ele gostava de utilizar.

CAPÍTULO DEZENOVE

Neurose:
A Dialética do Desejo

> Os sintomas da neurose, como já vimos, são essencialmente gratificações substitutivas de desejos [sexuais] não realizados.
>
> — Sigmund Freud, *Civilizations and Its Discontents*

Para entender melhor como o modelo médico transformou a linguagem do desejo numa linguagem psiquiátrica supostamente isenta de juízos de valor, vamos dar uma olhada num dos clássicos casos de Freud.

Quando Freud confessou que as doenças de seus pacientes pareciam mais um romance do que um caso médico, ele estava se referindo ao caso de Frau Elizabeth von R., que lhe havia sido indicada devido a uma dor nas pernas e a um problema de *astasia-abasia* — a incapacidade de ficar em pé ou caminhar. Freud a examinou cuidadosamente e não encontrou nenhuma base para os sintomas. Seguindo o critério de Charcot, de uma doença aparentemente neurológica sem sinais objetivos, ele diagnosticou o mal como histeria de conversão.

Freud então submeteu Elizabeth von R. a algo que depois admitiu ser um "tratamento de mentira", enquanto Breuer preparava o terreno para o "tratamento psíquico" que eles estavam usando naquela época, ou seja, a catarse.[1] Freud comparava a catarse à uma escavação arqueológica na qual camadas cada vez mais profundas da mente iam sendo reveladas. Sua teoria era que, à medida que as camadas arcaicas iam sendo expostas, as emoções iam se manifestando, e se tornavam conscientes, aliviando assim os sintomas.

O Drama de Frau Elizabeth von R.

Sob a influência das sugestões e das técnicas semi-hipnóticas de Freud, Frau von R. contou uma história que, em suas linhas gerais, é típica dos casos de histeria que Freud tratou. Ela era a mais nova das três filhas de uma família rica e proeminente. Quando pequena, sua mãe ficou doente. Talvez devido a isso, desenvolveu-se um relacionamento bastante próximo entre ela e seu pai, a quem ela se tornara extremamente dedicada. Ele também gostava muito dela, vangloriando-se dela e chamando-a, satisfeito, de "atrevida e briguenta". Quando jovem, ela fora muito voluntariosa e ambiciosa e queria estudar música. Na época revoltava-se com a idéia de sacrificar suas ambições e sua liberdade para se casar.[2]

Durante um certo verão, seu pai ficou extremamente doente devido a um problema do coração. Elizabeth assumiu toda a responsabilidade pelos seus cuidados. Ela dormia no quarto dele e ficava à disposição dele a cada minuto do dia e da noite. Quando o pai morreu, ela concentrou toda a sua atenção no cuidado da mãe, que estava má de saúde. A dor e a incapacidade de ficar de pé começaram durante o período no qual esteve cuidando dos pais.

Enquanto ela cuidava dos pais, a mais velha das irmãs casou-se com "um homem talentoso e ambicioso, de notável posição". Ele, porém, era egoísta e grosseiro e provocou a inimizade de Elizabeth, especialmente quando levou a família para uma cidade distante, aumentando o fardo de Elizabeth nos cuidados da mãe. A segunda irmã casou-se então com um homem de quem Elizabeth começou a gostar bastante. Depois de uma operação da mãe, nos olhos, as três famílias se reuniram em Bad Gadstein, uma cidade de veraneio. Os sintomas de Elizabeth começaram aí. Como disse Freud: "Daquele momento em diante, Elizabeth se tornou a paciente da família."[3]

Mais ou menos no fim desse verão, a segunda irmã morreu inesperadamente devido a complicações na gravidez. O esposo dela se mudou com o filho a fim de morar com a própria família. Elizabeth, que tinha sacrificado as próprias ambições por causa da família, sentiu-se abandonada e desmoralizada pela obrigação solitária e inescapável de cuidar da mãe moribunda. Numa prosa que lhe valeu o prêmio Goethe de literatura, Freud escreveu: "Revoltada com o próprio destino, amargurada pelo fracasso dos pequenos planos que tramara para restaurar o brilho da família; dos que lhe eram queridos, alguns estavam mortos, outros estavam longe, outros brigados — sem a mínima vontade de buscar refúgio no amor de algum estranho, ela viveu assim por um ano e meio, afastada de quase todos os conhecidos, cuidando da mãe e das próprias feridas.[4]

Durante esse período, Freud estava fazendo experiências com modificações da hipnose, que, embora insatisfatório, era o tratamento de regra da histeria. Inventou uma técnica que consistia em colocar as mãos na testa da paciente e pedir-lhe que lhe falasse tudo o que lhe viesse à mente enquanto ele aplicava pressão. Entre outras coisas, Frau von R. contou a Freud sobre um homem a quem encontrara num baile ao qual havia ido, com a maior relutância, enquanto o pai estava doente. Quando voltou para casa e encontrou o pai pior, ela se repreendeu por descuidar do progenitor bem-amado e decidiu não dedicar mais nenhum interesse ou atenção àquele homem, de quem ela gostava e que a procurou várias vezes até ficar desencorajado. Freud também descobriu que Frau von R. sentia-se muito atraída pelo marido da segunda irmã. Depois da morte da irmã, ela confessou a Freud um pensamento que lhe "veio como um relâmpago deslumbrante, fendendo as trevas... 'Agora ele está livre outra vez, e eu posso me casar com ele.'"[5] Esses pensamentos contraditórios revelaram o conflito interior de Frau von R., no qual se opunham as suas obrigações para com a família e o seu desejo de ser feliz (que Freud via como um equivalente do desejo sexual).

A Medicação do Conflito Moral

Freud ficou decepcionadíssimo com a história de Frau Elizabeth, que chamou de "uma história de choques mentais banais".[6] Como médico, ele não estava interessado naquela "novela barata". Não obstante, era o único dado no qual ele podia basear suas conjecturas sobre a causa da reação histérica de Elizabeth.

Motivado pela curiosidade e pela ambição, Freud tinha a esperança de descobrir uma causa científica respeitável dos sintomas histéricos da sua paciente, o que o tornaria famoso e rico. Não digo isso com a intenção de condenar Freud, já que ele era humano e, como todos nós, queria sucesso e reconhecimento. Só tenho a intenção de dar um vislumbre das motivações dele. Por mais que tentasse transformar a história de Elizabeth numa teoria médica da doença mental, Freud não conseguia escapar do fato de que a causa da histeria dela era um conflito entre o desejo de se casar e ser feliz, por um lado, e o desejo de servir à família, por outro. A causa da neurose, em outras palavras, era um conflito entre desejos. Por um lado, ela queria uma carreira e/ou um casamento. Por outro, a consciência não lhe permitia abandonar o pai doente pela própria felicidade no casamento — fosse com o marido da irmã morta, fosse com qualquer outro "estranho".

Esse dilema moral causou-lhe um terrível sofrimento mental, porque nenhum dos dois lados do conflito podia ser satisfeito sem que ela pagasse um preço enorme. Naquela época, o casamento e o abandono dos pais seriam vistos como uma renúncia inadmissível às responsabilidades morais. Abrir mão de uma carreira ou de um casamento satisfatório era um sacrifício inaceitável da sua felicidade pessoal. Para poder lidar com esse impasse, Elizabeth tentou tirá-lo da mente.

Freud percebeu que Frau von R. simplesmente não queria encarar seus dilemas morais; dessa forma, "descobriu" o inconsciente. Ao esforço de apagar da mente o dilema moral doloroso ele deu o nome de "repressão". À recusa de tomar consciência dos desejos ofensivos, chamou "resistência". Freud achava que sua teoria do inconsciente, da repressão e da resistência tinha sido uma descoberta científica grandiosa, atingida por meio dos "mesmíssimos processos adotados pelas ciências mais antigas".[7]

Embora Freud não pudesse fingir que não via os dilemas morais de sua paciente, ele também não podia se dar ao luxo de qualificá-los como dilemas morais e, ao mesmo tempo, esperar que suas teorias fossem aceitas pela comunidade científica. É preciso lembrar que os cientistas da época de Freud queriam excluir do conhecimento todos os vestígios de corrupção por parte da religião e da filosofia. Para os filósofos positivistas de Viena, contemporâneos de Freud, isso se resumia principalmente em livrar a ciência de todos os vestígios de idéias éticas.[8] O próprio Freud, então, se confrontou com um dilema moral bastante complicado.

Para formular suas idéias a respeito da causa básica da neurose, Freud se sentia às vezes mais constrangido, às vezes menos. No início, nos *Studies in Hysteria* [*Estudos sobre a Histeria*], publicados em 1895, Freud não pôde evitar comentários sobre o dilema moral de Frau von R., embora tentasse comentá-lo de uma forma indireta. Num circunlóquio, ele escreveu que os sintomas histéricos de Elizabeth começaram "num momento em que a sua noção de dever para com o pai doente entrou em conflito com o conteúdo de seus anseios eróticos..."[9] Ele chegou ainda mais perto de reconhecer a qualidade moral desse conflito quando disse: "Outra vez, foi uma idéia erótica que entrou em conflito com todas as suas concepções morais..."[10]

Nos seus escritos posteriores, Freud tirou a ênfase do dilema moral inerente à neurose, na tentativa de criar conceitos aceitáveis para a ciência e formulá-los em jargão científico. Sublinhou a *energia* do afeto do desejo, e não o próprio desejo.

No seu *Autobiographical Study* [*Estudo Autobiográfico*], surgido em 1925, Freud descreveu o conflito de desejos como "um impulso particular que sofre a oposição de outras tendências poderosas".[11] Nas pessoas normais, escreveu Freud, "as duas qualidades dinâmicas — que agora, para todos os efeitos, chamaremos de 'instinto' e 'resistência' — lutariam entre si por algum tempo, à plena luz da consciência, até que o instinto fosse repudiado e perdesse a sua carga de energia".[12] Na neurose, entretanto, o ego impediria o acesso do impulso à consciência, processo que Freud chamou de "repressão". Para tanto, o ego teria de proteger-se do "impulso reprimido" por meio de uma "contracarga ou anticatexia". O mecanismo da histeria conversiva, segundo Freud, é o impulso que rompe as linhas da repressão e causa sintomas que são, no fim, uma solução de meio-termo entre o impulso e a resistência que se lhe opõe.

Partindo dessas forças físico-mentais metafóricas, Freud desenvolveu sua famosa teoria "estrutural" da mente, que seria formada pelo *id*, pelo superego e pelo ego. Freud chamou o *id* de "reservatório da energia instintiva". O superego é uma alegoria da consciência, do desejo de ser bom. O mediador entre essas "forças psíquicas" — em linguagem comum, o mediador entre esses desejos antagônicos — é o ego.

A Neurose como um Problema Moral

Na segunda metade do século XX, os críticos da psicanálise começaram a perceber que os problemas da conversão histérica, e de outras psiconeuroses, eram problemas de linguagem e de desejo. Muito antes de Jacques Lacan declarar que o inconsciente é uma linguagem, Thomas Szasz interpretou a histeria e outras assim-chamadas "doenças mentais" como problemas de linguagem e comunicação.

Szasz escreveu, em 1961: "Em resumo, minha tese é que as observações de Breuer e Freud sobre a histeria, posto que formuladas na terminologia médico-psiquiatra, são afirmações a respeito de certos padrões especiais de comunicação humana."[13] Desse ponto de vista, a neurose não é um problema médico, mas um problema de linguagem (e da sua interpretação) e de escolhas (morais). A neurose é uma dificuldade de escolher entre os desejos antagônicos de satisfazer-se e renunciar, um dilema que se torna ainda mais difícil de resolver por causa da recusa de tomar-se consciência dele e responsabilizar-se por ele.

Na retórica do discurso pseudocientífico de Freud, Frau Elizabeth von R. sofria de conversão histérica devido a um atrito entre "forças psíquicas". Na linguagem da moral, a doença era, em si mesma, uma linguagem. Frau von R. enfrentava o excruciante dilema moral de escolher entre o desejo de casar e trabalhar, por um lado, e o desejo de cuidar da família, por outro. Em vez de confrontar esse dilema diretamente, ela se esquivou, contemporizou, insinuou e representou-o simbolicamente.

A falsa doença neurológica foi a maneira que ela encontrou para não ter de resolver o seu dilema moral, e ela se recusou a assumir a responsabilidade por essa omissão. Já que não podia fazer uma carreira nem casar-se, ela então, por teimosia e birra, as quais seu pai admirava, escapou do seu papel de serva tornando-se a paciente. Ela sentia ("convertia") sua dor mental em sensações de dor física. O seu desamparo emocional e social transformou-se num falso desamparo físico. A "doença", assim, deu-lhe uma desculpa para se livrar dos deveres servis que exigiam o sacrifício da sua felicidade. A vida trágica de Fräulen von R. é um lembrete de que a neurose é um conflito de anseios escondidos, um conflito de desejos pelos quais o indivíduo não assume a responsabilidade.

CAPÍTULO VINTE

O Desejo e o Desgosto da Civilização

> Somos levados a dizer que a intenção de que o homem seja "feliz" não faz parte do plano da Criação.
>
> — Sigmund Freud, *Civilization and Its Discontents*

Embora Freud gostasse de pensar em si mesmo como um cientista e moldasse sua linguagem segundo os paradigmas científicos da época, em diversas ocasiões ele falou explicitamente do desejo e das suas vicissitudes. De fato, ele não podia deixar de dar a devida atenção ao desejo, uma vez que o desejo está no âmago do sofrimento mental que ele estava tentando compreender e curar.

Em *The Interpretation of Dreams* (1900), Freud analisou os sonhos e explicou-os como uma expressão dos desejos e dos temores.[1] Hoje, todos sabem disso. De fato, a teoria dos sonhos de Freud diz que os desejos, principalmente os desejos reprimidos ou "ocultos", são o móvel e o conteúdo dos sonhos.

Na *The Psychopathology of Everyday Life* (1901), Freud disse que uma grande quantidade de *faux pas* ou "atos falhos" — lapsos verbais, lapsos de memória, atos aparentemente irracionais — são motivados por desejos ocultos. Seu exemplo do parlamentar vienense, que abriu uma desagradável sessão da câmara batendo o martelo e dando a sessão por encerrada, apelou para o senso de humor do público e para a intuição que todos têm sobre a natureza humana. Nesse trabalho, como em outros, Freud formulou a base do seu pensamento, embora não tinha enunciado tão claramente a idéia de que são os desejos que configuram a mente na vigília e no sono.

Por ironia, embora Freud criticasse a religião aberta e polemicamente, sua concepção do desejo coincide de modo surpreendente com o paradigma budista. Não é por mera coincidência que as concepções de Buda e Freud a respeito do desejo e do sofrimento se assemelham, mas porque ambos foram observadores astutos do mesmo fenômeno humano universal. Lembremo-nos que o Buda distinguiu três classes fundamentais de desejo: o desejo de prazer sensual, o desejo de vida e o desejo de morte. Freud classificou os desejos de modo muito parecido.

Desde o início da sua obra, Freud reconheceu que a força motriz da mente são os impulsos animais do desejo sensual — desejo de comida e sobrevivência pessoal (os instintos do ego) e de contato sexual e sobrevivência da espécie (os instintos objetivos). Seguindo Nietzsche e Groddek, ele chamou a "entidade psíquica" que contém os desejos sensuais de *id*, ou "a coisa".

Mais tarde, quando foi obrigado a explicar com sua teoria psicanalítica uma variedade maior do comportamento humano, particularmente o sadismo e a agressão, Freud ampliou sua classificação dos impulsos instintivos, postulando-lhes dois tipos básicos: sexo e agressão, *eros e thanatos*, o instinto de vida e o instinto de morte.[2] Esses dois instintos básicos freudianos correspondem bem de perto às categorias budistas do desejo de vida e do desejo de morte, que já discutimos.[3] Embora Freud tenha depois mudado o seu ponto de vista sobre cada um desses desejos fundamentais, ele conservou esse dualismo instintivo básico até o fim.

A dissertação mais direta de Freud sobre o desejo e a relação deste com o sofrimento aparece na obra *Civilization and Its Discontents* (1930), escrita na maturidade.[4] Por ironia, Freud começa esse livro maravilhoso, que eu considero um dos mais importantes deste século, com uma discussão sobre o *nirvana*. Um amigo dele, Romain Rolland, que estudava o Vedanta, escreveu a Freud depois da publicação de *The Future of An Illusion* (1927) para lhe dizer que a fonte do sentimento religioso talvez não fosse, como ele supunha, a aspiração edipiana de uma humanidade indefesa pela proteção de um pai benevolente, mas o sentimento místico de união com o universo.

Por mais que tentasse, Freud não conseguia descobrir esse sentimento místico dentro de si mesmo. Ele achou válida a idéia de uma identidade fundamental do eu com o cosmos, citando, com aprovação, uma frase de um dramaturgo contemporâneo: "Fora deste mundo não podemos cair."[5] Mas não acreditava que uma idéia pudesse ser a fonte da religião e não conseguia encontrar dentro de si mesmo o desejo de ver desfazer-se as fronteiras do ego numa união mística com o cosmos. Admitiu que outras pessoas talvez tivessem tal sentimento, cujas raízes ele situava em "uma fase inicial do sentimento do ego" e que chamava de "narcisismo oceânico". Mas rejeitava a afirmativa do amigo, de que isso poderia ser a fonte da religião, porque, "afinal de contas, um sentimento só pode ser fonte de energia se for a expressão de uma necessidade forte". Em outras palavras, Freud acreditava que somente um desejo poderia ser a fonte da religião; do seu ponto de vista, o anseio infantil de proteção paternal era esse desejo.

Embora rejeitasse a religião como uma ilusão infantil, Freud reconhecia-lhe a necessidade universal, citando versos de Goethe que afirmavam-lhe a ubiqüidade:

Quem tem a ciência e a arte, também tem a religião;
Quem não tem nem a ciência nem a arte, precisa de religião.[6]

Numa tese que coincide com a visão budista, Freud afirmava que a religião brota do desejo de alívio e libertação do sofrimento. Ele escreveu: "A vida tal como a conhecemos, é difícil demais para nós; nos dá demasiados sofrimentos, decepções e tarefas impossíveis."[7] Para suportar a dor da vida, precisamos de medidas paliativas. Estas são de três tipos: (1) "deflexões poderosas", tais como a religião e a ciência; (2) "satisfações substitutivas", tais como a arte; e (3) os intoxicantes, os quais, segundo Freud, são universalmente necessários aos homens para anestesiar-lhes da dor da vida. A meta da religião, acreditava Freud, é distrair dos sofrimentos da vida e dar uma esperança de felicidade futura; ela era, em suma, o narcótico que Marx acreditava que ela fosse.

Freud Sobre a Felicidade e o Sofrimento

Na sua curiosidade insaciável a respeito das causas do descontentamento humano, Freud fez a pergunta de sempre: "Qual é o objetivo da vida?" Ele concluiu que somente a religião pode dar uma resposta a essa pergunta. Sem se abater com essa limitação, e demonstrando involuntariamente que sua "nova ciência mental" era mais uma religião do que uma ciência, Freud tentou, então, responder à pergunta, buscando saber, por meio da conduta das pessoas, o que elas consideram ser o objetivo da vida delas. Ele concluiu, como Buda, Platão e Aristóteles antes dele, que as pessoas querem ser felizes e que o objetivo da vida é a busca de felicidade. Ele escreveu: "Essa busca tem dois lados: de um lado, tem como meta a ausência da dor e do desagrado, e, do outro, tem como meta a forte experiência do prazer."[8] Esse é o "princípio do prazer" da psicanálise, e abarca dois dos três venenos.

A visão de Freud sobre as causas do sofrimento psíquico é assombrosamente budista. Freud, com efeito, diz que a causa do sofrimento psíquico humano é o desejo egoísta perante a impermanência, a mutabilidade. Essa visão é inerente à classificação freudiana das três principais fontes do sofrimento: (1) o corpo; (2) a natureza; e (3) os relacionamentos. O corpo causa sofrimento porque é mutável e está condenado à doença e à morte, enquanto nós ansiamos pela saúde e pela imortalidade. A natureza causa sofrimento porque é imprevisível e indiferente aos nossos desejos, e, periodicamente, nos inflige dor e destruição. Os relacionamentos interpessoais são dolorosos porque todos nós queremos que tudo seja feito à nossa maneira.[9]

Freud deu a mesma resposta que Buda e Platão deram à pergunta: "O que é a felicidade?" A felicidade é a satisfação dos desejos. Quanto mais intenso e urgente o desejo, mais gratificante será o prazer da satisfação. O problema, como Buda e Platão já haviam dito, é que alguns desejos talvez tenham conseqüências desagradáveis. Num axioma que expressa muito bem a lei budista do karma, Freud escreveu: "A satisfação irrestrita de todas as necessidades parece ser o método mais sedutor de levar a vida, mas, para tanto, o gozo é colocado acima da cautela e logo traz sobre si o próprio castigo."[10]

Freud opinou que o esforço humano para fugir da dor e buscar o prazer forma tanto a personalidade quanto a cultura. Um dos modos de fugir da dor, que ele menciona, é a religião oriental, particularmente a *yoga*, que Freud entendia como uma renúncia ascética, um "extermínio" dos instintos ou desejos. Outra técnica, já discutida detalhadamente, é menos radical; a sublimação. Pelos processos de sublimação, tais como a expressão artística, o amor sexual, a imaginação e, no limite, a neurose, obtém-se para os desejos uma satisfação relativa, substitutiva. Todas as tentativas de encontrar a felicidade são insatisfatórias, entretanto, porque a dor não pode ser evitada e porque os prazeres chegam atrasados, são fracos, parciais e, na melhor das hipóteses, transitórios.

O objetivo da vida é o programa do princípio do prazer, escreveu Freud, e é por isso que a civilização fica descontente. O princípio do prazer, o desejo de prazer, não pode ser satisfeito: "seu programa vai contra o mundo inteiro... Não há nenhuma possibilidade de ser levado a cabo; todas as leis do universo o proscrevem. Somos levados a dizer que a intenção de que o homem seja 'feliz' não faz parte do plano da Criação."[11]

O Enantiodrama do Desejo

Além da mutabilidade do corpo e das forças caprichosas da natureza, a causa principal do descontentamento do ser humano civilizado, acreditava Freud, é a própria civilização. A base última dessa causa, entretanto, está na mente humana, da qual a civilização é uma projeção.

De acordo com Freud, a energia da mente e o curso da história do homem são gerados pela interação dos instintos (ou desejos) antitéticos de eros e thanatos, o instinto de vida e o instinto de morte, que simbolizam o desejo de prazer e a aversão à dor. Eros é o desejo de prazer, que inclui o desejo sexual, o desejo de vida, amor e convivência social com os outros. Thanatos, que Freud via como um instinto separado, é a fonte da agressão e do ódio. Para que uma associação pacífica seja possível, para que a própria civilização seja possível, os impulsos sexuais e agressivos têm de ser controlados. Isso cria as condições para a opressão psicológica e política e para a frustração.

Freud viu que a exigência civilizatória de reprimir o sexo e a agressão dá origem à culpa, porque esses sentimentos não podem ser completamente reprimidos. Os sentimentos de culpa são a ansiedade e a inibição que acompanham a luta para reprimir um desejo proibido. A inibição necessária para controlar um desejo proibido pode se tornar generalizada. A ansiedade é o medo sutil e incômodo de que o desejo seja realizado ou que, por outro lado, possa ficar insatisfeito. O sentimento de culpa, produzido pela própria civilização, aparece como uma doença ou um descontentamento. Freud escreveu: "O preço que pagamos pelo avanço da nossa civilização é o aumento do sentimento de culpa."[12]

O elo entre Buda e Freud está completo. É evidente que eles partilham as mesmas concepções fundamentais sobre o sofrimento humano. O sofrimento é um aspecto inevitável e inescapável da vida. A causa do sofrimento é o desejo egoísta — especificamente, os desejos concorrentes e conflitantes de, por um lado, entregar-se aos prazeres sensuais e egóicos, e, por outro, de renunciar a eles. A teoria psicanalítica ortodoxa coincide assim com a doutrina budista de que a combinação da ignorância (*avidya*) — ou repressão —, que obceca a inteligência e torna impossível a conduta racional da vida, e dos desejos egoístas, que produzem sentimentos de privação, frustração, agressão e violência, é a causa principal do sofrimento que nós, seres humanos, impomos a nós mesmos e ao próximo.

Narcisismo e Compaixão

É no contraste entre narcisismo e compaixão que as semelhanças ocultas que existem entre a psicoterapia e a religião ficam mais evidentes. O narcisismo é visto como um distúrbio da personalidade, um sintoma de doença mental. A compaixão é vista como uma sublime virtude religiosa. Que poderia haver de comum entre o estado patológico do narcisismo e o estado religioso da compaixão?

Freud, como seu pai, era um estudioso das culturas clássicas. Ele tomou o nome "narcisismo" de uma história da mitologia grega sobre um jovem pastor que, ao beber água numa límpida lagoa, ficou enamorado da própria imagem, caiu de cabeça na lagoa e se afogou.

O conceito psicanalítico do narcisismo foi formulado segundo a terminologia da teoria freudiana dos instintos. Freud acreditava que o desejo sexual, que ele chamava de "catexia objetiva", só poderia ser satisfeito por meio de uma ligação com um objeto externo. Ele aos poucos se deu conta de que o ego poderia, ele mesmo, se tornar o objeto desse desejo, num processo que foi chamado de "catexia libidinosa". Freud deu o nome de "narcisismo" à catexia libidinosa do próprio ego.

Se traduzirmos a teoria psiquiátrica do narcisismo para a linguagem comum, ficará evidente que o narcisismo não é nada mais nem nada menos do que o conceito religioso e tradicional de egoísmo, redescoberto e rebatizado. Todas as religiões pregam que o egoísmo e o egocentrismo são atitudes pecaminosas e potencialmente destrutivas. Narciso estava tão ocupado consigo mesmo, de modo egoísta, que acabou se afogando. Por meio do conceito de narcisismo, Freud descobriu que as pessoas têm a tendência de ocupar-se demasiado consigo mesmas e com a satisfação dos próprios desejos, de modo egoísta e destrutivo.

Hoje em dia, os psiquiatras vêem o narcisismo como um estado patológico. Esse diagnóstico se fundamenta na distinção feita entre "narcisismo saudável" e "narcisismo patológico". Em outras palavras, a sociedade aceita um certo grau de egocentrismo, egoísmo e interesse, ao qual dá o nome de "narcisismo saudável". O desejo de dinheiro, por exemplo, é considerado um "narcisismo saudável", ou um egoísmo esclarecido, caso seja realizado legalmente, e é considerado patológico quando realizado ilegalmente. O "narcisismo patológico" é — segundo os parâmetros definidos pela sociedade — um excesso de egoísmo que gera sofrimentos inaceitáveis para o próximo e, por isso, é diagnosticado como um sintoma de doença mental.

Ernest Becker via o narcisismo como um conceito-chave para a compreensão da natureza trágica da vida humana.[13] Para ele, a fonte de narcisismo é a nossa natureza animal. O narcisismo se desenvolveu, no decorrer das eras evolutivas, como um mecanismo de proteção da sobrevivência, da integridade e da identidade do indivíduo. Segundo Becker, o narcisismo é uma epifania do desejo do organismo individual de sobreviver, prevalecer e florescer:

> No decorrer das inumeráveis eras de evolução, o organismo teve de proteger a sua própria integridade; tinha a sua própria identidade fisioquímica e estava determinado a preservá-la. Esse é um dos problemas principais do transplante de órgãos: o organismo se protege contra uma matéria estranha, mesmo que se trate de um coração novo que o manterá vivo. O próprio protoplasma protege o que é seu, cuida de si contra o mundo, contra as ofensas à sua integridade... Mas o homem não é somente uma massa cega de protoplasma inútil, mas uma criatura dotada de um nome, que vive num mundo de símbolos e sonhos... A noção que ele tem do seu próprio valor é construída simbolicamente, seu precioso narcisismo se alimenta de símbolos... E isso significa que os anseios naturais do homem pela atividade orgânica, o prazer da incorporação e da expansão, podem se alimentar *ad infinitum* no campo dos símbolos, até à imortalidade.[14]

Becker diz que essa luta narcisista pela imortalidade é a causa do sofrimento que a humanidade impõe a si mesma. Isso corresponde à doutrina budista de que a maior causa do sofrimento é um apego ao eu — um interesse na realização dos próprios desejos e do próprio Projeto Felicidade, sem se importar com as conseqüências disso para os outros.

Pela doutrina budista, o apego a si mesmo, ou egoísmo, resulta da ignorância do fato de que o eu é uma ilusão, uma projeção de si mesmo sobre si mesmo. O eu é uma ilusão como a Ursa Maior no céu noturno: a projeção de um desenho em estrelas que não têm nenhuma conexão intrínseca e que, na verdade, são totalmente desconexas e separadas por milhares de anos-luz. A ilusão do eu sustenta e justifica a busca de satisfação dos desejos egoístas, cuja consequência é o sofrimento que impomos a nós mesmos e ao próximo. E é assim que o narcisismo, ou egoísmo, está na raiz do sofrimento que os homens se impõem.

O tradicional remédio budista contra o egoísmo é a compaixão. O egoísmo e a compaixão são opostos. Compaixão é altruísmo. Ela é necessária para a realização da felicidade anegóica do nirvana. Mas nem a compaixão nem o não-ego são entendidos no Ocidente.

A compaixão não é apenas um sentimento ocasional de pena pelos menos afortunados. É uma disciplina que exige, nas palavras de Khenpo Karthar Rinpoche, "o cuidado diligente de um guardião da chama". Para desenvolver a compaixão é preciso amansar e formar a mente. É preciso analisar e aceitar os fatos da existência; desenvolver uma consciência moral aguçada; e, finalmente, abdicar do egoísmo e do egocentrismo, em favor de um hábito para com o próximo.

Alguns pensam que o estado de não-ego significa o desaparecimento da pessoa que pensa e age convencionalmente no mundo social. Como disse Chögyam Trungpa Rinpoche: "Ninguém pode ser convidado para o próprio enterro." Ninguém pode perder o ego e sair para comer uma *pizza*. O ego não pode desaparecer enquanto ainda estamos aqui, trabalhando, preenchendo um cheque e assistindo televisão.

O não-ego não é um fascinante estado místico. A forma básica do não-ego é o altruísmo, que é também a qualidade básica da compaixão. A compaixão é a capacidade de sentir a mesma coisa que os outros, compreender que os outros, como nós, desejam a felicidade. A compreensão dessa lei fundamental da psicologia humana cria em nós a oportunidade de perceber o sofrimento dos outros e cuidar deles. Esse é o ideal *bodhisattva*. O ideal bodhisattva é o oposto da mente egoísta, dualística e neurótica. A compaixão é o antídoto do narcisismo: eis um dos segredos da felicidade. Ela é o meio hábil pelo qual podemos nos libertar da dor dos esforços e sofrimentos egocêntricos.

Visões ocidentais do eu

V
VISÕES OCIDENTAIS DO EU

CAPÍTULO VINTE E UM

A Evolução do Eu: Os Primeiros Seres Humanos

> Explicar o pecado de Adão é, portanto, explicar o pecado original, e explicação alguma tem valor se, ao explicar o pecado original, não explica o próprio Adão. A razão mais profunda disso está na característica essencial da existência humana: o homem é um indivíduo e, como tal, é ao mesmo tempo ele mesmo e a raça inteira, de tal modo que a raça inteira tem participação no indivíduo e o indivíduo tem participação na raça inteira... Adão é o primeiro homem; ele é ao mesmo tempo ele mesmo e a raça... Portanto, o que explica Adão explica a raça, e vice-versa.
>
> — Søren Kierkegaard, *The Concept of Dread*

Na concepção budista, as causas básicas do sofrimento e, portanto, os principais obstáculos à nossa felicidade, são os três venenos — paixão, agressividade e ignorância. "Paixão" e "agressividade" representam os dois pólos do desejo, o desejo de possuir e o desejo de afastar-se, que chamamos de desejo e aversão. "Ignorância" se refere à ausência de compreensão, aceitação e assimilação dos três fatos da existência — o sofrimento, a impermanência e o vazio. Esse complexo de desejos e ignorância — o complexo neurótico — frustra o nosso Projeto Felicidade e causa o sofrimento que nós, seres humanos, impomos a nós mesmos e ao próximo.

A ignorância, porém, não é mera ausência de conhecimento. Não é somente a negação ou não a incompreensão dos fatos da existência. Ela também tem a qualidade de projetar no mundo algo que não está nele. É por isso que a ignorância às vezes é chamada de "ilusão". Ela não é somente a incapacidade ou a recusa de perceber os fatos da existência, mas também a projeção, no mundo, da ilusão de que esses fatos são o oposto do que são na realidade. A ilusão, em suma, é a projeção no mundo de um desejo de felicidade eterna e da possibilidade dessa mesma felicidade; de pontos fixos de referência e de um campo sólido e substancial de fenômenos, habitado por eus sólidos e substanciais.

O anseio de um eu sólido e substancial está no centro da ignorância. A idéia de que o sentimento de si mesmo deveria estar no âmago da nossa ignorância é estranha e, de certa forma, assustadora para os ocidentais. É assustadora porque nós nos apoiamos nesse nosso sentimento para nos orientarmos na vida. Uma idéia forte do eu é sinal de uma passagem resoluta e confiante pela vida. Nós, ocidentais, pensamos que sabemos quem somos, ou pelo menos que *somos* alguma coisa. O sentimento de nós mesmos é o nosso tesouro mais precioso, nosso emblema, nosso totem. Todos nós nos identificamos com um algoritmo peculiar, um padrão totêmico de história mundial, local, familiar; *ao lado de* pessoas e grupos específicos e *contra* outros; com valores, ideais e imagens da realidade bem definidos. Uma idéia fraca do eu é sinal de confusão, constrangimento, incompetência, hesitação, conflito e dor. As pessoas confusas quanto à própria identidade são consideradas doentes mentais. A afirmação categórica de que o eu é a fonte do nosso sofrimento parece ameaçar as fundações da nossa existência.

Um dos pontos aparentemente mais contrastantes entre as concepções ocidental e budista da realidade é que para nós, ocidentais, o eu é real e substancial, ao passo que, para os budistas, o eu é ilusório e sem substância. Essa idéia, entretanto, é um erro. Sob o ponto de vista budista, tanto é incorreto dizer que o eu existe quanto que ele não existe. A verdade está mais ou menos no meio-termo, e eis aí uma das razões pelas quais o budismo é chamado "o caminho do meio". Na doutrina budista, o eu não existe enquanto substância distinta, concreta, independente e autônoma. Existe, porém, como uma ficção, como a falsa atribuição de um "Eu" independente e substancial à corrente da consciência e ao corpo.

A idéia de que o eu é uma ficção reflexiva não é nem nova nem estranha ao Ocidente, embora esteja longe de ser um conceito popular. A confusão sobre a identidade humana é uma tendência que, subterraneamente, sempre existiu no pensamento ocidental. Como Sigmund Freud nos lembrou, a noção de identidade no Ocidente passou por três períodos nítidos de crise, confusão e mudança.[1] A primeira crise de identidade ocorreu quando a astronomia heliocêntrica do século XVI minou a cosmologia católica, que colocava a Terra no centro da criação de Deus. A segunda crise foi desencadeada pela teoria da evolução de Darwin, que contradisse a crença sagrada de que os seres humanos são criaturas especiais de Deus. A terceira crise foi a que o próprio Freud acreditava ter causado com sua teoria do inconsciente, a qual, com efeito, afirma que nós, seres humanos, vivemos num estado de ignorância, inconscientes dos nossos próprios pensamentos e sentimentos.

Não se encontra uma exposição clara e concisa da natureza e da essência do eu em nenhum lugar da literatura ocidental. Ninguém pode nos dizer o que ele é porque ele não existe, ou melhor, só existe como um produto da nossa imaginação. Não obstante, a crença popular num eu substancial ainda é um artigo de fé.

Nietzsche desafiou esse conceito obstando que nós, seres humanos, não sabemos realmente quem somos ou o que somos. Só pensamos que sabemos. Nietzsche disse: "Nós, conhecedores, somos desconhecidos de nós mesmos."[2] A idéia de que o eu é fabricado, de que é "feito pelo homem", está no âmago da filosofia existencial, que afirma, como os budistas, que o eu não é uma substância, mas uma "existência", que é criada e continuamente transformada por suas próprias ações e projeções. O pensamento estruturalista e pós-estruturalista moderno conceitua o eu como uma entidade *lingüística*, que só vem à existência quando faz referência lingüística a si mesmo.

Se a concepção budista é verdadeira — a idéia de que o eu fictício que toma a si mesmo por uma realidade substancial é a fonte do seu próprio sofrimento —, então o projeto do Iluminismo europeu, de compreender as origens da desigualdade do sofrimento humano sob o ponto de vista da ciência, tem de ser repensado. A investigação de Rousseau, lembremo-nos, levou-o à conclusão de que a propriedade privada era a raiz do mal; de que o primeiro homem que cercou um pedaço de terra e disse "isso é meu!" foi o verdadeiro fundador da exploração de classes e do sofrimento social. A idéia de que as condições sociais e a organização social determinam a consciência e a conduta humana tornou-se uma ideologia política poderosa e influente, mas é somente uma meia-verdade. Ninguém pode negar que a sociedade tem um papel na formação da experiência subjetiva dos seres humanos e que os males sociais, tais como a opressão, a injustiça, a exploração e a pobreza, causam um sofrimento enorme. Mas a sociedade, ela mesma, é uma projeção da mente humana e um produto da atividade humana.

Por mais repugnantes que sejam as condições sociais, elas por si sós, não constituem uma explicação suficiente e completa dos males humanos. Pois a pergunta permanece: existe um mal no coração do homem que motiva as pessoas a dizer "isto é meu" e escravizar, oprimir e torturar aos outros? Existe um fator na natureza humana que produza as condições sociais que determinam a desigualdade do sofrimento? Quem sabe venhamos a descobrir, como crêem os budistas, que a causa básica do sofrimento que os seres humanos se impõem é o pensamento egoísta do "isto é meu!", e não a propriedade privada ela mesma. Se a sociedade é uma projeção da mente humana, a propriedade privada é um produto do eu egoísta.

A análise que Rousseau fez do problema da desigualdade do sofrimento se apoiava nos novos conhecimentos que haviam chegado à Europa, a respeito de comunidades primitivas pacíficas. Rousseau não tinha conhecimento da hipótese da evolução. Se tivesse, poderia ter feito remontar o mal humano à luta egoísta do animal para sobreviver e procriar. Qualquer investigação da natureza do eu humano há de deparar inevitavelmente com a presença inequívoca de um animal. A moderna biologia evolucionista prega que os seres humanos vieram dos animais e são semelhantes aos animais em alguns aspectos e diferentes em outros. A resposta de Rousseau à Academia de Dijon precisa ser atualizada à luz da biologia evolucionista moderna.

O budismo tradicional também ainda precisa encarar o desafio de reconciliar suas visões com a biologia evolucionista. O budismo é uma antiga religião asiática. Foi formulado antes que surgisse a idéia da evolução. Ao espalhar-se o budismo pelo Ocidente, surgem oportunidades de diálogo entre os budistas e os cientistas ocidentais. O XIV Dalai Lama encorajou esse diálogo.

Eis as perguntas interessantes e pertinentes: qual é a concepção científica da evolução do eu e da sua relação com a natureza? Será que os dados científicos da biologia evolucionista corroboram a visão budista de que o eu é uma ficção criada por ela mesma? A seguir, uma interpretação dos fatos da evolução humana que se coaduna com a visão budista.

A Evolução da Humanidade

Para compreender especificamente o sofrimento humano, será preciso primeiro compreender, como Rousseau, Kant e Kierkegaard afirmaram, o que é essencialmente humano. Quais são as semelhanças e diferenças fundamentais entre os seres humanos e os animais? Como o sentido do eu humano evoluiu, e como se relaciona com o sofrimento que ele mesmo se impõe? Em outras palavras: quem foram os primeiros seres humanos e qual foi o pecado deles?

A data do aparecimento dos primeiros seres humanos na Terra é uma questão em aberto. Sempre será, aliás, uma questão em aberto. Os dados arqueológicos sobre a evolução da espécie humana são fragmentários e incompletos, consistindo em ossos fossilizados e dispersos, ferramentas de pedra e montes de lixo que datam de períodos bastante descontínuos no decorrer dos últimos vinte milhões de anos, mais ou menos.

Mesmo se tivéssemos um registro completo e contínuo da evolução da espécie humana, sem "elos perdidos", os primeiros seres humanos ainda não poderiam ser identificados somente com base nos dados científicos. A evolução é um processo contínuo que vai acontecendo de geração em geração. A linha divisória entre o animal e o ser humano é uma questão sujeita à percepção e à interpretação humana. Como podemos distinguir os primeiros seres humanos dos seus ancestrais não-humanos sem primeiro saber, ou pelo menos postular, o que é essencialmente humano?

Muitos critérios foram propostos para marcar a transição mítica do animal para o homem. Invariavelmente, esses critérios refletem esta ou aquela preconcepção de que o é a natureza humana. Numa extremidade do espectro está a opinião de que os seres humanos não são fundamentalmente diferentes dos animais. Essa opinião, representada pela psiquiatria científica e pela psicologia modernas, reza que os determinantes cruciais do comportamento humano são mecanismos biológicos e que a agressividade e o sofrimento neurótico do homem são causados por "desequilíbrios bioquímicos". Na outra extremidade está a afirmação intrigante de que os seres humanos são "animais divinos" que ainda não se tornaram totalmente humanos. Talvez o Buda ou o Cristo tenham sido os primeiros seres completamente humanos, e a nossa espécie, como um todo, ainda não tenha evoluído até esse grau de maturidade divina.

Entre esses dois extremos polares há uma longa lista de critérios para identificar os primeiros seres humanos. Uma série de critérios é anatômica, baseada, por exemplo, no formato da coluna vertebral, da pélvis e dos ossos da perna, do qual se pode deduzir a possibilidade da postura ereta. Outro critério anatômico é o volume e o formato do crânio, dos quais se poderia inferir o nível de inteligência. Outro critério é cultural, baseado nos achados arqueológicos, tais como instrumentos de pedra e osso, resíduos de lareiras, buracos onde se apoiavam pilares de construção, esculturas de osso, pedras pintadas, jarros, jóias e coisas assim. Desses artefatos pode-se estimar a possibilidade do uso de ferramentas, domínio do fogo, construção de moradias, arte e religião. Outros critérios quanto ao que é o ser humano são mais especulativos. Alguns se baseiam em teorias da origem da linguagem, da consciência e do livre-arbítrio. Outros estipulam o surgimento da agricultura ou da civilização, como o critério de Rousseau da primeira posse de propriedade privada.

As respostas à pergunta "o que é a natureza humana?" parecem ser tão numerosas quanto os seres humanos. Como encontrar sentido nessa diversidade? Kierkegaard nos deu uma dica, dizendo que as questões a respeito da natureza fundamental do homem são questões tanto a respeito dos primeiros seres humanos quanto a respeito de nós mesmos. O que quer que fez com que os primeiros seres humanos fossem diferentes dos animais também faz com que nós o sejamos.

A investigação a respeito dos primeiros seres humanos pode ser conduzida de diversas maneiras. Pode tomar uma forma diacrônica, tentando ordenar os fatos no tempo histórico. A abordagem diacrônica básica é a biologia evolucionista. Do ponto de vista da biologia evolucionista, a pergunta pertinente é: "Quem foram os primeiros seres humanos e que características biológicas os distinguiam dos animais?"

A investigação a respeito dos primeiros seres humanos e da natureza humana fundamental, também pode tomar uma forma sincrônica. Essa é a forma dos mitos, lendas e histórias, que procuram captar realidades psicológicas na linguagem da metáfora. Vamos primeiro considerar os fatos científicos a respeito do surgimento dos primeiros seres humanos, e daí vamos ver se eles fazem sentido à luz dos mitos.

O Critério da Humanidade

Os biólogos evolucionistas concordam em que a ordem dos primatas surgiu há mais ou menos setenta milhões de anos atrás, quando os dinossauros estavam se extinguindo. Na época, uma criatura parecida com um camundongo subiu do solo da floresta para as árvores, em busca de comida. A fim de sobreviver nas árvores, essa criatura, no decorrer de dezenas de milhões de anos, desenvolveu uma mão capaz de agarrar e a agilidade de um equilibrista. A mão humana, que é a única no reino animal que consegue ligar o polegar e o dedo indicador para fazer o sinal da perfeição,[3] evoluiu a partir desses habitantes das árvores, que utilizavam as mãos para se locomover. A visão estereoscópica e colorida era uma grande ajuda para subir em árvores, caminhar em galhos e pular de galho em galho em busca de alimento. Assim, no decorrer de dezenas de milhões de anos, à medida que certas variações adaptativas foram sendo agraciadas com uma capacidade maior de sobreviver e se reproduzir, os olhos dessa criatura lentamente foram indo para a frente do rosto.

Por mais ou menos cinqüenta milhões de anos, essa linhagem proto-primatas habitou nas árvores, aperfeiçoando um sistema complexo de coordenação entre o olho, o cérebro e a mão. Mais ou menos quinze ou vinte milhões de anos atrás, provavelmente sob a pressão do crescimento populacional, do esfriamento do clima e da diminuição das florestas, essas criaturas começaram a descer das árvores para buscar alimento nas savanas, nas bordas das densas florestas primordiais. Com sua agilidade atlética, visão estereoscópica e colorida, destreza manual e inteligência superior, essas criaturas, os ramapitecos, estavam poderosamente capacitadas para a sobrevivência. Os estudos de fragmentos ósseos de algumas dúzias de indivíduos dão a entender que os ramapitecos podiam ficar eretos e olhar por sobre a grama alta das savanas a fim de reconhecer o território e identificar alimento e animais predadores. O porte ereto deixava as mãos livres, talvez para carregar o alimento de volta para o bando ou para carregar os filhotes em viagens em busca de novas fontes de alimento. Em comparação com os macacos, os ramapitecos tinham dentes incisivos pequenos, o que dá a entender que talvez usassem paus e pedras em estado bruto como armas e instrumentos. Se a postura ereta pode ser tomada como um critério de humanidade, então o ramapiteco é o patriarca da linhagem humana. Mas eles tinham um cérebro de somente 450 cc mais ou menos, e, por esse critério, ainda não eram humanos.

Há uma lacuna arqueológica de cerca de três milhões de anos entre os ramapitecos mais recentes e o próximo hominídeo na linhagem da ascendência humana, o australopiteco, do qual se encontraram vestígios que datam de cinco milhões de anos atrás. O australopiteco caminhava mais ereto que os seus predecessores. Suas ferramentas eram mais avançadas; consistiam em facas, pilões e machados de pedra. Os australopitecos parecem ter se dividido em duas linhagens separadas: a forma robusta, que se tornou extinta, e a forma mais graciosa, que pode ter dado origem às espécies mais recentes.

Se a manufatura de ferramentas for tomada como critério de humanidade, pode ser que o australopiteco gracioso tenha sido o primeiro ser humano. Entretanto, é bem possível que o critério da manufatura de ferramentas seja uma idéia específica dos povos modernos, fascinados pela tecnologia. Como Lewis Mumford astutamente observou: "Não há nada de especificamente humano na manufatura de ferramentas enquanto ela não é modificada pelos símbolos lingüísticos, esquemas estéticos e por um conhecimento socialmente transmissível. Nesse ponto foi o cérebro humano, e não somente a mão, que fez a diferença."[4] As ferramentas do australopiteco eram mais avançadas do que as do chimpanzé moderno, mas, pelo critério do tamanho do cérebro, esse hominídeo ainda não era completamente humano. O seu crânio continha somente uns 500 cc de inteligência, só um pouquinho mais do que o chimpanzé.

O próximo na linhagem de descendência é o *homo habilis*, o primeiro *homo*, o "homem das ferramentas" que vagou pelas planícies africanas há mais de três milhões de anos. Ele caminhava ereto e tinha um conjunto mais avançado de ferramentas, consistindo em raspadores, facas e machadinhas de sílex, talhados a golpe em pedaços de pedra do tamanho de uma mão. Mas tinha uma caixa craniana de 750 cc em média, não ainda no nível humano.

O *homo erectus* — o famoso homem de Java e de Pequim, e, mais tarde, o homem de Heidelberg — vagava pela África, pela Ásia e pela Europa há mais de um milhão de anos. Era maior do que os seus predecessores e quase humano em aparência. Num grande salto quântico evolutivo, seu cérebro cresceu para mais ou menos 1000 cc, mais do que o dobro do australopiteco, seu ancestral. O *homo erectus* era um bom fabricante de ferramentas e um bom caçador. Foi o Prometeu mítico que adquiriu domínio sobre o fogo, talvez cultivando uma chama feita por um raio ou pela lava, talvez inflamando acidentalmente algumas folhas secas ao manufaturar ferramentas de pedra. É possível que tenha inventado o cozer dos alimentos. Mas não deixou vestígio algum de símbolos, arte ou religião, e por esse critério ainda não se havia tornado completamente humano.

Se o tamanho do cérebro for relacionado à inteligência e tomado como o critério de humanidade, os primeiros seres humanos apareceram há mais ou menos 250.000 anos. Os fósseis de Swanscombe e Steinheim, que datam dessa época, têm um volume craniano de 1300 cc, bem dentro do limite dos seres humanos modernos. Em alguns aspectos, essas criaturas foram intermediárias entre o *homo erectus* e o *homo sapiens*. No conjunto, com exceção de algumas características relativamente pouco importantes, como a cobertura de pêlos, o feitio do crânio e os contornos faciais, a sua aparência anatômica era provavelmente parecida com a nossa. Eles foram os primeiros *homo sapiens*, "homens sábios". Mas a sabedoria deles ainda não era totalmente humana. Apesar do cérebro de tamanho normal, os primeiros *homo sapiens* eram muito primitivos. Dominavam o fogo, cozinhavam os alimentos e manufaturavam algumas espécies de ferramentas de pedra, mas não havia ornamentos nem decorações. Eram nômades caçadores e colhedores que viviam em bandos de mais ou menos cinqüenta indivíduos, e abandonavam seus mortos onde caíam.

Infelizmente, não há registros arqueológicos dos cento e cinqüenta mil anos, até o aparecimento dos neandertais. Os neandertais deram início a uma série impressionante de mudanças nos registros — o surgimento dos símbolos. Uma das características mais impressionantes da evolução humana é que, durante sessenta milhões de anos, o cérebro dos primatas aumentaram em tamanho, desenvolvendo uma coordenação sofisticada entre o olho, o cérebro e a mão, apropriada para a manipulação de objetos. Não obstante, nenhum símbolo aparece nos registros arqueológicos até cento e cinqüenta mil anos depois que o cérebro atingiu o seu volume atual. Então, de súbito, com os neandertais, aparecem ossos esculpidos, pedras pintadas e ritos fúnebres — os cadáveres eram respingados de ocre vermelho e deitados de frente para o Oriente, voltados para o sol nascente. Se a linguagem, a arte e a religião forem tomadas como um critério de humanidade, os primeiros seres humanos verdadeiros são os neandertais, cujos vestígios dão a entender que eles foram, talvez, as primeiras criaturas conscientes da sua própria existência em meio à criação.

Os neandertais eram habitantes das cavernas robustos e atléticos. Caçavam mamutes peludos, ursos gigantescos e tigres dente-de-sabre. Entretanto, todos os vestígios da existência deles desaparecem misteriosamente há mais ou menos trinta mil anos. Eles parecem ter sido assimilados, substituídos ou talvez erradicados pelos povos cro-magnon, que migraram para a Europa do Oriente Médio e da África.

Os cro-magnons eram excelentes caçadores, pescadores, artistas e fabricantes de ferramentas. Pintavam suas cavernas com figuras incrivelmente belas de animais e caçadores, ornamentadas com símbolos indecifráveis, alguns dos quais talvez fossem calendários lunares. Adornavam-se com jóias e transformaram a manufatura de ferramentas de pedra, osso, chifres e marfim numa arte sutilíssima. É bem possível que os cro-magnons ou seus descendentes tenham se fixado, criando gado e plantando nos primeiros vilarejos que surgiram às margens férteis dos rios do Oriente Médio, há mais ou menos dez mil anos.

Caso se tome o início da agricultura como critério da plena humanidade, esse *homo sapiens sapiens*, "homem duas vezes sábio", foi o primeiro ser humano. Mas se o critério for a civilização e a escrita, os primeiros seres humanos têm somente uns cinco mil anos de idade, pois foi então que os grandes reinos do Nilo, do Tigre e do Eufrates e dos rios Indo e Amarelo começaram a se formar. Por outros critérios, entretanto, os povos das civilizações mais antigas ainda não eram totalmente humanos. Julian Jaynes acredita que os primeiros seres humanos só apareceram depois da era homérica, com o surgimento da autoconsciência, a consciência do "eu" subjetivo.[5]

As epopéias homéricas se originaram provavelmente por volta de 1200 a.C. e foram transmitidas de geração em geração por tradição oral até cerca do século VIII a.C., quando Homero, ou seus escribas, fixaram-nas por escrito. Jaynes comparou a Ilíada de Homero e o livro mais antigo da Bíblia, Amós, que foram escritos mais ou menos na mesma época, e confrontou-os por sua vez com o Eclesiastes, o livro mais recente do Antigo Testamento, que data do século II a.C. Comparando os graus de subjetividade expressos em Homero e Amós com os do Eclesiastes, o leitor pode captar a velocidade da evolução da consciência subjetiva no decorrer de seis séculos de história humana. No profeta Amós não há nenhum sentido de interioridade, nenhuma imagem mental, nenhuma metáfora, nada que o motive, nenhuma reflexão sobre si mesmo. Ele é um ser humano muito primitivo. Em contrapartida, o pregador de Eclesiastes nos diz que tudo é ego: "Vaidade das vaidades, tudo é vaidade."[6] Em seis séculos, o profeta bruto se transformou num poeta sensível!

Jaynes concluiu dessa comparação que os povos homéricos não tinham ego. Eram regidos por sua mente bicameral, que alucinava ordens verbais vindas de seus deuses e reis.[7] Segundo Jaynes, a consciência subjetiva, a consciência do eu, só apareceu depois do século VI a.C., a época de Confúcio, Buda e Tales de Mileto, quando a mente bicameral se dividiu e as ordens alucinadas transformaram-se no "documentário interior", a "conversa supratentória", a constante narrativa de experiências que caracteriza a vida mental humana. Mesmo se empurrássemos a linha de tempo de Jaynes uns quinhentos anos para trás, ou mil anos, ou cinco mil anos, seria justo concluir que o ego humano, a consciência do eu, se cristalizou de forma mais completa durante esse período.

O Eclesiastes, porém, não é a manifestação última da autoconsciência humana. Trata-se de um processo contínuo de evolução. Michel Foucault crê que a humanidade só apareceu quando apareceu para si mesma, ao entrar no campo do conhecimento pela primeira vez. Foucault situa esse acontecimento no século XVII, quando o estudo científico da natureza se voltou reflexivamente para a natureza humana. Na opinião de Foucault, a humanidade é uma existência muito, muito frágil:

> Tomando como amostra um tempo relativamente curto numa área geograficamente restrita — a cultura européia desde o século XVI —, pode-se estar seguro de que o homem é uma invenção recente dentro dela... é uma invenção muito recente. E, talvez, uma invenção que está próxima do seu fim. Se esses sistemas desaparecessem como apareceram... poderíamos certamente apostar que o homem seria apagado, como um rosto desenhado na areia à beira-mar.[8]

A metáfora de Foucault se aplica a cada geração e a cada ser humano. Todos nós somos auto-retratos desenhados na areia à beira-mar. A natureza humana é um produto da mente humana que reflete a respeito de si mesma. Se nos imaginamos como animais eretos, a linhagem humana começou há mais ou menos quinze milhões de anos, com o ramapiteco. Se nos revestimos das imagens da tecnologia, talvez os primeiros seres humanos fabricantes de ferramentas tenham sido os australopitecos, de cinco milhões de anos de idade. Se nos imaginamos como artistas, os primeiros seres humanos foram os artesãos neandertais, que esculpiram pedras e pintaram pedregulhos. Talvez, daqui a uns trinta e cinco mil anos, uma nova espécie de *homo sapiens* venha a classificar nossa espécie cruel e brutal, que tratou o mundo tão mal, como uma espécie ainda não plenamente humana, uma espécie intermediária entre os neandertais e eles próprios.

A Evolução da Autoconsciência

Se a idéia da natureza humana é um produto da mente humana refletindo sobre si mesma, então a consciência do eu é uma qualidade humana primordial. A auto-imagem primordial é a imagem arquetípica da duplicata, o eu refletindo sobre si mesmo e vendo-se como outro, criando a si mesmo a partir da evidência dessa dualidade — a partir do ninguém, por assim dizer.

Se a autoconsciência for tomada como um critério geral de humanidade, temos de nos perguntar quando os primeiros seres humanos apareceram no tempo evolutivo de acordo com esse critério. Quando, em outras palavras, nós nos tornamos conscientes da nossa própria existência como criaturas no meio da criação? No contexto da evolução biológica, essa questão leva a outra. Que transformação biológica ocorreu na estrutura e na função do organismo do hominídeo para produzir uma criatura onde fosse possível surgir a autoconsciência e as manifestações a ela associadas: o "ambiente sobrenatural da sociedade e a evolução extra-somática da História?"[9]

Os dados objetivos obtidos por uma grande variedade de disciplinas favorecem ou pelo menos estão de acordo com a interpretação de que os primeiros seres humanos surgiram entre a época em que o cérebro atingiu o seu tamanho atual e a época em que as primeiras atividades simbólicas apareceram nos registros arqueológicos. Pelos cálculos atuais, isso teria ocorrido mais ou menos entre 50.000 e 250.000 anos atrás.

A data precisa provavelmente nunca será conhecida, porque estamos falando sobre uma transformação, um *rito de passagem*, e não sobre um evento histórico em particular. Na verdade, a data precisa não é importante. O importante é a natureza do processo ocorrido durante esse período. Trata-se de um processo que tem suas raízes no longínquo passado primevo e que cresce continuamente rumo ao futuro. Os dados existentes indicam que esse processo de transfiguração esteve ligado à reorganização do sistema da coordenação entre olho, cérebro e mão, que já existia nos primatas. Essa reorganização levou ao desenvolvimento da fala.

Os indícios que sugerem essa interpretação estão no registro arqueológico. Durante sessenta milhões de anos, ou mais, o cérebro dos primatas cresceu em tamanho e complexidade, desenvolvendo um sofisticado sistema neural de coordenação entre o olho e a mão, apropriado para a localização e manipulação de objetos no espaço. Até cerca de 100.000 anos atrás, esse sistema neural depositou somente umas poucas espécies de ferramentas primitivas, estritamente práticas e sem ornamentos, no registro arqueológico. Então, subitamente, houve uma explosão de objetos, começando com ferramentas aperfeiçoadas, fetiches pintados, ritos fúnebres e jóias pessoais, aos poucos — devagar no início, mais rápido na nossa própria era — desenvolveram-se uma arte e uma música cada vez mais sutis e abstratas e inventaram-se objetos maravilhosos e mágicos, como a televisão, o automóvel, o computador, a bomba de hidrogênio e os foguetes interplanetários.

Sabemos, pela neurologia comparativa, que a função da fala é lateralizada e situa-se, no cérebro, no lado oposto ao da mão predominante. A parte do cérebro que mais recentemente surgiu, os hemisférios cerebrais, está, como o seu nome diz, dividida em dois. Os centros da fala se localizam no córtex cerebral esquerdo nas pessoas destras e no córtex direito nos mais ou menos 15% que são canhotos. Os centros sensório-motores que coordenam as sensações e o controle motor da mão se localizam no córtex contralateral.

A lateralização das funções biológicas é um processo evolutivo bem conhecido que envolve a duplicação dos sistemas de órgãos. Os rins, os pulmões, os olhos e os ouvidos são órgãos lateralmente duplicados, com funções redundantes. A vantagem evolutiva da lateralização é que, caso um dos lados adoeça ou seja danificado, o outro lado pode continuar funcionando sem perder muita eficiência. Além disso, olhos e ouvidos em duplicata dão uma visão e audição estereoscópica que melhora a capacidade de localizar e manipular objetos no espaço. A lateralização do cérebro para a função da fala acarretou a reorganização interna, a especialização e a integração hierárquica de uma das metades pré-existentes do circuito visual-motor. Uma das metades do cérebro continuou a ser utilizada para a coordenação sensório-motora e a outra foi reorganizada para a fala.

A relação íntima que existe entre a visão, a fala e a mão é sinal de que a evolução da fala e da autoconsciência pode estar correlacionada com a evolução dos artefatos encontrados no registro arqueológico. Como Julian Jaynes observou, as palavras estão relacionadas com as coisas, e a história das palavras pode estar relacionada com a história das coisas de tal forma que "cada nova série de palavras literalmente crie novas percepções e atenções, e tais percepções e atenções resultem em importantes mudanças culturais que se reflitam no registro arqueológico."[10]

A evolução da linguagem é um assunto complexo e controverso. Há centenas de teorias e milhares de artigos sobre o assunto, e pouco acordo entre os entendidos.[11] A idéia tradicional de que os seres humanos se distinguem dos animais pela linguagem foi posta à prova nas últimas décadas, com a descoberta de que os chimpanzés podem aprender uma linguagem de sinais com centenas de palavras. Há uma enorme diferença, entretanto, entre o uso esparso de palavras por parte do chimpanzé e os produtos ricos e diversificados da linguagem humana. Resta saber se a mãe chimpanzé pode ensinar seus filhotes a usar a linguagem e se, no decorrer de um número indeterminado de gerações, uma cultura chimpanzé e uma história chimpanzé podem se desenvolver.

De qualquer forma, a linguagem certamente não começa com a espécie humana. Um grande número de espécies se comunica por meio de chamados vocais, gestos, danças, odores e outros sinais biológicos. O próprio código genético é um tipo de linguagem, um arranjo variável de sinais que dirigem e regem as diversas seqüências de acontecimentos. Nesse sentido, a linguagem é uma atividade biológica, e não especificamente humana. Mas os chimpanzés, os golfinhos e as abelhas não podem falar. Só o animal humano está neurologicamente preparado para a fala e a escrita — a linguagem da mão.

Sem dúvida, nossos ancestrais hominídeos se comunicavam por meio de uma variedade de chamados e gestos, como fazem os primatas e outras criaturas. Ninguém sabe, nem jamais saberá, quando as primeiras palavras foram pronunciadas. Talvez os chamados e grunhidos dos ramapitecos fossem palavras elementares. Talvez os australopitecos, que inventaram o fio cortante, se sentassem em volta de uma fogueira à noite, conversando sobre os acontecimentos do dia. O súbito aparecimento das ferramentas elaboradas, de fetiches e ritos funerários, mais ou menos 100.000 atrás, entretanto, dá a entender que o processo tinha começado a se acelerar.

Jaynes propôs uma teoria interessante sobre a origem da linguagem, que talvez nos ajude a conceber um esquema possível do desenvolvimento da autoconsciência humana. O primeiro passo na evolução da linguagem, de acordo com Jaynes, foi o desenvolvimento dos chamados intencionais, que são repetidos até modificar o comportamento do destinatário — como quando se ensina um cão a se sentar repetindo a palavra "senta" até que ele obedeça.

A pressão evolutiva que desencadeou essa mudança pode ter sido um período de glaciação extrema, que produziu grandes variações no clima e migrações em massa dos animais e, com eles, dos neandertais que os caçavam. Sob tais circunstâncias, o desenvolvimento de chamados intencionais facilitaria a caça e, portanto, a sobrevivência do grupo. Muito provavelmente, a *pessoa* nasceu nessas circunstâncias primevas. Denis de Rougemont escreveu: "A pessoa é chamada e resposta."[12] Como a criança, que só aparece como uma pessoa aos olhos da mãe quando responde ao seu chamado, talvez os primeiros seres humanos tenham surgido no chamado e resposta da caçada paleolítica.

Os primeiros elementos da fala propriamente dita, de acordo com Jaynes, foram as modificações dos sons finais dos chamados intencionais, por meio de mudanças de entonação e altura. Um tigre próximo, por exemplo, poderia ser assinalado por um animado "iaiii!", enquanto um tigre distante seria anunciado por um "iaau" mais tranqüilo. Na etapa seguinte, os modificadores foram isolados dos chamados que modificavam, criando as primeiras palavras antitéticas — nesse caso, "aqui" e "lá", perto e longe.

Quando isso aconteceu, seja subitamente, num lampejo de invenção brilhante, seja aos poucos, no decorrer de milhões de anos, foi algo muito importante na história humana. De certa maneira, foi o primeiro acontecimento da história. Foi o florescer de milhares de flores. O desenvolvimento de chamados com significado antitético foi o gume de um processo de polarização que dividiu o organismo humano até o seu âmago.

No nível da linguagem, isso marcou a invenção da fala. Anatomicamente, representou os primórdios da polarização interna do cérebro, que estava sendo preparado para a fala. Psicologicamente, polarizou as percepções do mundo objetivo em qualidades antitéticas: perto e longe, acima e abaixo, céu e Terra, frio e calor e, finalmente, depois de milhares de anos, o eu e o outro, passado e futuro, bem e mal.

É interessante se perguntar se o desenvolvimento das palavras e percepções antitéticas tem correlação com o desenvolvimento de um esquema neural binário, semelhante às seqüências "ligado/desligado" do computador digital; esse esquema registraria, em seqüências de "ligado/desligado" dos neurônios, representações das semelhanças e diferenças no mundo objetivo. E será que o produto desse circuito lingüístico binário não poderia ser a lógica binária que Levi-Strauss acredita ser a base comum da religião e da ciência?[13]

De acordo com Jaynes, a "era dos modificadores" durou até cerca de 40.000 a.C. quando ferramentas mais novas e aperfeiçoadas apareceram no registro arqueológico. Jaynes acredita que então se inaugurou a "era dos comandos", na qual "os modificadores, separados dos chamados que haviam modificado, podiam agora modificar os próprios atos do homem".[14] Os comandos sugerem a idéia de uma nova forma de autoridade, baseada em parte nos critérios animalescos de sexo, idade, tamanho e força, mas talvez também no poder da palavra. Talvez o surgimento súbito de novas ferramentas nesse período tenha sido desencadeado por comandos verbais, capazes de mobilizar um grupo com um grau maior de organização e realização mediante a transmissão, de geração em geração, do conhecimento e das técnicas acumuladas.

O estágio seguinte foi a "era dos substantivos", que durou, de acordo com Jaynes, de 25.000 a.C. até 15.000 a.C., e está correlacionada com o aparecimento das pinturas rupestres, pontas de lança farpadas, da cerâmica e dos adornos pessoais. A invenção dos nomes e do ato de nomear deve ter aumentado drasticamente a magnitude e a complexidade do mundo objetivo, bem como o domínio do homem sobre ele. Quando uma criança aprende a dar nome às coisas, ela quer nomear e tocar tudo. Ao procurar novos objetos para nomear, ela ao mesmo tempo amplia a sua capacidade de falar e o seu domínio sobre o mundo objetivo. Esse processo deve ter ocorrido no limiar da era atual, quando a agricultura foi inventada, uns dez mil anos atrás.

A teoria de Jaynes sobre a origem da linguagem é plausível, fascinante e extremamente sugestiva. Mas não é a única possibilidade. A época e a seqüência dos desenvolvimentos podem ter sido bem diferentes. Jaynes acredita que a autoconsciência só apareceu depois de Homero, com o rompimento da mente bicameral. O crescimento da autoconsciência de Amós ao Eclesiastes é impressionante. Mas não seria possível que formas elementares de autoconsciência existissem dezenas de milhares de anos antes disso? Nós nos perguntamos: será que os corpos enterrados com flores nos túmulos neandertais tinham nome? Foi mamãe ou papai quem morreu, ou um filho amado, ou um querido companheiro de caça? E os artistas cromagnon, que pintaram cavernas e usavam jóias, será que estavam conscientes de si mesmos como criaturas em meio à criação?

Embora o momento diacrônico exato do aparecimento da espécie humana e da fala seja incerto, as linhas gerais da seqüência biológica dos acontecimentos parecem claras. O fundamento da consciência humana é o sistema de coordenação entre o olho, o cérebro e a mão dos primatas, adequado à localização e à manipulação de objetos. Quando esse sistema foi adaptado à fala, a pessoa humana surgiu sobre a Terra.

A relação entre a mão, o olho e a palavra é fundamental para a consciência humana e para o ego pessoal. A integridade e a inteligência do córtex cerebral é medida pela coordenação dessas funções no processo de resolução de problemas. Os testes comuns de inteligência compreendem uma medida de desempenho ativo e uma medida de capacidade verbal, avaliando separadamente as capacidades da palavra e da mão para resolver problemas.[15]

A mente, a cultura e a personalidade humana se erguem sobre o sistema de olho, cérebro e mão dos primatas e sobre a relação desse sistema com os objetos. A humanidade não avançou muito desde os seus avós esquilos, que também gostavam de pegar e guardar as coisas. O amor do ser humano pelos objetos é alimentado pelas funções do olho e da mão. As ideologias políticas que rejeitam o amor aos objetos por si mesmos, considerando-o sintoma de um materialismo imoral e degenerado, estão fadadas a cair, porque não compreendem o quão profundamente está arraigada na natureza humana a relação com os objetos. Até mesmo os monges mais ascetas têm seus rosários e seus ícones.

O desenvolvimento da fala acrescentou uma nova dimensão à organização das ações no mundo objetivo. Por intermédio da fala, os objetos adquirem um significado social. Por meio de um padrão regular de interação diária, certos indivíduos significativos vão sendo entretecidos na nossa vida, tornando-se parte do nosso sentido do eu. Os psicanalistas compreenderam o início do crescimento do ego como um processo de internalização de objetos externos, inclusive pessoas.[16] O eu fictício consiste, em grande medida, nas imagens internalizadas de outros indivíduos — indivíduos que, por meio do relacionamento, se tornaram parte do nosso sentido do eu. A perda de um objeto amado, ou internalizado, gera sentimentos paralisantes de perda e depressão, como se parte do eu tivesse sido amputada. E, inversamente, uma depressão leve pode, às vezes, ser aliviada pela compra ou obtenção de um objeto que se deseja. Os psicoterapeutas dotados de bom humor chamam isso de "terapia da liquidação". Nossos relacionamentos sociais, econômicos e políticos, bem como o nosso sentido do eu, estão intrinsecamente unidos ao nosso relacionamento com o mundo objetivo.

O desenvolvimento da fala produziu não somente um novo relacionamento com o mundo objetivo, mas também uma nova forma de consciência capaz de representar os objetos, e a relação entre os objetos, por meio de palavras, símbolos e conceitos. As palavras dão vida às coisas, animando-lhes com significado. Aos poucos, no decorrer de dezenas de milhares de anos, o ato de representar o mundo objetivo na fala e o ensaio silencioso da fala no pensamento, passou a representar-se para si mesmo como uma presença holográfica no metafórico espaço interior da mente. E nesse processo, o eu humano nasceu.

CAPÍTULO VINTE E DOIS

O Céu Sagrado e o "Eu" Pessoal

> Em relação à posição que ocupamos na criação, o próprio universo é uma escada pela qual podemos subir a Deus.
>
> — São Boaventura, *The Soul's Journey Into God*

Antes que os primeiros seres humanos se tornassem conscientes de si mesmos como criaturas em meio à criação, eles devem ter se tornado conscientes da própria criação. Em algum momento da pré-história, à medida que o cérebro se lateralizava e se especializava para a fala, os primeiros seres humanos tomaram consciência, pela primeira vez, de que o dia se iniciava com o nascer do sol no Oriente e terminava com o pôr-do-sol no Ocidente, e que à escuridão da noite seguia-se, regularmente, a luz do amanhecer. É difícil imaginar que essa descoberta tenha sido feita por um único indivíduo ou grupo. É mais provável que esses fatos simplesmente tenham surgido na consciência no decorrer de um período de milhares, talvez centenas de milhares, de anos.

O indício mais antigo de um conhecimento humano sobre o céu data do período paleolítico superior (cerca de 30.000 a.C.), do qual encontraram-se corpos enterrados em posição fetal, de frente para o Oriente.[1] O aparecimento desses corpos enterrados de frente para o Oriente é um sinal de que pode ter sido nessa época que os fatos sobre o céu se cristalizaram em esquemas. Descobriram-se sinais da preservação de crânios e mandíbulas inferiores em sítios arqueológicos que datam de 400.000 a.C. a 300.000 a.C. Já se encontraram enterros de 70.000 a.C. O enterro é um sinal da crença na sobrevivência depois da morte e talvez, portanto, de uma consciência dos ciclos de nascimento e morte na natureza. Os corpos enterrados de frente para o Oriente sugerem uma consciência do ciclo de dia e noite e de um elo entre o curso do Sol e o destino da alma.[2] O elo da alma com o céu representa o surgimento de uma nova forma especificamente humana de consciência, diferente da consciência animal, mas coexistindo com ela no animal humano.

O fato arqueológico dos corpos enterrados de frente para o Oriente é sinal de que aquela nova consciência humana estava a par de duas séries de fatos arquetípicos ou primordiais: (1) os fatos do nascimento e da morte; e (2) fatos sobre o céu, o Sol e a Lua. Parece tratar-se de fatos simples que qualquer criança conhece, mas o recém-nascido humano não nasce com esse conhecimento. Cada ser humano precisa, em algum momento, aprendê-los pela primeira vez.

Minha cadela Jamie "conhece" a diferença entre um pássaro que corre e briga e um pássaro morto, que simplesmente fica inerte. Mas Jamie, como os nossos ancestrais pré-humanos do passado remoto, não tem consciência da morte como um fato. Não sabe que ela própria faz parte da natureza, como o pássaro, a águia e o carvalho, que nascem e morrem num ritmo cíclico. Jamie também "conhece" qual é a diferença entre o dia e a noite, na medida em que corre e brinca durante o dia e dorme durante a noite (exceto na lua cheia). Mas ela não vai a nenhum enterro e nunca sobe no topo de uma colina para ver o nascer ou o pôr-do-sol. Quando minha filha Lehana tinha dois anos de idade, ela era como Jamie nesse aspecto. Quando subíamos a colina para ver o pôr-do-sol, Lehana brincava com Jamie, iluminada pela luz do Sol mas inconsciente do entardecer. Assim como a ontogênese recapitula a filogênese, a mesma evolução gradual da mente consciente que ocorre em cada ser humano ocorreu na espécie humana como um todo.

A história do céu, desde os antigos deuses celestes até a astronomia moderna, também é a história da autoconsciência humana. O céu talvez pareça muito distante do sofrimento humano aqui na Terra; talvez pareça estranho voltar-se para o céu para buscar o autoconhecimento. Não obstante, o céu evoca estados mentais e sentimentais que ressoam no âmago mais recôndito da natureza humana. A história da consciência humana está escrita no céu. Através dos tempos, a interpretação do céu sempre foi um espelho e um farol, refletindo a percepção que os homens têm de si mesmos e guiando as ações humanas. Cada era projeta a sua própria imagem no céu; e, à medida que a humanidade evolui, a imagem que tem de si mesma e do universo também evolui, assim como a visão que um indivíduo tem da vida muda com a idade e a experiência.

Os povos antigos viam o céu como um espaço sagrado, vivo, cheio de deuses e espíritos cujas intenções e atos influenciavam e autorizavam os acontecimentos aqui na terra. Os antigos expressavam o seu relacionamento com o céu nas metáforas antropomórficas dos mitos. Em contrapartida, nós, modernos, inchados com o poder da ciência, vemos o céu como um espaço físico onde se formam o clima e a camada de ozônio, onde se encontram gigantes vermelhos e anões brancos, estrelas de nêutrons, buracos negros e radiação cósmica de microondas. Nosso relacionamento com o céu se exprime nas metáforas mecânicas da ciência: o céu é matéria e energia despersonalizadas, num cosmos sem deus.

Na escala do tempo cósmico, tal como é medido pela ciência, a humanidade é bem nova no universo. Se a história do universo fosse equivalente às 24 horas de um dia, a espécie humana teria mais ou menos um segundo de idade![3] Por mais que as idéias humanas sobre o céu tenham mudado, ele próprio não mudou muito desde o início da história humana até o presente momento. Quando saímos de casa e olhamos para cima, nós vemos essencialmente o mesmo céu que os primeiros seres humanos viam. O que mudou é a maneira pela qual nós percebemos e interpretamos tanto o céu quanto nós mesmos. Ao refletir sobre a história do céu, podemos aprender a respeito da evolução do eu humano.

Os Deuses Celestiais

O céu é o grande pano de fundo da vida humana e a testemunha eterna da história do homem. É o arquétipo do sagrado, a medida do tempo e o metro pelo qual todas as coisas são avaliadas. Em última análise, o significado dos acontecimentos humanos é sempre estimado mediante uma comparação com os acontecimentos cósmicos. Não é de se admirar, portanto, que a crença numa divindade celestial seja virtualmente universal em todos os lugares e todas as épocas, e que os fatos sobre o céu tenham conformado o núcleo da identidade humana.[4]

No alvorecer da consciência humana, os deuses celestiais se manifestavam sob a guisa de certas qualidades elementares do céu, tais como a luz, as trevas, a umidade e a magnitude. Yahweh criou o mundo separando a luz das trevas. Eliade aventou a hipótese de que a semelhança entre as palavras "dia" e "deus" seja um sinal da relação subjacente entre luz e divindade, quintessencialmente[5] representada pelo deus celeste ariano Diaus (Zeus), o avô das divindades indo-européias do céu luminoso.[6]

Uma das orações mais populares do mundo judeu-cristão se dirige a um deus celestial: "Pai nosso, que estais nos céus..." O judeu e o cristão modernos oram a um Deus que habita nos céus, como os egípcios antigos oravam ao deus-sol Rá, e os aborígenes australianos dos nossos tempos oram ao deus do céu Baime. O deus celestial dos hebreus, Yahweh, falou a Moisés do céu, no vento e no trovão, e gravou em pedra os Dez Mandamentos com o dedo do relâmpago.

A cruz cristã simboliza a interseção da terra com o céu. O nascimento do Cristo foi assinalado no céu pela estrela de Belém que guiou os três magos, os quais eram sábios e astrônomos. O Cristo afirmou que havia descido do céu e que voltaria ao céu.[7] Depois da Crucificação e da Ressurreição, ele subiu para unir-se ao Pai-Céu. O Cristo disse: "Eu e o meu pai somos um",[8] e assim estabeleceu a doutrina da Santíssima Trindade, a união mística do Pai-Céu com o filho humano.

Tudo o que acontece dentro da abóbada celeste já foi adorado como uma hierofania, desde o pôr-do-sol e o amanhecer, a chuva e o arco-íris, os trovões e os relâmpagos, até as revoluções orbitais das esferas celestiais. Isaac Newton (1642-

1727), cujas leis matemáticas da rotação e da atração planetárias transformaram os conceitos medievais do céu, imaginava o deus do céu judeu-cristão como um mecânico celestial, inventor e conservador da máquina cósmica. Albert Einstein, cujas teorias da relatividade e da gravitação corroeram o Deus de Newton, o espaço e o tempo absolutos, via as equações para a transformação de matéria e energia como "os segredos do ancião".

Desde os seus primórdios, quando eram manifestações elementais do céu, os deuses celestiais desenvolveram um padrão complexo de relacionamento com os seres humanos aqui da Terra. Mircea Eliade identifica duas linhas de desenvolvimento — uma entrelaçada na outra —, cada uma das quais reflete uma qualidade intrínseca do céu: primeiro, autoridade e lei supremas; segundo, criatividade, fecundidade e morte.

A autoridade e a soberania supremas dos deuses celestiais representam a percepção de que os seres humanos nascem do cosmos e no cosmos, são compostos de elementos cósmicos e governados pelas leis cósmicas. Essa percepção está expressa no mito japonês do casal cósmico, o Pai Céu e a Mãe Terra, cuja união gera todas as coisas vivas. Também está expressa nas palavras do deus celestial dos hebreus, Yahweh, quando ele faz Adão recordar-se da sua origem e do seu destino: "Pois tu és pó, e ao pó hás de tornar."[9]

A mesma idéia está expressa nas imagens científicas da evolução da "grande cadeia do ser". Os seres humanos evoluíram dos organismos unicelulares, dos peixes e das serpentes, dos mamíferos primitivos e dos macacos. Somos como as folhas de uma árvore, que brotam na primavera, crescem no solo cálido e nas chuvas do verão e secam e morrem nas geadas irisadas do outono, para depois cair e misturar-se no humo fértil do solo florestal. Aqui, sob outra guisa, está o significado do enigma da Esfinge.

Os deuses celestiais são os soberanos da ordem natural, da vida e da morte de todos os seres, da sucessão do dia e da noite e do ritmo das estações. Também são os soberanos da ordem moral das obrigações e contratos que unem os seres humanos uns aos outros, às suas leis e aos seus líderes. A soberania celestial e moral dos deuses celestiais é simetricamente atribuída ao soberano político ou eclesiástico. Os reis e prelados muitas vezes são chamados por metáforas emprestadas do céu: Serena Majestade, Alteza, Santidade, Radiante Eminência, etc. Como os soberanos celestiais que eles representam, os soberanos políticos armam laços de regras, leis e obrigações pelas quais seus súditos estão ligados.[10] O rei soberano, como o soberano deus celestial, cuida dos seus súditos e julga-os, recompensando-lhes as virtudes e castigando-lhes a desobediência.

O presidente dos Estados Unidos é um representante simbólico do deus celestial judeu-cristão, por mais que a Constituição afirme a separação entre Igreja e Estado. O selo presidencial norte-americano mostra uma águia segurando flechas, ou relâmpagos, na garra esquerda, e um ramo de oliveira na direita. A águia é uma intermediária entre o céu e a terra, entre os seres humanos e o seu deus celestial, e carrega os instrumentos que esse deus usa para abençoar e castigar: o ramo de oliveira, símbolo da paz e da prosperidade, e as flechas-raios, que simbolizam o sofrimento e a morte.

Os soberanos deuses celestiais têm domínio sobre os princípios da criatividade e da fecundidade; e, em diversos graus de generosidade e avareza, eles simbolizam os extremos do desejo e do destino humanos: fertilidade, prosperidade e vida longa; ou esterilidade, sofrimento e morte. Rezando, pedimos ao céu uma boa sorte e que nos livre do mal. Levantamos as taças ao céu com brindes à boa saúde, à vida longa e à prosperidade; e automaticamente levantamos a cabeça aos céus em momentos de grande felicidade ou angústia, como que agradecendo ao nosso deus do céu pela sua bênção ou amaldiçoando-o pela sua crueldade. O céu é para nós a fonte divina da vida e da morte, não somente por causa das tradições e crenças, mas porque é o nosso lar e nos fascina e aterroriza pela sua beleza, magnitude e permanência.

Em muitas regiões do mundo, o deus do céu que já foi predominante recua para a periferia da vida social e religiosa, e seu lugar é ocupado por deuses mais imediatos, concretos e acessíveis.[11] Muitas vezes, o deus celestial é deslocado por animais ou plantas totêmicas, que se tornam o núcleo da identidade e da organização do grupo ou clã. Curiosamente, mais ou menos em 2400 a.C., numa larga faixa da Índia, da África do Norte, da Europa e da Ásia, os antigos deuses celestiais foram substituídos pela figura do Touro.[12]

O mugido feroz do touro e o seu ataque simbolizam o trovão e o relâmpago do deus celestial; a legendária sexualidade do touro simboliza a chuva, o esperma do Pai Céu que fertiliza a Mãe Terra. Quando Moisés desceu do Monte Sinai com as tábuas de pedra, ficou enraivecido ao ver seu povo dançando em volta de um bezerro de ouro, Ba'al, deus da fertilidade dos campos e do gado e arqui-rival do deus celestial dos hebreus. Moisés destruiu o bezerro e o culto ao touro, preservando assim o relacionamento especial entre os hebreus e o seu supremo Deus celestial, o Deus dos contratos, cujas tábuas de pedra se tornaram a estrutura do direito e da moral na civilização ocidental. Se não fosse por Moisés, o selo do presidente dos Estados Unidos provavelmente seria um touro!

Zodíacos e Horóscopos

Dos seus primórdios, quando eram personificações das qualidades naturais do céu, os deuses celestiais evoluíram e transformaram-se em divindades soberanas da lei natural, política e moral: senhor da natureza e dos contratos; juiz supremo das intenções e ações humanas; espírito omnipresente do drama humano. Mas os deuses celestiais e as mitologias que lhes são associadas não são somente invenções fictícias de uma imaginação assustada e supersticiosa. Os mitos do céu se desenvolveram em torno de um núcleo de fatos, e organizam e classificam esses fatos num arranjo que reflete o sentido que o ser humano tem do eu e da sua identidade no cosmos.

Os dados arqueológicos indicam que o ciclo lunar já era conhecido desde 30.000 a.C. Os sistemas inventados para registrar os acontecimentos lunares aos poucos se transformaram na escrita, na aritmética e nos calendários das primeiras civilizações.[13] Os babilônios, que por volta do ano 3.000 a.C. já tinham reconhecido e dado nome a diversas constelações de estrelas, levam o crédito por ter inventado a astronomia. No início do último milênio a.C., eles já conheciam o curso anual aparente do Sol, as fases da Lua e a periodicidade de certos planetas. O famoso astrônomo grego Ptolomeu (cerca de 200 d.C.) atribuiu aos babilônios a glória de terem sido os primeiros a prever um eclipse, em 747 a.C.

Baseados em observações a olho nu, os babilônios construíram um modelo do universo que também foi independentemente descoberto por todas as grandes civilizações antigas do mundo, na Grécia, na Índia, na China e no México. Cada cultura adornou os fatos com seus próprios mitos, metáforas e estilos. O modelo babilônico postulava uma Terra discóide assentada no meio do oceano e coberta pelo hemisfério celeste, que continha as constelações de estrelas fixas. A Terra era o centro do universo e, rodando ao seu redor, havia os sete planetas visíveis: a Lua, Mercúrio, Vênus, o Sol, Marte, Júpiter e Saturno. Esse modelo do universo prevaleceu até 1543, quando Nicolau Copérnico (1473-1543) publicou um novo modelo da revolução dos orbes celestes, com o Sol no centro, revolucionando assim a identidade humana.

À medida que os antigos astrônomos foram aprendendo novos fatos astronômicos, eles os integraram nos mapas do céu. Os babilônios dividiram a eclíptica do sol, o movimento aparente para o norte e para o sul que o sol poente descreve no céu durante o ano, em compartimentos ou casas, cada uma das quais era identificada pela constelação de estrelas daquela parte do céu noturno. O ponto médio desse deslocamento oscilante coincide com os equinócios de primavera e outono, quando o dia e a noite têm a mesma duração e o nascer e o pôr-do-sol acontecem precisamente no Oriente e no Ocidente. O ponto mais ao norte é o solstício de verão, quando os dias são mais longos no hemisfério norte; o ponto mais ao sul é o solstício do inverno, quando os dias são mais curtos. Pela divisão da eclíptica primeiro em quatro partes, depois em seis, oito e doze, o caminho cíclico do sol sobre as constelações substituiu o ritmo cíclico da Lua como base do calendário. O mapa circular do céu é chamado Zodíaco.

O desenvolvimento do zodíaco exigiu conhecimentos de aritmética e de trigonometria. Os antigos astrônomos usaram seus conhecimentos matemáticos recém-adquiridos para calcular as dimensões físicas da Terra e o relacionamento desta com os corpos celestes. A palavra geometria significa "medida da terra". Eratóstenes (cerca de 296-194 a.C.), um astrônomo grego que morava em Alexandria, calculou a circunferência e o raio da terra por meio de um processo de triangulação. Mediu o ângulo dos raios de sol ao meio-dia, no solstício de verão, em

Siena (perto de Aswan) e em Alexandria. Medindo a distância entre as duas cidades com os marchadores do rei, ele pôde fazer uma relação entre a diferença dos ângulos medidos e a curvatura da Terra. A partir disso, calculou a circunferência e o raio da Terra.

Usando uma técnica semelhante de triangulação e um mapa das constelações, é possível aos viajantes identificar a sua localização precisa num mapa da Terra. Esse é o princípio básico da navegação pelos astros. Desde o seu início, a astronomia foi utilizada para fins práticos: para conhecer-se a hora do dia ou da noite, para a construção de calendários e a marcação do tempo do plantio, da colheita, dos festivais e dos rituais religiosos, e como um guia de navegação para os viajantes que cruzam o oceano e os desertos.

À medida que a astronomia se desenvolveu, ela foi sendo cada vez mais ornamentada pela imaginação mitológica. A palavra "zodíaco" vem do grego *zodiakos*, que significa "zoo-disco", um "círculo de animais", em referência às figuras totêmicas das constelações que governam as casas da elíptica. Os antigos mapas dos céus estão cheios de figuras divinas e animais totêmicos: arqueiros, pastores, virgens, ursos e carneiros, touros e caranguejos, cobras, cabras, elefantes, pássaros e peixes.

Contra esse pano de fundo mitológico do hemisfério celeste, o sol e a lua viajavam em ciclos orbitais separados, definindo os ritmos das estações, meses, dias e noites. Como seus antecessores paleolíticos, os mais antigos homens civilizados viam o Sol como a fonte da vida. Mediam o tempo por ele, adoravam-no como uma divindade e faziam da sua jornada do nascente ao poente e da primavera ao inverno uma metáfora da jornada da alma pela vida.

Os egípcios adoravam um deus-sol sob muitas formas e nomes, dependendo da hora do dia e da época do ano. O sol da manhã é Hórus, o jovem com cabeça de falcão, símbolo dos princípios e renovações. O sol forte do meio-dia é o maduro Rá, com cabeça de carneiro. E o sol poente é Osíris, muitas vezes retratado como uma múmia simbolizando a velhice e a morte. O deus-sol era representado viajando de barco ou empurrado por escaravelhos[14] pelo corpo da deusa do céu, Nut, até entrar no escuro submundo da morte, regido por Set, e depois levantar-se de novo ao amanhecer como Hórus.

O deus-sol grego, Hélio, viajava pelo céu diurno numa carruagem puxada por dois cavalos. Platão, que era fascinado por astronomia e astrologia, usou o mito da carruagem celestial para falar da jornada da alma.[15]

Hoje em dia nós sabemos, como fato científico, que a mudança das estações é causada pela inclinação do eixo da Terra e pela obliqüidade do seu plano de rotação em relação ao plano de translação. Os antigos astrônomos também sabiam que a mudança das estações estava relacionada com a obliqüidade da eclíptica, mas suas imagens mentais e suas explicações desse fato eram bem diferentes. A diferença fundamental, ao contrário do que se pensa, não é que nós vemos a Terra orbitando ao redor do Sol ao passo que os antigos imaginavam o Sol orbitando ao redor da Terra. De acordo com os princípios de relatividade, os fatos se explicam igualmente bem por ambas as perspectivas. A diferença marcante é que os homens modernos vêem o universo como uma máquina que funciona mas não tem vida, enquanto os antigos viam-no como um organismo vivo e inteligente.

Nos tempos modernos, a transformação das estações é concebida como um processo mecânico que obedece às leis da física. Nos planetários, podem-se ver modelinhos mecânicos nos quais uma bolinha azul revolve obliquamente em torno de um globo luminoso, que ilumina de modo mais direto o hemisfério norte no verão desse hemisfério e o hemisfério sul no verão deste. A imagem moderna da identidade humana sofreu uma mudança semelhante. Nós, seres humanos, já não nos vemos como membros espirituais de um todo orgânico. Agora vemo-nos, nas imagens da ciência newtoniana e darwiniana, como máquinas biológicas que povoam um cosmos mecânico e sem deus.

Os astrônomos antigos explicavam a mudança das estações por meio de metáforas e modelos orgânicos que sincronizavam[16] os acontecimentos celestes e terrestres de acordo com a fórmula: "Assim embaixo como em cima." O zodíaco foi usado como um modelo do tempo cíclico, no qual todas as coisas vêm e vão no devido tempo. O ciclo das estações, desde a primavera, quando o zodíaco começa em Áries, passando pelas casas governadas pelas constelações totêmicas, até o inverno e, por fim, uma nova primavera, é a manifestação do processo universal pelo qual todas as coisas sofrem o nascimento, a morte e a renovação.

A sincronicidade de alguns acontecimentos celestes e terrestres, como as estações, enchentes e eclipses, permitiu que os astrônomos antigos usassem o zodíaco para fazer previsões. Mas o zodíaco não era um instrumento construído de fatos nus e crus. Tinha se tornado uma teia de imagens e interpretações mitológicas. Os egípcios começavam o seu calendário com a aparição anual, no pré-amanhecer, de Sírius (Sótis), a estrela-cão, a estrela mais brilhante da constelação Cão Maior, que surgia quando da enchente primaveril do Nilo, inaugurando a estação da agricultura. Sírius aparecia sobre o Deserto da Arábia no Oriente, e, como a fênix mítica, era consumida pelas chamas do sol nascente para renascer outra vez na manhã seguinte de suas próprias cinzas, por assim dizer. O aparecimento anual de Sírius anunciava o aparecimento anual da vegetação e constituía a base factual do mito da fênix, que, como a vida do Cristo, é uma metáfora do ciclo do nascimento, morte e regeneração que caracteriza o espírito do cosmos.

Há dois mil anos, no Egito, a colheita começava com a ascensão vespertina de Spica, a estrela mais brilhante da constelação de Virgo, a virgem. Virgo é uma versão da mãe-terra, deusa da vegetação e da agricultura, que muitas vezes é representada segurando um feixe ou espiga de cereais, símbolo da colheita.[17] Na mitologia grega, a grande mãe fértil é Deméter, cujo nome latino é Ceres, de onde vem a palavra "cereal". De acordo com a lenda, a filha de Deméter, Perséfone, foi raptada por Hades, o deus do mundo inferior, que casou-se com ela. Pela intercessão de Deméter, Perséfone recebeu permissão de aparecer na terra uma vez por ano, no equinócio da primavera, o qual, há dois mil anos, coincidia com a lua cheia em Virgo. Platão atribuiu a Deméter a regência da constelação de Virgo, e ela era a principal deusa dos Mistérios de Elêusis, que celebravam o ressurgimento de Perséfone, vinda da terra dos mortos para regenerar a doce vegetação da qual a vida humana depende.

Devido à precessão dos equinócios, o movimento retrógrado das constelações do zodíaco a uma velocidade de mais ou menos uma constelação a cada dois mil anos, Sírius não surge mais durante as enchentes primaveris do Nilo. Dois mil anos atrás, o equinócio da primavera, que marcava o início do Ano Novo e do zodíaco, coincidia com a constelação de Áries no céu noturno. Dois mil anos antes disso, coincidia com a constelação do Touro. Hoje coincide com a constelação de Peixes, símbolo da era cristã. (Cristo disse a Simão Pedro: "Segui-me, e eu vos farei pescadores de homens.")[18] Mais ou menos em 2.375 d.C., a posição do sol no equinócio da primavera entrará na anunciadíssima Era de Aquário.[19]

O zodíaco dos mundos antigo não corresponde mais às constelações do nosso céu noturno. Os acontecimentos celestes e terrestres se descoordenaram pela precessão dos equinócios e o zodíaco tornou-se uma antiguidade obsoleta, congelada por séculos de tradição mitológica. O zodíaco e o seu emaranhado de mitos e imagens parece uma ficção poética, sem relação alguma com os fatos da Terra e do céu. Mas tanto hoje quanto na época dos deuses olímpicos, é verdade que, quando o sol cruza o equador celeste do sul para o norte, Perséfone outra vez ressurge dos mortos, junto com a fênix e o Cristo, para trazer nova vida à Terra.

A sincronização de certos acontecimentos celestes e terrestres, como as estações e as marés, deu ao zodíaco um poder sensacional de previsão. Naquela época como agora, o poder de previsão era visto como algo mágico, porque dá aos homens a possibilidade de controlar circunstâncias das quais talvez dependam a vida e a prosperidade. Assim, o zodíaco veio a ser visto como um instrumento mágico de adivinhação e profecia.

No início, o zodíaco era usado para fazer predições gerais sobre assuntos que afetavam o grupo; mas uma vez que o destino do grupo estava ligado ao destino do soberano, o zodíaco passou a ser utilizado para ler a sorte pessoal ou horóscopo dos reis. O mais antigo horóscopo pessoal que se conhece vem da Babilônia e data de 410 a.C.[20] Os gregos, Pitágoras e Platão inclusive, faziam muito uso de horóscopos pessoais; o mesmo se pode dizer dos romanos e dos povos do Oriente Médio, da Índia e da China. Santo Agostinho rejeitou a astrologia como uma superstição, mas São Tomás de Aquino a defendeu. A maioria dos astrônomos da nova ciência também eram astrólogos. Foi esse o caso de Copérnico, Brahe e Kepler, já que naquela época a ciência e a religião ainda não se tinham separado completamente. Os mapas astronômicos de Kepler foram utilizados para calcular o horóscopo de Martinho Lutero (1483-1546). Hoje, para muitas pessoas no mundo inteiro, o horóscopo zodiacal é o instrumento principal de autoconhecimento, de análise do caráter e de orientação pessoal na vida.

A palavra "horóscopo" vem das palavras gregas que significam "observação da hora", refletindo o seu uso original como cronômetro e calendário. Mas o horóscopo pessoal derivado do zodíaco não se baseia na Lua e no Sol, que são utilizados para dar a hora, mas no caminho dos planetas, que não são. Os ciclos do Sol e da Lua são demasiado regulares e previsíveis para que sirvam para representar a personalidade característica da humanidade; é isso que os torna úteis para medir o tempo. Os planetas, por outro lado, servem muito bem como metáforas do indivíduo humano. A palavra "planeta" vem da palavra grega que significa "peregrino". Cada planeta é um indivíduo, com suas próprias características singulares, que peregrina pelo zodíaco como o indivíduo humano peregrina pela vida: é semiprevisível; às vezes nasce e se põe sem reviravolta, mas outras vezes, idiossincrático, muda de velocidade e luminosidade aparentes; às vezes parece ficar parado e em seguida muda de direção com um capricho desconcertante.

Depois de séculos de tradições e atribuições locais, cada uma das sete esferas celestes (os cinco planetas visíveis, o Sol e a Lua) foi associada com uma divindade tutelar, cuja posição hierárquica, personalidade e aventuras foram associadas com determinados acontecimentos terrenos e qualidades humanas. Mercúrio, por exemplo, por ser o mais próximo do Sol, recebeu o cargo de mensageiro dos deuses e, logo, de regente das comunicações, da escrita, do aprendizado e do comércio. Marte, da cor do sangue, foi associado com a guerra e os conflitos. Vênus foi identificada com o amor. À medida que os planetas viajam em órbitas excêntricas pelas constelações do zodíaco, eles vão constituindo entre si certas relações angulares específicas: conjunção (0°), sextil (60°), quadratura (90°), trígono (120°) e oposição (180°). A configuração dessas relações angulares num momento específico reflete a natureza das vibrações das esferas celestes, que por pressuposto estão sincronizadas com o que acontece na Terra. O horóscopo pessoal é construído a partir desse padrão de relações angulares entre as esferas celestes no momento do nascimento, e supostamente reflete as qualidades da alma individual e augura as marés e correntes da sorte no decorrer da vida.

Embora as configurações planetárias fossem (e ainda sejam) a base do horóscopo astrológico pessoal, também eram um grande problema para os astrônomos da antiguidade. A concepção antiga do cosmos situava a humanidade e a Terra no centro de todas as coisas, e esse sistema não podia explicar as órbitas planetárias sem postular uma configuração complicadíssima de epiciclos e círculos excêntricos, que era constantemente refutada pelas observações astronômicas. A cosmologia de Aristóteles situava os planetas em círculos concêntricos, com seus epiciclos, girando em torno de uma Terra esférica. O sistema de Aristóteles foi levado ao seu máximo desenvolvimento pelo astrônomo grego Ptolomeu (121-161 d.C.), cujo *Almagesto* foi durante mil anos a grande bíblia da astronomia, até que em 1543, Nicolau Copérnico, no seu leito de morte, inaugurou a astronomia moderna com a publicação de sua *Revolution of the Celestial Spheres,* na qual classificava a Terra como um dos seis planetas que giram em torno do Sol.

A maior virtude do sistema copernicano era a simplicidade matemática. Pela suposição de que os planetas giravam em torno do Sol, a maioria dos epiciclos de Ptolomeu podia ser descartada. Mesmo assim, Copérnico teve medo de publicar a sua teoria heliocêntrica durante a vida, e esse medo não era injustificado. A teoria introduziu um hiato entre a astronomia e a visão de mundo mítico-astrológica do catolicismo, desencadeando uma crise na identidade humana.

Copérnico havia lido, em Arquimedes, a respeito de Aristarco de Samos (cerca de 270 a.C.), cujo modelo heliocêntrico havia sido suprimido pelos estóicos. E Martinho Lutero já o havia condenado como um tolo por descrer da concepção bíblica de um cosmos com uma Terra fixa no centro e o Sol girando ao seu redor. Afinal de contas, Josué tinha feito parar o Sol, e não a Terra.

Giordano Bruno (1548-1600) usou os cálculos heliocêntricos como base de uma nova visão do cosmos, e afirmou que a humanidade não poderia mais ser concebida como o centro do universo. Bruno foi queimado na fogueira pela Inquisição católica devido às inquietações que causou. Johannes Kepler (1571-1630), que havia aprendido secretamente o sistema de Copérnico enquanto estudava teologia, eliminou por fim toda a necessidade dos epiciclos ao calcular as leis matemáticas dos movimentos planetários. Para escapar da acusação de heresia, Kepler negou que suas teorias procurassem explicar a realidade ou contradissessem as escrituras. Afirmou que elas eram uma conveniência matemática. Não obstante, por ter defendido o heliocentrismo, ele foi posto para escanteio e sua mãe foi condenada como bruxa pela Inquisição.

Os cálculos matemáticos e as observações telescópicas de Copérnico, Brahe, Kepler e Galileu deram início à avalanche que, no final, soterrou a astronomia geocêntrica tradicional sobre a qual a se apoiava a identidade humana. Por causa disso, a astronomia foi privada da sua superestrutura astrológica e, enquanto a astronomia factual se tornava a princesa da nova ciência, a astrologia foi relegada à qualidade de superstição arcaica e pseudocientífica. Como arte divinatória a astrologia tem pouco valor, e seus defensores mais inteligentes minimizam-lhe os poderes de previsão. Não obstante, muitas pessoas inteligentes se sentem atraídas por ela e fazem dela a sua fonte principal de autoconhecimento e orientação. Isso pode parecer uma superstição arcaica, mas faz algum sentido.

O conteúdo mitológico da astrologia, que foi se acumulando no decorrer de milhares de anos, retrata magnificamente a personalidade humana segundo uma forma que ajuda a aguçar as percepções interpessoais.[21] Todos os sistemas de personalidade são, na verdade, interpretações de fatos psicológicos. Qualquer teoria da personalidade — seja ela a psicanálise, seja o sistema budista tibetano das "cinco famílias", seja astrologia, que toma algumas, ou mesmo a maioria das características ou fatores humanos, tais como a coragem, a perseverança, a ambivalência, a agressividade, o amor, a capacidade de comunicação, etc., e as relaciona umas com as outras em oposições e conjunções — pode ser uma fonte de intuições sobre o complexo caráter humano. Embora as previsões astrológicas talvez não sejam dignas de confiança, cada pessoa pode se identificar nas configurações de personalidade que regem as doze casas do zodíaco.

A astrologia é uma mitologia arcaica do céu que expressa as contradições e as continuidades entre o ser humano, o mundo natural e a divindade. É uma projeção, no céu, da idéia que fazemos de nós mesmos, e uma leitura do céu em busca de um vislumbre da nossa própria natureza. Ela revela que nós, indivíduos humanos, somos como os planetas, que vagueiam através do tempo histórico, arrastados pelos ciclos do tempo natural, contra o pano de fundo de um tempo duradouro e eterno.

O Céu e o "Eu"

Nem os mitos religiosos nem as teorias científicas são capazes de transmitir o impacto incrível do céu majestoso, em contraposição ao qual o drama do eu humano aqui na Terra parece um sonho insignificante e transitório. Não é preciso estudar os mitos ou teorias sobre o céu para nos darmos conta do que Eliade nos faz recordar: "que o próprio céu revela diretamente uma transcendência, um poder e uma santidade... pelo simples fato de estar lá".[22]

O efeito mais espetacular e atemporal do céu sobre a mente humana pode ser percebido ao nos deitarmos na grama, numa noite sem lua e sem nuvens, observando as estrelas e notando os momentos breves e sutis em que passamos do contexto humano para o contexto celestial e depois voltamos ao contexto humano; em que deixamos para trás os detalhes do drama pessoal da vida diária para nos perder nas estrelas. Essa transição entre o "eu" pessoal e o céu divino é a dialética entre o finito e o infinito, entre o sagrado e o profano. Nessa dialética, as experiências individuais concretizam a relação entre a vida pessoal e a existência como um todo.

A sensação do sagrado é o núcleo da religião, porque define dialeticamente o sentido do eu. Nas religiões exotéricas — religiões de sábado, domingo e dias santos –, a experiência do sagrado está imersa num emaranhado de crenças mítico-morais. Rudolph Otto criou o termo "numinoso" para denotar a sensação do sagrado despida de qualquer interpretação racional ou moral.[23]

A sensação do numinoso está além da linguagem, ou talvez seja melhor dizer antes da linguagem, antes da própria razão. O esforço de captar-lhe o significado gera sentimentos de confusão que as interpretações cognitivo-racionais tentam definir e resolver, tirando a força, nesse processo, da sensação original.[24] A qualidade numinosa do céu pode ser sentida pelo simples ato de sair lá fora e olhar para cima, sem julgar, interpretar ou fazer comentários a respeito — simplesmente sentir a presença de algo que existe e que nos faz estremecer e brilhar. Nas palavras de Santo Agostinho: "Estremeço na medida em que sou diferente dele. Brilho na medida em que sou semelhante a ele."[25]

Na opinião de Rudolph Otto, o elemento básico do numinoso é o "sentimento da criatura", que ele define como "as emoções de uma criatura, submersa e assombrada pela sua própria insignificância em comparação com o supremo que está acima de todas as criaturas"[26]. O céu é o outro arquétipo, em contraste com o qual o eu percebe a si mesmo. Esse sentimento de "egoidade", que pode ser evocado pelo céu ou por qualquer outro lugar, objeto ou símbolo sagrado, é mesclado de ansiedade. É assombrado pela sensação de impotência e vulnerabilidade em face do *mysterium tremendum*, o vasto, assombroso mistério do cosmos.

Abraão expressou esse sentimento confessando que era somente pó e cinza perante o Senhor. Jó expressou-o num grito de dor, afirmando que os seres humanos não têm a possibilidade de contender com Deus. Esse sentimento de terror por parte da criatura recebe forma com a imagem do "Deus-Ogro", símbolo do lado assustador da vida, que tortura, provoca e escarnece das suas criaturas. O deus celestial dos hebreus, Yahweh, tinha também um aspecto terrível. Quando Moisés, um dia, pediu para ver sua face, crendo que merecia esse vislumbre especial depois de servir a Deus fielmente durante o exílio, a fuga do Egito e o vagar pelo deserto do Sinai, Yahweh respondeu-lhe duramente: "Tu não podes ver o meu rosto; nenhum homem pode ver a minha face e continuar a viver." Então, provocando o seu servo favorito, Yahweh deixou Moisés a ver navios, dizendo-lhe, na verdade: "Tu não podes contemplar o meu rosto, mas podes ver o meu traseiro."

> Eu te porei numa fenda do penhasco, e com a mão te cobrirei, até que eu tenha passado. Depois, em tirando eu a mão, tu me verás pelas costas; mas a minha face não se verá.[27]

O tremor espectral de ansiedade em face do numinoso, que é muitas vezes identificado como o temor de Deus, é mais do que o medo comum dos animais. Contém algo de estranho, assustador e sobrenatural, coisas essas que os animais não concebem e das quais não têm medo. Rudolph Otto opinou que este sentimento de terror e assombro que a criatura tem perante o numinoso, "surgindo na mente do homem primitivo, constitui o ponto inicial de todo o desenvolvimento da religião na história". Podemos acrescentar que esse sentimento da criatura também é o ponto inicial do sentido do eu dos seres humanos. O sentido do eu aparece em contraposição ao sentido do numinoso.

Se, um momento antes de o "eu" pessoal se perder nele, o céu evoca um sentimento de criatura, uma consciência de si mesmo como criatura em meio à criação, o ato de voltar as costas ao céu e olhar para os outros seres humanos na vida social cotidiana, tem o efeito oposto. A vida social e pessoal é caracterizada pela negação da existência da criatura e o povoamento do mundo com projeções "sobrenaturais" do eu.

A ansiedade cósmica implica o desenvolvimento de uma capacidade mental original e diferente de todas as predisposições animais. Se a religião começou com uma sensação do misterioso, quando os seres humanos pela primeira vez se assombraram com a existência, ao mesmo tempo esses seres humanos devem também ter vislumbrado uma sensação do eu, que se releva da existência por ser o observador desta.

A noção do estranho implica uma noção do comum. A noção da presença de um *outro* diferente e misterioso implica uma noção de *algo conhecido que percebe o outro*. É bem possível que o começo da religião coincida com o começo da autoconsciência humana, no momento em que o animal humano se tornou consciente de sua existência como uma criatura em meio à criação.

A ansiedade cósmica é somente um dos pólos da consciência da criatura, o pólo negativo, no qual a impotência e a vulnerabilidade da criatura são sentidas sob a forma de um medo terrível da aniquilação pessoal. No pólo positivo está o brilho do fascínio e atração pelo numinoso, uma aceitação da vulnerabilidade perante ele, um desejo de renunciar ao eu e fundir-se com o numinoso na alegria.

Ambos os pólos da consciência da criatura baseiam-se na consciência do eu em relação ao numinoso. Mas, enquanto o pólo negativo ama o eu e busca a sua preservação e o seu aprimoramento, o pólo positivo ama o numinoso e, em contrapartida, despreza o eu. O grande selo do misticismo é a realização da subordinação do eu ao numinoso e a primazia do numinoso sobre o eu.

Nas tradições místicas, o numinoso é retratado como a plenitude do ser, a mãe pura de todas as coisas, a perfeição da virtude e da sabedoria. O "eu" pessoal é retratado como a sede da ilusão, da imperfeição e do pecado. Rudolph Otto diz isso da seguinte maneira: "O misticismo leva ao ponto máximo essa oposição entre o objeto numinoso, o 'completamente outro', e a vida comum."[28]

> Pois uma das características principais e mais gerais do misticismo é justamente essa depreciação do eu (tão claramente evidente no caso de Abraão), esse ato de considerar o eu pessoal como algo que não é perfeita nem essencialmente real, ou mesmo como uma nulidade absoluta... E, por outro lado, o misticismo leva a uma valoração do objeto transcendente a que faz referência, considerando-o como algo por meio do qual a plenitude de ser se afirma, suprema e absoluta, de modo que o eu finito, em comparação com ela, se torna consciente, mesmo no meio da sua nulidade, de que eu 'sou nada, Tu és tudo'.[29]

CAPÍTULO VINTE E TRÊS

A Polarização do Paraíso: O Mito do Éden

O indivíduo, em sua própria vida, tem de seguir a mesma estrada que a humanidade seguiu antes dele.

— Erich Von Neumann, *The Origins and History of Consciousness*

Embora a teoria darwiniana da evolução se erga sobre um alicerce bem forte de dados científicos, muitos religiosos a rejeitam como contrária às Escrituras. Interpretada literalmente, a Bíblia ensina que Deus criou os primeiros seres humanos já na sua forma definitiva, num ato especial de criação. A teoria da evolução de Darwin diz que os seres humanos evoluíram dos animais, piorando o pandemônio que as ciências copernicanas e newtonianas já haviam causado no mundo cristão.

Os dados científicos da evolução de fato contradizem a interpretação literal da criação segundo o Antigo Testamento. Mas é como a contradição entre as maçãs e as laranjas: elas são diferentes, mas ambas são frutas. Os fatos da evolução e os mitos da criação são contraditórios, mas, não obstante, são ambos verdadeiros: um factualmente, o outro metaforicamente.

Os mitos da criação são representações alegóricas dos fatos da evolução. Os mitos da criação do mundo são alegorias da evolução da consciência. Escreve Mircea Eliade: "A gênese do mundo é o modelo da formação de um homem."[1] Compare o pensamento de Eliade com a idéia de São Boaventura, citada na epígrafe do capítulo anterior: "Em relação à posição que ocupamos na criação, o próprio universo é uma escada pela qual podemos subir a Deus." A semelhança de idéias num filósofo medieval e num moderno historiador das religiões reflete o fato de que a questão da identidade pessoal — "Quem sou eu?" — é simultaneamente uma pergunta sobre a origem do eu, a origem da consciência, a origem da humanidade e a origem do mundo.

Carl Jung via os mitos religiosos como arquétipos, ou imagens primordiais, dos estágios da evolução da consciência humana. Erich Neumann, seguidor de Jung, compara a evolução da consciência com a controversa lei biogenética de Haeckle: "A ontogênese recapitula a filogênese", ou, em português claro, o desenvolvimento do indivíduo humano repete os estágios do desenvolvimento da espécie humana. De acordo com Neumann:

> No decorrer de seu desenvolvimento ontogenético, a consciência egóica individual tem de passar pelos mesmos estágios arquetípicos que determinaram a evolução da consciência na vida da humanidade. O indivíduo, em sua própria vida, tem de seguir a mesma estrada que a humanidade seguiu antes dele.[2]

A idéia de que os mitos da criação são modelos da formação da pessoa consta também da psicanálise, onde figura como a afirmação de um elo entre a neurose e a história.[3] Como Rousseau e Kant, Freud acreditava que os problemas do indivíduo têm de ser compreendidos à luz da evolução da raça, e ele buscou a origem da neurose na história da civilização.

Freud situou a origem da neurose no momento mítico em que a horda primordial, abalada pela culpa do parricídio, fundou a sociedade, a religião e a moral a fim de reprimir os efeitos destrutivos dos impulsos sexuais e agressivos.[4] Quando a consciência se colocou contra o instinto, a sociedade se colocou contra o indivíduo e o indivíduo se colocou contra si mesmo.[5] Escreve Norman O. Brown: "A doutrina da neurose universal da humanidade é o análogo psicanalítico da doutrina teológica do pecado original."[6]

A Evolução da Autoconsciência Humana

O surgimento da autoconsciência humana a partir da consciência não-reflexiva dos animais, é muitas vezes representado nos mitos como o acender de uma luz no meio das trevas.[7] No mito da criação do Antigo Testamento, Deus criou o mundo separando a luz das trevas: "E Deus disse: Haja luz, e houve luz."[8] As origens do mundo e da consciência humana, portanto, estão muito bem representadas nas imagens que têm a ver com o céu, a mão e o olho, como a da criação da luz. Em outros mitos da criação, o mundo começa com uma palavra ou um pensamento, retratando os primórdios da consciência humana na fala.

O surgimento da luz no meio das trevas simboliza o surgimento de algo a partir do nada. No contexto da evolução do eu, representa o surgimento de uma pessoa onde antes não havia ninguém. No simbolismo antitético do eu, o nada ou não-ego é figurado como um vazio sem atributos, o qual, não obstante, é perfeito em sua simplicidade e plenitude.

No simbolismo antitético do ego, o nada também é visto como dotado do duplo poder da fecundidade e da aniquilação. O vazio numinoso é ao mesmo tempo *origem* e *destino*, *mãe* e *morte*, Deus *salvador* e Deus *ogro*. Como o *Urgrund*, o "solo do ser", o vazio primordial também é simbolizado pelo círculo, a esfera, o ovo cósmico e a serpente celestial, a Uroboros, que se alimenta da sua própria cauda, fertiliza a si mesma e gera o mundo num eterno ciclo cósmico de regeneração autossuficiente. Nesse estágio primitivo, antes de surgir de todo, o ego não existe para si enquanto dualidade entre o observador e o observado. Há somente a unidade relativamente indiferenciada do *todo* e do *nada*. O ego ainda está submerso no inconsciente; é uma mera potencialidade no cérebro despolarizado e na mentalidade inconsciente do hominídeo primordial.

O nascer mítico da luz representa o alvorecer da autoconsciência, quando os primeiros seres humanos tomaram consciência do ciclo do dia e da noite e de si mesmos como criaturas em meio à criação. O aparecimento da luz é o aparecimento da consciência do outro e, logo, da consciência do eu. A polarização do cosmos em luz e trevas simboliza a polarização do paraíso, o surgimento de palavras, percepções e pensamentos antitéticos. O conceito de Deus como Urgrund, como o princípio criativo indiferenciado, é uma metáfora do estado pré-polar da consciência humana. Escreveu Carl Jung: "Yahweh é um conceito de Deus que contém os opostos num estado ainda indiviso."[9]

Em muitas culturas, os primeiros estágios da criação do mundo a partir do vazio indiferenciado são retratados como uma hierogamia, o casamento sagrado dos pais do mundo, que simbolizam as polaridades divinas. Nas mitologias grega, egípcia e japonesa, o casal cósmico são o Pai Céu e a Mãe Terra, cujo abraço andrógino simboliza a interpenetrante coexistência dos opostos e produz as milhares de coisas do mundo. Na religião chinesa, os princípios polares primitivos são o *yang* e o *ying*, unidos num abraço tântrico dentro do círculo infinito do *tao*.

Essas imagens míticas são metáforas da polarização do paraíso, o processo evolutivo que acarretou a polarização ou lateralização do cérebro a fim de prepará-lo para a fala. Os primeiros elementos da fala criaram um momento inteiramente novo na evolução, o nascimento de uma nova forma de consciência baseada na lógica binária e capaz de distinguir semelhanças e diferenças no mundo objetivo. O surgimento desse modo de consciência é representado nos mitos pela criação da luz e pela separação dos opostos.

A vocalização e percepção das qualidades antitéticas levaram o sistema de olho, mão e cérebro dos hominídeos a um novo nível de inteligência, uma inteligência capaz de manipular, classificar e manufaturar novas ferramentas e objetos para resolver o problema da sobrevivência. Essa inteligência também acrescentou novas dimensões à percepção da realidade: as dimensões do ego pessoal, da ação moral e do tempo histórico, criadas respectivamente pelas percepções antitéticas do eu e do outro, do bem e do mal, do passado e do futuro. Nas categorias antitéticas da consciência polarizada, a origem da humanidade é vista como um acontecimento ambivalente. Pois, por um lado, representa o nascimento de uma inteligência nova e poderosa. Por outro lado, representa o fim da inocência, a expulsão do paraíso, a queda no abismo da História e a consciência da morte.

O Mito do Éden

O mito do Éden é uma metáfora da transformação da consciência do animal em consciência humana. O Éden, ou Paraíso, representa o estado pré-polarizado da consciência, quando os pré-humanos viviam em meio aos animais, comunicando-se com eles sem o auxílio da fala. A expulsão ou Queda representa a polarização do paraíso, quando o cérebro se lateralizou para a fala, criando assim o eu, a moral e a História.

O mito do Éden é uma metáfora composta, uma colagem que se constituiu em diversos períodos e culturas. A serpente, que perde a sua pele e parece renascer da própria carcaça, é um antigo símbolo da morte e da regeneração, do nada e da oscilação dos opostos, que tenta Eva a fazer a experiência da dualidade. A árvore é o *axis mundi*, o eixo do mundo, o bastão sagrado que se estende da Terra até o céu, como o pé de feijão do Joãozinho, apontando o caminho que os seres humanos devem seguir. Adão e Eva são, no mito, os primeiros seres humanos, os pais do mundo inteiro, cuja expulsão do Paraíso assinala o começo da espécie humana.

No mito bíblico do Gênesis, Adão e Eva são expulsos do Paraíso e se tornam plenamente humanos em decorrência do seu pecado, o *pecado original*, que é a neurose universal da humanidade. Na Bíblia, o pecado de Adão é retratado como um ato bem específico: desobedecer a Deus e comer o fruto proibido. Mas o pecado original não pode ser um ato em particular que os seres humanos não possam cometer. Ele é necessariamente inerente à natureza humana, é um produto da evolução. O filósofo dinamarquês Søren Kierkegaard percebeu esse fato:

> Explicar o pecado de Adão é, portanto, explicar o pecado original, e explicação alguma tem valor se, ao explicar o pecado original, não explica o próprio Adão. A razão mais profunda disso está na característica essencial da existência humana: o homem é um indivíduo e, como tal, é ao mesmo tempo ele mesmo e a raça inteira, de tal modo que a raça inteira tem participação no indivíduo e o indivíduo tem participação na raça inteira... Adão é o primeiro homem; ele é ao mesmo tempo ele mesmo e a raça... Portanto, o que explica Adão explica a raça, e vice-versa.[10]

Kierkegaard era um dinamarquês individualista e rebelde que rejeitou a tradicional doutrina cristã-paulina de uma identidade entre o pecado original e o despertar da concupiscência, ou o desejo sexual. Kierkegaard amava a liberdade e via a capacidade de escolha como a diferença crítica entre o animal e o homem. Interpretava o pecado original como uma qualidade psicológica que entrou na mente de Adão antes que o desejo sexual o fizesse.

Quando Deus proibiu Adão de comer do fruto da árvore do conhecimento do bem e do mal, a proibição suscitou dialeticamente em Adão a consciência da possibilidade de escolha. Proibição implica escolha. Ela só faz sentido no contexto da escolha, da possibilidade de a proibição ser violada. Como todos os seres humanos, Adão sentiu-se temeroso perante a possibilidade da liberdade. Kierkegaard vê o temor como "a ambigüidade característica da psicologia". Ele escreveu: "O temor é uma antipatia simpática e uma simpatia antipática."[11] O temor, em outras palavras, é a interação entre o desejo e a aversão — a experiência de desejar o que se teme e temer o que se deseja.

O temor é a polarização da consciência, que se manifesta como a percepção do positivo e do negativo em cada possibilidade. O primeiro mandamento é a negação que cria a possibilidade da liberdade. Quando Deus ordenou a Adão: "Não! Daquela árvore não comerás", Adão tomou consciência da possibilidade: "Sim! Daquela árvore eu quero comer." Como a criança que se torna autoconsciente no momento em que é paralisada por uma proibição dos pais, Adão se tornou humano num choque causado por um "Não!" divino e cósmico. O tabu assinala o princípio da escolha e da moral. A liberdade de escolha é assombrada pela possibilidade de escolher mal. A liberdade é assombrada pela culpa, assim como o "Sim!" é assombrado pelo "Não!". A possibilidade da liberdade assombrada pela culpa é o fim da inocência. "Todas as ações humanas são contraditórias", afirmou Mao Zedong, fazendo uso, inconscientemente, da antiga concepção hebraica de que o mal é o preço do livre-arbítrio.

No mito bíblico do Gênesis, a serpente tenta Eva a comer o fruto proibido, prometendo-lhe que, ao contrário do que Deus havia dito, ela não morreria. Ao invés disso, a serpente prometeu: "Vossos olhos se abrirão, e vós sereis como deuses, conhecedores do bem e do mal."[12]

A serpente é um símbolo de morte e renascimento — da dualidade. Ao se ver diante da serpente, Eva se viu diante do fato da morte e da dupla possibilidade do bem e do mal. O fato da morte é, provavelmente, um dos primeiros fatos conhecidos pelo homem. O aparecimento súbito de ritos funerários no período Paleolítico Médio dá a entender que os neandertais percebiam o fato da morte. Os cadáveres enterrados de frente para o Oriente e cobertos de flores sugerem o desejo de renascimento, talvez de imortalidade. A tentação de Eva pela serpente é uma metáfora da crescente percepção da morte e do desenvolvimento dialético do desejo de vida eterna.

O medo da morte e o desejo de ser Deus são as características fundamentais do ego humano. O desejo de ser Deus é o Projeto Felicidade universal do ser humano. Jean-Paul Sartre escreveu: "A melhor maneira de conceber o projeto fundamental da realidade humana é dizer que o homem é o ser cujo projeto é ser Deus... Ser homem significa procurar ser Deus. Ou, se você preferir, o homem é fundamentalmente o desejo de ser Deus."[13] Não foi Sartre quem inventou essa idéia. Platão pensava que "todos os homens fazem todas as coisas, e quanto melhores eles são, tanto mais as fazem, na esperança da fama gloriosa da virtude imortal; pois eles desejam o imortal"[14]. Dante fez eco a Platão com o clamor: "Como se faz eterno o homem!"[15]

O desejo de ser Deus é uma reação contra o medo da morte. Blaise Pascal lamentou: "O último ato é trágico. Por mais feliz que seja o resto da peça, no fim um punhado de terra nos é jogado sobre a cabeça e daí tudo acaba para sempre."[16] O medo da morte surge quando o ego se percebe transitório e insignificante perante o cosmos. O medo da morte é o medo que o ego tem da sua própria dissolução, de transformar-se de alguém em ninguém. Dialeticamente, o desejo do ego é ser Deus, ser imortal e invulnerável, viver feliz para sempre. É a extensão simbólica do impulso vital de sobreviver e vencer. Constantemente ameaçado pelo espectro do próprio desaparecimento, o ego luta para se afirmar, para fazer-se durável mediante a conexão vital com objetos duráveis, para sobreviver à morte por meio da fama e da glória, para esculpir o seu busto no Rochedo das Eras.

O desejo de ser Deus não é uma fantasia de filósofo, para ser desfrutada em momentos ociosos. É uma metáfora dos Projetos Felicidade do indivíduo e da espécie. "O desejo vai além de si mesmo", escreveu Sartre, querendo dizer que os nossos desejos pessoais concretos expressam nossos anseios mais profundos em relação à vida como um todo. Nossos desejos, aspirações e ambições pessoais, por mais triviais que sejam, podem ser estratégias para transcender o medo da morte.

Para se conhecer, a pessoa precisa ter consciência do medo que o ego tem da dissolução e do seu desejo de ser Deus, ou de viver para sempre através de uma série de reencarnações. A personalidade do indivíduo humano e da espécie humana são expressões desses esforços vitais, como escreveu Ernest Becker:

> O que chamamos de personalidade do homem, ou seu estilo de vida, é na verdade uma série de técnicas desenvolvidas por ele, e essas técnicas têm em vista um fim principal — a negação do fato de que ele não tem controle sobre a morte e sobre o sentido da sua vida. Se você desmascara essa negação, sabotando ou desmascarando suas técnicas, você sabota toda a personalidade dele — aliás, as duas coisas são exatamente a mesma.[17]

Logo que Adão e Eva provaram o fruto proibido, seus olhos se abriram e eles se tornaram como deuses, conhecedores do bem e do mal. Os olhos são uma metáfora da consciência. A abertura dos olhos e a visão da luz simbolizam a transformação da consciência em consciência humana. O instrumento dessa transformação foi o fruto proibido. Nesse sentido, a maçã mítica do Éden era uma substância psicodélica (psicodélica = que manifesta a mente) como o LSD, mas com o efeito oposto.[18]

A maçã era um fruto proibido por Deus porque tinha o poder de criar o eu. O LSD é um fruto proibido pela sociedade porque dissolve o eu. Quem o come abre as portas da percepção do paraíso (ou do inferno) e acaba expulso da sociedade.[19] O fruto da árvore do conhecimento do bem e do mal gera a rede lingüística de significados antitéticos, o conhecimento do eu e do outro, do bem e do mal, da História e da morte. Quem o come é expulso do Paraíso. A expulsão do Paraíso é uma metáfora da evolução da fala antitética, do nascimento da dualidade a partir do tao inefável. Expressa-se poeticamente no *Tao-Te King** chinês, o *Livro do Caminho e da Vida*.

> O Tao descrito em palavras não é o verdadeiro Tao.
> As palavras não podem descrevê-lo.
> Sem nome, ele é a fonte de criação.
> Com um nome, é a mãe de todas as coisas.
> Sempre que se percebe o mais belo, surge a fúria.
> Sempre que se percebe o bem, o mal existe, seu oposto natural.
> Assim, a percepção envolve opostos;
> Realidade e fantasia são pensamentos que se opõem.
> O difícil e o simples se opõem em graus;
> O longo e o curto se opõem em distância;
> O alto e o baixo se opõem em altura;
> O agudo e o grave se opõem em tom;
> O antes e o depois se opõem em seqüência.[20]

Logo que Adão e Eva comeram a maçã psicodélica, eles ficaram envergonhados. "Abriram-se, então, os olhos de ambos; e percebendo que estavam nus, coseram folhas de figueira, e fizeram cintas para si."[21] A vergonha é o produto dialético do orgulho. Ela aparece quando o orgulho fracassa. Se o orgulho é o desejo de ser Deus, a vergonha é a revelação antitética do corpo mortal animal. Nós ficamos envergonhados quando a nossa atuação social se desintegra, quando tropeçamos em atos e palavras, despindo-nos momentaneamente do eu social e revelando uma criatura imperfeita. O orgulho é a negação da criatura finita. A vergonha é a exposição da sua nudez.

A ocultação dos órgãos genitais com folhas de figueira simboliza a repressão do corpo animal. Representa a transição edipiana da espécie, o rito de passagem de animal para ser humano, análogo à passagem da infância para a maturidade social.[22] A repressão do corpo equivale a uma promessa de fidelidade ao símbolo, ao eu e à sociedade. Todas as sociedades estabelecem um sistema moral que exige a repressão e o controle do corpo, por meio do qual elas adquirem controle sobre a mente. A proibição do incesto, da masturbação, das perversões sexuais, do suicídio, do canibalismo e do uso de certas substâncias psicotrópicas serve à função mais profunda de firmar o poder do grupo social sobre o indivíduo.

Hoje nós temos uma visão estreita do incesto; ele parece apenas uma tragédia da família nuclear. Nas sociedades primitivas, porém, onde a família era maior, compreendendo clãs e tribos, as regras de incesto determinavam quem podia se casar com quem, e desse modo constituíam a base da organização social. A proi-

---

* *Tao-Te King*, publicado pela Editora Pensamento, São Paulo, 1987.

bição do suicídio nega o controle individual sobre a morte. O controle do sexo e das drogas estabelece o domínio da sociedade sobre o corpo. Ao firmar seu domínio sobre o prazer e a morte, a sociedade se estabelece a si mesma, aos olhos do indivíduo, como Deus.

A expulsão do Paraíso é a Queda no abismo da História. Ela introduz um elemento moral na evolução, não na qualidade de um pecado em particular, mas de uma capacidade de escolha. O pecado original é a evolução da escolha entre caminhos antitéticos de ação. A capacidade de escolha, por sua vez, deriva da evolução da linguagem antitética e das percepções antitéticas do mundo objetivo.

O bem e o mal são abstrações das ações certas e erradas, do *Sim!* e do *Não!* dados como comandos verbais. A regulação do comportamento por meio de comandos verbais exigia uma forma de aprendizado mais rápida e flexível do que a que era dada pelo código genético ou pelo arco reflexo. Exigia a capacidade de armazenar, recuperar e modificar informações quase instantaneamente. Em outras palavras, exigia o desenvolvimento da memória.

Na memória, os comandos verbais e regras morais permanecem acessíveis e eficazes muito tempo depois de serem recebidos. Por intermédio da memória, o passado volta à consciência. A memória do passado, além disso, cria dialeticamente o futuro, à medida que as memórias vão se alinhavando em seqüências de antes e depois, derivadas das seqüências visual-espaciais de "à frente" e "atrás". O futuro é a memória que virá. A memória do passado e a imaginação do futuro são a Queda no abismo do tempo histórico.

Mente Analógica e Mente Digital (Dualista)

A evolução da memória tornou necessário um grande aumento do volume e da complexidade do sistema de armazenamento de informações no córtex cerebral. Isso aconteceu com uma rapidez incrível nos últimos trinta a setenta mil anos, pela convolução do córtex cerebral para dentro e pelo crescimento vigoroso dos lóbulos frontais.[23] Ao mesmo tempo, o sistema de coordenação entre olho, cérebro e mão dos primatas lateralizou-se para a fala. O desenvolvimento da fala e da memória aumentou dramaticamente a inteligência do homem em comparação com a dos macacos.

Do ponto de vista da evolução, a inteligência é um instrumento de adaptação aos problemas da vida. A nova lógica binária do cérebro humano aumentou a capacidade de aprender com os erros e não só com os acertos, de desenvolver novas ferramentas e técnicas para caçar e colher e, no fim, de domesticar animais e plantas. Na qualidade de ferramenta evolutiva, a inteligência faculta ao homem a apreensão e manipulação dos fatos de maneira análoga à maneira pela qual a mão dos primatas pega e manipula os objetos. Essa capacidade de conhecer os fatos e aplicá-los fez com que a espécie humana fosse capaz de sobreviver, se adaptar e prevalecer sobre uma grande variedade de condições naturais e históricas.

A inteligência, porém, tem um lado irônico. A lógica binária do intelecto humano também criou a consciência dualista do eu e do outro, do bem e do mal e do passado e futuro. O outro lado da moeda da inteligência é a autoconsciência, a neurose e a loucura. A neurose e a loucura são manifestações de uma inteligência que perdeu o domínio sobre si mesma.

O desenvolvimento da fala e da inteligência implica o desenvolvimento da mente discursiva. Pelo incessante diálogo interior da mente discursiva, o eu se esforça sem parar para vencer o seu desnorteamento, procurando um meio de escapar do mal e da morte e encontrar o caminho da felicidade eterna. Essa narrativa discursiva interior é *avidya*, ignorância, um dos três venenos e a causa fundamental do sofrimento que nós, seres humanos, infligimos a nós mesmos e ao próximo. Uma das funções da *shamatha*, ou meditação budista da tranqüilidade, é aquietar e estabilizar a mente discursiva, criando assim a possibilidade da sanidade.

A lateralização do cérebro para a fala criou uma nova forma de consciência especificamente humana, que coexiste com a consciência animal. O Éden e a Queda representam as duas formas contrastantes de consciência. O Éden representa a consciência animal. A Queda representa a evolução da consciência especificamente humana.

Pode-se compreender a diferença entre a mente humana e a mente animal comparando-as com dois tipos de computador. A mente humana é comparável a um computador digital e a mente animal é comparável a um computador análogo:

COMPUTADOR ANÁLOGO: MENTE ANIMAL
COMPUTADOR DIGITAL: MENTE HUMANA

A diferença entre o pensamento análogo e o digital pode ser ilustrada por uma experiência ou visualização a ser feita com o pensamento. Imagine-se num jardim cheio de flores em plena primavera. A brisa fresca traz consigo uma fragrância suave. A terra tem um cheiro bom, úmido e fértil. Os pássaros cantam alegremente, buscando o desjejum. O entrelaçado dos caules verdes sobre os quais flutuam as flores dança ao bater da brisa. O sol matutino está quente.

> O sol matutino
> Esquenta minhas costas:
> Amanhecer Zazen.[24]

Aí então, quando estamos desfrutando do nosso belo jardim, o pensamento começa a comentar: "Que linda manhã! Como são bonitas as flores. Estou feliz. Quero viver aqui para sempre. Mas, que droga! Devo $ 6.000,00 de imposto predial. Tenho de achar um jeito de arranjar esse dinheiro, senão vou perder minha casa, minha terra e meu lindo jardim. Isso seria terrível!"

Os cheiros, a vista, os sons e os sentimentos provocados pelo jardim são pensamentos análogos. O comentário, a preocupação e as imagens de transcendência e fracasso são pensamentos digitais. A diferença entre o pensamento digital e o pensamento análogo pode ser entendida por uma comparação entre os computadores digitais e os análogos. Os computadores análogos têm uma continuidade física com os estados que representam. Os termômetros, velocímetros e instrumentos de medir pressão são computadores análogos. O termômetro fica fisicamente submerso no líquido ou gás cuja temperatura ele mede. O velocímetro fica diretamente ligado à roda cuja velocidade está sendo medida: quanto mais rápido gira a roda, maior será a leitura da velocidade.

A consciência sensorial é um pensamento análogo. Os órgãos sensoriais são fisicamente alterados pelos objetos ou estados que eles sentem. A retina ocular reage às figuras de luz emitidas pelo objeto visualizado. O ouvido ressoa com as vibrações do som que o atinge. O nariz cheira as moléculas que se evaporam do objeto que ele cheira. A textura, a pressão e o calor incidem fisicamente sobre a pele.

Enquanto o pensamento análogo tem uma conexão imediata com o mundo que representa, o pensamento digital separa a representação do objeto representado. Não há nenhuma associação intrínseca entre o símbolo e o seu referente. Por exemplo, o processador de texto onde estou escrevendo digitaliza meus pensamentos, convertendo cada letra do alfabeto numa seqüência de sinais binários constituídos por dois circuitos ligados ou desligados. Um computador de oito bits pode registrar qualquer uma de 256 (2^8) combinações de oito seqüências binárias. Por exemplo, se *ligado* for "+" e *desligado* for "-", então:

A = _ _ _ _ _ _ _ _
B = + - A = _ _ _ _ _ _ _ _
C = - + A = _ _ _ _ _ _ _ _
D = + + A = _ _ _ _ _ _ _ _

e assim por diante.

Não há nenhuma relação intrínseca entre as seqüências de circuitos ligados e desligados, e as letras do alfabeto. "A" poderia ser ++ ++ ++ ++ ++ ++ ++ ++, ou qualquer outra das combinações possíveis de oito dígitos binários. Assim como as letras podem formar palavras, as cadeias desses dígitos binários podem formar palavras; e longas cadeias e árvores de dígitos binários podem representar frases, idéias e até pontos sutis de filosofia.

As representações análogas são sinais. As representações digitais são símbolos. A diferença é que o sinal tem uma conexão intrínseca com o que ele representa. Por exemplo, a fumaça é um sinal do fogo. Os sintomas de uma doença são sinais: a febre é um sinal de infecção; a dor abdominal pode ser um sinal de apendicite, e assim por diante. Em cada um desses casos, o sinal é uma manifestação física do que ele representa.

Não há conexão intrínseca entre um símbolo e seu referente. O símbolo é definido como algo que está no lugar de outra coisa, representando-a. Os símbolos são coisas — objetos físicos, sons, sinais gráficos ou eletrônicos — que são interessantes não por si mesmos, mas pelo que representam. O pensamento digital substitui as coisas mesmas pelos símbolos. Já que não existe uma conexão intrínseca entre um símbolo e o seu referente, qualquer objeto no universo pode ser usado como um símbolo do que quer que seja.

A linguagem é um produto do pensamento digital. Substitui as coisas por símbolos. Por exemplo, a palavra "árvore" é *baum* em alemão e *tree* em inglês. Há uma lacuna sensorial e lógica entre a palavra e a coisa. Substituindo as coisas por símbolos, a linguagem nos permite pensar sobre algo ausente, criar imagens de árvores quando estamos parados no deserto. A capacidade de pensar sobre algo na ausência desse algo é um marco na evolução da inteligência. O pensamento simbólico do homem é único no mundo animal. Torna possível a construção de um universo historicamente novo de coisas, seres, acontecimentos e estados imaginários, que constituem o conteúdo e a preocupação constante da mente dualista.

Outra característica do pensamento digital é que ele é dialético, ou antitético. É uma interação dinâmica entre opostos. O valor ou o significado de um dígito binário não reside nos componentes isolados do par binário, mas no relacionamento entre eles. O valor do dígito "+" varia de acordo com o fato de ele vir acompanhado de "+" ou "-", e também de o "-" vir antes ou depois dele. Os dígitos binários "+ -" e "- +" são formados pelos mesmos componentes, mas têm significados antitéticos. Os dígitos binários são modelos da mente dualista. A mente dualista opera por meio de uma dialética ou antítese dinâmica na qual os objetos, atos e acontecimentos não são passíveis de conhecimento em si mesmos, mas somente em relação a outros objetos, atos e acontecimentos.

As palavras e conceitos mais primitivos têm significados antitéticos.[21] Significam coisas evidentemente opostas, representando-as por pares binários: as chamadas palavras antitéticas, tais como perto/longe, quente/frio, acima/abaixo, direita/esquerda, bem/mal, etc. Cada membro do par binário recebe do outro o seu significado. A direita não tem significado nenhum sem a esquerda. O acima não significa coisa alguma sem o abaixo. O bem não tem sentido sem o mal.

As palavras antitéticas refletem a tendência da mente de apreciar as qualidades por contraste. Por exemplo, "quente/frio" representa um par antitético, cada pólo do qual é identificado e percebido em sua relação com o outro. Se colocamos a mão na água aquecida a 40ºC, a água vai parecer morna em comparação com uma água a 10ºC, mas vai parecer fria em relação a uma água a 70ºC.

Seguindo a mesma lógica, não poderíamos sentir felicidade se não sentíssemos também a dor, o sofrimento e a infelicidade. Como poderíamos reconhecê-la? A felicidade seria como o ar que respiramos. Nós nunca pensamos no ar, até o momento em que ele começa a cheirar mal ou nos sufocar. Então, não pensamos em mais nada a não ser no ar. O mesmo acontece com a felicidade. Nós não nos importaríamos com a felicidade e nem sequer a perceberíamos se não pudéssemos contrastá-la com a infelicidade.

Pense numa lista de palavras binárias primitivas. Uma rápida análise vai mostrar que elas estão posicionadas arbitrariamente. Não há conexão intrínseca entre a esquerda, o escuro, a feminilidade e a morte. A lista abaixo reflete os valores patriarcais e caucasianos predominantes. Não obstante, note como as duas colunas se agregam num padrão à luz do qual o mundo parece polarizado:

esquerda	direita
escuro	claro
abaixo	acima
Terra	céu
masculino	feminino
morte	vida
outro	eu
passado	futuro
mal	bem
preto	branco

O pensamento digital polariza a mente e lhe dá uma qualidade dialética. A dialética é a interação dos opostos. Carl Jung chamou-a de "enantiodrama", o drama ou a dança dos opostos. Os conceitos ou estruturas básicas da mente dualista são compostos de pares antitéticos, e cada membro desses pares só tem significado em relação ao seu oposto: eu/outro, vida/morte, passado/futuro, bem/mal, e assim por diante. Da dinâmica desse enantiodrama, a mente cria uma série de entidades fictícias: o eu, a sociedade, a morte, o tempo histórico e o valor.

A mente dualista opera por meio de uma antítese dinâmica, ou processo dialético, no qual os objetos, ações e acontecimentos não são cognoscíveis em si mesmos, mas somente em relação a outros objetos, ações e acontecimentos. Nesse sentido, a mente digital ou dualista é capaz de perceber somente verdades relativas, verdades que só são discerníveis em relação a pontos antitéticos de referência. O eu só pode ser conhecido em relação ao outro. A morte só é conhecida pelos vivos. O futuro recebe seu significado do passado. O bem só é conhecido em contraposição ao mal, e assim por diante.

Uns poucos exemplos talvez possam ilustrar como o sentido do eu surge juntamente com a capacidade de pensamento antitético. Pense na palavra "antes". Ela se refere a um acontecimento que já foi presente, mas agora é passado. Uma festa de aniversário comemora um acontecimento que se passou antes e que agora só existe apenas como memória. A palavra "antes", entretanto, implica um ponto no tempo que vem "depois". As memórias do passado implicam um presente no qual a lembrança ocorre. Nesse sentido, as memórias implicam a "existência" de um futuro.

Do ponto de vista do passado, o presente é o futuro. Se nos imaginamos no passado olhando para o presente, temos uma perspectiva de tempo na qual o presente é visto como futuro. Ampliando ainda mais essa imagem, é possível imaginar um tempo no qual o presente seria passado. É dessa maneira que o futuro se cria a partir da memória. Do ponto de vista do futuro, o agora já aconteceu. Como as lembranças do passado, das quais ele antiteticamente se origina, o futuro só existe em nossa mente.

Pense na idéia da morte. Pelo que sabemos, os animais não têm consciência da morte. Os homens têm consciência da morte porque podem se lembrar de pessoas que já morreram. Só a mente digital pode comparar o estar vivo com o estar morto. Quando vovó estava viva, ela era muito gentil e amorosa. Mas quando ela morreu, seu nome e sua memória passaram a evocar a idéia de morte.

A idéia das pessoas que já existiram mas agora desapareceram no nada evoca a idéia da morte. Mas o que é a morte? Nós podemos ver e examinar corpos mortos. Somos capazes de prever e até sofrer o ato de morrer. Mas será que podemos sofrer a morte? A morte existe? Ou é somente uma ficção terrível, incorpórea, uma idéia impressa na mente digital dos vivos, tirada do conhecimento que temos dos corpos mortos e da certeza do nosso destino futuro?

A linguagem dá às coisas uma "existência", separada de qualquer existência física verdadeira. Quando o Antigo Testamento nos conta que Deus deu a Adão o poder de dar nome aos animais, está expressando uma intuição profunda sobre a mente digital. O ato de dar nome a uma idéia, como "morte", confere a essa idéia uma existência ilusória. O ato de chamar o ponto focal da mente dualista de "João" ou "Maria" lhe dá uma existência ilusória. O pensamento digital e a linguagem digital nos tornam capazes de criar dimensões imaginárias de existência que se transformam em nossas mansões — as estruturas dentro das quais vivemos. O eu é a mansão ilusória da mente dualista. A mente dualista, ou digital, vive num mundo que ela mesma criou, e pensa, erroneamente, que esses símbolos têm uma realidade substancial, como se a palavra "árvore" tivesse realmente casca e folhas e pudesse ser cortada e queimada para nos aquecer no inverno. Assim nasce o eu como o "eu" pessoal — a antítese do céu numinoso e do "outro" arquétipo.

O pensamento digital é um avanço significativo na evolução biológica da inteligência. O homem se elevou acima dos animais ao perceber, literalmente, que um mais um são dois. Por outro lado, a mente digital também tem um lado escuro. Ela é capaz de negar o que de fato existe e atribuir existência concreta a certas ficções. Os budistas chamam esse lado escuro de *avidya* — ignorância.

A mente digital nos permite pensar logicamente e comunicar-nos uns com os outros. Essas capacidades neuropsicológicas constituem o fundamento da ciência e da sociedade. Por outro lado, a mente digital pode sair por aí divagando, criando símbolos puros sem nenhum referente objetivo, gerando objetos, entidades, acontecimentos e histórias puramente imaginários — ilusões, delírios, fantasmas, espectros e ficções.

A mesma função mental básica que nos dá a medicina moderna, a engenharia e a eletrônica também nos dá as superstições, as crenças falsas, a loucura e, especificamente, a violência humana. É como se a validade da lógica e do conhecimento comunicado por meio de palavras trouxesse consigo, como uma espécie de sombra, uma certa separação em relação às verdades mais profundas, o obscurecimento — como num espelho, em enigma — de uma realidade que se revela somente pela suspensão do pensamento racional discursivo e pela transcendência da ilusão do eu substancial.

O Eu que Cria a Si Mesmo

A história da evolução do homem, tal como é postulada pela ciência moderna, explica perfeitamente a evolução de um eu fictício que erroneamente se considera substancial e real. No contexto da evolução, o ego ou eu humano surgiu quando o sistema de olho, cérebro e mão dos primatas foi convertido para a fala. A lógica binária da fala gerou uma nova forma de consciência, a consciência dualista ou digital, que divide a vida nas dimensões antitéticas de passado e futuro (tempo histórico), bem e mal (valores e atos avaliados) e eu e o outro (sociedade). A continuidade viva e a coerência dessas dimensões antitéticas são representadas pela consciência digital para ela mesma pela falsa atribuição de uma presença interior substancial, um eu, que se identifica com a força vital e o território vital transformado em fetiche.

Num ato de autocriação reflexiva, o agente significante significa a si mesmo como uma pessoa[26] que habita em seu próprio território interior metafórico. Ele se identifica e se percebe como o centro de seu próprio ser e vê o seu território de objetos e significados como projeções de si mesmo. Sua missão é proteger a si mesmo e ao seu território, satisfazer-se e sentir-se bem, ampliar-se, prosperar e ser feliz. Essa missão é constantemente ameaçada, entretanto, pela impermanência, pelo vazio e por contradições que fluem caleidoscopicamente pelo tempo histórico; é aprisionada pelos fatos do nascimento e da morte, além dos quais jaz o desconhecido.

A presença interior, ou "eu" holográfico, quer uma vida longa e quer a felicidade, mas é perseguida pelo pressentimento do sofrimento e da morte. No seu apego teimoso a pontos fixos de referência, na sua busca incansável de permanência, substância e felicidade, o eu ilusório gera o sofrimento que impõe a si mesmo e ao próximo. A idéia mais preciosa que o budismo tem a oferecer ao Ocidente é a seguinte: é só por meio da meditação sobre os paradoxos do eu que o indivíduo humano e a espécie humana podem se resgatar de si mesmos.

A TRANSFORMAÇÃO DO SOFRIMENTO

CAPÍTULO VINTE E QUATRO

Meditação Sobre a Felicidade

Começamos estas meditações sobre a felicidade observando que a tragédia fundamental da vida é o fato de que todos querem ser felizes, mas todos sofrem e morrem. O que aprendemos que possa nos ajudar a transcender essa trágica condição? Talvez apenas isto: que um dos desejos humanos mais profundos e mais fundamentais, é exatamente o desejo de transcender essa condição — encontrar felicidade à sombra da tristeza e da morte —, e que essa busca de felicidade é a motivação básica dos nossos pensamentos e ações e, portanto, molda profundamente as nossas emoções, o nosso caráter e a nossa cultura.

A Busca da Felicidade por Meio da Religião

No decorrer da história humana, as pessoas experimentaram muitos caminhos que elas gostariam de ver levá-las à transcendência do sofrimento e da morte e à obtenção da felicidade permanente. O caminho original, básico e mais duradouro é a religião. Variadas e diversas como são as religiões humanas, elas compartilham, não obstante, de uma semelhança fundamental. Todas elas propõem a mesma fórmula básica para buscar a felicidade e escapar do sofrimento e da morte: uma concepção da existência e um código de conduta moral coerente com essa concepção. Um dos princípios mais fundamentais da religião é que a felicidade se atinge fazendo com que a mente e a conduta entrem em harmonia com Deus, o que na verdade significa: entrem em harmonia com a existência.

Na tradição cristã, por exemplo, a existência é vista como uma manifestação da vontade de Deus, o criador. Isso quer dizer que as leis que regem os fenômenos naturais são uma expressão da vontade de Deus, que as fez assim. A felicidade, pois, é idêntica à união com Deus, que se atinge fazendo-se com que a mente e a conduta entrem em harmonia com a existência, ou a "lei natural". O cristão fiel, que busca a felicidade eterna, deve ver o mundo de acordo com a "palavra de Deus" e com as palavras dos autênticos profetas de Deus, e deve adaptar sua conduta aos códigos rituais e éticos que nascem desses ensinamentos.

A mensagem da tradição budista é essencialmente idêntica, embora seja expressa em palavras, metáforas e imagens diferentes. Os budistas, como já vimos, não crêem num Deus criador. Nesse sentido, o budismo pode ser considerado uma religião atéia. Pela concepção budista, a existência é um fluxo eterno de fenômenos mutáveis e destituídos de substância. A existência é o vazio que se finge de forma. No cristianismo, Deus é a natureza última de todos os fenômenos; no budismo, a natureza dos fenômenos é o vazio. Nesse sentido, Deus e o vazio são conceitos mais ou menos análogos.

Na concepção budista, as causas do sofrimento e da infelicidade são a incapacidade ou a recusa de perceber-se que a verdadeira natureza da existência é vazia e, inversamente, a vontade de ver a existência como permanente e substancial. Inclui-se aí a falsa percepção do eu como uma substância sólida, duradoura, percepção essa que o concretiza e deifica. Esse erro de visão gera a falsa idéia de que a felicidade pode ser atingida pela satisfação egoísta dos desejos. O caminho falso para a felicidade — na verdade, o caminho da infelicidade e do sofrimento — é a busca da auto-satisfação. O verdadeiro caminho da felicidade, do ponto de vista budista, exige uma tomada de consciência do vazio, inclusive do vazio do eu. Essa tomada de consciência ajuda a dissolver o eu solidificado e a falsa idéia de que a satisfação egoísta leva à felicidade, e a substituir essas coisas por uma percepção clara da natureza do eu, que abre o caminho da aceitação, da paz interior, da calma, da equanimidade, da virtude e da compaixão.

Fica evidente, então, que, tanto na tradição budista quanto na tradição cristã, a felicidade é atingida por meio de uma harmonização do eu com a verdadeira natureza da existência, seja ela concebida como Deus ou como o vazio, e por meio da conformação da conduta com os códigos morais que brotam naturalmente dessa visão. Ambas as tradições ensinam que, na mesma medida em que vemos o mundo pelo prisma idiossincrático dos nossos próprios desejos e medos, e na mesma medida em que buscamos a felicidade pela satisfação do nosso próprio querer egoísta, somos todos pecadores que serão castigados, seja por Deus, seja pelas leis do karma, com a infelicidade, o sofrimento e a morte.

A intuição mais profunda e permanente — embora esquecida — da concepção religiosa é que a felicidade só pode ser encontrada por meio do amansamento do eu. A pessoa pode conseguir realizar todos os seus Projetos Felicidade pessoais — sucesso mundano, reputação, casamento e família, riquezas materiais e todos os prazeres que os acompanham — e mesmo assim não ser feliz. Nós queremos mais. Queremos o difícil, o improvável e o impossível. Nossos desejos são insaciáveis. Somos viciados *no próprio desejo*. E esse querer egoísta é a raiz comum do sofrimento que impomos a nós mesmos e ao próximo. A única solução, a única maneira de transcender essa tragédia que nós mesmos escrevemos, é passar por uma transformação deliberada, um programa de formação e disciplina que ponha a mente e a conduta em harmonia com as realidades da vida humana e os fatos da existência.

Para os homens que vivem em comunidades primitivas e, talvez, para o homem piedoso da era moderna, as concepções e o caminho da religião permeiam todos os aspectos da vida, desde os detalhes mais mundanos da rotina diária até os grandes acontecimentos da existência: o nascimento, a maturidade, o casamento e a morte. É isso que significa o termo "holístico", uma coisa muito antiga que os adeptos da "Nova Era" estão tentando recriar. "Holístico" significa ao mesmo tempo "inteiro" e "santo". Em contrapartida, o homem secular contemporâneo perdeu essa concepção e esse caminho de vida integrado e holístico, e, sem o saber, sofre profundamente por causa dessa perda.

Com o declínio histórico da religião, o homem moderno passou a recorrer cada vez mais à ciência e à política para encontrar um caminho para a felicidade nesta vida. No nosso século, a ciência e o estado tomaram o lugar de Deus como autoridade suprema. A concepção que o homem moderno tem do mundo deriva principalmente da ciência. Em vez de recorrer à religião para orientar-se na vida, os modernos agora recorrem à ciência e aos cientistas. Nos tempos antigos, o xamã, o sacerdote e o pastor eram especialistas no sofrimento pessoal. Hoje em dia, buscamos o psiquiatra, o psicólogo e o assistente social, que, para poder trabalhar, precisam ser vistos principalmente como cientistas e, assim, não podem prescrever abertamente as idéias e preceitos religiosos. Antigamente, as explicações do sofrimento humano eram pessoais e morais. Hoje em dia, são impessoais e científicas.

O problema, como já vimos, é que a visão científica do mundo não é suficiente para orientar a jornada da pessoa pela vida. Como tentei demonstrar, a ciência, devido às suas próprias regras de procedimento, se desassocia da religião e da ética. A visão científica da existência é des-almada, des-espiritualizada e des-mitologizada. A matéria e a energia não são explicadas pela linguagem das histórias, mitos e metáforas, mas por fórmulas matemáticas, das quais não se pode deduzir nenhum princípio ético, nenhuma orientação para a vida.

O homem moderno, que se apóia exclusivamente na ciência para orientar-se na vida, se vê diante de um dilema trágico que ele mesmo criou: de aderir a uma visão do mundo que, por seus próprios dogmas, é explicitamente inválida como orientação para a vida. Hoje em dia, nossa sensibilidade ética está muito distante de uma visão holística ou integrada do mundo, e é, por isso, tão confusa quanto rígida. No mundo moderno, ou a ética é estupidamente absoluta ou é relativa e casuísta; ou não deixa espaço algum para a cobiça, a luxúria, a avareza e a agressividade humanas "normais", ou então justifica e explica toda e qualquer atitude.

Além disso, muitos homens modernos que antes depositavam sua esperança em Deus depositam-na agora no governo, encarado como fonte de alimento e consolo mas também de castigo; o primeiro aspecto é representado pelo ramo de oliveira na garra direita da águia norte-americana, e o segundo pelas flechas na garra esquerda. Quando as pessoas estão infelizes, elas clamam: "Nosso governo nos traiu!" Antes chorávamos a morte de Deus.[1] Agora choramos o fracasso do governo.

A Busca da Felicidade por Meio da Ciência e da Política

A Revolução Francesa e o Iluminismo europeu, como já vimos, assinalam o momento em que a jurisdição sobre o problema da felicidade e do sofrimento passou da religião para a ciência e a democracia. O surgimento da ciência facultou o desenvolvimento de uma nova tecnologia que, por sua vez, possibilitou a nova indústria. Os ricos de nascença e/ou aqueles que tiveram a iniciativa de comercializar a nova ciência tornaram-se os reis e barões da nova classe capitalista. Teoricamente, a democracia garante uma distribuição equitativa do poder político, mas não diz nada acerca do problema da distribuição desigual da riqueza. Com o tempo, a lacuna entre a classe rica e capitalista — relativamente pequena — e as massas de pobres foi aumentando. Pela metade do século XIX, alguns já haviam percebido claramente que a democracia e a ciência não haviam dado mais riqueza para um maior número de pessoas. Pelo contrário, tinham perpetuado e até agravado o problema da distribuição desigual do sofrimento.

A distribuição desigual das riquezas e, conseqüentemente, da felicidade e do sofrimento, geraram o conflito de classes. A pobreza e o sofrimento extremos das classes mais baixas geraram sentimentos de inveja, ciúme e ressentimento contra as classes altas. E as classes altas, que nadavam na riqueza, no poder e nos privilégios, desprezavam e temiam as classes baixas e, desse modo, tinham para com elas uma atitude defensiva e agressiva. Nesse contexto histórico surgiu a idéia radical de uma nova síntese da política e da ciência, que pusesse fim à distribuição desigual das riquezas. Essa nova idéia, associada com o nome de Karl Marx, foi chamada de "socialismo científico" porque é um casamento entre a ciência e a política. Antes de Marx, a ciência fora usada por uns poucos para fazer fortuna explorando o trabalho das massas, ao passo que a atitude do Estado continuava sendo o *laissez faire*, o deixa para lá. A inovação de Karl Marx foi a de pôr a ciência a serviço do Estado, num esforço heróico para eliminar as diferenças de classe, a exploração e o conflito e recriar o paraíso da comunidade perdida com uma nova sociedade comunista de igualdade econômica.

Nos seus primeiros anos no Ocidente, assim como hoje na Rússia, o capitalismo do *laissez faire* causou a exploração do trabalho, o conflito de classes, uma enorme desigualdade econômica e uma taxa altíssima de criminalidade. A subseqüente reação marxista-comunista contra esse triste estado de coisas levou finalmente ao totalitarismo, à tirania e à supressão da iniciativa e da criatividade. Até há bem pouco tempo, o mundo parecia estar impotentemente polarizado entre as ideologias do capitalismo e do comunismo. Esses dois sistemas políticos são opostos polares, projeções da mente dualista. Representam soluções antitéticas e contraditórias ao problema da felicidade humana. Um prefere a livre iniciativa e a competição econômica, e o outro prefere uma economia altamente controlada e regulamentada. Não obstante, cada um deles é visto, pelos seus partidários, como o melhor caminho para a felicidade na Terra. Sendo opostos, eles têm virtudes e vícios contrários. O capitalismo estimula a iniciativa e o espírito empreendedor, mas a liberdade, que é para ele um pré-requisito indispensável, leva à divergência, ao conflito e à desordem social. O comunismo promove uma sociedade ordeira, mas ao custo de sufocar a iniciativa e a criatividade.

A História é testemunha do fato de que o capitalismo e o comunismo contêm dentro de si mesmos os vícios que levam à sua própria derrocada. A liberdade necessária para que o capitalismo floresça produz, no fim, o casuísmo social, as divergências e o crime. A insatisfação com a distribuição desigual da felicidade sob o capitalismo acaba fomentando uma revolução voltada para o estabelecimento de uma sociedade mais regulamentada e fechada e, no limite, um estado policial totalitário. As sociedades fechadas, por outro lado, geram dialeticamente a rebelião e a contra-revolução em nome da liberdade.

Cada sistema político tentou eliminar seus pontos fracos voltando-se para o pólo contrário, tentando copiar as virtudes do outro lado evitando os seus próprios vícios. O Ocidente, especialmente os Estados Unidos, tentou controlar os seus tumultos internos, a turbulência e a desordem aumentando o poder do Estado. O mundo comunista já estagnou e ruiu, sob o peso enorme da sua própria tirania estatal, e se abriu à livre empresa para estimular a iniciativa econômica e a satisfação do consumidor. Enquanto a União Soviética comunista fracassava e caía no seu oposto, transformando-se numa sociedade aberta com toda a desordem intrínseca que isso acarreta, os Estados Unidos, sofrendo de uma desordem interna intolerável, começaram a tomar, cada vez mais, a forma do seu antigo adversário totalitário.

Durante os últimos setenta anos, especialmente durante a guerra fria, a União Soviética e os Estados Unidos representaram os dois pólos ideológicos do globo. A dialética global entre o capitalismo e o comunismo tornou cada vez mais evidente que ambos os sistemas políticos, em suas formas puras, fracassaram. Enquanto ideologias puras, eles não têm nenhuma possibilidade de se realizar plenamente. Estavam destinados a uma eterna luta dialética um contra o outro.

A dialética histórica entre o capitalismo e o comunismo agora se tornou mais sutil. Recentemente, quase todos os governos do mundo começaram a definir e controlar os limites das suas oscilações políticas. Para refrear desse modo a dialética, é preciso encontrar um equilíbrio entre a regulamentação e o controle estatal, de um lado, e a liberdade econômica e pessoal, do outro. Isso se concretiza numa alternância política entre os conservadores (que tendem ao pólo capitalista) e os progressistas (que tendem ao pólo socialista), alternância que se efetua quando o governo começa a pender excessivamente para um dos lados. Essa dialética política reflete o fato psicológico de que tanto a liberdade quanto a ordem, em equilíbrio, são condições necessárias para a vida feliz. A atitude mais inteligente não é a adoção incondicionada de um ou outro extremo ideológico, mas a resolução pragmática dos problemas por meio de uma "engenharia social" que aborde um tema de cada vez, sempre que necessário. Essa "engenharia social" leva em conta o fato de que as táticas sociais muitas vezes tendem demasiado para um lado ou para o outro, e precisam ser constantemente reavaliadas e remodeladas de modo apropriado na hora apropriada. Esperamos que a política inteligente do futuro se baseie num equilíbrio entre forças antitéticas, e não no conflito entre elas.

No fim do milênio, já deve estar claro que a política é uma solução incompleta e, portanto, insatisfatória para o problema da infelicidade humana. A política é necessária para que as pessoas possam viver juntas em paz, mas o seu poder de promover a felicidade humana é muito limitado. Ela é incapaz de oferecer uma visão coerente da existência, e sem essa visão as pessoas ficam desorientadas no cosmos e separadas do fundamento e da fonte da existência. A política só pode oferecer uma visão fetichista ou estreita da vida.[2] O governo pode gastar e redistribuir dinheiro, pode construir estradas e grandes sistemas burocráticos, pode mover guerras, pode regulamentar a conduta de indivíduos e empresas, fazendo leis e forçando as pessoas a obedecê-las sob a ameaça de multas, prisão ou morte. Mas o governo não pode ajudar as pessoas a encontrar a paz interior e a felicidade. A soberania da lei é essencial para a liberdade humana; mas, por si só, a lei não é suficiente para orientar a vida. A lei tem um alcance necessariamente menor do que a ética. Uma sociedade na qual todos os preceitos éticos fossem leis impostas pelo Estado seria opressiva. Por outro lado, uma sociedade livre, regida pela lei, cujos cidadãos não seguissem voluntariamente um código de conduta ética, perderia a sua fibra moral e, no fim, cairia ou na anarquia ou no totalitarismo.

Há pouco tempo, a vida política norte-americana despertou para o fato de que algo está faltando na política: esse algo é a religião e a ética religiosa. Muitos acreditam que alguns dos piores problemas da sociedade moderna, tais como a criminalidade desenfreada, a delinquência, as drogas, a gravidez de adolescentes, os espancamentos em casa, a pornografia e as doenças sexualmente transmissíveis, sejam uma decorrência do declínio dos valores religiosos. Essa idéia, tal como é formulada hoje em dia, não é de todo má, mas também tem suas falhas. O problema é que a religião não pode ser revivificada pelo governo ou pela política. A atual campanha pela revivificação dos valores religiosos mediante meios como sanções criminais e sociais mais duras contra o abuso de drogas, a homossexualidade, a promiscuidade sexual e o aborto, ou emendas constitucionais proibindo a queima da bandeira e permitindo a oração nas escolas públicas, só servirá para fortalecer o poder do Estado, sem fornecer a cosmologia, a concepção mítica, a moral meticulosa e a riqueza estética das antigas religiões.

Apesar da sinceridade e da boa intenção daqueles que defendem a revivificação da moral religiosa por meio da política, as explicações que eles dão para a decadência social são deficientes, e as soluções que defendem são, em sua maioria, simbólicas e ineficazes. É ingenuidade atribuir a degeneração moral dos Estados Unidos aos progressistas políticos, aos meios de comunicação, à libertinagem hollywoodiana ou aos *hippies* e radicais dos anos 60. Do ponto de vista histórico, o fator principal do declínio da religião, da comunidade e, portanto, dos "valores da família" foi o surgimento da ciência e da tecnologia científica, que se deu há mais ou menos quatrocentos anos. O conhecimento e as técnicas, ou a visão e o caminho da ciência, são mais poderosos e, portanto, mais atraentes para as pessoas do que a religião. As religiões que se opuseram à ciência perderam o seu charme e permaneceram estáticas, enquanto a ciência satisfazia as necessidades do homem e estimulava a evolução da consciência e da sociedade humana.

O primeiro efeito da ciência foi o de arrasar a visão de mundo tradicional da religião, na qual se baseava a autoridade eclesiástica. À medida que a visão científica do mundo substituiu a visão religiosa, a autoridade da religião declinou. À medida que a autoridade da religião declinou, os códigos morais tradicionais perderam o atrativo e a credibilidade. À medida que a fibra moral da cultura ocidental se desintegrou, a sociedade veio abaixo.

Para minar a religião, a ciência não se limitou a contradizer a cosmologia religiosa tradicional; além disso, num sentido mais poderoso e mundano, deu-nos o conhecimento e as técnicas necessárias para produzir bens tangíveis que nos dão prazer, coisa que a religião não pode fazer. Por esse motivo, o cristianismo fundamentalista rejeita a hipótese darwiniana da evolução e o Islã fundamentalista rejeita a modernidade, que é o produto da ciência e da tecnologia. Eles acreditam que os inimigos da religião são a ciência e a tecnologia científica. Talvez seja mais próxima da verdade a idéia de que as religiões são hostis para com a ciência e a tecnologia porque não são capazes, ou não estão dispostas, a integrar o conhecimento científico na sua visão de mundo; e porque as pessoas amam os frutos da tecnologia.

A *Busca da Felicidade por Meio dos Bens de Consumo*

O declínio da religião tradicional e a ascensão da política e da ciência à qualidade de meios de obtenção da felicidade produziram uma nova doença do ser humano: uma sociedade secular de mercado, movida pela sede de lucro, e uma cultura de consumidores que acreditam que a felicidade pode ser atingida pela aquisição e consumo de bens. As religiões prometem uma felicidade futura intangível, depois da morte. Do que adianta isso? A ciência e a tecnologia oferecem bens que podemos desfrutar nesta vida, bens que desejamos, bens que, assim pensamos, vão nos fazer felizes. A maioria das pessoas gosta de coisas boas — belas casas com belos móveis, carros elegantes e potentes, alta qualidade de audio e vídeo, o computador de última geração, roupas de butique, comidas e bebidas saborosas. A ciência nos ajuda a fazer e possuir essas coisas. A troca da religião pela ciência e pela política criou uma cultura de consumidores que acreditam que a aquisição e a posse de bens é o caminho mais curto para a felicidade. Marx chamou isso de "fetichismo das mercadorias". Em nossa sociedade capitalista, essa idéia se expressa neste *slogan* empresarial: "Uma vida melhor por meio da química." E encontra um eco sutil, talvez um pouco sarcástico, no famoso lema que as *yuppies* levavam em suas camisetas: "Quem morre com mais brinquedos, ganha."

O consumismo é uma síndrome na qual certos desejos fortes e irrefreados, estimulados pelas imagens onipresentes, quase míticas da propaganda, nos incitam e seduzem a crer que felicidade pode ser atingida pela aquisição e o consumo de bens. A "religião secular do consumismo" produz somente um ciclo sem fim que consiste em trabalhar para ganhar dinheiro, gastar, comprar, acumular dívidas e trabalhar para pagá-las. Assim se gera a tortura diária e o mundo-cão. Numa cultura assim, o desejo está totalmente fora de controle. Há uma variedade sem fim de bens de consumo à venda, e a satisfação é sempre transitória. A compra de um brinquedo novo — um carro, uma TV, uma roupa — é associada a um sentimento fugidio de satisfação, logo seguido pelo surgimento de um novo desejo, um novo Projeto Felicidade e uma nova série de obstáculos, frustrações e problemas. Os tibetanos têm um ditado que citam com um sorriso irônico: "Se você tem um camelo, seus problemas são do tamanho de um camelo."

O surgimento do consumismo está associado a uma quantidade maior de sofrimento pessoal e emocional. O consumismo é uma visão e um caminho de vida estreitos demais para trazer felicidade. É um substituto bem medíocre da religião tradicional. Não possui uma cosmologia e apresenta somente um sistema rudimentar de ética relativista. Não obstante, as pessoas adoram fazer compras. Já ouvi muitas pessoas dizerem que, quando se sentem na pior, saem para fazer compras. Elas chamam isso de "terapia da liquidação", sem saber que estão falando da sua religião, ou melhor, do que tomou o lugar da sua antiga religião, reduzida agora a uma mera relíquia — o consumismo. Não muito tempo atrás, as igrejas, com seus arcos ogivais e suas torres alçadas até o céu, ocupavam o centro das cidades. Agora, o centro das cidades é ocupado por *shopping centers*, bancos, companhias de seguros e edifícios de escritórios.

Mas a terapia da liquidação não resolve o problema de um casamento em crise, um filho delinqüente ou um pai doente. Não vale a pena de uma vida jogada fora, da escravidão do ganhar dinheiro e pagar as contas de compras antigas de modo a poder comprar mais. Não resolve os problemas da doença e da morte, que nos assombram mesmo quando dirigimos um carro novo à saída da concessionária. O consumismo só faz gerar novos desejos — trabalhar mais para ganhar mais, para comprar e consumir mais. Não admira que muitos sejam movidos a álcool — sem intenção de fazer trocadilho!

Na minha opinião, o vazio espiritual do consumismo, que nasce de uma dependência exclusiva para com a ciência e a política como orientação para a vida, estimula o desejo de escapar da vida mundana de uma vez por todas, no delírio terapêutico das drogas ou do álcool. Os peritos da ciência parecem confusos e inseguros quanto a por que as pessoas usam drogas. Eles são vítimas de sua própria retórica enganadora. Supõem que, se uma droga é ilegal, ela é necessariamente ruim, sem nenhuma qualidade positiva, e então não conseguem entender por que as pessoas as usam. Acreditam que as pessoas usam drogas porque são viciadas, ou por causa da pressão dos amigos, ou por causa de algum motivo obscuro, misterioso e autodestrutivo. O esforço que fazemos para lidar com o problema das drogas é obstruído pela nossa incapacidade de compreender-lhe as causas. É mais um caso de sofrimento por causa da ignorância.

As razões pelas quais as pessoas usam drogas são segredos típicos, conhecimentos que escondemos de nós mesmos. As razões são óbvias, mas tão difíceis de aceitar que nos recusamos a vê-las. O motivo mais simples e mais básico pelo qual as pessoas usam drogas psicoativas é que elas se sentem mal e querem se sentir bem. Elas se sentem mal porque a vida é difícil; porque não têm uma visão do mundo que possa explicar-lhes racionalmente a sua dor; porque seus desejos são descontrolados e intermináveis. Elas sofrem, em suma, pela sua própria frustração, agressividade e depressão.

Via de regra, as pessoas que fazem uso de drogas não têm uma religião eficaz que possa consolá-las e inspirá-las a ter coragem e compaixão. A sociedade que as condena também cria as condições das quais elas querem escapar. As pessoas usam as drogas como um paliativo, para escapar do sofrimento. A maioria das drogas ilegais, assim-chamadas "recreativas", que as pessoas tomam por si mesmas, cumprem mais ou menos as mesmas funções das drogas administradas pelos psiquiatras como remédios para aliviar a depressão e a ansiedade. As pessoas que tendem à depressão tomam estimulantes. As que tendem à ansiedade, à agitação e à insônia tomam calmantes. Atualmente existem dois tipos de tratamento para a depressão — um legal, e o outro ilegal. Um grande número de pessoas deprimidas consulta psiquiatras e, legalmente, recebe uma receita de Prozac ou de outro antidepressivo. Outras pessoas, tão numerosas quanto as primeiras, medicam-se a si mesmas com substâncias ilegais como cocaína, *speed* e maconha. O Prozac, a cocaína e o *speed*, por mais que os psiquiatras tentem diferenciar, têm o mesmo efeito sobre a mente: elevam o astral. As pessoas abusam do álcool e das drogas porque buscam o prazer do alívio e do esquecimento da mesmice, da dor e vazio da vida comercial mundana. O tão falado problema das drogas é um dos preços que temos de pagar pela ascensão da ciência, o declínio da religião e a evolução de uma cultura consumista.

A ruína da religião é a ruína da sociedade. Quando a religião cai, as pessoas perdem a relação que têm com a Terra e o céu, com suas origens e seu destino e, portanto, com elas mesmas e o próximo. A ruína da religião é a ruína da sociedade porque os relacionamentos sociais são primordialmente morais. O fim da moralidade nos relacionamentos necessariamente leva à animosidade, ao ressentimento, ao conflito, à fragmentação e, no final, à desintegração social.

Emile Durkheim, no seu estudo clássico sobre o suicídio, observou que a ruína da autoridade da religião tradicional leva a um estado que ele chamou de "anomia", a ausência de normas.[3] Uma das funções da religião é o estabelecimento de normas, regras, prescrições para a vida. Quando essas normas caem, as restrições ao desejo se enfraquecem. A intensificação do desejo, que acompanha o declínio da moral religiosa, produz naturalmente um aumento do sofrimento pessoal e das suas seqüelas, tais como o suicídio.

As sociedades modernas estão sofrendo de uma epidemia de suicídios, especialmente entre os jovens e os velhos. Como no caso do abuso de drogas, os peritos da ciência não compreendem o suicídio muito bem, e pelas mesmas razões. Nós não gostamos de encarar a verdade sobre nós mesmos. A verdade é que, se o objetivo da vida é a felicidade, e a felicidade não parece possível, então a vida não vale a pena ser vivida. As pessoas cometem suicídio quando perdem a esperança de uma felicidade futura — quando todos os seus Projetos Felicidade fracassam.

Ainda que muitos o desaprovem, é compreensível que certas pessoas idosas, com doenças terminais, queiram morrer. É mais difícil aceitar que jovens saudáveis queiram morrer. A razão é que eles sofrem do fracasso dos seus Projetos Felicidade e da confusão, da falta de objetivo, da ansiedade e da depressão daí decorrentes. Eles esperavam se dar bem na escola, numa carreira futura ou num relacionamento especial, e consideravam essas coisas a chave da felicidade. Cometem suicídio porque essa grande esperança se dilacera e eles se sentem incapazes de reconstruí-las. Isso está de acordo com o fato de que os primeiros sintomas da depressão e do suicídio são os sentimentos de desespero e incapacidade.

Assim, percebemos que o declínio da religião tradicional e da moral religiosa leva a uma condição de anomia social que, combinada com uma dependência em relação à ciência, à política e ao espírito do consumismo, permite que os desejos adquiram vida própria numa cultura do narcisismo. Isso, por sua vez, aumenta a frustração das pessoas, que causa a agressividade, a criminalidade, o desespero, o abuso de drogas e o sofrimento emocional que chamamos de doença mental.

A Busca da Felicidade por Meio da Psicoterapia

Uma das reações da História às formas novas e mais intensas de sofrimento pessoal associadas com a vida moderna foi o surgimento de uma nova instituição social — a psicoterapia. A psicoterapia tem a missão de aliviar o sofrimento mental e emocional e encaminhar a pessoa, de algum modo, rumo à felicidade. Nesse sentido, a psicoterapia herdou uma das funções da religião. Por isso Otto Rank chamou a psicoterapia de "neta da religião".[4]

A psicoterapia é muito popular no Ocidente, e não sem motivo. Já ajudou a muitas pessoas. É uma técnica, desenvolvida nos últimos cem anos, para ajudar o sujeito sofredor a se tornar mais consciente de si, de modo a viver uma vida mais inteligente, disciplinada e feliz. É, portanto, muito curioso que não haja um acordo a respeito de como ou por que a psicoterapia funciona. E embora ela possa ser muito útil, tem também suas limitações e perigos.

O sucesso da psicoterapia, ao que parece, independe da linha teórica do terapeuta. A psicoterapia tende a ser útil quando o paciente considera o terapeuta uma pessoa amiga e compreensiva, quer seja ele um psicanalista, um terapeuta cognitivo, um terapeuta da Gestalt, um behaviorista ou um simples conselheiro sem linha definida. A terapia também terá mais chance de dar certo caso o terapeuta tenha experiência, tato e maturidade, e saiba se comunicar. A maioria dos observadores também concorda em que o sucesso do resultado depende da motivação, do esforço, da abertura e da sensibilidade psicológica do paciente.

Na minha opinião, a psicoterapia consiste essencialmente no relacionamento entre duas pessoas, uma chamada de auxiliador e a outra, de sofredor. Na verdade, ambos são sofredores, e o terapeuta muitas vezes aprende algo com a terapia. Espera-se, entretanto, que o terapeuta seja mais maduro e sábio do que o paciente. Os dois começam a conversar, concentrando-se nos pensamentos, sentimentos, ações e problemas da vida do sofredor. A meta é ajudar a reduzir ou eliminar a dor do paciente e auxiliá-lo a encontrar um meio de aumentar a sua felicidade. De uma forma ou de outra, a psicoterapia é uma orientação para a vida. Funciona mais ou menos como a religião.

Algumas psicoterapias dão certo pelo simples apoio e afirmação, a mesma coisa que um sacerdote pode fazer pelo penitente. Para uma pessoa magoada, pode ser de muita ajuda saber que alguém está do lado dela. Quando estamos machucados, perdemos a confiança em nós e podemos cair na dúvida ou mesmo no ódio contra nós mesmos. Pode ser um alívio muito grande ouvir alguém dizer: "Eu entendo como você se sente. Eu estou com você. Posso não concordar com tudo o que você faz, mas sou seu amigo."

Às vezes, o sofredor melhora por ter o terapeuta como um modelo. Muitas pessoas nascem e crescem sem ter a menor idéia do que seja ser um ser humano bondoso e compassivo. O terapeuta talvez seja o primeiro adulto razoável com quem o paciente já conversou. O simples hábito de sentar-se e conversar regularmente com uma pessoa inteligente e bondosa pode inspirar e transformar. É por isso que os religiosos gostam de estar na presença de um "mestre". O que se transmite aí é o modo de ser do mestre. Não é preciso dizer nada, e isso explica por que Meher Baba era respeitado como mestre por muitas pessoas, embora tenha passado décadas sem pronunciar uma única palavra. A presença de um mestre pode ser sentida e acompanhada, do mesmo modo pelo qual pode-se sentir e acompanhar com a dança o ritmo de uma música.

Quando eu me decidi a buscar um mestre, Ngodup Burkhar, tradutor de Kenpho Karthar Rinpoche, encorajou-me a ver o Rinpoche "só para sentir sua presença", a qual, de fato, era extraordinária. Mais tarde, eu aprendi a prática Vajrayana de *guru yoga*, que é uma espécie de visualização na qual o guru é visto como alguém dotado das qualidades de um ser iluminado. Identificando-se e se relacionando com essas qualidades, o praticante pode ser capaz de atingir um grau maior de autotransformação positiva. O terapeuta talvez não seja um mestre, mas algumas pessoas podem se beneficiar do simples ato de sentar-se e conversar com um terapeuta experiente.

Outras vezes, a terapia pode ser uma oportunidade de confissão e reflexão. Um velho ditado religioso ensina que "a confissão é um remédio para a alma". Por quê? Porque a confissão deixa entrar o ar fresco da honestidade no ar empestiado das mentiras em que gostamos de acreditar. A confissão requer duas virtudes, pré-requisitos para uma vida feliz: coragem e honestidade. Requer, em primeiro lugar, a coragem de encarar-se a si mesmo. Em segundo lugar, requer a honestidade de admitir certas verdades que não se quer ver. Todos nós estamos na mesma situação do alcoólatra inveterado. Para parar de beber, o alcoólatra tem de admitir: "Eu sou alcoólatra." Do mesmo modo, para crescer, amadurecer e ser feliz, convém admitir, por meio da confissão: "Eu sou promíscuo!" "Eu cobiço!" "Eu odeio!" "Eu quero um monte de coisas só para mim mesmo!"

O segundo aspecto necessário da confissão, sem o qual ela se torna somente um ritual sem significado, que só faz confirmar a mentira, é a introspecção e a reflexão. Se eu confesso a minha cobiça mas não reflito a respeito, isso só serve para me deixar satisfeito comigo mesmo, por maior que seja o rastro de infelicidade que a cobiça deixa na minha vida e na vida dos que me cercam. Por outro lado, se eu reflito a respeito das conseqüências da cobiça e sobre o efeito dela na minha vida, posso decidir me relacionar com ela de maneira diferente, ainda que seja apenas por causa da minha própria felicidade. Uma das chaves do sucesso na psicoterapia é o fato de o paciente desenvolver ele mesmo a consciência dos seus próprios pensamentos, sentimentos e ações e refletir a respeito dos mesmos. No budismo, essa reflexão racional se chama meditação analítica. Ela consiste em pensar sobre as coisas — não do jeito comum, não com um pensamento sem sentido, confuso e discursivo, mas com a meta de tornar mais nítida a consciência e o pensar logicamente a respeito das próprias experiências.

Quando a terapia vai ainda mais fundo, ela transforma de modo ainda mais radical os pensamentos, sentimentos e atos do sofredor. Em terminologia religiosa, diríamos que uma terapia completa remodela a visão e o caminho do sofredor. O resultado disso é uma mudança do caráter, um tipo de crescimento e amadurecimento que transforma o jeito e a maneira de lidar com os desafios e problemas da vida.

As "psicologias de profundidade", que afirmam ter o objetivo de compreender e transformar o eu humano no seu âmago, procuram revelar esse âmago a ele mesmo, tornando o inconsciente consciente. Assim, compartilham com o budismo a meta de uma conscientização sempre crescente. Na psicoterapia, como no budismo, essa expansão da consciência inclui, necessariamente, a disposição cada vez maior de reconhecer os próprios desejos, aversões e apegos narcisísticos ao eu. Para ser feliz, é preciso não resistir mais ao exame dos três venenos e tomar consciência de como eles modelam as nossas ações neste mundo e, por meio das leis do karma, determinam a qualidade da nossa vida.

Esse processo é difícil. Também ele requer coragem e honestidade. Nós, seres humanos, usamos muitas máscaras e disfarces e escondemos muitos segredos de nós mesmos. Às vezes, o medo e a resistência à visão são fortes demais. O paciente vem para a terapia, mas não quer investigar a si mesmo. Em momentos como esse, o psicoterapeuta budista experiente pode se apoiar na sua própria prática do Dharma e sentar-se silencioso, atento e autêntico, praticando a paciência na presença do paciente. Se ele for verdadeiramente autêntico, e não estiver somente se escondendo por trás de uma técnica terapêutica ou meditativa, o terapeuta dotado de paciência pode realmente inspirar confiança no paciente e ajudá-lo a relaxar e se abrir para um exame honesto dele mesmo. Às vezes, quando as pessoas relaxam bastante, elas descobrem algo autêntico dentro de si mesmas, especialmente quando o relaxamento é acompanhado de confissão e reflexão.

Um dos maiores problemas da psicoterapia é que, embora ela funcione para o paciente como uma orientação espiritual na jornada da vida, é geralmente vista como uma forma de tratamento médico para a doença mental. Essa idéia altamente prejudicial é o ponto de vista oficial da Associação Norte-Americana de Psiquiatria e do setor de seguros de saúde. A maioria das pessoas que vão fazer psicoterapia tem de ser examinadas por um psiquiatra para poder receber o reembolso de parte do custo. A identidade profissional do psiquiatra gira em torno da definição da psicoterapia como uma atividade médica, e não espiritual. Se a psicoterapia fosse vista como uma atividade moral ou religiosa, os psiquiatras seriam vistos como sacerdotes, em vez de médicos, e as companhias de seguros de saúde não cobririam o tratamento. Por isso, é muito grande a pressão social para que a psicoterapia seja vista como um ramo da medicina. Isso quer dizer que qualquer sabedoria que o terapeuta possa transmitir ao paciente tem de ser "contrabandeada", disfarçada de um tratamento médico oficialmente sancionado. E precisa ser contrabandeada rapidamente, de modo a preencher o requisito de "psicoterapia breve" imposto pelos sistemas de saúde.

Essa mentira imposta pela sociedade, que define a psicoterapia como um ramo da medicina, cria uma grande confusão entre os terapeutas, seus pacientes e a sociedade em geral. Publicamente, todos fingem que a psicoterapia é uma atividade médico-científica e que os terapeutas são cientistas — uma espécie de cientista. Para ser licenciado como psicoterapeuta, é preciso ter diploma de médico, uma pós-graduação ou um doutorado de uma instituição oficialmente reconhecida.

Com isso, o conhecimento da pessoa fica sendo considerado científico e respeitável, em vez de religioso — quer seja sábio, ou não.

A maioria dos psicoterapeutas finge (na maioria das vezes em entrevistas de TV) que são cientistas especializados, ou que pelo menos baseiam seu conhecimento e suas opiniões nas pesquisas científicas. A maioria dos terapeutas também diria que não está autorizada a tomar posição a favor ou contra assuntos de moral, ou a fazer juízos morais, ou a transmitir valores morais aos seus pacientes. De fato, se eles se vêem como cientistas, estão impedidos de fazer isso pelas limitações que a sua própria filosofia e metodologia lhes impõe.

Paradoxalmente, os psicoterapeutas não lidam com outra coisa senão assuntos morais, mesmo que não os reconheçam como tais. E eles não conseguem deixar de transmitir aos seus pacientes algo sobre seus valores morais, por mais que procurem parecer "neutros" ou "objetivos". Os psicoterapeutas são vistos pela maioria das pessoas, e consultados por causa disso por muitas, como peritos em todos os tipos de problemas morais e sociais: abuso de drogas, maus-tratos a crianças ou entre casais, divórcio, disputas de guarda, delinqüência, crime e conduta sexual imprópria, entre outros. Muitas vezes, o juiz ou empregador pede que as pessoas acusadas de um crime ou de conduta imprópria sejam submetidas à psicoterapia — quanto mais científica, melhor — pretensamente para "curar" os defeitos morais do acusado.

O disfarce médico da psicoterapia confunde os psicoterapeutas, médicos e não-médicos. Os psiquiatras recebem cada vez mais uma formação psicofarmacológica e neurológica, em vez de psicoterápica. Tendem a ignorar as dimensões morais e espirituais dos problemas e sofrimentos dos seus pacientes. Conseqüentemente, muitos psiquiatras não compreendem o caráter dos seus pacientes e não são psicoterapeutas competentes. A maioria dos psicólogos e assistentes sociais, por outro lado, fica com medo, submete-se à ideologia dominante do modelo médico e vê uma grande variedade de sofrimentos mentais e emocionais como doenças nas quais os psiquiatras são os peritos, e que muitas vezes têm de ser tratadas com medicamentos psiquiátricos. Isso gera incerteza e confusão na mente do terapeuta não-médico; ele fica sem saber se os sintomas do paciente são causados por fatores externos, como traumas psicológicos passados ou "desequilíbrios bioquímicos", ou se são resultado dos desejos, dos medos, dos pensamentos, das ações e da ignorância do próprio paciente. O resultado dessa confusão quase universal é que muitas pessoas não recebem uma boa terapia.

A sociedade também fica confusa com o modelo médico da psicoterapia. Ela geralmente se volta para os cientistas em busca de um conhecimento especializado sobre o mundo e sobre os problemas humanos no mundo. Sendo assim, as pessoas elevam os olhos para a ciência, tentando entender o sofrimento mental. O cientista, entretanto, dá fatores externos como explicações. Os estudos científicos sobre o crime, como os estudos científicos sobre doenças mentais, invariavelmente concluem que certos fatores externos, como a pobreza, o analfabetismo, o desemprego, os maus-tratos, as drogas e por aí afora, são responsáveis pelo problema.

A idéia de que são fatores sociais, e não pessoas individuais, os responsáveis pelos crimes, foi associada ao ponto de vista liberal [progressista]. Reagindo a isso, os conservadores, particularmente os da direita religiosa, ridicularizam os liberais e insistem em que os indivíduos são responsáveis por suas ações. Entretanto, como bons hipócritas, eles muitas vezes fracassam em assuntos como alcoolismo e dependência química, nos quais preferem adotar o modelo médico prevalecente. A confusão e o conflito de pontos de vista que acompanha a questão da responsabilidade pessoal deixa a sociedade inteira sem saber se os indivíduos são responsáveis por seus atos ou não. Do ponto de vista científico (ou "clínico"), que aliás é o ponto de vista oficialmente aceito, o livre-arbítrio é uma ilusão. O comportamento humano não é fruto de uma decisão, mas de uma imposição externa. Decorre disso que ninguém é responsável por seus atos. Do ponto de vista religioso, porém, o livre-arbítrio é uma dádiva de Deus e o ser humano racional é responsável por seus atos.

Na medida em que os psicoterapeutas acreditam que estão tratando de doenças mentais cientificamente, eles não consideram os pacientes responsáveis pelo próprio sofrimento. A idéia de que o sofredor é responsável, mesmo em parte, pelo próprio sofrimento, é muitas vezes vista com suspeita hoje em dia, especialmente nos meios psiquiátricos. Na verdade, é especificamente contradita pela concepção dominante do sofrimento mental e emocional, o modelo médico da doença mental. O modelo médico afirma que certas formas de sofrimento, como a ansiedade, a depressão, a bulimia e a dependência, não são da responsabilidade do sofredor. Pelo contrário, pensa-se que essas emoções negativas e comportamentos destrutivos são causados por fatores externos ao agente pessoal, tais como uma patologia orgânica do cérebro, ou circunstâncias sociais opressivas. A idéia de que a pessoa diagnosticada como doente mental possa, de alguma maneira, ser responsável pelo próprio sofrimento, é criticada como uma "imputação de culpa à vítima".

Entretanto, o problema é que, para que a terapia funcione, o terapeuta tem de ensinar o paciente a ir assumindo cada vez mais a responsabilidade sobre seus pensamentos, sentimentos e ações. O típico programa de tratamento de drogas define o alcoolismo e a dependência como doenças, mas, paradoxalmente, formula um programa de tratamento que induz o paciente a se responsabilizar por seu vício. O fato de não se saber se o sofrimento é causado por fatores externos ou se resulta dos atos morais do próprio sofredor gera uma confusão entre o *não ter* responsabilidade pelo próprio sofrimento, como no caso da maior parte das doenças físicas, e o *não assumir* a responsabilidade, como no caso do alcoolismo, da dependência, da criminalidade e de muitas assim-chamadas doenças mentais.

Embora a psicoterapia possa ser corretamente qualificada como neta da religião, e embora apresente muitas características de uma religião — principalmente o dogmatismo e uma aversão à heresia —, ela não substitui a religião de maneira adequada. Não existe uma única visão de mundo psicoterapêutica que sintetize tão bem o conhecimento objetivo com a orientação para a vida quanto o fazem as religiões. A psicoterapia é fragmentada numa multiplicidade de ortodoxias dogmáticas, dissidências e heresias. Como os cinco cegos que estavam apalpando diferentes partes de um elefante — a tromba, as presas, as pernas, o corpo e a cauda — e o consideram como cinco criaturas diferentes, os psicoterapeutas têm a incrível tendência de ver o problema do sofrimento sob o seu estreitíssimo ponto de vista. Para a maioria dos psiquiatras, o sofrimento mental é uma doença mental e tem uma causa biológica. Para a maioria dos psicólogos cognitivos, o problema é fruto de uma visão errônea. Para os psicólogos do comportamento, o problema é questão de condicionamento. Para os terapeutas interpessoais, o problema se deve, principalmente, aos maus relacionamentos. Para o psicanalista, o problema foi os erros dos pais.

Apesar das suas deficiências, a psicoterapia pode ajudar as pessoas a encontrar, até certo ponto, alívio para o sofrimento que impõem a si mesmas, e a lidar de modo mais inteligente e eficiente com os problemas da vida. Pode ajudá-las a resolver certos problemas específicos e pode até ensiná-las a resolvê-los por si mesmas. Às vezes, uma boa terapia breve pode auxiliar uma pessoa a encontrar uma abertura, crescer, aprender novas maneiras de encarar as outras pessoas e situações e se relacionar com elas. A psicoterapia pode ser o primeiro passo numa jornada de introspecção e reflexão. Pode ser o primeiro passo na busca da felicidade interior, por meio da transformação da visão pessoal que se tem do mundo e das ações praticadas dentro desse mesmo mundo. Nesse sentido, eu vejo a psicoterapia como um "pré-Dharma".

A Busca da Felicidade Dentro de Si Mesmos: Os Quatro Pensamentos

Muita gente chegou à conclusão de que não poderá encontrar a felicidade por meio da religião, das boas graças do governo, da aquisição e consumo de bens ou da psicoterapia. Muitos também descobriram que não se sentem realizados na carreira ou nos relacionamentos. Por mais bem-sucedidos que sejam, sentem que algo de essencial está faltando em sua vida. Talvez percebam que a felicidade se encontra dentro deles mesmos, mas não têm idéia de como buscá-la. Pensam que isso quer dizer que devem carregar sozinhos o seu próprio fardo, corajosa e gravemente. Pensando nessas pessoas, talvez seja bom concluir com um breve vislumbre do caminho budista para a felicidade interior.

A palavra tibetana que denota o budista é *nang pa*, que significa a "pessoa de dentro" ou "aquele que entra". Entrar significa prestar atenção à própria mente e como ela funciona. Os segredos da felicidade que escondemos de nós mesmos estão dentro da nossa mente. A mente também é a chave da dor e do sofrimento que infligimos a nós mesmos e aos que estão à nossa volta. O caminho interior da felicidade exige que a pessoa preste atenção à mente e cultive a mente. O nome da prática tibetana *lo jong* significa literalmente "domar e formar a mente".[6]

Um dos primeiros ensinamentos que recebi de Khenpo Karthar Rinpoche se chama Os Quatro Pensamentos Que Interiorizam a Mente, ou Os Quatro Pensamentos Que Voltam a Mente para a Religião. Também são conhecidos como as "quatro preliminares comuns" das práticas tântricas do Vajrayana.[7] A reflexão nesses pensamentos é um método poderoso para tomar consciência das verdades esotéricas que escondemos de nós mesmos; em outras palavras, para aprender os segredos do caminho interior da felicidade.

Os Quatro Pensamentos são: a preciosidade do nascimento humano, a mutabilidade ou impermanência, o karma e o caráter intrinsecamente insatisfatório da vida mundana. O significado do quarto pensamento é que a felicidade permanente não pode ser encontrada no mundo exterior, social, por meio do sucesso, da riqueza, da fama ou dos bons relacionamentos. Por mais maravilhosa que possa parecer segundo os critérios sociais convencionais, cada uma dessas atividades é intrinsecamente insatisfatória, porque a mente dualista é intrinsecamente falha. A mente dualista projeta o *samsara* em todos os aspectos do mundo secular, e nós nos relacionamos com o mundo secular por meio dos desejos, das aversões e do apego egoísta da mente dualista. Dizer que a vida mundana é intrinsecamente insatisfatória equivale a dizer que a mente dualista é a causa intrínseca e o ponto focal do nosso sofrimento. Portanto — prossegue logicamente o ensinamento —, para encontrar a felicidade duradoura é preciso olhar para dentro, amansar e formar a nossa própria mente.

Juntos, Os Quatro Pensamentos dão uma visão integrada do dilema do sofredor e oferecem um meio de sair dele. O ensinamento sobre a preciosidade do nascimento humano se baseia na crença, no renascimento e na idéia de que o nascimento humano é difícil de se atingir. Desse ponto de vista, muitas vidas virtuosas são necessárias para que o ente renasça como ser humano; até então, o ente terá de nascer nos níveis mais baixos da existência até que as leis do karma o recompensem com o precioso nascimento humano. Não é necessário crer no renascimento, entretanto, para apreciar este ensinamento. Pode ser interpretado de modo a significar simplesmente que a vida humana é preciosa, quer o renascimento exista, quer não.

O ensinamento sobre a impermanência, ou mutabilidade, inclui a consciência da morte. Todos nós vamos morrer — hora, lugar e maneira desconhecidos. Isso faz com que a vida seja ainda mais preciosa. O ensinamento sobre o karma nos lembra de que todos buscamos felicidade; que as chaves do reino da felicidade estão em nossas mãos e, mais ainda, nas nossas intenções e ações. Já que a vida é preciosa e curta, é preciso começar agora o trabalho de purificação da nossa pessoa, das nossas ações e do nosso modo de ser no mundo, isto se quisermos atingir a felicidade nesta vida ou na outra. Voltar a atenção para dentro, para a própria mente, em busca da felicidade, é o "primeiro aspecto principal do caminho". É um dos primeiros compromissos da jornada espiritual.

Os Três Aspectos Principais do Caminho

Os ensinamentos budistas são muitas vezes resumidos nos "três aspectos principais do caminho": a renúncia, a compaixão e a sabedoria do vazio. Eles correspondem mais ou menos às tarefas principais das linhas Hinayana, Mahayana e Vajrayana, embora os três princípios estejam contidos em cada uma das três escolas. O primeiro passo no caminho da renúncia é começar a buscar por felicidade interior; é o primeiro passo, porque implica renúncia gradual ao mundo enquanto fonte, ponto focal e causa da nossa felicidade (e infelicidade). Renunciar ao mundo não quer dizer rejeitar o mundo. Pode-se aprender a viver nele e com ele, destra e positivamente, sentindo-o e desfrutando-o, sem levá-lo muito a sério no sentido último. Renunciar ao mundo não significa que se deva viver como um monge. Os votos de renúncia de um monge são mais radicais do que precisam ser os de uma pessoa casada que trabalha. A renúncia é um caminho gradativo de diminuição do apego. É uma rejeição voluntária dos desejos e aversões egoístas aos quais teimosamente nos apegamos; essa rejeição não deriva de um sentimento de culpa ou noção de dever, mas de um conhecimento direto, autêntico e pessoal do quanto é vã a busca da felicidade por meio daquelas coisas. A interiorização da mente, que é o caminho da renúncia, acarreta o compromisso de se familiarizar, pela meditação, com o funcionamento da nossa própria mente.

A renúncia é o ponto característico do caminho Hinayana. Essencialmente, num sentido prático, isso significa cuidar de si mesmo e não ser um transtorno ou peso para os outros. Significa lavar em casa a própria roupa suja. Requer esforço, perseverança, disciplina e paciência – quatro das seis *paramitas* ou virtudes transcendentais. Essas virtudes são necessárias para transcender as tentações do mundo sansárico e nos concentrarmos no caminho da reflexão e da investigação interior, que nos revela os segredos da felicidade.

Lavar em casa a própria roupa suja significa pôr ordem e disciplina na mente. A mente é a casa onde vivemos. De ordinário, a mente dualista é desordenada. É constantemente agitada pela hipermentação. Fazemos constantemente uma corrente de associações livres, mas com tão pouca consciência que, se nos perguntassem o que estamos pensando, não conseguiríamos dar uma resposta coerente. Não obstante, nossa corrente de consciência constantemente provoca emoções negativas, tais como a ansiedade, a ira e a depressão. Se pensamos um pensamento de raiva, sentimo-nos enraivecidos. Se pensamos um pensamento depressivo, sentimo-nos deprimidos. Um antigo ditado budista diz: "Quem tem a mente ocupada está destinado a sofrer."

Há uma forma básica de meditação budista, chamada *shamatha* em sânscrito, que é um antídoto à hipermentação sem sentido da mente dualista; é uma meditação estabilizadora ou meditação de tranqüilidade. Em tibetano chama-se *shi ne*, que significa literalmente "habitar na paz". Na prática, ela é um treino da mente para prestar atenção no momento presente.

Quando estamos perdidos na hipermentação, geralmente pensamos a respeito do passado ou do futuro. Ou nos perdemos na fantasia de um prazer desejado ou somos assombrados pelo pesadelo de um problema que nos aterroriza. A mente turbulenta, discursiva, dualista, nos impede de ver claramente, porque obstrui constantemente a percepção do momento presente; e o momento presente é onde a vida sempre acontece. Os pensamentos são o véu através do qual vemos o presente — como num espelho, em enigma. Se não conhecemos o presente, tornamo-nos cegos para os fatos da vida e passamos a viver nas projeções ansiosas e temerosas da nossa mente dualista.

A meditação shamatha concentra a mente no momento presente por meio da respiração consciente ou de alguma técnica semelhante de atenção. A concentração no presente acalma a mente. Isso acontece porque a mente dualista vive no tempo mundano. Ela é capaz de relembrar o passado e antecipar o futuro. Pode imaginar prazeres e dores que não estão acontecendo e talvez nunca tenham acontecido nem acontecerão. O ego fica perdido no tempo histórico. Comparada com o remoinho turbulento do samsara, a mente centralizada no presente é quieta, serena, imperturbável e clara, como as águas tranqüilas de um lago profundo nas montanhas.

A tranqüilidade da mente também produz uma euforia toda própria. É como o alívio que se sente ao sair da cacofonia do tráfego urbano e ir para a quietude de uma campina ou a tranqüilidade de uma lagoa na floresta. Mesmo que se pratique shamatha somente para sentir essa paz e essa quietude interior, a pessoa já pode obter uma grande percepção dos segredos da felicidade. Mas shamatha tem também outra função. Uma mente quieta e tranqüila pode ver as verdades da existência com mais clareza do que uma mente confusa pela hipermentação incessante e ansiosa. Chögyam Trungpa Rinpoche falou sobre essa função de shamatha comparando a nossa consciência à lâmpada no capacete do mineiro. A mente comum é como uma lâmpada em constante movimento, que não enfoca nada em particular e, portanto, fica sem perceber a verdadeira natureza do que a circunda. A mente meditativa é como uma lâmpada imóvel e penetrante, revelando de modo claro e distinto todos os detalhes do mundo à nossa volta.

Quando a mente está silenciosa, imóvel e límpida, pode voltar sua atenção para si mesma. Esse processo de se familiarizar com a própria mente se chama meditação *vipashyana*, também conhecida como intuição ou meditação analítica. Já que o conhecimento do mundo e de nós mesmos vem por meio da mente, a análise da mente revela um conhecimento antes escondido sobre a natureza do mundo fenomenal, incluindo a nossa pessoa. Por intermédio da vipashyana, podemos nos familiarizar com as operações da nossa mente — nossos desejos, aversões e movimentos egoístas — e com os fatos da existência — o sofrimento, a impermanência e o vazio.

O segundo aspecto principal do caminho é a compaixão, a qualidade marcante do caminho mahayana. O segredo desse ensinamento é que a felicidade não é possível sem a compaixão. Nós pensamos que a compaixão existe para o benefício do próximo, e de fato assim é. Mas a compaixão também destrói o narcisismo, que é uma das principais causas da dor que infligimos a nós mesmos. A meditação analítica pode nos fazer perceber as nossas intenções e ações narcisistas e nos ajudar a ver como são elas que criam os problemas e dores que se abatem sobre nós. Depois de ter visto isso claramente, é só agir com inteligência em nosso próprio favor, domando a fera egoísta que existe dentro de nós e dedicando-nos de corpo e alma para ajudar os outros a fazer o mesmo. É como tirar a mão de alguém do fogo, depois de termos percebido que ele queima.

O desenvolvimento da compaixão é um dos aspectos mais difíceis do caminho. Se pararmos para pensar, a compaixão parece contrária ao instinto de vida, o qual, nos seres humanos, foi sublimado e transformou-se no egoísmo. Os princípios biológicos básicos da vida são autoprotetivos e auto-afirmativos. Por isso, a idéia de abandonar, por altruísmo, o impulso egoísta e substituí-lo pelo amor ao próximo parece ir contra a intuição vital. O primeiro obstáculo ao desenvolvimento da compaixão, portanto, é o apego a si mesmo.

O segundo obstáculo ao desenvolvimento da compaixão é partir para o extremo oposto, na busca de entregar-se completamente. O caminho da sabedoria é um caminho de equilíbrio. A virtude extrema, que chega ao ponto da caricatura, é muitas vezes um jogo do ego, uma atitude materialista e ambiciosa disfarçada de espiritualidade. Chögyam Trungpa Rinpoche o chama de "materialismo espiritual": o apego ao ego disfarçado de transcendência do ego.[8] "Como eu sou maravilhoso! Tão generoso, tão espiritual, tão compassivo!" — eis a vocação do noviço.

A dialética da compaixão se revela na prática da generosidade, que é outra das seis virtudes transcendentes. A generosidade não se resume a dar dinheiro ou objetos preciosos. Ela consiste em dar-se a si mesmo, dar-se amorosamente aos outros. Na psicologia budista, a virtude da generosidade tem duas falhas em potencial. Uma, obviamente, é a avareza, que não é senão uma forma de apego. A outra falha é dar em demasia. Dar por causa de culpa, vergonha ou orgulho não é generosidade. Dar para ganhar algo em troca não é generosidade, mas uma forma elaborada de egoísmo disfarçado de compaixão.

Khenpo Karthar Rinpoche me explicou esse ponto. Resumindo, o que ele me disse foi o seguinte: "As pessoas querem me ver e falar comigo o tempo todo. Se eu tivesse de me encontrar com todos, eu não teria tempo para comer ou descansar. Eu morreria dentro de algumas semanas e daí não serviria para mais ninguém. Então eu limito o tempo que reservo para as entrevistas." Esse homem extraordinariamente compassivo estava me ensinando que dizer sim para todo o mundo não é compaixão. É uma forma de escravidão, provavelmente nascida da culpa. A compaixão permite que se diga não. A compaixão deriva do primeiro aspecto principal do caminho, que nos ensina a cuidar de nós mesmos, tanto para o nosso bem como para o bem dos outros. No seu sentido mais profundo, portanto, o desenvolvimento da compaixão exige que se encontre um equilíbrio entre o que precisamos para o nosso próprio bem-estar físico e espiritual e o que somos capazes de dar ao próximo. A compaixão é um meio-termo entre o fato de sermos um indivíduo e o fato de existirmos em relação com os outros.

O terceiro aspecto principal do caminho é o desenvolvimento da sabedoria que percebe o vazio de todos os fenômenos, inclusive o vazio do eu. Essa sabedoria ou intuição especial vem por meio da vipashyana e de outras meditações avançadas, tais como a mahamudra e a dzog chen. Vipashyana significa "intuição superior ou especial". O fruto da vipashyana é a sabedoria do vazio ou sabedoria que percebe o vazio. Essa é a sabedoria da sexta paramita, a sexta virtude transcendente. É o desenvolvimento completo da capacidade de ver e, portanto é o antídoto à *avidya*, à ignorância que está na raiz de todos os transtornos e tristezas que impomos a nós mesmos.

A sabedoria do vazio existe em harmonia com os fatos da existência. Como notamos antes, esse é um dos pré-requisitos da felicidade duradoura. A percepção do vazio nos brinda com uma cosmologia coerente, que pode servir como fundamento sólido para nos guiar na vida. Se os fenômenos são impermanentes e vazios de substância própria, se o eu é impermanente e vazio de substância, ou alma, temos de treinar a nossa mente para aceitar esse fato, em vez de negá-lo e reprimi-lo. Temos de permanecer atentos (conscientes) às tentativas do ego de encontrar pontos de referência sólidos e duradouros, pois ele só faz isso para identificar, proteger, preservar e prolongar a si mesmo. E essa é a causa de grande parte dos sofrimentos que impomos a nós mesmos e ao próximo.

O primeiro aspecto principal do caminho, a renúncia, nos ensina a tomar conta de nós mesmos, pelo menos para não sermos um fardo para os outros. É um treinamento de autodisciplina e auto-suficiência. O segundo aspecto principal do caminho, a compaixão, nos permite vencer o terrível narcisismo e realmente nos relacionarmos com os outros de coração para coração, isto é, compreendendo os Projetos Felicidade das pessoas. Esse é o segredo dos relacionamentos amorosos. O terceiro aspecto principal do caminho é a sabedoria do vazio. É a sabedoria que vê a existência como uma dança sem dançarino. Quando a jornada espiritual para dentro de nossa própria mente nos leva até essa sabedoria, não nos resta nada mais a fazer a não ser rir e entrar na dança.

Notas

Capítulo 1. Os Segredos da Felicidade

1. Mohandas K. Gandhi, *An Autobiography: The Story of my Experiments with Truth* (Boston: Beacon Press, 1957), XIII.
2. O Buda, citado in Piyadassi Thera, *The Buddha's Ancient Path* (Londres: Rider, 1964), p. 27.
3. Êxodo 33:20.
4. Chögyam Trungpa Rinpoche, *Illusion's Game: The Life and Teaching of Naropa* (Boston: Shambala, 1994), p. 100.
5. Piyadassi Thera, *Ancient Path*, p. 24.
6. Alan Watts, *Psychotherapy East and West* (Nova York: Random House, 1961), pp. 3-4.
7. Ronald Leifer, "The Common Ground of Buddhism and Psychotherapy", apresentado na Primeira Conferência Karma Kagyu sobre Budismo e Psicoterapia, na International House, Nova York, 1986.
8. A fronteira comum entre a psicoterapia, a medicina e a religião foi muitas vezes o palco de conflito para decidir se a psicoterapia é uma atividade médica ou moral. Eu escrevi extensamente a esse respeito, como também o fez meu amigo e professor Dr. Thomas Szasz. Ver Ronald Leifer, *In the Name of Mental Health: The Social Functions of Psychiatry* (Nova York, Science House, 1969), e Thomas Szasz, *The Myth of Mental Illness* (Nova York: Hoeber-Harper, 1961).
9. Norman O. Brown, *Life Against Death: The Psychoanalytic Meaning of History* (Nova York: Random House Vintage Books, 1959), p. 4.
10. Thomas Moore, *Care of the Soul: A Guide For Cultivating Depth and Sacredness in Everyday Life* (Nova York: Harper Collins, 1992). Esse livro dá um enfoque junguiano à consciência da sombra como meio de descobrir a sabedoria esotérica.
11. Ernest Becker, *The Denial of Death* (Nova York: The Free Press, 1973).

12. O conceito beckeriano da Transição de Édipo será discutido de modo mais completo no Capítulo 15, "A Transformação do Desejo no Projeto Felicidade".

13. Os votos budistas de refúgio envolvem um compromisso de se abrir ao Buda, ao Dharma e à *sangha*, ou comunidade religiosa.

Capítulo 2. A Reconciliação Entre Ciência e Religião

1. Isaías 3:10,11.
2. Auguste Comte, *The Positive Philosophy of Auguste Comte* (Nova York: Appleton, 1853).
3. Bertrand Russell, citado *in* William Barret, *The Illusion of Technique*, Vol. 3 (Garden City, Nova York: Anchor Press, 1978), p. 3.
4. Karl Popper, *The Logic of Scientific Discovery* (Nova York: Science Editions, 1961).
5. Daniel Dennett, "Towards a Cognitive Theory of Consciousness", *in Brainstorms* (Cambridge: MIT Press, 1978). Ver também Francisco J. Varela, Evan Thompson, e Eleanor Rosch, *The Embodied Mind* (Cambridge: MIT Press, 1993).
6. Thomas S. Szasz, *The Meaning of Mind: Language, Morality and Neuroscience* (Westport, CT: Praeger, 1996).
7. Barret, *Illusions of Technique*, p. 33.
8. Albert Einstein, *Out of My Later Years* (Nova York, Philosophical Library, 1950), p. 30.
9. Para uma discussão completa da mente antitética, ver o Capítulo 23, "A Polarização do Paraíso".
10. Gilbert Ryle, *The Concept of Mind* (Nova York: Barnes and Noble, 1949), p. 8.
11. Mircea Eliade, *Myths, Dreams, Mysteries: The Encounter Between Contemporary Faiths and Archaic Realities* (Nova York: Harper and Row, 1960), p. 156.

Capítulo 3. O Caso de um Sofredor Típico

1. *Samsara* é uma palavra sânscrita que designa o ciclo de nascimentos e mortes, isto é, o ciclo de mudanças que experimentamos na vida mundana comum.
2. Eu escrevi extensamente sobre esse assunto. Ver Ronald Leifer, "Psychoterapy, Scientific Method and Ethics" *in American Journal of Psychotherapy*, Vol. 20, nº 2 (abril de 1966), pp. 295-304; e *In the Name of Mental Health: The Social Functions of Psychiatry* (Nova York: Science House, 1969).
3. Ver Capítulos 18, 19 e 20.
4. Peter Kramer, *Listening to Prozac* (Nova York: Viking Press, 1993).
5. Discuti detalhadamente essa questão em diversos ensaios escritos ao longo dos anos. Para um resumo do problema, ver Ronald Leifer, "Psychiatry, Language and Freedom", *in Metamedicine*, Vol. 3 (1982), pp. 397-416.
6. A depressão anaclítica acontece quando recém-nascidos ou crianças novas são privados dos cuidados maternos apropriados.
7. Esse ponto de vista foi desenvolvido no meu ensaio "The Deconstruction of Self: Commentary on 'The Man Who Mistook His Wife For a Hat, and Other Clinical Tales'

by Oliver Sacks" in *The World and I* (junho de 1986), reproduzido também no *Journal of Contemplative Psychotherapy* 4 (1984), pp. 153-77.

8. George Engel, residente e psiquiatra do Centro Médico na Universidade de Rochester, onde eu mesmo fiz residência, tinha um ponto de vista semelhante a respeito dos três fundamentos da compreensão, que ele chamou de "modelo biopsicossocial".

9. É por isso que eu acredito que o modelo médico da psiquiatria contribui para aumentar a ignorância e repressão gerais. Escrevi exaustivamente sobre isso. Ver Leifer, *In the Name of Mental Health*; Ronald Leifer, "The Medical Model as Ideology", *International Journal of Psychiatry* 9 (1970); Ronald Leifer, "The Medical Model as the Ideology of the Therapeutic State", *Journal of Mind and Behavior* 2, n°s 3-4 (Verão de 1990), pp. 247-58, reproduzido in *Amalie* 15, nº1 (fevereiro de 1993).

10. Sigmund Freud, *Civilization and Its Discontents* (Garden City, Nova York: Doubleday Anchor, 1958), p. 16.

11. Ngondro (*sngon'gro*) é uma palavra tibetana que significa "ir à frente de" ou "preliminar". Os ensinamentos e práticas do ngondro são preliminares ao estudo e à prática do tantra e outras práticas avançadas.

Capítulo 4. Visão, Caminho, Realização

1. Sua Santidade o Décimo Quarto Dalai Lama, *The Bodhgaya Interviews*, José Ignacio Cabezón, org. (Ithaca: Snow Lion, 1988).

2. Para uma comparação entre verdade "relativa e "absoluta", ver Tai Situ Rinpoche, *Relative World, Ultimate Mind* (Boston: Shambala, 1992).

3. Lati Rinbochay, *Mind in Tibetan Buddhism*, trad., org. e introd. de Elizabeth Napper (Ithaca: Snow Lion, 1980).

4. Leifer, "Common Ground".

5. Alan Wallace, *Journey From Solitude* (Ithaca: Snow Lion, 1989). Na opinião de Wallace, a fé é o fundamento da contemplação, mas não fica claro o que ele entende por fé. Não obstante, este livro é uma excelente introdução ao Lam Rim, ou Caminho da Iluminação Gradual, e aos Sete Pontos do Treinamento Mental de Atisha.

6. John Dewey, *Human Nature and Conduct: An Introduction to Social Psychology* (Nova York: H. Holt and Co., 1927).

7. A psicoterapia cognitiva ocidental se baseia na mesma lógica, isto é, na idéia de que uma visão errada da vida ou de uma situação da vida leva à neurose e, daí, ao sofrimento da pessoa e dos que a rodeiam.

8. Tai Situ Rinpoche, *Way to Go: Sowing the Seed of Buddha*, Ken Holmes, org. (Escócia: Kagyu Samye Ling, 1991).

9. São Boaventura usou essa metáfora de uma jornada em direção a Deus, ou da escada de Jacó. São Boaventura, *The Soul's Journey into God*, Ewart Cousins, org. e trad. (Nova York: Paulist Press, 1978).

10. Jamgon Kongtrul Rinpoche, comunicação pessoal.

Capítulo 5. Quem é o Buda e o Que Ele Ensinou?

1. Popper, *Scientific Discovery*. A idéia de Popper de que, em princípio, todo fato científico tem de poder ser refutado pela observação foi aceita como um *sine qua non* de qualquer fato científico.

2. A pureza da concepção (Jesus) e do nascimento (Buda) quer dizer que as histórias de Buda e Jesus são metáforas, ou mitos, da jornada da mente pela vida, e não de biografias literais. A negação do corpo é um modo de dar primazia à mente.

3. Khenpo Karthar Rinpoche, "The Four Noble Truths. The Early Life of the Buddha Shakyamuni", *Densal* 6, nº 2 (Primavera de 1985).

4. Edward J. Thomas, *The Life of Buddha as Legend and History* (Londres: Routledge & Kegan Paul, 1969).

5. Sigmund Freud, *The Future of An Illusion* (Garden City: Doubleday Anchor, 1964).

6. Piyadassi Thera, *The Buddha Ancient Path*, p. 40.

7. Sir M. Monier-Williams, *Buddhism: In Its Connection with Brahmanism and Hinduism and in Its Contrast with Christianity* (Varanasi, Índia: Chowkamba Sanskrit Series, 1964).

8. Sua Santidade o Dalai Lama, *The Opening of the Wisdom Eye* (Wheaton, Il: The Theosophical Publishing House, 1966).

Capítulo 6. A Primeira Nobre Verdade

1. Kramer, *Prozac*.

2. Sigmund Freud, *The Problem of Anxiety* (Nova York: W.W. Norton, 1963).

3. Anna Freud, *The Ego and the Mechanisms of Defense* (Nova York: International Universities Press, 1946).

4. Becker, *Denial of Death*.

5. Becker conhecia o budismo. Seu primeiro livro foi uma crítica ao Zen por exigir a submissão do discípulo ao mestre. Becker via isso como uma repetição do erro da idade média européia, na qual a Igreja Católica controlava a mente, os pensamentos e os escritos dos intelectuais da época. Ver Ernest Becker, *Zen: A Rational Critique* (Nova York: W.W. Norton, 1961).

6. Heráclito citado *in* Walter Kaufmann, *Philosophic Classics: Thales to St.Thomas* (Englewood Cliffs, NJ: Prentice-Hall, 1961), p. 19.

7. Rainer Maria Rilke, "Duino Elegy nº 9", *The Selected Poetry of Rainer Maria Rilke*, Stephen Mitchel, org. e trad. (Nova York: Random House Vintage Books, 1982).

8. *The Ithaca Journal*, 13 de janeiro de 1987.

9. Otto Rank, *Beyond Psychology* (Nova York: Dover, 1958).

10. Percy Bysshe Shelley, "Ozymandias", *in Complete Poetical Works*, Newell F. Ford, org. (Boston: Houghton-Mifflin, 1975), p. 366.

11. É interessante notar que a palavra "planeta" também significa "vagante". O vagar idiossincrático dos planetas no antigo sistema ptolomaico lembrava os astrólogos da singularidade e da imprevisibilidade do indivíduo humano. Por isso, na astrologia, os planetas foram identificados com a personalidade e as caraterísticas individuais. Assim, em

duas culturas, o indivíduo humano é visto como um "vagante", como os planetas, uma energia em perpétuo fluxo samsárico.

12. Esse é o título da epistemologia de John Dewey. Ver John Dewey, *Knowing and the Known* (Boston: Beacon Press, 1949). A teoria de Dewey sobre o conhecimento põe em relevo, mais do que as de outros filósofos, o conceito de mente dualista ou relativa, que é partilhado tanto pelos budistas quanto pelos físicos quânticos.

12. O Buda, "The Heart Sutra", in *Buddhist Wisdom Books: the Diamond Sutra; The Heart Sutra*, Edward Conze, trad. (Nova York: Harper and Row, 1958), p. 81.

14. Na teoria do caos, que é uma teoria matemática da mudança, o caos é definido como a ausência de pontos fixos e estáveis de referência.

15. Ver Agehananda Bharati, *The Light at the Center: The Context and Pretext of Modern Mysticism* (Santa Bárbara: Ross-Erikson, 1976).

Capítulo 7. A Segunda Nobre Verdade

1. *Random House Dictionary of the English Language*, Unabridged Edition, 1966.

2. Platão, "Symposium", in *The Philosophy of Plato*, Irwin Edman, org., Benjamin Jowett, trad. (Nova York: The Modern Library, 1956), p. 365.

3. Piydassi Thera, *Ancient Path*, p. 41.

4. Gênesis 3:16-19.

5. Ver: Brown, *Life Against Death*; Becker, *Denial of Death*; e Ernest Becker, *Escape from Evil* (Nova York: The Free Press, 1975).

6. O Buda, in *Middle Length Discourses of the Buddha: A New Translation of the Majjima Nikaya*, Bhikku Nanamoli e Bhikku Bodhi, trad. (Boston: Wisdom Publications, 1995), p. 181.

7. Ver abaixo, Capítulo 15, "A Transformação do Desejo".

Capítulo 8. O Eu e a Identidade ou o Assombro Fundamental

1. O termo "colagem", ou "bricolage", foi emprestado de Lévi-Strauss, que via o teórico primitivo como um *bricoleur*, um artista que cria imagens do eu e do mundo utilizando pedacinhos de experiências daqui e dali. Ver Claude Lévi-Strauss, *Tristes Tropiques* (Nova York: Atheneum, 1964).

2. Jamgon Kongtrul Rinpoche, na Westchester Hospital Division do Hospital de Nova York, Departamento de Psiquiatria da Faculdade de Medicina da Universidade Cornell, videotape não publicado.

3. Jordan Sher, org., *Theories of the Mind* (Nova York: The Free Press, 1962).

4. René Descartes, "Meditations on First Philosophy", in *The Philosophical Works of Descartes*, Elizabeth S. Haldane e G.R.T. Ross, orgs. (Dover Publications, 1931), p. 149.

5. Que eu saiba, Chögyam Trungpa Rinpoche foi o primeiro a usar a expressão "assombro fundamental", embora esteja se referindo a um estado de confusão fundamental que sempre foi reconhecido e discutido na psicologia budista.

6. Andrei Voznesensky, "Who Are We?", in *Antiworlds* (Nova York: Basic Books, 1966), p. 46.

Capítulo 9. Neurose

1. Gregory Zilbourg e George W. Henry, *A History of Medical Psychology* (Nova York: W.W. Norton, 1941).
2. Luigi Galvani in *Treasury of World Science* (Nova York: Philosophical Library, 1962), pp. 359-64.
3. O conceito médico religioso tibetano dos "ventos" é análogo ao conceito europeu dos humores e de energia.
4. Sohan Lal Sharma, manuscrito não publicado. Pode-se dizer o mesmo dos médicos modernos, informados pelos psiquiatras. A meu ver, a crença atual em que um grande número de "doenças mentais" têm causas psicológicas é tão sem fundamento quanto a crença do setecentista de que a neurose tinha uma base psiconeurológica. Mas essa é uma outra teoria, que não tem diretamente nada a ver com o assunto desse livro.
5. A Primeira Revolução Psiquiátrica aconteceu quando Pinel e outros alienistas soltaram vários pacientes psiquiátricos que estavam presos em manicômios públicos. A Segunda Revolução Psiquiátrica foi a invenção da psicanálise por Freud. A Terceira Revolução Psiquiátrica é a psiquiatria biológica que, como já vimos pelo meu breve relato, não é uma revolução de maneira nenhuma, mas uma continuação da crença — baseada na fé na ciência — de que o sofrimento mental é causado por desequilíbrios neuroquímicos.
6. Albert Deutsch, *The Mentally Ill in America: A History of Their Care and Treatment from Colonial Times*, 2ª ed. rev. (Nova York: International Universities Press, 1937). Ver também Leifer, *In The Name of Mental Health*.
7. Essa foi a manobra que Jeffrey Moussaieff Masson chamou de *The Assault on Truth: Freud's Suppression of the Seduction Theory* (Nova York: Farrar, Straus and Giroux, 1984). Ver Capítulos 18 e 19 para uma discussão mais completa sobre o assunto.
8. Para uma discussão mais completa ver Leifer, *In the Name of Mental Health*, e Szasz, *Myth of Mental Illness*.
9. Ibid.
10. Trogawa Rinpoche, "Mental Health", *Journal of Contemplative Psychotherapy* 6, pp. 11-25.

Capítulo 10. O Sofrimento como Móvel da Vida Mental

1. Becker, *Denial of Death*.
2. Leifer, *In the Name of Mental Health*.
3. Ibid.
4. Thomas Szasz, *Ceremonial Chemistry: The Ritual Persecution of Drugs, Addicts and Pushers* (Garden City, Nova York: Anchor Press, 1974).

Capítulo 11. O Sofrimento na Religião Ocidental

1. Gênesis. 3:16-19.
2. Julian Janes, *The Origins of Consciousness in the Breakdown of Bicameral Mind* (Boston: Houghton-Mifflin, 1976).

3. Isaías 3:10,11.
4. John Bowker, *Suffering in the Religions of the World* (Cambridge: Cambridge University Press, 1970), p. 9.
5. Para uma discussão moderna sobre essa questão, ver Harold S. Kushner, *When Bad Things Happen to Good People* (Nova York: Avon Books, 1981).
6. Jó 1:1.
7. Jó 1:22.
8. Horace Kallen, *The Book of Job as a Greek Tragedy* (Nova York: Hill and Wang, 1959).
9. Bowker, *Suffering*, pp. 22-4.
10. Jó 14:1-12.
11. Jó 7:16-17.
12. Jó 9:2,3.
13. Jó 38:4-7.
14. Kallen, *Book of Job*, p. 43.

Capítulo 12. Édipo Rei: Herói Trágico do Ocidente

1. Sófocles, *Oedipus the King*, Stephen Berg e Diskin Clay, trad. (Nova York: Oxford University Press, 1978), p. 78.
2. Ibid., p. 123.
3. Essa idéia foi expressa por Chögyam Trungpa Rinpoche. Ver *Illusion's Game: The Life and Teachings of Naropa* (Boston: Shambala, 1994).
4. Ernest Becker, *The Birth and Death of Meaning* (Nova York: The Free Press, 1971).
5. Ver Capítulo 15 para uma discussão mais completa da evolução da luxúria e da agressividade.

Capítulo 13. Jesus

1. Mateus 5:17; 26:56.
2. Bowker, *Suffering*, p. 45.
3. Paulo 9:20.
4. I Crônicas 21:1, Jó 1:6, e Zacarias 3:1. Ver Bowker, *Suffering*, p. 51.
5. Bowker, *Suffering*, p. 82.
6. João 12:27.
7. Mateus 27:46.
8. Marcos 2:17; também Mateus 9:13 e Lucas 5:32.
9. Mateus 5:43-45.
10. Bowker, *Suffering*, p. 7.
11. João 10:7, 9, 11. Ver também São Boaventura, *Soul's Journey*, p. 55.
12. Êxodo 20:13.
13. Romanos 13:9.
14. Mateus 5:21-26.
15. Lucas 6:45.

16. Monier-Williams, *Buddhism*, p. 548.
17. Mateus 6:27-28.
18. Mateus 6:34.
19. Colossenses 1:24.
20. Trata-se do tema arquetípico que consta do folclore, das lendas e do cinema: o triunfo da cruz sobre o vampiro ímpio, o diabo, a fera.
21. Agostinho, *The City of God* (Nova York: Modern Library, 1950), IV, p. 28.
22. Ricardo de São Vítor, "The Twelve Patriarchs", in *Richard of St. Victor* (Nova York: Paulist Press, 1979).
23. São Boaventura, *Soul's Journey*.
24. Ibid, pp. 108-09.
25. William Manchester, *A World Lit Only By Fire* (Boston: Little Brown, 1992).
26. Benjamin Nelson, "Self Image and Systems of Spiritual Direction in the History of European Civilization", in *The Quest For Self Control: Classical Philosophies and Scientific Research*, S. Kalusner, org. (Nova York: The Free Press, 1965); John T. McNeil, *A History of the Cure of Souls* (Nova York: Harper and Row, 1951).
27. Também o psiquiatra moderno tem a suposta função de identificar os doentes mentais e, por meio da persuasão e da coerção, "ajudá-los" a aceitar o fato de que estão doentes (confessar) e "reformá-los" por meio da terapia.
28. Russell Hope Robbins, *The Encyclopedia of Witchcraft and Demonology* (Nova York: Bonanza Books, 1981), s.v. *Malleus Maleficarum*.

Capítulo 14. Sofrimento e Política

1. Ernest Becker, *The Structure of Evil: An Essay on the Unification of the Science of Man* (Nova York: Braziller, 1968), p. 305.
2. O ideal do Iluminismo de uma síntese enciclopédica da ciência a serviço da humanidade atingiu o seu ponto culminante no trabalho de Auguste Comte (1790-1857). A semelhança entre a esperança de salvação por meio da religião e a esperança por meio da ciência foi expressa de modo bem conciso por T.H. Huxley, que qualificou o comtismo como um catolicismo sem cristianismo. Ver Lewis S. Feuer, *Marx and Engels: Basic Writings on Politics and Philosophy* (Garden City, Nova York: Doubleday, 1959), p. 449.
3. Stanley Diamond, "The Search of the Primitive", in *Man's Image in Medicine and Anthropology*, Iago Goldston, org. (Nova York: International Universities Press, 1963). Ver também Stanley Diamond, *In Search of the Primitive: A Critique of Civilization* (Nova York: E.P. Dutton, 1974).
4. Jean-Jacques Rousseau, *Discourse on the Origin of Inequality*, in *Great Books of the Western World*, Vol. 38, Robert Maynard Hutchins, org. (Chicago Encyclopedia Britannica, 1952), p. 329.
5. Ernst Cassirer, *Rousseau, Kant, Goethe* (Princeton: Princeton University Press, 1945).
6. Ibid., p. 21.
7. Jean-Jacques Rousseau, *Confessions* (Baltimore: Penguin Books, 1953).
8. Rousseau, *Discourse*, p. 342.
9. Diamond, *Primitive*.

10. Bowker, *Suffering*, p. 137.
11. Lewis S. Feuer, *Marx and Engels: Basic Writings on Politics and Philosophy* (Garden City, Nova York: Doubleday, 1959).
12. Ibid., p. 263.
13. Ibid., p. 168.
14. Ibid., p. 263.
15. Karl Marx, *Thesis on Feuerbach*, citado *in* Feuer, *Marx and Engels*, p. 244.
16. Feuer, *Marx and Engels*, p. 263.
17. Ibid., p. 43.
18. Marx, *Feuerbach*, p. 245.
19. Tom Szasz, eu mesmo e diversos outros críticos das intervenções psiquiátricas coercivas, tais como tratamento e hospitalização involuntários, reconhecemos em nossos escritos essa tirania do ajudante.
20. Ver acima, Capítulo 6.
21. Piyadassi Thera, *Buddha's Ancient Path*, p. 60.
22. Citado *in* Bowker, *Suffering*, p. 94.

Capítulo 15. A Transformação do Desejo no Projeto Felicidade

1. Brown, *Life Against Death*, p. 83.
2. Ver Capítulo 23, "A Polarização do Paraíso".
3. Becker, *Birth and Death of Meaning*.
4. Ernest Becker chama esse projeto de "Projeto de Édipo". Ver *The Birth and Death of Meaning*.
5. Becker, *The Denial of Death*.
6. Emile Durkheim, *The Elementary Forms of Religious Life* (Nova York: The Free Press, 1965).
7. O melhor exemplo é o da cooperação entre a psiquiatria e o Estado, na qual o Estado dá aos psiquiatras o poder de rotular as pessoas como doentes mentais; então, o Estado tem uma justificativa para privar aquelas pessoas da sua liberdade individual. Ver Thomas Szasz, *Law, Liberty and Psychiatry: An Inquiry Into the Social Uses of Mental Health Practices* (Nova York: MacMillan, 1963); e Leifer, *In the Name of Mental Health*.
8. Gênesis 2:16, p. 17.
9. Freud, *Civilization and Its Discontents*, p. 34.
10. Sigmund Freud, *Totem and Taboo* (Nova York: Random House Vintage Books, 1913).
11. As teorias de Freud versavam sobre homens, particularmente homens da mesma cultura e classe social que ele. O próprio Freud admitiu que não sabia muito a respeito da psicologia feminina.
12. Becker, *Birth and Death of Meaning*.
13. Essa idéia enigmática será explicada nos Capítulos 21-23.

Capítulo 16. Religião e Lei: O Desejo como Pecado e Crime

1. O Buda, in A Buddhist Bible, Dwight Goddard, org. (Boston: Beacon Press), p. 31.
2. Ibid., p. 4.
3. Ibid., p. 8.
4. Ibid.
5. Piyadassi Thera, Ancient Path, p. 60.
6. Isaías 3:10,11.
7. Teste da Fera Selvagem. Rex x Arnold, 16 How. Tr. 695, 1724. Ver Thomas Maeder, Crime and Madness: The Origins and Evolution of the Insanity Defense (Nova York: Harper and Row, 1985).
8. Caso de Daniel McNaghton, 10 Clark e Finnelly 200, 8 Eng. Rep. R.718 1843.
9. Ver Ronald Leifer, "Psychiatric Expert Testemony and Criminal Responsibility", American Psychologist 19, nº 11 (novembro de 1964): 825-30; Ronald Leifer, "The Concept of Criminal Responsibility", ETC: A Review of General Semantics 24, nº 2 (1967): 177-90; e Leifer, In the Name of Mental Health.

Capítulo 17. O Desejo: A Base da Ética e da Moral

1. Platão, "Philebus", in Great Books of the Western World, Vol. 7, p. 610.
2. Richard Taylor, Reflective Wisdom: Richard Taylor on Issues That Matter, John Donnelly, org. (Buffalo: Prometheus Books, 1989).
3. Ethyl M. Albert, Theodore C. Denise e Sheldon P. Peterfreund, Great Traditions in Ethics, (Nova York: American Book Co., 1953), p. 11.
4. Platão, "Symposium", in Great Books of the Western World, Vol. 7, p. 162.
5. Lama Gendun Rinpoche, "Free and Easy: A Spontaneous Vajra Song", in Nyoshul Khenpo e Lama Surya Das, Natural Great Perfection (Ithaca: Snow Lion, 1995).
6. Augustinho, The Confessions of St. Augustine (Nova York: Pocket Books, 1956), pp. 134,135.
7. Ibid., p. 30.
8. Ibid., p. 140.
9. Ibid., p. 147.
10. Ibid., p. 31.
11. Ibid., p. 192.
12. Ibid., p. 190.
13. Ibid., p. 197.
14. Ibid., p. 85.
15. Ibid., pp. 198-99.
16. Atos 9:1.
17. Gálatas 5:19-21.
18. Romanos 8:1-13.
19. Thomas Hobbes, Leviathan (Nova York: Dutton, 1950).
20. Barruch Spinoza, "Ethics", in Great Books of the Western World, Vol. 31, p. 416.
21. Ibid., p. 416.

22. Immanuel Kant, "Fundamentals Principles of the Metaphysic of Morals", in *Great Books of the Western World*, Vol. 42.

23. Arthur Schopenhauer, "The World As Will", in *The Philosophy of Schopenhauer*, Irwin Edman, org. (Nova York: The Modern Library, 1928), p. 249.

24. Ibid., pp. 252-54.

25. Ibid., p. 50.

26. Ibid., p. 310.

Capítulo 18. Psicoterapia: A Psicologia dos Desejos Escondidos

1. Rank, *Beyond Psychology*; Watts, *Psychotherapy*; Szasz, *Ceremonial Chemistry*.

2. O modelo médico é um paradigma ou matriz conceitual, segundo o qual os estados mentais e emocionais são vistos como causas e efeitos mecânicos, como os acontecimentos corporais aos olhos da medicina. O modelo médico é, em essência, um mecanismo amoral. Ver Szasz, *Myth of Mental Illness*; Leifer, *In the Name of Mental Health*; Leifer, "The Medical Model of the Ideology of the Therapeutic State"; e Leifer, "Psychiatry, Language and Freedom".

3. Freud disse: "Desnecessário dizer que, quando alguém sofre de uma ilusão, não a reconhece como tal." Ver Freud, *Civilization*, p. 32.

4. *Doch noch ein mal* [ainda mais uma vez]. Em seu livro vencedor do Prêmio Pulitzer, *The Denial of Death*, Ernest Becker intitulou um capítulo: "Freud: Doch noch ein mal" [Freud: Ainda Mais Uma Vez].

5. Jacques Lacan, *Four Fundamental Concepts of Psychoanalysis* (Nova York: Norton, 1978).

6. Sigmund Freud, *An Autobiographical Study* (Nova York: W.W. Norton, 1935), p. 13.

7. Ernest Jones, *The Life and Work of Sigmund Freud: The Formative Years and the Great Discoveries 1856-1900*, Vol. I (Nova York: Basic Books, 1953).

8. Freud freqüentemente consumiu cocaína durante um período chamado "O Período da Cocaína". Ele a tomava como chá, em tese para aliviar a dor e a dispepsia decorrentes do câncer da mandíbula que ele teve por muito tempo, causado pelo tabaco. Ver Jones, *Freud*.

9. Jones, *Freud*.

10. Frank Sulloway, *Sigmund Freud: Biologist of the Mind* (Nova York: Basic Books, 1979); Ver também Robert Holt, "A Review of Some of Freud's Biological Assumptions and Their Influence on His Theories", in *Psychoanalysis and Current Biological Thought*, Norman S. Greenfield e William C. Lewis, orgs. (Madison, WI: University of Wisconsin Press, 1965).

11. Sigmund Freud e Joseph Breuer, *Studies in Hysteria* (Boston: Beacon Press, 1937).

12. Sigmund Freud, "Some Points in a Comparative of Organic and Hysterical Paralysis", in *The Collected Papers of Sigmund Freud*, Vol. I, Ernest Jones, org. (Londres: Hogarth Press, 1956).

13. Charcot era catedrático de neuropatologia no Salpetrière, um hospital psiquiátrico de Paris para senhoras idosas e outros pacientes. A histeria era comum ali, e esse fato era atribuído à grande quantidade de mulheres neuróticas na população. O termo "histe-

ria" é uma palavra grega que significa "útero vagante", a explicação grega da síndrome. Ver Zilboorg e Henry, *History of Medical Psychology*.

14. Freud, *Organic and Hysterical Paralysis*.
15. Freud, *Autobiographical Study*, p. 53.
16. Sigmund Freud, em *Abstracts of the Standard Edition of the Complete Psychological Works of Sigmund Freud* (Nova York: International Universities Press, 1973), p. 10.
17. Ver Szasz, *Myth of Mental Illness* para um argumento mais desenvolvido em favor dessa tese.
18. Freud, *Autobiographical Study*, pp. 53-5.
19. Freud e Breuer, *Studies in Hysteria*, p. 114.
20. Ibid., p. 133.
21. Ibid.

Capítulo 19. Neurose: A Dialética do Desejo

1. Freud e Breuer, *Studies in Hysteria*, pp. 98-9.
2. Ibid., p. 100.
3. Ibid., p. 101.
4. Ibid., p. 102.
5. Ibid., p. 111.
6. Ibid., p. 103.
7. Ibid., p. 60.
8. Hans Reichenbach, *The Rise of Scientific Philosophy* (Berkeley: University of California Press, 1951). Ver também outros autores do Círculo de Viena.
9. Freud e Breuer, *Studies in Hysteria*, p. 117.
10. Ibid.
11. Freud, *Autobiographical Study*, p. 53.
12. Ibid., p. 54.
13. Szasz, *Myth of Mental Illness*, p. 80.

Capítulo 20. O Desejo e o Desgosto da Civilização

1. Sigmund Freud, *The Interpretation of Dreams*, James Strachey, trad. (Nova York: Basic Books, 1956).
2. Sigmund Freud, *Beyond the Pleasure Principle: A Study of the Death Instinct in Human Behavior* (Nova York: Bantam Books, 1963).
3. Ver Capítulo 7.
4. Freud, *Civilization*.
5. Ibid., p. 11.
6. "*Wer Wissenschaft and Kunst besitzt, hat auch Religion: Wer jene beide nicht besitzt, der habe Religion!*" Ibid., p. 23.
7. Ibid.
8. Freud, *Civilization*, p. 25.
9. Ibid., p. 26.
10. Ibid., pp. 26-7.

11. Ibid.
12. Ibid., p. 96
13. Becker, *Denial of Death*.
14. Ibid., pp. 2-3.

Capítulo 21. A Evolução do Eu: Os Primeiros Seres Humanos

1. Ver Capítulo 8.
2. Friedrich Nietzsche, *The Genealogy of Morals*, Francis Golffing, trad. (Nova York: Doubleday, 1956).
3. Para fazer esse sinal, levante a mão aberta com a palma para a frente, como se fosse fazer o sinal da paz. Daí encoste a ponta do indicador na ponta do polegar, fazendo um círculo.
4. Lewis Mumford, *The Myth of the Machine* (Nova York: Harcourt, Brace, Janovich, 1967), p. 5.
5. Jaynes, *Bicameral Mind*.
6. Eclesiastes 1:2.
7. Jaynes, *Bicameral Mind*, pp. 295ss.
8. Michel Foucault, *The Order of Things: An Archeology of the Human Sciences* (Nova York: Pantheon Books, 1970), pp. 386-87.
9. Do ponto de vista budista, trata-se de uma questão sobre a evolução do corpo — a base material da mente.
10. Jaynes, *Bicameral Mind*, p. 132.
11. John E. Pfeiffer, *The Emergence of Man* (Nova York: Harper and Row, 1978), cap. 19.
12. Denis de Rougemont, citado in D.T. Suzuki, Erich Fromm e Richard De Martino, *Zen Buddhism and Psychoanalysis* (Nova York: Grove Press, 1963), p. 27.
13. Lévi-Strauss, *Tristes Tropiques*.
14. Jaynes, *Bicameral Mind*, p. 133.
15. A coordenação neural da fala e da mão não é bem compreendida. Nas pessoas destras, os centros cerebrais da fala e da mão se encontram no córtex cerebral esquerdo, o que indica que são coordenados entre si. Entretanto, eles parecem também podem atrapalhar um ao outro. Conhece-se o caso de uma criança autista que era capaz de desenhar como da Vinci ou Picasso, de acordo com a apreciação de eminentes críticos de arte. As crianças autistas não aprendem a falar normalmente; é como se o cérebro delas não estivesse adequadamente preparado para a fala. Quando essa menina autista fez terapia para aprender a falar, a sua habilidade artística se deteriorou, e seus desenhos ficaram como os de qualquer outra criança da sua idade. É como se a palavra tivesse confundido a mão, ou se a lógica da linguagem tivesse sugado o gênio da arte. Todo mundo já viu como a fala e o pensamento atrapalham as tarefas motoras. O atleta perde a concentração ao falar ou pensar enquanto tenta atingir a bola. Atar uma gravata e explicar como atá-la são duas tarefas completamente diferentes, que prejudicam uma à outra. A exceção é o cantar. O hemisfério direito do cérebro parece estar preparado para a fala, desde que as palavras sejam colocadas em música.

16. W. Ronald D. Fairbairn, *Psychoanalytic Studies of the Personality* (Londres: Tavistock and Routledge and Kegan Paul, 1952); e Ronald D. Fairbairn, "Synopsis of an Object — Relations Theory of the Personality", *The International Journal of Psychoanalysis* 44, pp. 224-25.

Capítulo 22. O Céu Sagrado e o "Eu" Pessoal

1. Mircea Eliade, *A History of Religious Ideas* (Chicago: University of Chicago Press, 1978).
2. Ibid., pp. 8-11.
3. Carl Sagan, *The Dragons of Eden* (Nova York, Random House, 1977).
4. Mircea Eliade, *Patterns in Comparative Religion* (Nova York: New American Library, 1974).
5. A "quintessência" ou éter" era o quinto elemento dos gregos, que admitiam também a terra, o ar, o fogo e a água. Os gregos acreditavam que as estrelas eram feitas dessa essência.
6. Eliade, *Patterns*.
7. João 3:13.
8. João 10:30.
9. Gênesis 4:19.
10. Eliade, *Patterns*.
11. Ibid.
12. Ibid.
13. Ibid.
14. O escaravelho, ou besouro estercoreiro, é venerado desde épocas antigas por um motivo muito prático: ele converte o esterco num fertilizante nitrogenado, muito útil como adubo. O escaravelho é, assim, um catalizador da transformação dos refugos da vida numa vida nova. O gado come o capim e o escaravelho transforma o esterco num adubo que faz nascer mais capim. Em sua forma mítica, o escaravelho empurra o sol pelos seus ciclos de luz e trevas.
15. Platão, "Phaedrus", *in The Philosophy of Plato*, Irwin Edman, org. (Nova York: The Modern Library, 1956), p. 286.
16. O conceito místico de sincronicidade, segundo o qual o universo é concebido como um todo integrado e orgânico, é a base da astrologisa e do *I Ching*. Nesta antiga forma de sortilégio, ou adivinhação pela sorte, seis pares de dígitos binários (cara/coroa, comprido/curto, ligado/desligado) são lançados como dados para que se obtenha um dos 64 hexagramas possíveis. Acredita-se que o hexagrama que aparece numa jogada reflete as forças divinas e naturais que se manifestam naquele momento no ser do jogador. Ver C.G. Jung, "Synchronicity: An Acausal Connecting Principle", *in Collected Works*, Bollingen Series, Vol. 8 (Princeton: Princeton University Press, 1966).
17. A Virgem Maria, mãe do Cristo, é uma forma evoluída de Deméter, a mãe-terra. A colheita de Maria foi Jesus, que morreu e ressuscitou como salvador da humanidade na manhã de Páscoa, no comecinho da primavera.
18. Mateus 4:19.
19. Rupert Gleadow, *The Origin of the Zodiac* (Nova York: Atheneum, 1969), p. 55.

20. Ibid., p. 209.

21. Para conhecer um excelente exemplo de como a astrologia pode ser também boa literatura, ver John Jocelyn, *Meditations on the Signs of the Zodiac* (Rudolf Steiner Publications, 1970).

22. Eliade, *Patterns*, pp. 38-9.

23. Rudolph Otto, *The Idea of the Holy* (Nova York: Oxford University Press, 1958), p. 7.

24. Ibid., p. 26.

25. Augustine [Santo Agostinho], *Confessions*, 9; Otto, *Idea of the Holy*, p. 28.

26. Otto, *Idea of the Holy*, p. 10.

27. Êxodo 33:22-3.

28. Otto, *Idea of the Holy*, p. 29.

29. Ibid., p. 21.

Capítulo 23. A Polarização do Paraíso: O Mito do Éden

1. Eliade, *Myths, Dreams, Mysteries*, p. 197.

2. Erich Neumann, *The Origins and History of Consciousness* (Nova York: Pantheon Books, 1954), XVI. [*História da Origem da Consciência*, publicado pela Editora Cultrix, São Paulo, 1990.]

3. Brown, *Life Against Death*, p. 12.

4. Sigmund Freud, *Totem and Taboo: Resemblances Between the Psychic Lives of Savages and Neurotics* (Nova York: Random House Vintage Books, 1946); Sigmund Freud, *Moses and Monotheism* (Nova York: Vintage Books, 1967).

5. Brown, *Life Against Death*, p. 3.

6. Ibid., p. 6.

7. Ernst Cassirer, *The Philosophy of Symbolic Forms* (New Haven: Yale University Press, 1953), p. 94.

8. Gênesis 1:3.

9. Jung, *Collected Works*, vol. 9, p. 11.

10. Kierkegaard, *Concept of Dread*, pp. 26-7.

11. Ibid., p. 38.

12. Gênesis 3:5.

13. Jean-Paul Sartre, *Existentialism and Human Emotions* (Nova York: Philosophical Library, 1957), p. 63.

14. Platão, *Symposium*, p. 166.

15. Dante, *The Inferno*, Charles Singleton, trad., Bollingen Series LXXX (Princeton: Princeton University Press, 1970), Canto XV:85, p. 159.

16. Blaise Pascal, *Pensées*, in *Great Books of the Western World*, Vol. 33, p. 211.

17. Ernest Becker, *in* Ron Leifer, "The Legacy of Ernest Becker", *Kairos* 2, pp. 8-21.

18. John M. Allegro, *The Sacred Mushroom and the Cross: Fertility Cults and the Origins of Judaism and Christianity* (Garden City, Nova York: Doubleday, 1970).

19. Aldous Huxley, *The Doors of Perception* (Nova York: Harper and Row, 1963).

20. Frank J. MacHovec, trad., *The Book of Tao* (Mount Vernon, Nova York: The Peter Pauper Press, 1963), 1, p. 33.

21. Gênesis 3:7.
22. Becker, *The Denial of Death*, pp. 34-7.
23. Nos animais, os lóbulos frontais são os centros neurais do olfato. Diz-se que a humanidade sacrificou o olfato para ganhar a memória; não obstante, a memória olfativa é a mais nítida de todas as memórias sensoriais.
24. *Mountain Record*, Zen Monastery (outono de 1987).
25. Sigmund Freud, "The Antithetical Sense of Primal Words", *in Collected Papers*, vol. 4 (Londres: Hogarth Press, 1910), pp. 184-91.
26. A palavra "pessoa" vem do latim *per sonare*, "som que atravessa", isto é, o som da voz que passa através da máscara do teatro grego.

Capítulo 24. Meditação Sobre a Felicidade

1. Gabriel Vahaniam, *The Death of God: The Culture of Our Post-Christian Era* (Nova York: George Braziller, 1957).
2. Para uma discussão completa do processo de fetichização, ver Becker, *Denial of Death*.
3. Emile Durkheim, *Suicide* (Glencoe, IL: The Free Press, 1951).
4. Rank, *Beyond Psychology*.
5. Essa possibilidade vem se tornando cada vez mais rara nesta época em que predominam os planos de saúde.
6. Chögyam Trungpa Rinpoche, *Training the Mind: Cultivating Loving-Kindness*, Judith L. Lief, org. (Boston: Shambhala Press, 1993); Dilgo Khyentse Rinpoche, *Enlightened Courage: An Explanation of Atisha's Seven Point Mind Training* (Ithaca: Snow Lion, 1993).
7. Jangom Kongtrul Rinpoche, *The Torch of Certainty*, Judith Hanson, trad. (Boulder: Shambala, 1977).
8. Chögyam Trungpa Rinpoche, *Cutting Through Spiritual Materialism*, John Baker e Marvin Casper, orgs. (Boulder: Shambala, 1973).

Bibliografia

Albert, Ethyl M., Theodore C. Denise e Sheldon P. Peterfreund. *Great Traditions in Ethics*. Nova York: American Book Co., 1953.
Allegro, John M. *The Sacred Mushroom and The Cross: Fertility Cults and the Origins of Judaism and Christianity*, Garden City, Nova York: Doubleday, 1970.
Augustine [Santo Agostinho], *The City of God*, Nova York: Modern Library, 1950.
_____. *The Confessions of St. Augustine*. Nova York: Pocket Books,1956.
Barret, William, *The Illusion of Technique*, Vol. 3, Garden City, Nova York: Anchor Press, 1978.
Becker, Ernest, *The Birth and Death of Meaning*. Nova York: The Free Press, 1971.
_____. *The Denial of Death*. Nova York: The Free Press, 1973.
_____. *Escape From Evil*. Nova York: The Free Press, 1975.
_____. *The Structure of Evil*. Nova York: Braziller, 1968.
_____. *Zen: A Racional Critique*. Nova York: W.W. Norton, 1961.
Bharati, Agehananda, *The Light at the Center: The Context and Pretext of Modern Mysticism*. Santa Bárbara: Ross- Erikson, 1976.
Bonaventure, Saint [São Boaventura]. *The Soul's Journey into God*. Tradução para o inglês e organização de Ewart Cousins. Nova York: Paulist Press, 1978.
Bowker, John. *Suffering in the Religious of the World*. Cambridge: Cambridge University Press, 1970.
Brown, Norman O. *Life After Death: The Psychoanalytic Meaning of History*. Nova York: Random House Vintage Books, 1959.
Cassirer, Ernst. *The Philosophy of Symbolic Forms*, New Haven: Yale University Press, 1953.
_____. *Rousseau, Kant, Goethe*. Princeton: Princeton University Press, 1945.
Chögyam Trungpa Rinpoche. *Cutting Through Spiritual Materialism*. Organizado por John Baker e Marvin Casper. Boulder: Shambala, 1973. [*Além do Materialismo Espiritual*, publicado pela Editora Cultrix, São Paulo, 1987.]
_____. *Illusion's Game: The Life and Teaching of Naropa*. Boston: Shambala, 1994.

_____. *Training the Mind: Cultivating Loving-Kindness*. Organizado por Judith L. Lief. Boston: Shambala, 1993.

Comte, Auguste. *The Positive Philosophy of Auguste Comte*. Nova York: Appleton, 1953.

Conze, Edward, trad. *Buddhist Wisdom Books: The Diamond Sutra and The Heart Sutra*. Nova York: Harper and Row, 1958.

Sua Santidade o Décimo Quarto Dalai Lama. *The Bodhdgaya Interviews*. Organizado por José Ignacio Cabezón. Ithaca: Snow Lion, 1988.

_____. *The Opening of the Wisdom Eye*. Wheaton, IL: The Theosophical Publishing House, 1966.

Dante. *The Inferno*. Traduzido para o inglês por Charles Singleton. Bolligen Series LXXX. Princeton: Princeton University Press, 1970.

Dennet, Daniel. "Towards a Cognitive Theory of Consciousness". In *Brainstorms*. Cambridge: MIT Press, 1978.

Descartes, René. *The Philosophical Works of Descartes*. Organizado por Elizabeth S. Haldane e G.R.T. Ross. Dover Publications, 1931.

Deutsch, Albert. *The Mentally Ill in America: A History of Their Care and Treatment from Colonial Times*. Nova York: International Universities Press, 1937.

Dewey, John. *Human Nature and Conduct: An Introduction to Social Psychology*. Nova York: H. Holt and Co., 1927.

_____. *Knowing and the Known*. Boston: Beacon Press, 1949.

Diamond, Stanley. *In Search of the Primitive: A Critique of Civilization*. Nova York: E.P. Dutton, 1974.

_____. "The Search for the Primitive". In *Man's Image in Medicine and Anthropology*. Organizado por Iago Goldston. Nova York: International Universities Press, 1963.

Dilgo Khyentse Rinpoche. *Enlightened Courage: An Explanation of Atisha's Seven Point Mind Training*. Ithaca: Snow Lion, 1993.

Durkheim, Emile. *The Elementary Forms of Religious Life*. Nova York: The Free Press, 1965.

_____. *Suicide*. Glencoe, IL.: The Free Press, 1951.

Einstein, Albert. *Out of My Later Years*. Nova York: Philosophical Library, 1950.

Eliade, Mircea. *A History of Religious Ideas*. Chicago: University of Chicago Press, 1978.

_____. *Myths, Dreams, Mysteries: The Encounter Between Contemporary Faiths and Archaic Realities*. Nova York: Harper and Row, 1960.

_____. *Patterns in Comparative Religion*. Nova York: New American Library, 1974.

Fairbairn, W. Ronald D. *Psychoanalytic Studies of the Personality*. Londres: Tavistock and Routledge and Kegan Paul, 1952.

_____. "Synopsis of an Object-Relations Theory of the Personality". *The International Journal of Psychoanalysis*, 44: 224-25.

Feuer, Lewis S. *Marx and Engels: Basic Writings on Politics and Philosophy*. Garden City, Nova York: Doubleday, 1959.

Foucault, Michel. *The Order of Things: An Archeology of the Human Sciences*. Nova York: Pantheon Books, 1970.

Freud, Anna. *The Ego and the Mechanisms of Defense*. Nova York: International Universities Press, 1946.

Freud, Sigmund. *Abstracts of the Standard Edition of the Complete Psychological Works of Sigmund Freud*. Nova York: International Universities Press, 1973.

_____. "The Antithetical Sense of Prime Words". *In Collected Papers*, Vol. 4. Londres: Hogarth Press, 1910.

_____. *An Autobiographical Study*. Nova York: W.W. Norton, 1935.

_____. *Beyond the Pleasure Principle: A Study of the Death Instinct in Human Behavior*. Nova York: Bantam Books, 1963.

_____. *Civilization and Its Discontents*. Garden City, Nova York: Doubleday Anchor, 1958.

_____. *The Future of An Illusion*. Garden City, Nova York: Doubleday Anchor, 1964.

_____. *The Interpretation of Dreams*. Traduzido para o inglês por James Strachey. Nova York: Basic Books, 1956.

_____. *Moses and Monotheism*. Nova York: Vintage Books, 1967.

_____. *The Problem of Anxiety*. Nova York: W.W. Norton, 1963.

_____. "Some Points in a Comparative Study of Organic and Hysterical Paralysis". *In The Collected Papers of Sigmund Freud*, Vol. I. Organizado por Ernest Jones. Londres: Hogarth Press, 1956.

_____. *Totem and Taboo*. Nova York: Random House Vintage Books, 1946.

Freud, Sigmund e Joseph Breuer. *Studies in Hysteria*. Boston: Beacon Press, 1937.

Galvani, Luigi. *Treasury of World Science*. Nova York: Philosophical Library, 1962.

Gandhi, Mohandas K. *An Autobiography: The Story of My Experiments with Truth*. Boston: Beacon Press, 1957.

Gleadow, Rupert. *The Origin of the Zodiac*. Nova York: Atheneum, 1969.

Goddard, Dwight, org. *A Buddhist Bible*. Boston: Beacon Press, 1966.

Holt, Robert. "A Review of Some of Freud's Biological Assumptions and Their Influence on His Theories". *In Psychoanalysis and Current Biological Thought*. Organizado por Norman S. Greenfield e William C. Lewis. Madison: University of Wisconsin Press, 1965.

Huxley, Aldous. *The Doors of Perception*. Nova York: Harper and Row, 1963.

Jamgon Kongtrul Rinpoche. *The Torch of Certainty*. Traduzido por Judith Hanson. Boulder: Shambala, 1977.

Jaynes, Julian. *The Origins of Consciousness and The Breakdown of Bicameral Mind*. Boston: Houghton-Mifflin, 1976.

Jocelyn, John. *Meditations on the Signs of the Zodiac*. Rudolf Steiner Publications, 1970.

Jones, Ernest. *The Life and Work of Sigmund Freud: The Formative Years and the Great Discoveries, 1856-1900*, Vol. I. Nova York: Basic Books, 1953.

Jung, C.G. "Synchronicity: An Acausal Connecting Principal". *In Collected Works*. Bollingen Series VIII. Princeton: Princeton University Press, 1960.

Kallen, Horace. *The Book of Job as a Greek Tragedy*. Nova York: Hill and Wang, 1959.

Kant, Immanuel. "Fundamental Principles of the Metaphysic of Morals". *In Philosophical Classics: Thales to St. Thomas*. Organizado por Walter Kaufmann. Englewood Cliffs: Prentice Hall, 1961.

Khenpo Karthar Rinpoche. "The Four Noble Truths: The Early Life of the Buddha Shakyamuni". *Densal* 6, nº 2 (primavera 1985).

Kramer, Peter. *Listening to Prozac*. Nova York: Viking Press, 1993.

Kushner, Harold S. *When Bad Things Happen to Good People*. Nova York: Avon Books, 1981.

Lacan, Jacques. *Four Fundamental Concepts of Psychoanalysis*. Nova York: Norton, 1978.

Lati Rinbochay. *Mind in Tibetan Buddhism*. Traduzido e organizado para o inglês, e organizado e apresentado por Elizabeth Napper. Ithaca: Snow Lion, 1980.

Leifer, Ronald. "The Common Ground of Buddhism and Psychotherapy". Apresentado na *Primeira Conferência Karma Kagyu sobre Budismo e Psicoterapia* na International House, cidade de Nova York, 1986.

_____. "The Concept of Criminal Responsibility". *ETC: A Review of General Semantics* 24, nº 2 (1967): 177-90.

_____. "The Deconstruction of Self: Commentary on "The Man Who Mistook His Wife for a Hat and Other Clinical Tales' de Oliver Sacks". *The World and I* (junho de 1986). Reproduzido in *Journal of Contemplative Psychoterapy* 4 (1984), 153-77.

_____. *In the Name of Mental Health: The Social Functions of Psychiatry*. Nova York: Science House, 1969.

_____. "The Legacy of Ernest Becker", *Kairos* 2:8-21.

_____. "The Medical Model as Ideology", *International Journal of Psychiatry* 9 (1970).

_____. "The Medical Model as the Ideology of the Therapeutic State". *Journal of Mind and Behavior* 2, nºs 3-4 (verão de 1990): 247-58. Reproduzido in *Amalie* 15, nº 1 (fevereiro de 1993).

_____. "Psychiatric Expert Testimony and Criminal Responsibility". *American Psychologist* 19, nº 11 (novembro de 1964): 825-30.

_____. "Psychiatric, Language and Freedom". *Metamedicine* 3 (1982): 397-416.

_____. "Psychotherapy, Scientific Methods and Ethics". *American Journal of Psychotherapy* 20, nº 2 (abril de 1966): 295-304.

Lévi-Strauss, Claude. *Tristes Tropiques*. Nova York: Atheneum, 1964.

MacHovec, Frank J., trad. *The Book of Tao*, Mount Vernon, Nova York: The Peter Pauper Press, 1963.

Maeder, Thomas. *Crime and Madness: The Origins and Evolution of the Insanity Defense*. Nova York: Harper and Row, 1985.

Manchester, William. *A World Lit Only By Fire*. Boston: Little Brown, 1992.

Masson, Jeffrey Moussaieff. *The Assault on Truth: Freud's Suppression of the Seduction Theory*. Nova York: Farrar, Straus and Giroux, 1984.

McNeil, John T. *A History of the Cure of Souls*. Nova York: Harper and Row, 1951.

Monier-Williams, Sir M. *Buddhism: In Its Connection with Brahmanism and Hinduism and in Its Contrast with Christianity*. Varanasi: Chowcamba Sanskrit Series, 1964.

Moore, Thomas. *Care of the Soul: A Guide for Cultivating Depth and Sacredness in Everyday Life*. Nova York: Harper and Collins, 1992.

Mumford, Lewis. *The Myth of the Machine*. Nova York: Harcourt, Brace, Janovich, 1967.

Bhikku Nanamoli e Bhikku Bodhi, trad. *Middle Length Discourses of the Buddha: A New Translation of the Majjima Nikaya*. Boston: Wisdom Publications, 1995.

Nelson, Benjamin. "Self-Image and Systems of Spiritual Direction in the History of European Civilization". In *the Quest for Self-Control: Classical Philosophies and Scientific Research*. Organizado por S. Kalusner. Nova York: The Free Press, 1965.

Neumann, Erich. *The Origins and History of Consciousness*. Nova York: Pantheon Books, 1954. [*História da Origem da Consciência*, publicado pela Editora Cultrix, São Paulo, 1990.]

Nietzsche, Friedrich. *The Genealogy of Morals*. Traduzido para o inglês por Francis Golffin. Nova York: Doubleday, 1956.

Nyoshul Khenpo e Lama Surya Das. *Natural Great Perfection*. Ithaca: Snow Lion, 1995.
Otto, Rudolph. *The Idea of the Holy*. Nova York: Oxford University Press, 1958.
Pascal, Blaise. "Pensées". In *Great Books of the Western World*, Vol. 33. Organizado por Robert Maynard Hutchins. Chicago: Encyclopedia Britannica, 1952.
Pfeiffer, John E. *The Emergence of Man*. Nova York: Harper and Row, 1978.
Piyadassi Thera. *The Buddha's Ancient Path*. Londres: Rider, 1964.
Platão. "Phaedrus". In *The Philosophy of Plato*. Organizado por Irvin Edman. Nova York: The Modern Library, 1956.
──────. "Phaedrus". In *Great Books of the Western World*, Vol. 7. Organizado por Robert Maynard Hutchins. Chicago: Encyclopedia Britannica, 1952.
──────. *The Philosophy of Plato*. Organizado por Irwin Edman. Traduzido para o inglês por Benjamin Jowett. Nova York: The Modern Library, 1956.
──────. "Symposium". In *Great Books of the Western World*, Vol. 7. Organizado por Robert Maynard Hutchins. Chigaco: Encyclopedia Britannica, 1952.
Popper, Karl. *The Logic of Scientific Discovery*. Nova York: Science Editions, 1961.
Rank, Otto. *Beyond Psychology*. Nova York: Dover, 1958.
Reichenbach, Hans. *The Rise of Scientific Philosophy*. Berkeley: University of California Press, 1951.
Rilke, Rainer Maria. *The Selected Poetry of Rainer Maria Rilke*. Organizado e traduzido para o inglês por Stephen Mitchell. Nova York: Random House Vintage Books, 1982.
Robbins, Russel Hope. *The Encyclopedia of Witchcraft and Demonology*. Nova York: Bonanza Books, 1981.
Rousseau, Jean-Jacques. *Confessions*. Baltimore: Penguin Books, 1953.
──────. "Discourse on the Origin of Inequality". In *Great Books of the Western World*, Vol. 38. Organizado por Robert Maynard Hutchins. Chicago: Encyclopedia Britannica, 1952.
Ryle, Gilbert. *The Concept of Mind*. Nova York: Barnes and Noble, 1949.
Sagan, Carl. *The Dragons of Eden*. Nova York: Random House, 1977.
Saint Victor, Richard [Ricardo de São Vítor]. *Richard of Saint Victor*. Nova York: Paulist Press, 1979.
Sartre, Jean-Paul. *Existentialism and Human Emotions*. Nova York: Philosophical Library, 1957.
Scher, Jordan, org. *Theories of the Mind*. Nova York: The Free Press, 1962.
Schopenhauer, Arthur. *The Philosophy of Schopenhauer*. Organizado por Irwin Edman. Nova York: The Modern Library, 1928.
Shelley, Percy Bysshe. *Complete Poetical Works*. Organizado por Newell F. Ford. Boston: Houghton-Mifflin, 1975.
Sófocles. "Oedipus the King". Traduzido para o inglês por Stephen Berg e Diskin Clay. Nova York: Oxford University Press, 1978.
Spinoza, Benedict. "Ethics". In *Great Books of the Western World*, Vol. 31. Organizado por Robert Maynard Hutchins. Chicago: Encyclopedia Britannica, 1952.
Sulloway, Frank. *Sigmund Freud: Biologist of the Mind/* Nova York: Basic Books, 1979.
Suzuki, D.T., Erich Fromm e Richard De Martino. *Zen Buddhism and Psychology*. Nova York: Grove Press, 1963.
Szasz, Thomas S. *Ceremonial Chemistry: The Ritual Persecution of Drugs, Addicts and Pushers*. Garden City, Nova York: Anchor Press, 1974.

_____. *Law, Liberty and Psychiatry: An Inquiry Into the Social Uses of Mental Health Practices*. Nova York: MacMillan, 1963.
_____. *The Myth of Mental Illness*. Nova York: Harper, 1961.
Tai Situ Rinpoche. *Relative World, Ultimate Mind*. Boston: Shambala, 1992.
Taylor, Richard. *Reflective Wisdom: Richard Taylor on Issues That Matter*. Organizado por John Donnelly. Buffalo: Prometheus Books, 1989.
Thomas, Edward J. *The Life of Buddha as Legend and History*. Londres: Routledge and Kegan Paul, 1969.
Trogawa, Rinpoche. "Mental Healthy". *Journal of Contemplative Psychotherapy* 6: 11-25.
Vahanian, Gabriel. *The Death of God: The Culture of Our Post-Christian Era*. Nova York: George Braziller, 1957.
Varela, Francisco J., Evan Thompson e Eleanor Rosch. *The Embodied Mind*. Cambridge: MIT Press, 1993.
Voznesensky, Andrei. *Antiworlds*. Nova York: Basic Books, 1966.
Wallace, B. Alan. *A Passage from Solitude*. Ithaca: Snow Lion, 1992.
Watts, Alan. *Psychotherapy East and West*. Nova York: Random House, 1961.
Zilboorg, Gregory e George W. Henry. *A History of Medical Psychology*. Nova York: W.W. Norton, 1941.

HISTÓRIA DA ORIGEM DA CONSCIÊNCIA

Erich Neumann

Erich Neumann, conhecido analista junguiano, realiza com esta obra uma interpretação criativa e original da relação entre a psicologia e a mitologia. De acordo com sua tese, a consciência individual passa pelos mesmos estágios arquetípicos de desenvolvimento que marcaram a história da consciência humana como um todo. Esses estágios começam e terminam com o símbolo do Uroboros — a serpente que devora a própria cauda. Os estágios intermediários são projetados nos mitos universais da Criação do Mundo, da Grande Mãe, da Separação dos Pais Terrenos, do Nascimento do Herói, da Morte do Dragão, da Libertação do Cativo e da Transformação e Deificação do Herói. O herói, do começo ao fim dessa seqüência, é a consciência do ego em evolução.

No prefácio que fez para esta obra, Jung escreve: "[Neumann] foi bem sucedido na elaboração de uma história única da consciência e, ao mesmo tempo, na representação do conjunto dos mitos como a fenomenologia dessa mesma evolução. Desse modo, ele chega a conclusões e a descobertas que estão entre as mais importantes a que se pode chegar nesse campo. . . . O autor assentou os conceitos da psicologia analítica — que para muitas pessoas são tão desconcertantes — em uma base evolutiva firme, e sobre ela erigiu uma ampla estrutura, na qual as formas empíricas do pensamento encontram o seu devido lugar."

* * *

De Erich Neumann, a Editora Cultrix já publicou *Amor e Psiquê — uma interpretação psicológica do conto de Apuleio*.

EDITORA CULTRIX

INTRODUÇÃO AO ZEN-BUDISMO

D. T. Suzuki

Depois de *O Livro do Caminho Perfeito* (*Tao Té Ching*), de Lao Tsé, e de outras obras de relevo tais como *O Evangelho de Buda*, do Yogi Kharishnanda (volume que constitui uma transcrição dos Pitakas, as escrituras sagradas do Budismo); de *Dhammapada* (*Caminho da Lei*)/ *Attaka* (*O Livro das Oitavas*), volume duplo que enfeixa uma doutrina budista em versos; e de *Nem Água, Nem Lua*, em que Osho reconta dez histórias zen, a Editora Pensamento brinda o leitor com essa fundamental *Introdução ao Zen-Budismo*, de Daisetz Teitaro Suzuki.

Nascido em 1870, Suzuki lecionou Filosofia Budista na Universidade Otani de Quioto, no Japão, acabando, provavelmente, por se tornar a maior autoridade em Zen-budismo no mundo todo. O Dr. Suzuki não somente estudou as obras originais nas línguas sânscrita, páli, chinesa e japonesa, como também desenvolveu conhecimentos atualizados de filosofia ocidental originalmente escrita em alemão, francês e inglês. Suzuki deu muitos passos além dos de um simples *scholar*. Conquanto não fosse monge de nenhuma seita budista, era reverenciado nos templos japoneses por seu conhecimento das coisas espirituais. Dissertando sobre os elevados estados de consciência, ele o fazia como alguém que experimentara esses estados, e a impressão que deixava naqueles que o ouviam com atenção era a de um homem que buscava os símbolos intelectuais com os quais pudesse descrever o estado de percepção que subjaz "além do intelecto".

Assim, a natureza, a técnica e a prática do Zen, do modo como foram descritas no volume, e o vigor das histórias zen auxiliarão o leitor a procurar o Zen no único lugar onde ele deverá ser encontrado: além dos grilhões do intelecto.

EDITORA PENSAMENTO

A LÓGICA DA PESQUISA CIENTÍFICA

Karl Popper

Neste livro, um dos mais importantes filósofos da Ciência em nosso século traça um quadro impressionante do caráter lógico da pesquisa científica, quadro que faz plena justiça à revolução einsteiniana na Física e ao seu enorme impacto sobre o pensamento científico em geral. Aqui não se apresenta a Ciência como empenhada em fabricar engenhocas ou em coletar observações para correlacioná-las por via de processos dedutivos ou indutivos. Ela é apresentada, antes, como uma tentativa de formular uma teoria do mundo com base em conjecturas audaciosas, disciplinadas por uma crítica penetrante. A simples idéia de que o desenvolvimento da Ciência dependa de audácia intelectual e de crítica racional demonstra-se surpreendentemente fecunda no decorrer do livro, em que ela é usada para resolver alguns dos problemas clássicos da teoria do conhecimento e para elucidar alguns dos mais importantes aspectos da Ciência. Esta edição de A LÓGICA DA PESQUISA CIENTÍFICA apresenta o texto integral da obra, sem cortes desfiguradores, razão pela qual constitui leitura obrigatória para estudantes e estudiosos de Lógica e Filosofia da Ciência.

EDITORA CULTRIX

O PONTO DE MUTAÇÃO

Fritjof Capra

Em *O Tao da Física*, Fritjof Capra desafiou a sabedoria convencional ao demonstrar os surpreendentes paralelos existentes entre as mais antigas tradições místicas e as descobertas da Física do século XX. Agora, em *O Ponto de Mutação*, ele mostra como a revolução da Física moderna prenuncia uma revolução iminente em todas as ciências e uma transformação da nossa visão do mundo e dos nossos valores.

Com uma aguda crítica ao pensamento cartesiano na Biologia, na Medicina, na Psicologia e na Economia, Capra explica como a nossa abordagem, limitada aos problemas orgânicos, nos levou a um impasse perigoso, ao mesmo tempo em que antevê boas perspectivas para o futuro e traz uma nova visão da realidade, que envolve mudanças radicais em nossos pensamentos, percepções e valores.

Essa nova visão inclui novos conceitos de espaço, de tempo e de matéria, desenvolvidos pela Física subatômica; a visão de sistemas emergentes de vida, de mente, de consciência e de evolução; a correspondente abordagem holística da Saúde e da Medicina; a integração entre as abordagens ocidental e oriental da Psicologia e da Psicoterapia; uma nova estrutura conceitual para a Economia e a Tecnologia; e uma perspectiva ecológica e feminista.

Citando o *I Ching* — *"Depois de uma época da decadência chega o ponto de mutação"* — Capra argumenta que os movimentos sociais dos anos 60 e 70 representam uma nova cultura em ascensão, destinada a substituir nossas rígidas instituições e suas tecnologias obsoletas. Ao delinear pormenorizadamente, pela primeira vez, uma nova visão da realidade, ele espera dotar os vários movimentos com uma estrutura conceitual comum, de modo a permitir que eles fluam conjuntamente para formar uma força poderosa de mudança social.

EDITORA CULTRIX

A TEMPESTUOSA BUSCA DO SER: Um Guia para o Crescimento Pessoal Através da Crise de Transformação

Christina Grof e *Stanislav Grof*

Muitas pessoas estão passando por uma profunda transformação pessoal associada a uma abertura espiritual. Em circunstâncias favoráveis, esse processo resulta em cura emocional, numa mudança radical dos valores e num grande conhecimento da dimensão mística da vida. Para alguns, essas mudanças são graduais e relativamente calmas, mas, para outros, podem ser tão rápidas e inesperadas que interferem em suas atividades cotidianas. Infelizmente, muitos profissionais da saúde não reconhecem o potencial positivo dessas crises; em geral, as encaram como manifestações de doença mental, tratando-as com medicação supressiva.

A Tempestuosa Busca do Ser é o resultado de anos de experiência pessoal e profissional de Christina e Stanislav Grof, que criaram o termo "emergência espiritual" para caracterizar esses estados incomuns de consciência. Este livro destina-se, pois, a pessoas cujas vidas estão de algum modo sendo afetadas por essas crises: para as pessoas que atualmente estão passando por essa emergência, para seus familiares, para seus amigos e para profissionais da saúde mental em geral.

Os Grofs narram uma rica série de emergências espirituais e as formas que estas tomam, discutem como elas podem ser diferenciadas de doenças mentais e oferecem sugestões práticas sobre como conviver e lidar com crises psicoespirituais. Este livro leva o leitor a uma jornada inspiradora através dos desafios da emergência espiritual até a promessa de renovação e renascimento.

* * *

Christina Grof é professora formada em Hatha Yoga e desenvolveu, junto com Stanislav Grof, a respiração holotrópica — uma técnica experimental de psicoterapia. Em 1980, fundou a Spiritual Emergence Network, uma organização internacional que oferece apoio às pessoas que estão passando por crises de transformação.

Stanislav Grof, M.D., é um psiquiatra com mais de trinta anos de pesquisa sobre estados incomuns de consciência. É ex-diretor da Psychiatric Research, no Maryland Psychiatric Research Center e autor de mais de noventa artigos e de seis livros na área de sua especialidade.

Os autores deste livro foram os organizadores do volume *Emergência Espiritual*, publicado por esta mesma Editora.

EDITORA CULTRIX

A REDESCOBERTA DO POTENCIAL HUMANO
Jean Houston

Em *A Redescoberta do Potencial Humano*, Jean Houston mostra como você pode ouvir, ver, lembrar-se e explorar melhor seus recursos interiores. Ela ensina como ter acesso a imagens, idéias e lembranças sensoriais ocultas, empregando estratégias que têm sido usadas por escritores e artistas, professores e terapeutas, atores e atletas, cientistas e empresários.

A Redescoberta do Potencial Humano é um livro sobre *criatividade consciente* que reúne o que há de melhor em termos de métodos para a expansão da mente e da percepção humana, em todas as dimensões.

"Um banquete para o espírito e o intelecto. Seus ensaios são brilhantes e sutis, hilariantes e profundos, divertidos e instrutivos. Junte a tudo isso os exercícios e você terá uma experiência que pode transformar a sua vida."

George Leonard

"Este é um livro esplêndido e surpreendente, concreto porém visionário, baseado em fatos e teoria, mas orientado para as possibilidades que existem no mundo e em nós mesmos. A ser recomendado com entusiasmo."

Barbara Myerhoff

* * *

Jean Houston, professora e psicóloga de renome internacional, foi presidente da Associação para a Psicologia Humanística. Atualmente, é diretora da Fundação para a Pesquisa da Mente em Pomona, Nova York.

EDITORA CULTRIX